4정판

현대지방자치론

강 용 기

도서출판 대영문화사

4정판

머리말

우리나라 지방자치법의 역사를 돌아볼 때 기억해야 할 기념비적인 법이 세 가지가 있다. 첫째는 지방자치를 처음 도입한 1949년 7월 지방자치법이고, 둘째는 1988년 4월에 제정된 부활 지방자치법이다. 마지막으로는 최근에 제정 · 공포된(2021.1.12) 새지방자치법이다.

새지방자치법은 총 12장 211조로 구성되었는데, 이 중 53개 조항이 수정되거나 신설된 조항이다. 이런 정도로 대규모로 손질된 법안이라면, 개정된 법이라고 보기보다는 새롭게 창조된 지방자치법이라고 부를 수도 있다. 1988년 4월 부활 지방자치법이 제정된 이후, 실로 32년 만에 대대적인 리모델링과 재창조가 이루어진 셈이다.

이번에 개정된 지방자치법이 마련되기까지는 많은 우여곡절이 있었다. 2017년 5월 새 정부가 출범하고 헌법개정이 논의되면서, 개정된 헌법에 자치분권의 이념을 삽입하고자 많은 노력이 시도되었다. 그러나 2018년 6월 지방선거와 맞물리면서 헌법개정은 무산되고 말았다.

이러한 흐름 속에서 헌법에 반영하지 못한 자치분권의 사상을 지방자치법에 반영하기 위해 법 개정 작업이 대대적으로 이루어졌다. 개정 법률안 초안은 2019년 2월 국회에 제출되었지만 계속 국회에 계류되고 있었다. 이후 2020년 7월 다시 보완 제출되었고, 우여곡절 끝에 2020년 12월 9일 국회 본회의를 통과하게 된 것이다. 2021년 1월 12일에 정식 공포되었고, 부칙규정에 따라 1년이 지난 2022년 1월 13일부터 시행하기로 하였다. 개정 지방자치법은 주민자치의 강화, 지방자치단체의 자율성과 자치역량이 증진, 중앙-지방의 협력체제 구축 등 새로운 시대적 흐름을 담고 있다.

이 책은 원래 학생들에게 지방자치론의 강의 교재로 준비된 것이다. 따라서 새 지방자치법이 제정됨에 따라 수정판(4정판)을 내게 되었다. 법 개정 내용 이외에도 지방자치의 효용과 가치 부분을 전반적으로 재구성 재정리하였다. 지방자치의 역사가 깊어지면서 생각해 보아야 할 가치도 많이 변했기 때문이다. 법 개정으로 자치기관 구성 형태를 주민이 선택할 수 있게 되었다. 이에 도움이 될 수 있도록 지방자치기관 구성 관련 장(제14장)을 독립적으로 서술하였다. 또한 개정 지방자치법의 주요 내용을 제8장(지방자치의 법체계) 보충학습란에 요약 · 정리하여 놓았다.

이 책은 여러 가지로 부족함에도 불구하고 초판이 나온 지 20여 년을 잘 버티며 지내왔다. 아직까지도 이 책이 절판되지 않고 존재하고 있다는 사실에 새삼 감사할 따름이다. 그동안 많은 도움을 주신 학계의 선 · 후배 · 동료분 여러분들, 사랑하는 나의 가족들, 4정판을 낼 수 있도록 기다리고 독려해 주신 대영문화사 임춘환 사장님께 감사의 말씀을 전해드리고 싶다.

어쩌면 올해에도 이 겨울은 지날 것 같고, 봄이 또다시 찾아 올 것만 같다.

2021년 2월
강용기

3정판 머리말

세월이 어느새 흘러 개정판이 나온 지 5년이 훌쩍 지났다. 그 사이 새로운 정부가 두 번이나 들어섰다. 그러다 보니 용어나 제도가 바뀐 것들이 많았다. 이번 3정판에서는 변해 버린 용어나 법령을 정리하고, 전체적인 틀을 다시 구성했다.

기존의 5부의 틀을 4부로 재구성했다. 제1부는 지방자치의 기초 이론을, 제2부에서는 지방자치 제도론을 다뤘다. 제도는 넓은 의미에서 보면 모든 관행과 규범을 포함하는 것이지만 여기는 법제도로 한정해 다뤘다. 제3부에서는 지방자치 행정론을 다뤘다. 전통적인 행정학의 영역인 정책·기획, 조직·인사, 재정·재무의 틀을 유지하고자 했다. 제4부에서는 앞에서 미처 다루지 못한 내용으로 지방선거와 북한의 지방자치 제도를 다뤘다.

책 내용이 크게 바뀐 것은 없지만 편제를 조정했다. 그전에 독립적인 장으로 다뤘던 지방자치 기관론은 지방자치의 유형 부분으로 옮겨 간단히 서술했다. 지방조직론은 인사론과 합해 지방행정조직과 인사행정의 한 장으로 했다. 자치단체 간 상호 관계는 정부 간 관계론의 영역에서 같이 다뤘다. 그러다 보니 3개의 장이 축소되었고, 전체 장(章) 수도 24장에서 21장으로 대폭 줄였다. 이번에는 부록으로 지방자치 관련 한국 근대사 연표를 하나 더 첨가했다.

이 책은 교과서로서 더 많은 정보를 좀 더 간략하고 정확하게 독자에게 전달하는 것이 기본 목표가 될 것이다. 그러나 다루는 대상의 분량이 많아서 모든 부분을 만족스럽게 정리하지 못했다.

초판이 나온 지 벌써 15년의 세월이 흘렀다. 세월이 갈수록, 다시 정리하면 할수록 부족함과 아쉬움을 느낀다.

오늘도 어제처럼 창 밖으로 세월이 흐르고 있다. 머지않아 이 겨울은 가고, 어쩌면 봄이 올 것만 같다.

2014년 2월

강용기

개정판 머리말

현대지방자치론 초판이 출간된 지 오랜 세월이 지났다. 그동안 지방자치 분야의 제도와 관행은 하루가 다르게 변해 왔다. 이러한 일련의 급속한 개혁 과정 속에서 이 책 내용의 많은 부분이 수정되어야 했다. 그러나 여러 사정으로 그렇지 못해서 늘 여러분께 빚을 지고 있는 기분이었다.

개정판에서는 책을 다시 쓴다는 기분으로 접근했다. 편제를 바꾸고 그동안 변화된 제도와 이론, 그리고 수정해야 할 내용들을 점검해 전면적으로 재정리했고, 몇 가지 내용은 추가로 서술했다. 먼저 기본의 5부 체계를 유지하되, 제1부는 지방자치 기초이론, 제2부와 제3부는 지방제도론, 제4부는 지방행정론, 제5부는 지방정치론으로 재구성했다. 구체적으로 지방자치의 기초이론(제1부), 지방자치단체론(제2부), 지방자치기관론(제3부), 지방행정론(제4부), 지방정치론(제5부) 체제로 구성했다.

제1부의 제2장의 전반부에는 '지방자치의 이념'을 추가했다. 앞으로는 한국 지방자치도 기본적인 제도 구축의 방향에서 한 걸음 더 나아가 미래 가치에 관심을 가져야 할 것으로 보았기 때문이다. 이 밖에도 기존 제13장의 조례와 규칙은 제1부 제4장의 지방자치의 법체계로 재편했고, 과거 제4장이었던 지방자치의 이론과 접근법은 제1장과 제20장에 나눠 정리했다. 또한 제4부 제15장에는 지방정책과 기획, 제20장에는 신공공관리와 행정혁신을 추가해 지방행정 분야를 보강했다. 기존 제21장 기업가적 지방행정과 제3섹터, 제22장 목표관리제와 종합적 품질관리제는 통합해 새로운 제20장에 신공공관리와 행정혁신이라는 새로운 장에 포함시켰다. 지방정치론 영역에서는 제21장 지방정치 이론과 지방거버넌스에 관한 논의를 새로 추가했다.

이 밖에 부록으로 세계지방자치단체연맹(IULA)에서 1993년 발표한 '세계지방자치선언'을 한글로 번역해 실었다. 지방자치가 추구하는 기본 정신과 제도를 알 수 있는 좋은 자료라고 생각된다.

재정리하는 동안 자료 수집과 정리에 도움을 준 아내 은경과 단비, 하늘이에게 감사와 사랑의 마음을 전한다.

2008년 1월

강용기

초판

머리말

갖은 우여곡절 끝에 지방자치가 부활을 준비하고 있던 어느 해, 한 시민단체로부터 지방자치의 기초 개념과 필요성에 대해 특강을 해 달라는 부탁을 받았다. 그때는 지방자치가 본격적으로 실시되기 전이어서 지방자치에 대한 호기심이 많을 때였다. 그동안 대학의 울타리 안에서만 이론적으로 논의되던 지방자치의 문제가 일반 시민들에게도 지대한 연구와 관심의 대상이 된 것이다. 이때 강연 자료를 준비하면서, 학부 학생들이나 일반 시민들에게도 쉽게 소개할 수 있는 지방자치 입문서가 하나 있었으면 하는 생각을 가지게 되었다.

이 책은 이러한 목적에서 출발했다. 이러한 취지를 살려 이론적 논의는 가능한 각주나 참고 사항으로 돌리고 필요한 사람들만 따로 볼 수 있도록 하고자 했다. 각 장의 본문 말미에는 본문에 대한 이해를 돕기 위해 간단한 요약을 해뒀고, 부록으로 지방자치 용어를 첨가했다. 이러한 용어들은 지방자치에 관련된 저서나 논문을 읽는 데 자주 나오는 개념이므로 한 번씩 정리해 보는 것도 좋으리라 생각된다.

그러나 관련 자료들을 정리하는 가운데 쉬운 책을 쓴다는 것이 매우 어려운 작업이라는 사실을 알게 되었다. 더구나 학부 학생들에게 강의용으로 만들어지다 보니, 어느덧 이런저런 이론들을 첨가할 수밖에 없게 되었다. 또한 필자의 학문적 배경이 행정학이라서, 전통적인 제도적 · 법적 접근법이나 행정적 · 관리적 접근법에 치우치는 경향을 가지게 되었다.

이 책의 체계는 크게 5부로 구성되었다. 제1부는 지방자치의 기초 이론을 정리했다. 지방자치의 기본 개념과 가치, 역사, 지방자치의 이론 등이 주요 내용이다. 제2부는 지방자치의 실질적 주체이며 기본 단위인 지방자치단체의 기본 개념과 종류, 구역과 계층, 주민과 참여, 자치권, 자치단체 간 상호관계 등을 다뤘다. 제3부에서는 지방자치기관으로서 지방의회와 집행기관과 그를 구성하는 지방선거, 그리고 자치기관에서 제정하는 자치법규인 조례와 규칙을 다뤘다. 교양과정으로서 지방자치론 연구는 여기까지만 해도 충분하다 할 것이다.

제4부와 제5부는 지방자치 실무자들이나 앞으로 지방자치단체에 공직자로 근무하거나, 지방정치인으로서 미래의 포부를 가지고 있는 분들이 참고해야 할 내용들이라고 볼 수 있다. 제4부는 지방행정이라는 주제로 지방사무, 지방행정조직, 지방인사행정, 지방재정과 재무, 지방공기업의 문제를 검토했다. 제5부에서는 현대 지방자치의 쟁점으로 떠오르고 있는 정부 간 관계론과 기업가적 지방행정, 그리고 한국에서 전반으로 도입하고 있는 목표관리제(MBO)의 문제를 검토해 보았다. 이 밖에 통일 시대를 대비해 북한의 지방자치 문제를 다뤘다.

이 자료를 정리하면서 많은 분에게 도움을 받았다. 먼저 부족한 강의를 들어주고 토론에 임해 준 서남대학교 행정학과 학생들에게 감사한다. 또한 자료 협조에 도움을 주신 서남대학교 행정학과 김택수, 김상호, 박성원, 이우권, 주상현 교수님과 대학원생 여러분에게도 감사의 말씀을 드린다.

필자에게 학문의 길을 걸을 수 있도록 도와주신 연세대 최평길 교수님과 학부 대학원 과정에서 지방행정론을 강의해 주신 안용식 교수님, 지역개발론을 강의해 주신 박우서 교수님, 그리고 연세동산의 여러 은사님들께 감사드린다. 또한 항상 즐거운 토론과 사색의 기쁨을 같이 나누는 연세행정연구회의 선후배 대학 동기들, 21세기 국가관리연구회 회원 여러분에게도 깊은 감사의 말씀을 전한다. 그리고 늘 염려와 사랑으로 기도해 주시는 부모님과 장인 장모님, 어려울 때마다 힘이 되어주는 사랑하는 아내 은경과, 그저 바라보고만 있어도 좋은 두 영혼, 단비와 하늘이에게 이 작은 선물을 바친다.

마지막으로 부족한 원고를 마다않고 출판해 주신 대영문화사 임춘환 사장님께 깊은 감사의 말씀을 드린다.

1999년 7월

강용기

Contents

차 례

PART 2 지방자치 제도론

PART 01

지방자치 기초 이론

[지방자치 시대에 주민은 지방의 주권자이다]

제1부에서는 지방자치를 연구하거나 지방자치 실무를 이해하는 데 필요한 지방자치 관련 기초 개념을 정리해 보고자 한다.

먼저, 제1장에서는 지방자치란 무엇인가라는 주제를 중심으로 지방자치의 기본 개념과 유형, 접근법을 검토한다.

제2장에서는 지방자치의 효용을 검토한다. 여기서 말하는 지방자치의 효용은 지방자치가 왜 필요한가에 대한 대답이라고 할 수 있다. 여기서는 지방자치의 문제점도 같이 검토한다.

제3장은 지방자치의 가치를 검토한다. 여기서 말하는 지방자치의 가치란 지방자치에서 추구해야 할 바람직한 이념을 의미한다. 지방자치가 어떤 가치를 지향해야 할 것인가의 문제를 다루고, 지방분권과 균형발전의 문제를 다룬다.

제4장에서는 지방자치의 역사를 서술한다. 먼저, 외국의 지방자치 역사를 검토한 다음, 한국 지방자치의 역사를 같이 살펴본다.

제5장에서는 지방자치의 주요 이론을 검토한다. 지방자치의 정치이론, 지역사회 권력구조론, 지방 거버넌스론을 검토한다.

제6장에서는 정부 간 관계론을 검토한다. 정부 간 관계론의 기초 이론을 토대로 한국의 정부 간 관계의 내용을 요약 서술한다.

제7장에서는 지방선거를 살펴본다. 한국 지방선거의 역사를 서술하고, 지방자치단체장, 지방의원 선거의 기본 제도와 결과를 검토한다.

Chapter 01

지방자치란 무엇인가?

사회과학에서 사용하는 용어는 같은 단어로 표현되더라도 사용하는 개인이나 집단, 시대나 상황의 차이에 따라 다양한 의미를 가진다. 예컨대, 기독교에서 말하는 죄와 형법에서 말하는 죄는, 단어적 표현은 같지만 그 의미가 다르다. 형법상의 죄는 범죄로서 경찰의 수사 대상이 되지만, 기독교적 의미의 죄는 종교적 원죄를 의미한다. 어떤 기독교 성직자가 '나는 죄인입니다'라고 고백한다고 해서 이를 범죄에 대한 자백으로 이해한다면 크나큰 인식의 오류가 될 것이다. 이처럼 하나의 단어를 개인 간 혹은 집단 간에 전혀 다른 개념으로 이해하고 있는 경우, 올바른 의사소통은 어렵다. 상호 간 바른 의사소통을 위해서는, 통용되고 있는 용어에 대해 공유할 수 있는 개념적 정의가 이루어져야 한다.

여기서는 앞으로 이 책에서 자주 쓰게 될 '지방자치(地方自治)'라는 개념을 정리해 보고자 한다. 상호 바른 소통을 위해 먼저 지방과 자치라는 의미를 각각 정리하고, 다음으로 지방자치의 개념을 종합하여 정의하게 될 것이다. 이후 지방자치의 주체와 객체, 지방자치의 본질과 요소, 지방자치의 유형을 검토하고, 마지막으로 지방자치 연구에서 주로 사용되고 있는 접근법을 소개하고자 한다.

제 1 절 지방자치의 기초 개념

지방자치(地方自治, local self-government, local autonomy, local government)란 '지방'과 '자치'라는 두 핵심 개념이 결합 된 것이다. 여기서는 먼저 지방과 자치라는 의미를 나누어 검토하고, 지방자치 개념을 종합해서 정의해 보고자 한다.

1. 지방과 자치

1) 지방의 개념

우리나라에서 통상 사용되는 지방(地方, locality)이라는 단어는 크게 두 가지 의미로 사용되고 있다. 첫째는 '중심이 아닌 주변'이라는 의미이고, 둘째는 '주민들의 일상적인 생활 공간'이라는 의미이다.

(1) 주변 지역으로서 지방

한국에서 전통적으로 사용되고 있는 지방 개념은 '중심 지역(center)이 아닌 주변 지역 혹은 변방 지역(periphery)'이라는 것이다. 여기서 지방은 중심과 대비되는 공간적 개념이다. 지방 도시, 지방 근무, 지방 출장, 지방 사투리, 지방 대학 등에서 사용하고 있는 지방 개념이 그것이다.

과거 임금이 살고 있는 지역은 왕도(王都)였고, 왕도를 중심으로 한 500리 이내의 지역은 경기(京畿)라고 불렀다. 이외의 지역은 교통과 통신이 발달하지 못했으므로 왕이 직접 통치하기 어려웠다. 따라서 이러한 지역은 왕이 관리를 파견하여 위임통치를 할 수밖에 없었다. 이렇게 왕이 관리를 보내어 간접 통치하는 전국의 지역을 '여러 방면의 땅'이라는 의미의 지방(地方)이라고 불렀다. 따라서 역사적으로 지방은 왕을 중심으로 형성된 중심 지배 세력인 중앙과는 멀어진, 변방 공간이라는 의미를 지니게 된 것이다.

이러한 맥락에서 보면, 한국에서의 지방은 '서울 이외의 지역'을 말한다. 현재는 서울 생활권이 확장되어 수도권을 형성하고 있으므로, 실질적으로 지방은 '서울과 주변을 둘러싸고 있는 수도권 이외의 지역'으로 이해된다. 지방은 수도권 이외의 공간이라는 자연 지리적 의미를 가지고 있지만, 이외에도 소외 지역, 낙후 지역, 시골 지역이라는 정치·사회적 의미도 동시에 내포하고 있다.[1)]

(2) 일상적 생활 공간으로서 지방

그러나 학술적·보편적 의미로서 지방(local)은 '주민들의 살아가는 일상적인 생활 공간'을 말한다. 지방자치, 지방정치, 지방정부, 지방행정, 지방선거, 지방자치단체, 지방의회, 지방버스(시내·시외버스), 지방시장(재래시장), 지방세, 지방재정, 지방사무, 지방공무원 등에서 쓰고 있는 지방 개념이 그것이다.

여기서 지방은 국가(state)나 중앙(central)에 대비되는 개념이다. 지방은 국가라는 전체 시스템을 구성하는 하위의 시스템이다. 지방이라는 부분 시스템이 모여서 국가라는 전체 시스템을 형성한다. 지방이 모여 국가의 영토를 구성하고, 지방의 주민이 모여 국민을 형성한다.

이런 맥락에서 보면 서울도 지방이고 부산도 지방이다. 같은 맥락에서 경기도도 지방이고 강원도도 지방이며, 제주특별자치도도 지방이다. 부산 지방법원, 대구 지방법원, 대전 지방법원, 광주 지방법원이 있듯이 서울에도 서울 지방법원이 있다. 서울에는 서울 지방검찰청, 서울 지방병무청, 서울 지방국세청 등이 있다. 서울에서도 지방선거를 실시하고, 지방자치단체장을 뽑고 지방의회를 구성한다. 서울 시민도 지방세를 납부한다.

이런 맥락에서 보면 강원도, 충청도, 전라도, 경상도, 제주도와 같은 이른바 비수도권 지역뿐만 아니라 서울특별시를 포함한 인천, 경기도의 수도권 지역도 역시 같은 의미의 지방이라고 할 수 있다.

(3) 지방자치론에서의 지방

지방자치론에서 사용하는 '지방' 개념은 위에서 언급한 두 번째 개념으로서 지방이다. 즉, 지방자치론에서 지방은 '국토의 부분 공간에 형성된 주민의 일상적 생활 공간'을 의미한다. 여러 지방의 구역이 모여서 국가의 영토를 형성하고, 여러 지방의 주민들이 모여서 국가의 국민을 구성한다. 국가는 지방이라는 하위 공간 시스템을 연결한 전체 시스템이며, 서울 역시 그러한 국가 하위 시스템의 일부인 지방이라고 할 수 있다.

---

1) 김정호의 『서울 제국과 지방 식민지』(지식산업사, 1991)나 강준만의 『지방은 식민지다』(개마고원, 2008) 등의 저술에서는 서울과 지방을 서로 배타적 영역으로 이해하고 있다. 북한에서도 지방이란 평양 이외의 지역을 의미한다.

2) 자치의 개념

일상적 의미에서의 자치(自治, self-government, self-governing)란 인간이 스스로 자신의 운명을 개척하고 이끌어가는 것을 의미한다. 이러한 맥락에서 보면, 지방자치에서의 자치(自治) 개념은 자신들의 문제를 타인에게 의탁하여 해결하는 의존적 통치인 타치(他治), 주민 혹은 시민이 배제된 관료 중심의 지배 체제인 관치(官治)와 구분되는 개념이라고 할 수 있다. 지방자치가 실시되기 이전에는 주민이 자신의 운명을 자신들이 스스로 결정하지 못했다. 주민들은 자신의 문제를 중앙정부의 처분에 의존하여 해결할 수밖에 없었다. 그러나 지방자치의 시대에는 주민은 스스로 운명의 주체가 되었다. 자기 지역의 일은 스스로가 주인이 되어 자기 책임 하에 처리해 나갈 수 있는 자유권을 얻게 되었다. 이러한 맥락에서 지방자치론에서 사용하고 있는 자치란 "지방의 주민들이 스스로가 운명의 주체가 되어 자신들의 권한과 책임 아래 자신들의 지역문제를 해결해 가는 것"이라고 정의해 볼 수 있다.

2. 지방자치의 개념

위에서 '지방'이란 개념과 '자치'라는 개념의 사전적 의미를 검토하였다. 이런 맥락에서 지방자치란 "지역 주민들이 스스로의 노력과 능력으로 자신들의 문제를 해결해 가는 과정과 결과"라고 간략히 정리할 수 있을 것이다. 하지만 이 책에서는 이러한 사전적 의미에 더하여, 지방자치(地方自治)의 개념을 좀 더 구체적으로 정의해 보고자 한다.

[지방자치의 개념]

지방자치란 국가의 일정한 부분 공간에 거주하는 주민들이, 국가와 상호 관계 속에서, 일정한 범위의 자치권을 행사하는 지방자치단체를 구성하고, 주민 스스로의 참여와 의사결정을 통해, 지역문제를 해결하며, 궁극적으로 주민들의 복리를 실현하고자 하는 제반 활동이다.

1) 지방자치는 국가의 일정한 부분 공간을 중심으로 이루어진다

공간적 측면에서 보면, 지방자치는 국가의 일부 지역 영토를 토대로 이루어진다. 국가의 공간 영역은 영토, 영공, 영해 등으로 구성되는데, 지방자치는 이러한 국가 영역 중의 일부를 구성하는 국가 영토의 일부 공간에서 이루어지는 것이다.

지방자치가 이루어지는 공간 구역을 자치구역(自治區域)이라고 부른다. 예컨대, 서울특별시는 인천광역시, 경기도와 구분되는 고유한 자치구역이 있다. 부산광역시, 울산광역시, 경상남도는 인접 지역에 존재하지만 서로 점유하고 있는 공간 구역이 다르다. 경상북도와 대구광역시, 전라남도와 광주광역시, 충청남도와 대전광역시도 인접 지역에 있지만 역시 독자적인 자치 영역을 가지고 있다. 이렇듯 지방자치는 지역의 주민들이 독자적인 자치권을 행사할 수 있는 지방자치단체의 고유한 공간 영역을 토대로 이루어지는 것이다. 이는 국가의 주권이 자국의 영토를 토대로 형성되고 있는 것과 유사한 맥락이다.

2) 지방자치는 주민을 기초로 이루어진다

국가 내의 일정한 지리적 공간을 가지고 있다고 해서 지방자치가 성립되는 것은 아닐 것이다. 이러한 공간에 거주하는 주민(住民)이 있어야 지방자치가 이루어진다. 우리나라의 경우, 비무장지대(DMZ) 부근 지역은 공간은 존재하지만, 주민이 존재하지 않으므로 지방자치를 실시할 수가 없다. 일반적으로 주민은 그 지역에 살고 있는 사람을 의미하지만, 지방자치법상의 주민은 지방자치단체 안에 주소를 가진 자, 구체적으로는 자치단체의 구역 안에 주민등록이 되어 있는 사람(지방자치법 제16조)을 의미한다.[2)]

실제로 그 지역에 주민등록이 되어 있는 사람만이 투표권(선거권), 공직 후보자 출마권(피선거권) 등과 같은 공적인 권리를 향유한다. 주민은 권리만을 취득하는 것이 아니

---

2) "지방자치법 제16조(주민의 자격): 지방자치단체의 구역 안에 주소를 가진 자는 그 지방자치단체의 주민이 된다." 여기서 말하는 주소란 주민등록지를 말하며, 주민은 자치단체 관할 구역에 주민등록이 된 개인을 의미한다. 주민은 지방정부에 대한 권리와 의무의 주체가 되고, 선거권과 피선거권을 행사한다. 그런데 주민의 자격은 법령마다 다르게 평가되기도 한다. '지방세법'에서는 주민세의 부과 대상으로 지역에 주소지를 둔 개인뿐만 아니라 법인(法人)도 지명하고 있다. 법인도 법적 인간으로 그 지역에 주소를 두고 있으므로 주민세를 내야 한다. 또한 우리나라 민법에서 말하는 주소는 주민등록지가 아닌 생활의 근거지를 말하며, 동시에 두 곳 이상의 있을 수 있다. 예컨대, 민법 제18조는 "① 생활의 근거 되는 곳을 주소로 한다. ② 주소는 동시에 두 곳 이상 있을 수 있다"고 규정하고 있다.

라 동시에 지방세 납부, 자치법규의 준수 등과 같은 주민으로서의 의무도 부여받는다.[3] 일정한 지역에 오래 거주하였더라도 그 지역에 주민등록이 되어 있지 않은 사람은 주민으로서 권리를 행사하지 못하고 의무도 부여받지 않는다. 그러나 일정 기간 거주하지 않았더라도 그 지역에 주민등록이 되어 있는 사람은 지방자치법상 주민으로서 권리와 의무의 주체가 된다.

3) 지방자치는 국가와의 상호 관계 속에서 이루어진다

지방자치는 국가(國家)라는 상위 개념을 전제로 하여 존재한다. 상위 개념으로서 국가가 존재하지 않는 지방은 더 이상 지방이 아닌 독립 국가가 될 것이다. 따라서 지방은 국가 체계의 일부분이며, 국가라는 전체 체계의 하위 체계를 구성한다. 따라서 국가를 전제하지 않거나 무시하는 지방자치라는 개념은 성립될 수 없다.[4]

지방은 자연 상태에서 발생한 것이며 국가는 자발적으로 형성된 주민자치조직을 인위적으로 결합한 것일 뿐이라는 지방 중심적 견해도 있고, 국가가 성립된 이후 국가 기능의 일정 부분을 지방에 이양했다는 국가 중심적 관점도 있을 수 있다. 그러나 어떤 견해도 일단 국가 혹은 중앙이라는 전체 시스템을 전제로 성립된다. 따라서 지방자치는 국가 전체의 통합을 해치지 않는 범위 내에서 실시되어야 하고, 국가와 국민 통합에 기여할 수 있는 방향으로 전개되어야 한다. 국가와 지방은 서로 대립하며 갈등할 수 있다. 그러나 원칙적으로 국가와 지방, 지방과 지방은 상호 존중과 협력의 정신을 바탕으로 공존할 수 있어야 한다.

4) 지방자치는 일정한 범위의 자치권을 행사한다

지방자치 시대에 지방은 주민의 주권을 행사할 수 있는 권한인 자치권(自治權)을 가

---

3) 지방선거의 선거권은 주민 중 18세 이상으로 선거인명부 작성 기준일 현재 관할 구역에 주민등록이 되어 있는 자, 재외동포 중 해당 지방자치단체의 주민등록 명부에 3개월 이상 계속하여 올라 있는 자, 영주 체류자격 취득 후 3년이 경과하고 지방자치단체의 외국인 등록대장에 등록되어 있는 외국인에게 주어진다(공직선거법 제15조). 지방의원이나 단체장에 출마할 수 있는 자격(피선거권)은 주민 중 25세 이상으로 60일 이상 관할 구역에 주민등록이 되어 있는 자에 한한다(공직선거법 제16조). 지방선거의 선거권이 있는 외국인에게 피선거권은 주어지지 않는다.

4) 지방이 독립하여 국가가 되는 경우도 있다. 체코와 슬로바키아는 원래 체코슬로바키아공화국이었으나, 1993년 의회 의결을 통해 체코지역과 슬로바키아지역이 각각 분리하여 체코 공화국과 슬로바키아 공화국으로 독립하였다.

지고 있다. 지방자치단체의 자치권을 자연적으로 발생한 주민의 고유권(固有權)으로 보기도 하고, 국가로부터 일정한 부분의 권한을 이양받은 전래권(傳來權)으로 이해하기도 한다. 어떤 성격으로 이해하든지 지방자치는 국가로부터 독립하여 일정한 범위의 독자적인 권력을 행사할 수 있다. 그러나 지방의 자치적 권력은 무제한으로 향유되는 것이 아니다. 국가적 통합을 위해 지방자치단체의 자치권은 법률에 의해 규정되는 제한적인 범위 내에서 이루어진다. 우리나라의 경우, 지방자치단체의 자치법규인 조례는 법령의 범위 안에서 혹은 법률의 위임 하에서 제정된다.[5)]

이러한 자치권의 행사는 동시에 그러한 권한에 상응하는 주민의 책임과 의무의 이행을 요구한다. 권리만을 주장하고 지방의 의무를 이행하지 않거나, 권한만을 행사하고 그 결과에 대한 책임을 지지 않는다면 이는 성숙한 의미의 지방자치라고 할 수 없다.

5) 지방자치는 지방자치단체를 구성한다

지방자치는 주민들이 중심이 되어 자치권을 가진 주민들의 자치조직인 지방자치단체(地方自治團體)를 구성한다. 지방자치는 이러한 지방자치단체를 중심으로 이루어진다. 교육은 학교를 중심으로, 경영은 기업을 중심으로, 병의 진료는 병원을 중심으로 이루어지듯이 지방자치는 지방자치단체를 중심으로 이루어지는 것이다.

지방자치단체를 지방정부(地方政府, local government)라고 부르기도 한다. 영미권에서는 주로 지방정부라는 용어를 사용한다. 일본에서는 지방공공단체(地方公共團體)라고 한다. 지방정부에 대응하는 개념은 중앙정부이다. 우리나라 헌법이나 지방자치법에서는 지방정부라는 용어 대신 지방자치단체라는 용어를 사용하고 있다. 따라서 모든 공적 문서에는 지방자치단체라는 표현을 쓴다. 지방자치단체에 대응하는 개념은 국가이다. 대체적으로 중앙정부-지방정부, 국가-지방자치단체라는 표현을 상호 대응하여 사용한다. 예컨대, '중앙-지방 상호 관계'라고 쓰거나, '국가-지방자치단체 상호 관계'라고 표현한다.[6)]

---

5) 지방자치법 제28조(조례): 지방자치단체는 법령의 범위 안에서 그 사무에 관하여 조례를 제정할 수 있다. 다만, 주민의 권리 제한 또는 의무 부과에 관한 사항이나 벌칙을 정할 때에는 법률의 위임이 있어야 한다. 그런데 이 조항 중 '법령의 범위 안에서'를 '법령을 위반하지 않는 범위 안에서'로 개정하여 지방의 자치입법권을 확대해야 한다는 견해가 있다.

6) 국가-지방자치단체의 개념 중에서 국가를 정부로 대처하여 정부-지방자치단체를 상호 대응하는 조직 개념으로 쓰는 경우도 있다. 우리나라 정부조직법에서 말하는 정부는 대통령을 중심으로 한 행정부를 지칭한다. 때때로 대통령제 국가의 행정부는 정부나 국가를 지칭하는 개념으로 쓰이기도

우리나라의 보통 지방자치단체는 기본적으로는 광역자치단체와 기초자치단체의 두 가지 종류가 있다. 광역자치단체는 특별시 · 광역시 · 특별자치시 · 도 · 특별자치도가 있으며, 중앙정부의 직할 하에 둔다. 기초자치단체는 시 · 군 · 자치구가 있으며, 광역자치단체의 관할 하에 둔다. 특별시 관할 하에는 자치구(自治區)가 있고, 광역시 밑에는 자치구와 군이 있다. 도에는 시와 군이 소속되어 있다. 우리나라는 기본적으로 광역-기초의 2계층제를 기본 구조로 채택하고 있지만, 부분적으로는 1계층을 유지하기도 한다. 예컨대, 광역자치단체 중 세종특별자치시와 제주특별자치도에는 기초자치단체가 없는 단일 계층구조를 가지고 있다.

지방자치단체는 헌법에 근거하여 성립된 조직이며,[7] 일반 법률로 그 존재 혹은 폐지를 규정할 수 없다. 또한 지방자치단체는 공공 법인(法人)의 지위를 가지고 있어, 자연인(사람)처럼 실정법 상 권리 의무 주체가 된다. 자신의 고유한 이름이 있고, 재산을 소유할 수도 있다. 인구 50만 명 이상의 대도시에 설치된 행정구(行政區)와 제주특별자치도에 설치된 행정시(行政市)는 지방자치단체와는 법적 지위가 구분되는 일반 행정기관이다.

우리나라는 보통자치단체 이외에 특별한 목적을 달성하기 위해 법인(法人) 형식으로 결성하는 특별자치단체를 둘 수 있다. 현재 여러 자치단체가 공동으로 사무를 처리하기 위해 결성한 지방자치단체조합이 대표적인 예이다.

6) 지방자치는 주민 스스로의 참여와 의사결정을 통해 이루어진다

지방자치 시대 주민은 지방의 주권자로서 스스로 권한을 행사하고, 자율적으로 의사결정을 하며 그 결과에 대하여 책임을 진다. 주민은 주요한 지역의 의사결정 사항에 대해 주민투표로 결정권을 행사할 수 있다. 또한 단체장이나 지방의원과 같이 직접 공무의 담임자로서 나설 수도 있고, 선거 과정에서 대표자를 통해서 정책을 선택할 수 있다. 또한 주민발안 · 주민소환 · 주민소송과 같은 직접적인 참여 방식으로 의원과 단체

한다.

7) 우리나라 헌법 지방자치 관련 규정은 제117조와 제118조에 규정되어 있다. 헌법 제117조 제1항에 "지방자치단체는 주민의 복리에 관한 사무를 처리하고 재산을 관리하며, 법령의 범위 안에서 자치에 관한 규정을 제정할 수 있다." 제2항에는 "지방자치단체의 종류는 법률로 정한다." 헌법 제118조 제1항에는 "지방자치단체에 의회를 둔다." 제2항에는 "지방의회의 조직 · 권한 · 의원선거와 지방자치단체의 장의 선임방법 기타 지방자치단체의 조직과 운영에 관한 사항은 법률로 정한다"고 규정되어 있다.

장을 통제하고 견제할 수 있다. 이외에도 주민참여예산제, 주민치안위원회, 학교운영위원회 등 다양한 공공서비스 공급 과정에 직·간접적으로 참여할 수도 있다. 기타 여론이나 시위 등을 통해 주민들의 의견을 표출할 수도 있다.

7) 지방자치는 자신들의 지역문제를 해결해 나간다

지방자치에서 다루는 문제는 국가적 차원 문제가 아니라 지역의 문제이다. 국가사무는 국가나 중앙정부 차원에서 다루어지는 문제로 외교·국방·금융·화폐 등과 같은 것이다. 지방사무는 주변의 생활 영역에서 제기되는 지역의 문제들로 시민 공원 및 상·하수도 관리, 쓰레기 처리, 생활 도로와 교량, 가로등 관리, 주민의 복지를 증진, 지역경제를 활성화 등 우리 생활 주변의 일상 업무에 관련된 것이다.

지방자치단체는 이러한 지방사무 이외에도 국가적 수준에서 관리해야 할 국가의 위임사무도 처리한다. 국가의 위임사무는 지방자치단체에 위임하여 조례를 제정 처리하도록 하는 단체위임사무와 자치단체장에게 위임하여 규칙의 형식으로 관리하는 기관위임사무가 있다. 단체위임사무는 보건위생이나 전염병 예방, 재난구호와 같이 국가적 차원에서 관리가 필요한 사무를 지방자치단체에 위임하여 처리하는 것이고, 기관위임사무는 인구조사·병역·선거사무와 같이 국가가 단체장에게 처리를 위임한 사무이다. 지방자치단체장은 지방사무의 총괄 책임자로서 지위와 함께, 국가사무의 수탁 처리자로서 지위를 동시에 가지고 있다.

8) 지방자치는 궁극적으로 주민의 복리를 실현하고자 한다

우리나라 헌법에는 "지방자치단체는 주민의 복리에 관한 사무를 처리하고 재산을 관리한다"(헌법 제117조)고 규정하고 있고, 1993년 토론토에서 발표된 세계지방자치선언에서는 "지방자치란 지방 주민의 이익을 위해 자신들의 책임 하에 공공사무를 규제하고 관리하는 지방자치단체의 권리와 의무를 의미한다"(IULA 세계지방자치선언 제2조 제1항)라고 정의하고 있다.[8)]

이렇듯 지방자치는 궁극적으로 지방 주민의 이익과 복지를 실현하기 위해 존재하는

8) Local self-government denotes the right and the duty of local authorities to regulate and manage public affairs under their own responsibility and in the interests of the local population.

것이다. 따라서 지방자치단체장들이나 지방의회 의원들과 같은 주민의 대표자들은 주민의 이익이 되는 대안을 선택하고 주민의 행복한 삶의 여건 구축에 노력할 수밖에 없고, 그래야 한다.

지방자치가 근본적으로 주민들의 이익을 위해서 존재한다고 할지라도 특정 지역 만의 이익이나 특정 주민 집단의 이익만을 배타적으로 추구하는 것까지 인정될 수는 없다. 지방자치가 지역 주민의 이익을 우선적으로 고려하지 않을 수 없다고 하더라도 이러한 주민 이익은 국가와 이웃 지방과의 조화, 국민 통합을 해치지 않는 범위 내에서 추구되어야 한다.

3. 관련 유사 개념

지방자치와 동일 혹은 유사 개념으로는 지방정치, 지방행정 등이 있다.

1) 지방정치

지방정치(local politics)는 넓은 의미에서 지방자치(local self-government, local autonomy)와 동일 개념으로 볼 수 있다. 그러나 정치를 권력 현상이라는 좁은 의미로 한정하면 지방정치는 지방자치의 부분 개념이다.

예컨대, 지방정치를 지방의 권력 과정이라는 좁은 맥락에서 보면 지방정치는 지방의 권력을 누가 장악하고 실천하는가의 권력 문제를 다루는 영역이다. 따라서 지방정치는 지방선거, 지방정당, 지방의회, 정책 선택 과정 등을 지칭하는 좁은 의미가 된다. 이에 비해 지방자치는 지방정치를 포함, 지방행정, 지방경영, 지방정책 등을 포함하는 보다 폭넓은 개념이다.

2) 지방행정

지방행정(local administration)은 지방자치단체의 집행부를 중심으로 한 지방사무의 실천적 관리 작용을 의미한다. 지방사무, 조직 및 인사관리, 재정 및 재무관리, 지방정책 관리 기타, 지방의 공공서비스 공급 등의 영역이 주요 관심 영역이다.

현대 민주사회에서 지방자치는 주로 주민의 일상생활 영역을 중심으로 이루어지므로, 실질적으로 지방행정은 지방자치의 중심 영역이 되기도 한다. 따라서 지방행정은 지방자치의 부분 개념이지만, 현대 사회가 행정국가적 경향을 띠어가고 있기 때문에 지방행정은 지방자치의 실질적 개념으로 이해되기도 한다.

제 2 절 지방자치의 주체와 객체

여기서는 지방자치의 주체와 객체를 구분해 보기로 한다. 지방자치의 주체란 지방자치의 중심적인 행위 능력자로 국가(중앙정부), 지방자치단체(지방정부), 주민(시민)을 의미한다. 지방자치의 객체는 지방자치의 행위 주체가 추구하는 목적이나 대상을 의미하는데, 여기서는 지역문제와 주민복리로 정리하였다.

1. 지방자치의 주체

지방자치의 주체(主體)라 함은 지방자치 과정에 존재하는 의사 및 행위 능력의 주체를 의미한다. 여기서는 국가, 지방자치단체, 주민을 지방자치의 주체로 이해한다.

1) 국가(중앙정부)

국가(國家, state, nation)는 지방과는 독립된 실체이지만, 지방과 관련된 의사결정에 법률에 의해 주어진 바에 따라 관여할 수 있다. 국가는 지방의 전체적 연합체로서 지방자치의 문제는 항상 국가의 의사와 이익과 연관되어 존재하기 때문이다. 따라서 지방자치와 관련된 의사결정에서 국가의 존재는 무시될 수 없다. 국가는 지방자치단체 간에 발생하는 다양한 이익 갈등을 조정하고 통제하는 기능을 하고, 지방 수준에서 다룰 수 없는 사무를 처리한다. 상위 개념으로서 국가가 없는 지방 개념은 성립하지 않는다. 국가 없는 지방은 스스로가 국가가 되는 것이기 때문이다. 국가와 유사한 의미로 때로는 중앙정부(central government) 혹은 그냥 정부(government)라는 용어를 사용하기도 한다. 우리나라나 일본의 지방자치법에서 사용되고 있는 '국가'라는 개념은 실질적으로 '중앙정부'와 동일한 의미이다.[9]

---

9) 예를 들면, 지방자치법 제9장 국가와 지방자치단체와의 관계, 제166조(지방자치단체의 사무에 대한

2) 지방자치단체(지방정부)

지방자치단체(地方自治團體, local state, local government, local authority)는 지방자치를 수행하는 기본 단위이다. 우리나라에서는 지방자치단체와 지방정부를 동일 혹은 유사 개념으로 사용한다. 우리나라의 헌법과 지방자치법, 자치법규에서는 공식적으로 지방자치단체라는 명칭을 사용하고 있다. 지방자치단체는 법인단체라는 법제도적인 의미를 내포하고 있고, 지방정부는 주민의 정치적 결사체라는 정치적 의미를 강조하고 있다. 일반적으로 국가의 대응 개념으로는 지방자치단체(국가-지방자치단체)이고, 중앙정부의 대응 개념으로는 지방정부(중앙정부-지방정부)라는 표현을 쓴다.

지방자치단체(지방정부)는 논자에 따라 여러 관점에서 정의할 수 있는데, 여기서는 넓은 의미, 중간적 의미, 좁은 의미의 세 가지 유형으로 정리해 보고자 한다. 첫째, 넓은 의미에서 보면 지방자치단체는 국가 내의 부분 영토에 형성된 지방국가(local state)로서의 성격을 가지고 있다. 지방자치단체는 주민, 구역, 자치권, 자치기관을 기본 요소로 형성된 법인격을 갖는 지역의 공공단체이며, 주민의 주권적 의사를 실현하는 지역주민의 정치적 결사체인 것이다. 둘째, 중간적 의미에서 보면 지방자치단체는 국가 내의 부분 영토에 형성된 지방의 통치기구라는 의미를 가지고 있다. 이는 일반적으로 이해되고 있는 지방자치단체 혹은 지방정부의 개념이라고 할 수 있다. 따라서 지방자치단체는 지방의회와 지방자치단체장을 중심으로 형성된 지방의 자치기관이라는 의미로 이해된다. 셋째, 가장 좁은 의미로 보아 지방자치단체를 '지방행정부 혹은 지방집행부'로 이해하기도 한다. 지방자치단체장과 집행부가 지역 대표로서 기능을 수행하고 있는 관계로 지방자치단체의 장을 중심으로 한 지방집행부를 지방자치단체와 동일 개념으로 이해하는 것이다.

3) 주민(시민)

주민(住民, citizen, resident)은 지방자치의 실질적 주인이며 주권자이다. 지방자치법상 주민은 해당 주소지에 주민등록이 되어 있는 사람이다. 주민은 지방자치단체가 제공

지도와 지원) ① 중앙행정기관의 장이나 시·도지사는 지방자치단체의 사무에 관하여 조언 또는 권고하거나 지도할 수 있으며, 이를 위하여 필요하면 지방자치단체에 자료의 제출을 요구할 수 있다. ② 국가나 시·도는 지방자치단체가 그 지방자치단체의 사무를 처리하는 데에 필요하다고 인정하면 재정 지원이나 기술 지원을 할 수 있다.

하는 행정 혜택을 받을 권리를 가지며, 그에 따른 의무도 부담한다. 주민은 개별적 지위로서 혹은 주민집단으로서 다양한 방식으로 지방자치의 정책결정과 집행 과정에 참여할 수 있으며, 국가와 지방자치단체에 의사결정권을 행사할 수 있는 의사결정과 행위의 주체가 될 수 있다.

주민 대신 시민이란 표현을 쓰기도 한다. 주민은 헌법·지방자치법상에 규정된 법·제도적 의미이다. 이에 비해 시민은 근대 시민사회의 성립과 함께 형성된 정치적 개념으로 근대 민주국가에서 주권자라는 의미를 내포하고 있다. 일상 속에서 주민과 시민은 유사 동일 개념이다. 지방자치 관련 법령이나 조례 규칙과 같은 자치법규에는 주민이라는 표현을 쓴다.

2. 지방자치의 객체

지방자치의 객체(客體)란 지방자치의 주체들이 추구하는 목표나 대상을 의미한다. 여기서는 지방자치의 객체(대상)를 지역문제와 주민복리로 설명한다.

1) 지역문제

지역문제(local problem)는 지방자치가 담당하는 사무의 영역이다. 지방자치는 지방적 사무를 처리하고 지역의 문제를 해결하고자 한다. 도시 가로망을 정리하고, 가로등을 관리하며, 쓰레기를 청소를 하고, 공원을 관리한다. 또한 지역의 낙후된 경제를 고민하고, 체육시설을 관리하고 주민의 복지를 고민하고, 지역의 문화를 발전시키고자 노력하는 것이다.

지방의 사무는 국가나 중앙정부가 관여하여 해결하는 것보다는 일상생활 속에서 살아가는 지역 주민과 함께하는 지방정부에서 처리하는 것이 효과적이다. 지방자치는 외교 국방과 같은 거시적이고 국가적인 사무에 관여하기를 원하는 것이 아니다. 지방자치는 우리들의 일상생활 속에서 살아가는 우리 동네의 문제를 고민하는 것이다. 시민들의 일상생활은 시청·군청·구청과 연결되어 있다. 청와대, 국회, 대법원과는 특별한 경우 아니면 일반 시민은 만날 일이 없다. 사실상 지방자치는 우리들의 일상적인 삶의 대부분 영역과 함께하고 있는 것이다.

2) 주민복리

지방자치는 궁극적으로 행복한 지역 만들기를 추구한다. 우리나라 헌법에는 인간의 존엄과 가치 행복 추구권을 보장하고 있다.[10] 지방자치는 주민 스스로 참여와 노력에 의해 행복한 지역을 만들기 위해 노력한다. 그러나 지방마다 지리적 여건이 다르고, 경제적 · 재정적 · 사회문화적 여건이 다르다. 살기 좋은 지방, 살고자 모이는 지방이 있는가 하면, 살기 힘든 지방, 떠나가는 지방이 있을 수 있다. 이러한 현실 속에서 주민이 필요로 하는 여건, 주민이 좀 더 행복할 수 있는 환경을 만들기 위해 최선을 다하는 것이 지방자치의 궁극적 존재 이유라 할 것이다.

제 3 절 지방자치의 요소와 본질

사물의 실체(substance)는 사물의 구성 요소와 본질을 파악함으로써 바르게 이해할 수 있다. 어떤 대상의 구성 요소와 본질에 대한 설명은 형이상학적 의미를 가지고 있으므로, 사람마다 다르게 접근할 수 있다. 여기서는 이러한 어려움에도 불구하고 지방자치의 구성 요소와 본질을 정치적 측면, 행정적 측면, 법 · 제도적 측면으로 구분하여 살펴보고자 한다.

정치적 측면에서 보면, 지방자치는 지방분권과 주민참여를 기본 요소로 하는 민주주의의 실천 도구이다. 행정적 차원에서 보면, 지방자치는 지방분업과 주민자율의 원리로 구성되는 능률적 행정의 수단이다. 또한 법 · 제도적 측면에서 보면, 지방자치는 단체자치와 주민자치로 구성되는 자치 분권의 국가적 제도이다. 이러한 복합적 요소들의 조합으로 지방자치의 본질이 형성된다.

1. 지방분권과 주민주권

정치적 차원에서 지방자치의 본질은, 권력의 분립을 통해 중앙에 집중된 권력을 지

10) 헌법 제10조: 모든 국민은 인간으로서 존엄과 가치를 지니며 행복을 추구할 권리를 가진다. 국가는 개인이 가지는 불가침의 기본적 인권을 확인하고 이를 보장할 의무를 진다.

방에 분산시키고, 이를 통해 궁극적으로 주민주권의 민주적 기본 가치를 실현하고자 하는 것이다.

1) 지방분권

지방분권(地方分權)은 국가 혹은 중앙에 집중된 권력을 지방에 분산시키는 것으로 지방자치의 출발이며 근본 이념이다. 지방분권은 권력분립이라는 민주주의 기본 원칙을 국가와 지방 사이의 관계 속에서 실현하고자 하는 것으로, 지방자치는 국가 권력을 공간적으로 분립시키려는 노력이라고 할 수 있다.

이러한 분권화 이념을 통해 지방은 스스로를 통치할 수 있는 권력인 자치권을 가질 수 있다. 지방의 자치권은 자연적으로 주어진 자연권이며 고유권이라는 시각과 자치권은 국가가 기능적 필요에 의해 부여한 전래권이라는 시각이 존재한다. 또한 지방자치는 헌법에 의해 제도적으로 보장된 헌법적 권한이라는 시각도 존재한다.

2) 주민주권

지방자치는 주민주권(住民主權)의 풀뿌리 민주주의(grass root democracy) 정신을 통해 민주주의 이상적 원리를 실현고자 한다. 주민주권이란 주민이 그 지역의 실질적인 주인이며 최고 권력자임을 의미한다.[11] 지역의 주민들이 지방의 실질적 의사결정자 혹은 참여의 주체로서 권력을 행사하는 것이다.

국가가 지방에 권력을 분배하더라도 지역의 주민들이 실질적 지방 권력의 주체가 되지 못한다면 지방자치라는 개념은 성립하기 어렵다. 고려 시대 지방 호족이 중앙정부로부터 나름대로의 독립적인 자치권을 행사했고, 조선 시대 지방관이 지역에서 독자적이고 절대적 권력을 행사했다고 해서, 이를 근대적 의미의 지방자치라고 할 수 없다. 당시대의 주민들이 지방의 실질적 의사결정자 혹은 참여의 주체로서 권력을 행사하지 못했기 때문이다.

---

11) 주민주권이란 대한민국 헌법 제1조의 가치를 지역 차원에서 실시하고자 하는 것이다. 대한민국 헌법 제1조: ① 대한민국은 민주공화국이다. ② 대한민국의 주권은 국민에게 있고, 모든 권력은 국민으로부터 나온다.

2. 지방분업과 주민자율

행정적 측면에서 지방자치는 공공사무의 국가적 분업을 통해 행정의 능률을 실현하는 것이다. 국가가 모든 지방적 사무까지 처리한다는 것은 비민주적이기도 하지만, 비능률적이기도 한다. 지방분업은 중앙에 집중된 국가의 공공사무를 지방에 분산시켜 국가와 지방이 서로 협력하여 공공사무를 처리하고자 하는 것이다. 국가적 능률을 향상키는 것이며, 동시에 지방적 능률도 향상시키는 것이다. 이러한 분산된 업무는 지역의 주민이 스스로 책임 있게 처리해 가는 주민자율의 정신을 토대로 구성된다.

1) 지방분업

지방분업(地方分業)이란 지방적 사무는 지방 주민에게 분담시키는 것을 의미한다. 각 지역의 고유 업무는 주민 자신이 처리하도록 하는 것이다. 국가가 모든 지방 주민의 운명을 지배하던 중앙집권적 권위주의 시대와는 달리 지방자치는 지방의 일은 주민에게 맡기고자 하는 것이다. 이러한 공공사무의 지방분업을 통해 국가 집중적이고 독점적인 행정체계를 개선할 수 있다. 지방분업을 통해 중앙정부의 업무 과다를 막고, 지방적 업무를 효과적이고 전문적으로 처리할 수 있게 하는 것이다.

2) 주민자율

그러나 지방 주민에게 그들의 일거리를 나누어 주는 것만으로 지방자치가 완성되지 않는다. 주민은 자신들의 문제를 스스로 권한과 참여하에 해결하고 그 결과에 대해서도 책임을 질 수 있어야 한다. 지방에서 권한만을 행사하려 하고 의무를 다하지 않거나, 결과에 대해서 스스로 책임을 지지 못한다면 그것은 진정한 의미의 지방자치가 실현되고 있다고 볼 수 없다. 지방자치에서 자율권(autonomy)이란 지방이 자기의 권한을 가지고 결정하고 행동하며, 그러한 자기의 행위 결과에서 대해서 스스로 책임을 질 수 있을 때 주어지는 권리이다.

따라서 지방분업과 주민자율은, 지방분권과 주민주권의 관계와 마찬가지로, 분리되어 존재할 수 없다. 진정한 자율은 자기에게 주어진 권한과 책임을 다할 때 주어지는 것이기 때문이다.

3. 단체자치와 주민자치

법적 · 제도적 측면에서 보면, 지방자치는 지방이 행위 능력자로서의 법률적 지위를 확보하고, 국토의 부분 공간에 대한 제도적 통치 기능을 확보하는 것을 의미한다. 이는 지방자치를 법적 관점에서 보는 것이다. 이 관점에서는 지방자치를 단체자치(團體自治)와 주민자치(住民自治)의 두 가지 요소로 설명한다. 우리나라 고려 시대에는 지방 호족들이 나름대로 강력한 자치권을 행사했다. 조선 시대에도 지방의 향약 향회가 나름대로의 자치권을 행사했다. 그러나 이러한 봉건적 지배 형태를 지방자치라고 말할 수 없다. 당시 지방에서 권한을 가지는 단체자치적 요소는 있었지만, 주민이 주권자가 되는 주민자지라는 개념이 결여되어 있었기 때문이다. 단체자치와 주민자치의 두 개념은 의미상 구분되기는 하지만, 실제 상황 속에서 지방자치의 별개 요소로 구분되어 존재할 수는 없다. 이는 동전의 앞면과 뒷면이 구분되지만, 실제 사용하는 데 있어서 구분되어 존재할 수 없는 것과 마찬가지의 원리라고 할 수 있다.

1) 단체자치

법적 · 제도적 차원에서 보면, 지방자치는 지방자치단체가 자치권을 행사할 수 있는 독립된 공법인(公法人)으로서 지위를 획득하면서 비로소 시작된다. 국가와 다른 지방자치단체와의 관계 속에서, 자치단체가 독립적인 법적 의사결정과 행위의 주체로 법인의 지위를 확보할 수 있을 때 비로소 지방자치가 성립될 수 있는 것이다. 이렇듯 지방자치는 공법인인 지방자치단체를 중심으로 이루어지는 것으로, 이를 지방자치단체를 중심으로 한 자치, 즉 '단체자치(團體自治)'라고 부른다.

지방자치단체는 법인(法人)의 지위를 획득함으로써 자연인(自然人)과 유사하게 자신의 고유한 이름을 가지며, 재산권을 행사할 수 있는 법률 행위의 독립적 주체가 된다. 이러한 의미에서 단체자치를 법률적 의미의 자치라고 부르기도 한다. 같은 기능의 공공사무를 관리하더라도 법인의 지위를 얻지 못하면 단체자치의 주체가 되지 못한다. 인구 50만 명 이상의 대도시에 설치된 행정구나 제주특별자치도에 설치된 행정시는 자치구(自治區)나 자치시(自治市)와 유사한 행정 기능을 수행하지만 공법인이 아닌 경우이다. 따라서 행정구나 행정시는 법인격이 없는 행정기관으로서의 지위를 가지고 있다.

2) 주민자치

주민들에게 법적·제도적 의미의 단체자치권이 부여되었다고 해도 주민이 주권자로서 실질적 자치권을 행사하지 못하면 지방자치는 성립될 수 없다. 여기서 주민자치(住民自治)란 주민이 중심이 되고, 주민에 의해, 주민을 위하여 이루어지는 주민 중심의 자치를 의미한다.

형식적 법률적 의미의 자치인 단체자치만으로는 지방자치를 완성시킬 수 없다. 주민이 실질적으로 지방의 주권자로서 지위를 행사하는 주민자치와 법적 자치인 단체자치가 결합해야 지방자치는 비로소 완성되는 것이다. 이러한 의미에서 주민자치를 정치적 의미의 자치라고 부르기도 한다.

그림 1-1 지방자치의 본질과 요소

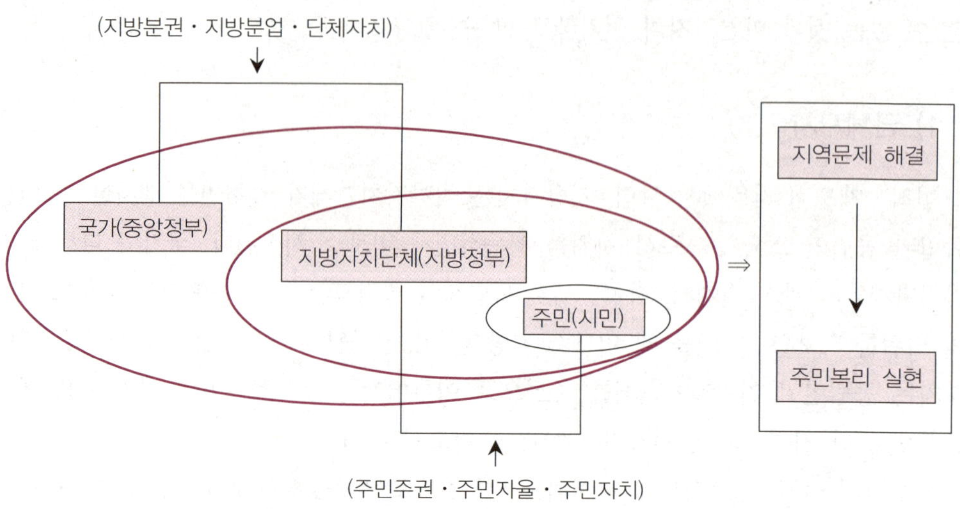

제 4 절 지방자치의 유형

선진국의 대부분 나라에서는 이미 지방자치가 실시되고 있고, 그 외에 대부분의 나라에서도 자기 나름대로의 지방자치제도를 가지고 있다. 여기서는 지방자치의 유형을 나라별로 여러 가지 특성에 따라 분류해 보고자 한다. 국가 형태에 의한 분류, 중앙-지방 권력 관계에 의한 분류, 기관 구성 형태에 의한 분류, 중심 기능에 의한 분류가 그것이다.

1. 국가 형태에 의한 분류

국가의 통치 형태에 따라 지방자치단체의 지위와 형태가 결정될 수 있다. 여기서는 국가의 정부 단계 형태에 따라 연방국가형, 단일국가형, 절충형으로 나누어 살펴본다.

1) 연방국가형

연방국가는 연방정부(federal government), 주정부(state government), 지방정부(local government)의 세 단계의 정부로 구성되어 있다. 이 경우 지방정부는 주정부의 하위 단위로 존재한다. 예를 들면, 미국과 같은 경우, 미합중국(USA) 정부 밑에 50개 주가 있으며, 주 아래에 약 8,000여 개의 지방정부가 있다. 따라서 연방국가에서의 지방정부는 주정부를 의미하는 것이 아니고, 주의 하위정부인 카운티(county), 시(city), 타운(town), 빌리지(village) 등을 의미한다. 연방국가의 경우, 대부분 지방정부는 주정부에 의해 창설되거나 운영되므로, 지방정부의 형태가 주마다 매우 다양하고 복잡하다는 특징이 있다. 미국이나 캐나다, 독일 등이 이러한 형태로 구분된다.

2) 단일국가형

단일국가는 중앙정부(national government, central government), 지방정부(local government)의 이원적 체계로 정부 형태가 구성된다. 이 경우, 지방정부는 중앙정부(국가)의 전체적 권력구조 안에 놓여 있다. 예를 들면, 프랑스의 경우 중앙정부 아래 레지옹(région), 데파르트망(départment), 코뮌(commune)의 지방정부가 있는데, 이는 모두 중앙정부의 통제와 감독 하에 놓여 있다. 한국과 일본도 이러한 유형에 속한다고 볼 수 있다. 단일국가형은 대부분 잘 정비된 통일적인 지방정부 구조를 가지고 있다.

3) 절충형

절충형은 단일국가의 형태를 띠고 있으나 실질적으로 연방국가처럼 운영되고 있는 준연방형을 의미한다. 영국과 스페인 같은 경우가 대표적인 예라고 볼 수 있다. 영국은 왕 아래의 단일 국가 형태를 띠고 있다. 그러나 잉글랜드, 웨일스, 스코틀랜드, 북아일랜드 등의 네 지역이 각각 언어와 종교, 인종 등이 다르며, 지역마다 지방색이 매우 강하다. 따라서 영국은 네 지역이 실질적으로 지방국가(local state) 형태를 유지하고 있다. 더구나 사회당의 토니 블레어(Tony Blair) 수상이 집권(1997.5)하면서 강력한 지방분권 정책을 추진하여, 1999년 5월에 스코틀랜드와 웨일스에서는 각각 129명과 60명의 지역 의원을 선출하여 독자적인 입법권을 가진 지역의회(parliament)를 결성하였다. 이후 지역정부는 외교·국방 등의 영역을 제외한 광범위한 영역에서 자주권을 갖게 되었다. 즉, 영국은 연방국가는 아니지만, 실질적으로 연방의 형식으로 운영되고 있다. 따라서 영국에서 말하는 지방정부는 각 지역의 하위 정부인 대도시구역(metropolitan district council)이나 통합카운티(unitary authority), 구역의회(district council) 등을 의미한다. 스페인도 단일국가의 형태이지만 연방국가에서의 주정부에 준하는 지역(region)정부가 존재한다. 스페인의 지역정부에는 광역정부인 도(province)와 기초정부인 시(municipality)가 소속되어 있다. 지역정부는 연방체제에서의 주정부와 유사한 입법권 조세권 등 강력한 자치권을 가지고 있다. 특히 동부의 바르셀로나를 중심으로 한 카탈루냐 지방은 스페인으로부터 분리된 독립 국가를 건설하고자 노력을 계속하고 있다.

2. 중앙–지방 권력 관계에 의한 분류

중앙정부와 지방정부 간의 권력 관계를 중심으로 각 나라의 지방자치 형태를 분류해 볼 수 있다. 각각 나라 안에서도 중앙-지방의 권력에는 다양한 설명이 가능하기 때문에 이러한 국가별 분류는 상대적인 것이다. 여기서는 분권형, 제한된 분권형, 집권형으로 구분하기로 한다.

1) 분권형

영·미형으로 분류되는 이들 나라들은 국가의 형성 과정을 볼 때 지방정부의 권한이 매우 강할 수밖에 없는 전통을 가지고 있다. 대표적인 나라는 영국, 미국, 독일, 스위스 등이다. 정부 형태는 대부분 연방제(미국, 독일, 스위스)나 준연방제(영국)의 형태를 띠고 있다. 지방정부의 자치권은 중세 도시국가나 서부 개척 시대에서부터 자연발생적으로 생성되어 온 전통을 가지고 있기 때문에, 지방자치는 당연한 기본권으로 존중된다. 또한 이러한 나라들은 지방자치단체의 종류나 기관 구성 형태, 규모나 성격 등이 매우 다양하다는 특색을 가지고 있다.

2) 제한된 분권형

제한된 분권형은 분권적 형태로 지방자치가 실시되기는 하지만, 강력한 중앙정부를 유지하고 있으며, 지방에는 적은 권력만을 이양해 주는 지방자치 형태를 의미한다. 유럽의 경우는 프랑스, 동양의 경우는 한국과 일본 등이 대표적인 예이다. 분권적 자치형에 비해 중앙정부의 통제와 권한이 강한 편이며, 지방자치의 구조가 단순하고 통일적이다.

프랑스는 나폴레옹(Bonaparte Napoléon)이 통치할 시기에 군대식의 통일된 체제로 지방조직을 정비하여 국가의 관여가 강한 집권적 자치를 실시했었다. 그러나 1980년대 미테랑(François M. M. Mitterrand)의 사회당 정부에서는 과감한 분권화 정책을 시도하였다. 이후에는 헌법 개정을 통해 헌법 제1조에 프랑스는 지방분권 국가를 지향한다고 명문화하였다. 일본과 한국도 동양적 권위주의의 영향 아래 집권적 전통이 강하다고 볼 수 있으나, 점진적으로 영·미권의 영향 하에서 분권화를 추진하는 방향으로 나아가고 있다.

3) 집권형

중앙집권형은 지방정부에게 매우 적은 정도의 권력만을 이양하거나, 지방정부의 독자적인 역할을 거의 인정하지 않은 지방자치 형태이다. 이는 주로 사회주의 국가나 권위주의 국가에서 나타나는 경우라고 볼 수 있다. 사회주의 국가는 집권적 중앙기획과정을 통해 국가를 운영하기 때문에 국가와 지방 간의 상호 관계가 지배-종속의 관계에 놓여 있다.

북한, 중국 등의 경우가 여기에 해당한다. 이들 나라는 제도적으로 지방자치제를 갖추었다고 하더라도 지방은 중앙에 복종하며, 국가의 지시를 충실히 수행하는 대리인 기능을 수행한다. 중국의 경우, 소수민족을 중심으로 한 민족자치는 폭넓게 보장하고 있기는 하지만, 이는 문화적 측면에서의 자치이고, 정치 이념적으로는 중앙의 간섭과 지배를 받는다. 이렇듯 사회주의 국가에서는 중앙집권화를 미덕으로 삼고 있어, 지방분권을 미덕으로 하는 자유민주주의의 국가에서 지방자치제도와는 상당한 거리가 있다.[12)]

3. 기관 구성 형태에 의한 분류

지방자치단체의 자치기관 구성 형태에 따라 구분해 볼 수 있다. 의결기관과 집행기관을 통합하여 운영하는 기관통합형, 의결기관과 집행기관을 분리하여 상호 견제하면서 균형을 유지하도록 하는 기관분리형, 그리고 절충형으로 구분해 볼 수 있다.

1) 기관통합형

기관통합형은 영국이나 유럽의 내각책임제형 국가나, 미국의 일부 지역에서 채택하고 있는 위원회형 기관 구성 형태를 의미한다. 지방의회와 집행부가 통합된 형식으로 움직인다. 지방의회나 위원회의 대표가 시장이 되며, 의회 상임위원장들이 집행부의 국·과장 역할을 하거나 그들을 통솔한다. 행정의 신속성과 능률성을 확보할 수 있으나 권한의 중복으로 인한 권력 남용의 가능성, 전문성의 결여 등의 문제점이 있을 수 있다.

2) 기관분리형

기관분리형은 미국이나 한국 일본 등에 일반화되어 있는 기관 구성 형태이다. 의회와 집행부를 엄격히 분리하여 상호 견제와 균형의 원리에 의해 운영하도록 한다. 기관대립형이라고도 한다. 의결 기능과 집행 기능의 분리로 권력 남용에 대한 견제가 가능하지만, 업무 처리의 신속성과 능률성에 제한이 가해질 수 있다. 일본의 경우, 중앙정부는 기관통합형(내각제)이지만, 지방정부는 기관분리형으로 운영되고 있다. 한국의 경우 기본적으로 기관분리형으로 구성되어 있지만, 지방자치법 개정(2021.1)으로 주민의 선

12) 중국 헌법 제3조: 중화인민공화국의 모든 국가기구는 민주집중제의 원칙에 의해 운영된다. 북한 헌법 제5조: 조선민주주의 인민공화국에서 모든 국가기관들은 민주주의 중앙집권제의 원칙에 의하여 조직되며 운영된다. 북한의 주권기관법 제5조: 지방주권기관은 모든 활동에서 민주주의 중앙집권제 원칙을 구현한다.

택에 따라 다양한 형태의 자치기관을 구성할 수 있게 되었다.[13)]

3) 절충형

기관통합형과 기관분리형의 절충적 형태를 취하는 경우도 있다. 유럽에서 기관통합형을 운영하는 경우, 의회를 중심으로 집행기관을 운영하지만, 행정의 독립성과 전문성의 확보를 위해 시지배인(city manager)을 임명하기도 한다. 일본에서는 기관분리형 구조이면서도 기관통합형의 내각책임제와 유사한 의회의 단체장 불신임제도, 단체장의 의회해산 제도를 채택하고 있다. 중국에서는 주민의 대표인 지방인민대표자회의에서 지방정부 집행부를 선출하지만, 일단 선출하면 집행부는 독자적인 집행권을 행사한다.

4. 중심 기능에 의한 분류

지방자치단체가 수행하는 중심적인 자치 기능이 무엇인가에 따라 지방자치의 유형을 분류해 볼 수 있다. 여기서는 주민대표형, 지역개발형, 지역복지형, 민 · 관협치형의 네 가지로 구분해보고자 한다.

1) 주민대표형

주민대표형 지방자치는 지방자치를 고전적 민주주의 가치를 실현하기 위한 기본 제도로 이해한다. 지방자치가 지향하는 것은 주민이 주권자가 되는 자유롭고 평등한 주민의 정부를 구성하는 것이다. 이러한 맥락에서 지방자치의 중심 기능은 민주적 가치를 확산시키는 것이다. 따라서 지방자치의 중심 기능은 주민참여의 기회를 확대하고, 주민의 이익을 대표할 수 있는 주민의 대변자로서 역할을 주로 수행한다.

2) 지역개발형

지역개발형 지방자치는 지방자치의 기본 목표를 지역 성장과 발전에 둔다. 개발도상

13) 한국의 경우, 일반적으로 기관분리형을 채택하고 있지만, 지방자치법 개정을 통해 주민이 원하는 자치기관 형태를 선택할 수 있도록 가능성을 열어두었다. 주민투표를 통해 주민이 합의하면 기관대립형뿐만 아니라 기관통합형, 위원회형 등도 선택 가능하게 된 것이다(지방자치법 제4조).

국이나 저발전 지역의 지역정부는 이러한 개발과 성장 위주의 지방자치를 추구하는 경향이 있다. 이러한 입장에 서는 지방자치의 지도자들은 지역 개발과 경제 발전을 최우선 목표로 삼아 추진한다. 지방선거 과정에서 나타나는 대부분의 공약들은 지역 성장과 경제 발전에 관련된 전략들이 주류를 이룬다. 이러한 맥락에서 지역사회의 권력구조를 분석한 몰로치(Molotch, 1976)는 미국의 도시를 성장기구 연합체(Growth Machine Coalition)라고 표현하기도 했다. 도시는 토지 소유자, 기업가 등을 중심으로 한 경제 성장의 연합기구 형태로 존재하고 작동한다는 것이다.

3) 지역복지형

지방자치가 어느 정도 제도화되고 정착된 경우나, 선진 지역 도시에서 지방자치의 근본 목적은 주민의 복지를 실현하는 것이다. 지역의 경제적 성장과 발전보다는 주민 공동체를 유지 발전시키고, 주민의 삶의 질을 향상시키는 주민 복지 문제에 더 많은 관심을 둔다. 손더스(Saunders, 1983)는 중앙정부와 지방정부의 기능을 구분하고 중앙정부는 사회적 투자(social investment)를, 지방정부는 사회적 소비(social consumption)를 중심 기능으로 수행한다고 보았다. 사회적 소비 기능이란 지역 복지 기능을 의미한다.

4) 민 · 관협치형

지방자치의 기능을 소극적으로 이해해서, 지방자치의 기능을 주로 시장과 민간에 맡기는 형태이다. 지방정부의 역할과 개입 기능을 최소화하고자 하는 것이다. 이러한 입장에서는 민간과 시장이 지방자치를 주도하고, 지방정부는 질서유지 등의 소극적 역할만을 수행한다. 신자유주의의 영향 아래 민간이 주도하고 정부가 소극적으로 개입하는 민 · 관협치형(民官協治形)의 지방자치를 가장 이상적인 자치형태라고 보는 것이다. 이러한 지방자치의 운영 방식은 새로운 통치(뉴거버넌스, new governance), 협치(협력적 거버넌스), 네트워크 통치(네트워크 거버넌스) 등과 같은 다양한 명칭으로 불리기도 한다.

제 5 절 지방자치의 접근법

지방자치의 접근법이란 지방자치를 어떤 시각에서 연구할 것인가의 연구의 관점을 의미한다. 접근법은 연구자의 분석 관점이기 때문에 다양한 유형의 접근법이 존재한다고 볼 수 있는데, 여기서는 실제적으로 지방자치 연구에 주로 쓰이는 연구 대상 혹은 단위를 기준으로 몇 가지 접근법을 제시해 보기로 한다.

1. 제도적 접근법

제도적 접근법(institutional approach)은 지방자치의 가장 고전적인 접근법으로 우리나라와 같은 지방자치의 초기 단계에서 주로 사용되고 있는 접근법이다. 지방자치의 기본 구조를 설명하는 것으로 구조론적 접근법이라고 부를 수 있다. 지방 제도의 연구는 각 나라 간의 비교나 시대적, 역사적인 시각에서 접근하는 경우가 많으므로, 역사적 접근법, 비교론적 접근법과 혼용되기도 한다. 이러한 접근법은 일본, 독일과 같은 대륙형 국가나 우리나라 같은 지방자치의 초기 단계에 있는 국가에서 주로 응용된다.

2. 법적 접근법

주로 법학자들을 중심으로 이루어지는 접근법이다. 지방자치법을 중심으로 법리적 성격을 주로 연구한다. 이러한 법적 접근법(legal approach)은 제도적 접근법과 밀접한 관계에 있다. 법적 접근법은 제도의 최소한 혹은 제도의 규범화를 의미한다.

지방자치법에는 지방자치단체의 구성 방법, 의회의 구성 및 운영, 집행기관의 구성 및 운영 등에 관해 상세하게 기술하고 있다. 따라서 이러한 법체계와 그 내용의 연구는 지방자치를 이해하는 기초적인 연구방법이라고 할 수 있을 것이다. 이 중에서도 지방자치단체의 법규범인 조례와 규칙의 제정 및 이에 관련된 법리 연구는 법적 접근법의 핵심적인 내용이라고 할 수 있다.

3. 정치적 접근법

지방자치의 정치적 측면을 주로 다루는 접근법이다. 지방의 권력 문제를 중심으로 지방선거, 지역사회 권력구조, 시민 간의 갈등과 상호 관계, 이익집단, 의회와 집행기관의 권력 관계 등을 다루기 때문에 권력적 접근법이라고 부를 수 있다. 아직까지 우리나라의 경우, 지방자치의 역사가 짧아서 지방정치라는 주제들이 본격적으로 연구되고 있지 않지만 앞으로 지방에도 다양한 정치 현상이 표출될 것으로 기대되므로, 이러한 정치적 접근법(political approach)도 활성화될 것으로 보인다.

4. 행정적 접근법

행정적 접근법(administrative approach)은 관리적 접근법이라고 할 수도 있는데, 제도・구조적 접근법과 유사하지만 구조보다는 기능적 측면, 관리적 측면을 주로 다루는 접근법이다. 관리적 접근법 혹은 기능적 접근법이라고 표현할 수도 있다. 이는 조직의 진단 및 관리, 기획, 인사관리, 재정 및 재무관리 등 지방자치단체의 행정적, 관리적 측면을 중점적 연구 대상으로 선정하고 있다. 학문적으로는 행정학과 경영학의 원리를 응용한다.

5. 정책적 접근법

정책적 접근법(policy approach)은 지방의 문제를 진단하고 해결하는 문제 해결 중심의 접근법이다. 이러한 접근법은 과학적 사실의 발견보다는 문제 해결의 대안을 모색하는 연구 방법이다. 1960년 이후의 정책과학의 영향을 받은 방법론으로 현재의 문제를 진단하고 문제점 및 개선 방안을 제시하는 실용주의적, 문제 해결 중심의 연구 방법이라 할 수 있을 것이다. 지역경제의 발전, 사회복지시설의 운영, 지역 주민의 숙원사항 해결 등 다양한 지역문제와 그 해결점을 모색하고 정책적 대안을 모색하게 된다. 주로 정치학, 행정학, 정책학의 학문적 방법론을 응용한다.

6. 경영적 접근법

경영적 접근법(business approach)은 공공부문의 사회적 행위인 지방자치의 문제를 시장경제의 원리에 따라 연구하는 접근법으로 기업가적 접근법, 신공공관리(NPM)적 접근법이라고 부를 수도 있다. 지방자치단체가 공공기관이기는 하지만, 현대적 의미의 지방자치단체는 시장경제 원리에 따른 기업가적 경영이 필요한 시점에 놓여 있기도 하다. 따라서 기업가적인 측면에서 경영 원리를 연구하는 것도 중요한 지방자치의 연구방법 중의 하나라고 볼 수 있다. 지방자치단체의 민영화, 합작 투자, 기업적 운영 등을 위한 대안 등을 모색하며, 경영학, 경제학 등의 학문적 토대를 가지고 연구한다.

7. 행태적 접근법

행태적 접근법(behavioral approach)은 사회적 행위의 주체는 인간이라고 보고, 인간의 개개인의 행동과 태도를 중심으로 연구하는 것이다. 이와 행태적 접근법과 유사한 접근법은 심리적 접근법이다. 지방자치를 행태적 시각에서 연구할 경우, 주민이나 지방공무원, 의회의원들의 행동, 태도, 심리, 욕구, 문화 등을 연구할 수 있다. 행태적 접근법은 미시적이고, 실증적인 방법을 통해 주로 연구되며, 인간을 대상으로 한 실험과 관찰조사를 기본 방법론으로 채택한다. 심리학과 자연과학의 영향을 많이 받은 접근법이라고 볼 수 있다.

8. 그 밖의 접근법

이외에도 역사적 자료를 중심으로 분석하는 역사적 접근법, 각국의 제도를 비교분석하는 비교론적 접근법, 지방자치를 하나의 체계로 보아 접근하는 체계적 접근법, 신제도주의의 영향 아래 전개되는 정치경제학적 접근법 등 매우 다양한 접근법이 존재하며, 이러한 접근법은 상호 보완적으로 사용될 수 있다.

본문요약

1. 지방자치의 개념

- 지방자치란 국가의 일정한 부분 공간에 거주하는 주민들이, 국가와 상호 관계 속에서, 일정한 범위의 자치권을 행사하는 지방자치단체를 구성하고, 주민 스스로의 참여와 의사결정을 통해 지역문제를 해결하여, 궁극적으로 주민들의 복리를 실현하고자 하는 제반 활동이다.

2. 지방자치의 주체와 객체

- 지방자치의 주체: 국가(중앙정부), 지방자치단체(지방정부), 주민(시민)
- 지방자치의 객체: 지역문제, 주민복리

3. 지방자치의 요소와 본질

- 지방분권과 주민주권: 정치적 측면
- 지방분업과 주민자율: 행정적 측면
- 단체자치와 주민자치: 법적 · 제도적 측면

4. 지방자치의 유형

- 국가 형태에 따른 분류: 연방국가형, 단일국가형, 절충형
- 중앙-지방 권력 관계에 따른 분류: 분권형, 제한된 분권형, 집권형
- 기관 구성 형태에 따른 분류: 기관통합형, 기관분리형, 절충형
- 중심 기능에 의한 분류: 주민대표형, 지역개발형, 지역복지형, 민 · 관협치형

5. 지방자치의 접근법

- 제도적 접근법: 지방자치의 기본 구조와 제도를 연구
- 법적 접근법: 지방자치의 법리적 성격이나 법조항의 타당성 연구
- 정치적 접근법: 지방 권력과 의사결정 과정 등 연구
- 행정적 접근법: 지방 행정조직 및 인사 재정 등 관리 과정 연구
- 정책적 접근법: 지역의 문제 중심 연구
- 경영적 접근법: 지방의 기업가적 경영 방식 연구
- 행태적 접근법: 지방공무원의 행태, 문화 등 연구
- 기타: 역사적 접근법, 비교적 접근법, 체계적 접근법, 정치경제학적 접근법 등

Chapter 02

지방자치의 효용

앞 장에서는 지방자치의 기본 개념을 정리해 보았다. 여기서는 지방자치의 효용(效用, utility)이라는 제목 하에 지방자치의 필요성 혹은 유용성의 문제를 검토해 보기로 한다. 지방자치는 왜 필요한가? 어떤 유용성이 있는가의 문제를 다루는 것이다.

지방자치를 수행하기 위해서는 많은 인력과 비용, 노력이 들어간다. 1980년대 후반 한국에서 지방자치를 준비하던 시기에 많은 반대 의견도 있었다. 지방자치 없어도 그동안 잘 지내왔는데 그 많은 인력과 비용을 지출하며 지방자치를 왜 하려고 하는가라는 의문이 여러 곳에서 제기되기도 하였다. 그러나 우여곡절 끝에 1990년대 중반 이후 지방자치제도가 정착되었고 많은 세월이 흘렀다. 우리나라뿐만 아니라 대부분의 선진 국가에서는 분권화 된 지방자치제도를 채택하고 있다.

여기서는 지방자치의 효용의 문제를 정치적, 행정적, 경제적, 사회문화적 측면의 네 가지 영역으로 나누어 접근하고, 마지막으로 지방자치의 과정 속에서 제기될 수 있는 문제점을 검토하고자 한다.

제 1 절 정치적 측면

지방자치는 민주주의의 기본원리인 풀뿌리 민주주의(grass root democracy)를 가능하게 하는 민주정치의 기본 제도이다. 풀뿌리 민주주의는 민초민주주의(民草民主主義)라고도 부를 수 있다. 들판의 풀잎은 하얀 밑뿌리를 바탕으로 하여 성장한다. 풀뿌리 민주주의는 상층 지배집단의 목소리보다, 아래로부터 들려오는 개개인의 목소리를 통해 국가 정책을 형성하고 집행해가는, 이상적인 민주주의 한 형태라고 할 수 있다.

1. 공간적 권력분립

민주주의의 기본 원리 중의 하나가 권력분립의 원리이다. 집중된 권력은 남용되고 부패한다. 따라서 국가의 권력은 다원화된 다양한 형식을 구분하고, 서로 견제하면 균형을 이루도록 한다. 이러한 권력분립을 통한 견제와 균형의 원리가 민주주의 제도 설계의 기본 원리인 것이다. 대부분의 국가들은 삼권분립 형태의 권력분립 제도를 채택하고 있다. 우리나라도 중앙의 권력을 입법, 사법, 행정으로 나누고 상호 견제와 균형의 원리에 의해 국가를 운영한다.

지방자치는 이러한 권력분립의 원리를 국가의 공간 차원에서 실현하는 것이다. 중앙에 집중된 권력을 지방에 분산시키는 중앙-지방의 권력분립을 통해, 국가와 지방을 견제와 균형의 원리에 의해 운영하고자 하는 것이다. 지방자치의 실시로 중앙-지방의 공간적으로 다원화가 완성되면, 쿠데타 같은 급격한 정치적 정변이 성공할 가능성은 희박해지고, 집중화된 독재 정권이 생존하기 어렵게 된다.

지역의 중앙 견제 장치를 통해 지역 주민의 자유를 보장하고, 궁극적으로 전체 국민의 자유권을 보호할 수 있다. 또한 중앙정부가 갈등과 혼란 속에 빠지더라도, 주민 생활을 관리하는 지방정부는 중앙과 독자적으로 운영될 수 있으므로, 지역 주민의 삶은 안정된 상태를 유지할 수 있게 된다.

2. 주민주권의 실현

민주주의의 기본은 주권재민(主權在民) 사상에서 출발한다. 주권재민 사상은 모든 권력의 원천은 국민에게 있다는 것이다. 예컨대, 대한민국 헌법 제1조에는 "대한민국은 민주공화국이다. 대한민국의 주권은 국민에게 있고, 모든 권력은 국민으로부터 나온다"라고 규정하고 있는데, 이것이 바로 주권재민을 선언한 것이다. 주권재민의 원리는 국민주권의 원리라고 표현할 수도 있다.[1]

이러한 국민주권의 원리를 지역 차원에서 실현하는 것이 지방자치이다. 지역의 모든 권력은 주민으로부터 나온다는 주민주권의 원리를 지방 차원에서 실현할 수 있는 민주적 정치제도인 것이다. 이러한 주민주권의 원리에 따라 주민이 지역의 주인이 되는 것이므로, 선출된 지역의 대표자는 주인의 이익을 위해 봉사하는 주민의 충실한 공복이 된다.

3. 주민참여 기회 확대

주권자인 국민이 주인 행세를 하기 위해서는 참여가 보장되어야 한다. 국민 스스로의 참여를 통해 국가를 운영하는 민주주의 원리를 국민참여의 원리라고 부를 수 있다. 국민의 참여는 대의제도를 통해 대표자를 선임하고 그들을 통해 국정을 수행하게 하는 간접 참여 방식과 국민투표나 국민발안, 국민소환 등을 통해 참여하는 직접 참여 방식으로 구분할 수 있다. 지방자치는 이러한 국민참여의 원리를 지역 차원에서 실천하는 제도이다. 지방자치의 실시를 통해 다양한 주민참여의 기회를 제공한다. 지방선거를 통한 공직자와 정책 선택이 가능하며, 주민투표, 주민발안, 주민소환을 통한 직접 참여의 기회도 주어진다.

---

1) 국가의 주권은 국민에게 있고, 국민은 그 대표자와 국민투표를 통하여 이를 행사한다(프랑스 헌법 제3조). 모든 국가권력은 국민으로부터 나온다. 국가권력은 국민에 의하여 선거와 투표로, 그리고 입법, 행정 및 사법의 특별 기관을 통하여 행사된다(독일헌법 제20조 제2항).

4. 협치(協治, 협력적 거버넌스)의 기반 구축

권력과 부, 지위와 같은 사회적 가치는 여러 사람들이 소유하려고 경쟁하기 때문에 가치배분의 갈등이 일어난다. 이러한 가치는 매우 제한적으로 존재하고, 소유하려고 하는 사람들은 많기 때문에 사회적 갈등이 일어나게 된다. 지방자치가 실시되면 권력 가치가 중앙의 소수 지배 집단에게만 주어지는 것이 아니다. 지역의 엘리트나 집단을 향한 권력 가치의 분산 분배가 가능해지므로 권력의 다원화가 이루어진다. 지방자치 이전에는 선출직 공직자는 지역에서 단 한 명(국회의원)이 있었지만 이제는 비슷한 역할을 수행하는 시장, 군수, 구청장, 시의원 등의 같은 다수의 선출직 공직자가 존재한다. 따라서 지방자치가 실시되면 지역의 의사결정에 개인이나 소수 지배 집단의 목소리만 반영되지 않는다. 국가나 공직자뿐만 아니라, 언론 · 시민단체 · 이익단체 등도 다양한 영향력을 행사하는 의사결정의 단위가 된다.

지방자치는 이러한 다양하고, 다원화된 권력구조를 바탕으로 사회적 조정과 공존을 가능하게 하는 이른바 협력적 거버넌스(collaborative governance)의 기반을 구축할 수 있는 기반을 마련해 준다. 협력적 거버넌스란 사회적으로 다원적 권력이 공존하면서 상호 협력하여 문제를 해결하는 사회적 조정 기제를 의미한다(이명석, 2017). 협력적 거버넌스와 가장 가까운 용어로는 협력적 통치라는 의미의 협치(協治)라고 할 수 있다. 이외에도 네트워크 통치(망치, 그물망 통치), 공동생산적 통치(공치)라는 표현을 쓰기도 한다.

5. 민주주의 훈련과 교육 기회

지방자치는 민주주의를 가르치는 정치적 교육(political education)의 장으로서 역할을 한다. 자기가 사는 지역에서 자신들의 문제를 자신들이 결정해 나가고 처리해 가는 과정에서 주민주권, 주민참여, 다수결의 원리, 소수 의견의 존중, 권리와 책임 등과 같은 민주주의의 이념과 방법을 학습하게 된다. 브라이스(James Bryce)는 “지방자치는 민주주의의 가장 훌륭한 학교(the best school of democracy)이며, 민주주의 성공을 위한 가장 큰 보장(the best guarantee)이다”라고 설명하고 있다(Bryce, 1921: 131-133). 지방자치를 통하여 민주적 의사결정 방식에 훈련된 사람들이 중앙 정치무대에 진출하여 국가를 안정적으로 관리할 수도 있다. 따라서 지방자치는 민주주의의 훈련장, 민주주의의 기초적인 교육장으로서의 역할을 수행할 수 있다는 것이다.

제 2 절 행정적 측면

지방자치를 실시함으로써 행정적 측면에서도 다양한 효용을 기대할 수 있다. 지방자치 행정은 국가 행정과 구분되는 것으로 주민의 일상적인 생활 세계의 문제를 다루는 행정이다. 국가는 국방 · 외교 · 금융과 같은 거시적 영역을, 지방은 상수도 · 가로등 · 체육시설 · 주민복지와 같은 주민의 생활과 밀접한 영역을 다룬다. 지방자치를 통해 지방행정의 능률성, 효과성, 전문성, 경쟁력, 품질성 등을 강화하거나 향상시킬 수 있다. 국가 차원에서 정책이라도 지방 차원에서 선택적 실험을 할 수 있어 정책의 오류를 최소화할 수 있다.

1. 공공사무의 분업을 통한 능률성 확보

지방자치를 통해 국가사무와 지방사무의 분업적 처리를 통해 지방행정의 능률성을 확보할 수 있다. 사회가 다원화되면서 국가가 모든 공공사무를 책임지고 처리하기는 어렵고, 그럴 필요도 없다. 지방적 사무를 국가가 처리하는 것은 매우 비능률적인 것이 된다. 지방사무는 지방에 맡기어 처리하는 것이 국가나 지방 모두에게 바람직한 것이다.

과거 중앙집권적 관치 시대에서는 지역의 주요 업무를 중앙의 정치인이나 관료가 주도하여 처리하였다. 중앙집권적 사무관리는 중앙정부의 업무 과중과 지역에 정보 결여로 지방 사무 처리의 비능률을 초래하게 된다. 지방자치 시대에는 중앙과 지방정부 간 적절한 업무의 분업화를 통해 지방업무의 전문적 처리를 가능하게 한다. 이러한 업무 분업화와 전문화를 통해 행정 능률을 향상시킬 수 있다.

2. 지역 적실성을 통한 효과성 증진

행정의 효과성이란 행정이 원래 의도한 목적을 달성하는 정도를 의미한다. 지방자치 시대에는 주민의 의사와 참여에 의한 행정을 수행할 수 있고, 지역 실정에 맞는 행정을 추구할 수 있다. 이를 통해 궁극적으로 지방행정의 합목적성을 확보할 수 있다. 예컨대 지방도로를 개설하고자 할 때 중앙의 관료나 기획가가 지도를 보고 노선을 결정하는 경우보다는 여러 노선 중에 지역 주민이 참여하고 토론하여 선택한 도로노선이 효과적일 수가 있다. 주민들이 그 지역을 제일 잘 알고 있기 때문이다.

주민 통행의 불편을 해소하기 위해 새로운 도로를 개설했는데, 결과적으로 주민들의 통행 불편을 개선하지 못했다면, 도로 개설의 효과는 없거나 매우 낮다고 할 수밖에 없는 것이다. 주민들은 오랜 삶의 경험 속에서 지역의 문제에 관한 많은 정보를 이미 인지하고 있는 상태이다. 지방도로는 주민의 편익을 위한 것이므로 주민들이 필요에 의해 선택한 도로가 실질적 만족을 주는 가장 적합한 도로가 될 수 있는 것이다.

3. 지역의 전문성과 경쟁력 강화

지방자치가 실시되면 지역에 인재가 모인다. 지역에 주민들이 해야 할 일이 생겨나기 때문이다. 지역의 문제를 스스로 해결해 가는 과정 속에서 지역문제의 전문가들이 생성된다. 중앙 의존적 집권 행정의 시대, 관치(官治)적 행정의 시대에서는 지방에서 지역 주민이 스스로 할 수 있는 일은 거의 없었다. 오로지 중앙의 전문가들이나 기획가들이 정해진 형식과 절차에 따를 뿐이다. 지역의 전문가가 지역에 존재할 이유도 없었고, 지방의 창의성이라는 것도 그리 필요한 것이 아니었던 것이다.

그러나 지방자치 시대는 지역 주민의 창의력과 노력, 능력에 의해 지역의 운명이 결정되는 시대가 되었다. 지방에도 유능한 인재의 존재 가치와 기반이 마련되었다. 지역 인재들은 지역문제에 정통한 지역 전문가가 되어 제기되는 문제들을 좀 더 전문적으로 해결해 나갈 수 있게 되었다.

4. 지역 공공서비스의 품질 향상

지방자치 시대에서 주민은 지방의 공공서비스를 구매하는 고객이며 소비자이다. 지방 공공서비스의 소비자인 유권자(consumer-voters)는 단체장이나 지방의회 의원을 선택할 때, 그들이 제공할 수 있는 공공서비스의 내용과 품질에 관심을 가지게 된다. 이 과정에서 후보자들 간의 서비스 품질 경쟁이 이루어지고, 결과적으로 공공서비스의 품질은 향상된다.

지방정부가 제공하는 공공서비스가 만족스럽지 못한 경우 주민은 다른 지방으로 주소를 옮기는 이른바 '발로하는 투표(voting with the feet)'를 하기도 한다(Muller, 1979: 126-129)'(참고 2-1). 따라서 지방자치단체는 주변의 자치단체와의 공공서비스 공급의 경쟁 상태에 놓이게 되며, 이 과정 속에서 지방자치단체는 더 나은 공공서비스를 주민들에게 제공하고자 경쟁적 노력을 하는 것이다.

참고 2-1 **발로 하는 투표: 티부(Tiebout)의 가설**

선거 과정에서 유권자들이 후보자를 선택하는 것은 주로 투표소에 가서 손으로 한다. 그런데 때로는 발(foot)로도 투표(voting)를 한다.

투표용지에 있는 후보자를 선택하는 것은 손으로 하는 투표이다. 유권자들은 지방선거에 참여하여, 정부를 담당하고자 하는 사람이나 정당이 제공하는 공공서비스의 내용을 보고 자기에게 가장 도움이 되는 후보자나 정당을 선택하여 투표한다. 이러한 선거 과정을 통해 유권자들은 더 나은 공공서비스를 선택할 수 있게 된다.

그런데 사람들은 손이 아닌 발(foot)로도 지역의 공공서비스를 선택할 수 있다. 손으로 후보자를 선택하여 공공서비스를 소비하는 것이 아니라, 좀 더 나은 공공서비스를 제공하는 지역을 선택하여 이동(mobile)함으로써 공공서비스를 선택할 수 있는 것이다. 좀 더 나은 공공서비스의 혜택을 누리기 위해 사람들이 거주지를 이전하는 현상을 '발로 하는 투표(voting with the feet)'라고 부르기도 한다(Muller, 1979: 126-129).

주민들은 교육이나 소방, 안전, 복지 서비스의 품질이 우수하거나, 세금이 적은 지역, 정주 여건이 좋은 지역 등을 찾아 이동한다. 농촌지역 인구의 도시로의 유출, 더 나은 교육 서비스를 향유하기 위한 강남 지역의 집결 등이 이러한 지방의 이탈과 이동의 좋은 예라고 할 수 있다.

이런 '발로하는 투표'의 원리를 지방자치에 적용하여 설명한 대표적 이론가는 티부(Charles M. Tiebout)이다. 티부는 지역의 주민들은 소비자 유권자(consumer-voters)로서 더 나은 공공서비스를 제공하는 지역을 선택하여 이동한다고 본다. 티부의 주민 이동(exit) 이론에는 다음과 같은 일곱 가지 가정(assumption)을 전제로 하고 있다(Tiebout, 1956: 416-424).

1) 소비자 유권자는 그들이 선호하는 패턴을 가장 잘 만족시켜 주는 지역(community)으로 자유롭게 이전할 수 있다(fully mobile).
2) 소비자 유권자는 지방 간 수입과 지출의 차이에 관한 완전한 정보(full knowledge)를 가지고 있다.
3) 소비자 유권자가 선택하여 이동할 수 있는 많은 지역(large number of communities)이 있어야 한다.
4) 고용 기회의 제한은 고려되지 않는다.
5) 공공서비스 공급에서 지역 간의 외부 경제와 외부 불경제가 존재하지 않는다.
6) 공공서비스 공급을 위한 적절한 지역(optimal community)의 규모가 존재한다.
7) 적절한 규모보다 작은 지역은 더 낮은 평균비용(lower average costs)으로, 공공재를 생산할 수 있도록 새로운 거주자들을 유인하려 한다. 이에 비해 적정 규모의 인구를 넘어선 지역이 더 높은 평균 비용이 발생하므로 새로운 이주자를 배척할 것이며, 적정 규모를 유지하는 지역은 인구를 원래대로(constant) 유지하려고 할 것이다.

이러한 티부의 가정은 주민의 지역 간의 이동과 선택 과정을 합리적 선택이론의 맥락에서 설명하는 새로운 시도로서 의의를 가지고 있지만, 여러 가지 측면의 한계를 가지고 있다.

품질 좋은 공공서비스를 제공하는 지역으로 이동할 의사가 충분히 있고, 그 정보도 정확하다고 할지라도 이사비용이나 주거비용, 정치적 변수, 인종이나 문화적 여건, 기타 개인의 선호도 등의 외적 변수에 따라 지역 선택과 이주가 불가능한 경우는 무수히 많다. 또한 현재 살고 있는 지방정부와 이전하고자 하는 지방정부에 대한 완전한 정보라는 것도 이론적으로 가능할지 몰라도 현실적으로 가능하지 않다. 이외에 대안적으로 선택할 수 있는 주거 지역의 수가 무수히 많은 것도 아니다. 따라서 이런 티부의 모형은 이념형에 불과하다는 비판도 존재한다.

5. 정책의 지역적 실험과 예측

지방자치단체는 여러 가지 정책을 실험적으로 적용해 볼 수 있다. 이런 지방 차원의 정책실험이 성공적으로 이루어졌을 경우 다른 지방자치단체나 국가는 그 정책의 내용이나 효과를 모방하거나 응용하여 자신들의 지역 발전에 활용할 수 있다.

다양한 정책실험을 다양한 지방자치단체에서 수행하고 그 성과를 토대로 여러 자치단체에 좋은 정책을 전파시킬 수 있다. 지방자치단체의 정책실험이 성공적인 경우, 이 성과를 국가 정책으로 채택할 수도 있다. 결과 예측이 어렵거나 정책의 결과 예측이 어려운 경우, 일부 지방자치단체에 한정적으로 정책 실험을 함으로써 정책의 효과를 예측하고 대안을 마련해 나갈 수 있다. 예컨대, 자치경찰제를 전국적으로 시행하기 전에 제주특별자치도에 한정적으로 적용하거나, 주민자치회의 운영에 관한 문제점을 발견하기 위해서 미리 몇 개의 지방자치단체를 선정하여 실험적으로 적용해보고 수정 · 보완함으로써 국가적인 차원의 시행착오와 낭비를 줄일 수 있다.

제 3 절 경제적 측면

지방자치를 실시함으로써 지역에 미치는 경제적 효용을 살펴볼 수 있다. 여기서 말하는 지방자치의 경제적 효용이란 지방자치를 실시함으로써 주민들의 경제적 활동에 미치는 효과를 의미한다. 지역경제 성장과 발전, 공공서비스 공급의 중앙 독점 구조 해체, 지역 공공서비스 공급 비용의 절감 등의 경제 효과를 제시해 보고자 한다.

1. 지역경제의 성장과 발전

지방자치 시대는 주민들이 자신들의 운명을 스스로 개척해가야 한다. 경제의 영역에서도 마찬가지이다. 지방자치 시대에 지역 주민들은 스스로 지역의 경제 발전과 주민소득 증대를 위해 주체적이고 창의적인 노력을 기울이게 된다.

주민들은 지역의 토착 상품을 개발하고, 관광 자원을 활성화하며, 지역에 적합한 혁신 산업을 발굴하고자 노력한다. 철원의 쌀, 홍성 한우, 논산 딸기, 금산 인삼, 상주 곶감, 성주 참외, 의성 마늘, 장수 사과, 임실 치즈, 나주 배, 보성 녹차, 제주 감귤 등 지역 차원에서 적극적으로 육성하는 지역의 특산품이다. 이외에도 지역은 다양한 축제와 관광 자원을 개발하여 전국 어디라도 지역 특색을 살린 관광 문화자원을 공급하고 있다. 또한 지역의 특성을 살린 지역혁신체제(RIS)를 구축하여, 특화된 지역 공단을 유치하고 외부 자원의 유치를 위해 적극적으로 노력한다.

지방자치 실시 이전에는 그냥 무기력하게 중앙의 눈치와 지시를 기다리던 지역 주민들이 스스로 운명을 개척하려는 적극적 자세를 지니게 된다는 것이다. 이렇게 지역의 경제가 성장 발전하면, 이를 토대로 전체 국가 경제가 발전할 수 있는 것이다.

2. 공공서비스 공급의 중앙 독점 구조 해체

지방자치가 실시되면 중앙에서 일방적으로 공급하던 공공서비스의 생산 및 분배 구조가 다원화된다. 국가나 중앙에서 일방적이고 독점적으로 공급하던 지역의 공공서비스를 중앙과 지방, 지방과 지방 간의 다원화된 생산 및 분배 구조를 통해서 공급할 수 있게 되는 것이다.

중앙정부의 통제 아래 획일적 공공서비스가 제공되는 경우 지역적 특성을 필요로 하는 공공재 공급이 제대로 이루어지기 어렵다. 지방자치의 실시를 통해 지역에 특화된 다양하고 다원화된 공공서비스를 공급함으로써 공공서비스의 품질이 개선되고, 공공서비스의 사회적 선택이 가능해진다. 다원적 공공서비스가 존재하는 경우 이른바 '발로 하는 투표'가 가능해지는 것이다(참고 2-1 참조). 인구가 소멸하는 농촌지역의 귀농 프로그램 운영, 교육 소외지역에서 대안학교를 중심으로 교육공동체의 운영 등이 그 예가 될 수 있다.

3. 지역 공공서비스 공급 비용의 절감

지방자치가 실시되면 국가나 중앙에서 일방적으로 공급하던 지역의 공공서비스를 지역에서 공급하게 됨으로써 공공서비스의 공급 비용을 절감할 수 있다. 길을 알고 가는 사람과 길을 모르고 가는 사람은 같은 길을 가더라도 드는 힘과 비용의 차이가 있다. 마을 길을 잘 아는 사람은 길에 관해 사전 정보를 알고 있고, 지름길도 알고 있지만, 외지에서 처음 마을에 들어선 사람은 지도와 사전 정보를 통해 목적지에 가야 한다. 어렵게 갈 수도 있고, 길을 잃을 수도 있는 것이다. 그래서 새로운 마을에 가면 마을 사람들에게 길을 물어 쉽고 안전한 길을 찾아 가게 되는 것이다.

마을 일은 마을에 맡기는 것이 비용을 줄일 수 있어 더 효율적이다. 지방에서 필요한 지역 공공재는 지방자치단체가 훨씬 저렴한 비용으로 생산 공급할 수 있다. 국방 외교 같은 공공재는 국가가 공급하는 것이, 지방적 사무는 지방에서 공급하는 것이 훨씬 효율적이라는 것이다(Oates, 1972).[2)]

---

2) 오츠의 분권화 정리(Wallace Oates, decentralization theorem): 지역의 공공재를 생산하는 데 비용이 똑같이 든다면, 중앙정부보다 지방정부가 맡는 것이 더 효율적이다.

제 4 절 사회문화적 측면

1. 지역의 정체성과 자존감 증진

지방자치 이전의 지방은 자기 주체성이 없는 중앙의 종속적 존재에 불과했다. 그러나 자치 시대의 지방은 자신의 고유성 혹은 정체성(正體性, identity)을 확보하고 유지할 수 있게 된다. 이 과정 속에서 지역적인 것, 지방적인 것의 가치가 존중되고, 지역 주민의 자존감이 높아질 수 있다. 스스로 개척하고 독자적으로 이끌어갈 수 있는 삶의 영역을 가졌을 때 자존감은 높아지는 것이기 때문이다.

2. 지역 문화의 발전과 세계화

지방자치의 과정 속에서 지역 문화와 전통은 새롭게 조명되고 의미를 부여받게 된다. 주민들이 주도적으로 지역문화를 발굴하고 개발한다. 지방자치 실시 이후로 많은 지역의 특색을 살린 지역 축제들이 구성되고 개최되고 있다. 이런 축제는 지역의 관광산업과 연계되어 존재하기도 한다. 이러한 지역의 고유 문화는 세계로 연결된다. 역설적으로 가장 지방적인 것이 가장 세계적인 것이 될 수 있다. 세계인들은 도시의 아파트 건축물보다 시골 마을의 한옥에 더 관심을 보이는 것이기 때문이다.

3. 지역 공동체의 형성과 발전

지방자치를 통해 주민들은 우리 지역이라는 주민 공동체 의식의 발현을 경험한다. 지방자치는 주민들의 노력으로 스스로의 운명을 개척하는 작업이다. 따라서 주민들 간에는 공동운명체 의식, 우리 의식, 애향 의식이 형성된다. 서로 상부상조하고 협조하여 지역사회를 발전시키고 지역의 번영을 가져올 수 있도록 같이 노력하게 된다. 지방자치의 과정 속에서 공동의 운명체로서 지역 주민 간에 일체감이 형성되고, 주민 상호 간 협동과 협조의 정신이 생성된다. 경제 영역에서도 협동과 상호 부조의 협력적 경제공동체가 발전한다. 협동조합, 마을 기업, 마을 공동체가 형성 유지될 수 있는 터전이 마련되는 것이다.

제 5 절 지방자치의 한계

위에서 지방자치의 효용을 정치적, 행정적, 경제적, 사회문화적 측면으로 나누어 살펴보았다. 지금까지는 지방자치의 효용성과 장점을 중심으로 논의를 전개해왔다. 그러나 지방자치도 인간이 만든 제도이다. 어차피 인간들이 만든 제도가 완벽할 수 없는 것이다. 따라서 지방자치라는 제도도 많은 문제점을 가질 수밖에 없다.

1. 정치적 측면

1) 지방자치와 민주주의의 상관성 비판

일반적으로 사람들은 지방자치는 민주주의 필수적인 기본 제도로 보았다. 그러나 랭로드(Langrod, 1953: 25-34)는 지방자치를 민주주의의 필수적 요소로 볼 수 없다고 보았다. 지방자치가 민주주의의 필수적 요소라면 지방자치 없는 민주주의는 존재할 수 없어야 한다. 그런데 민주주의란 지방자치가 존재하는 곳에만 있는 것은 아니다. 따라서 지방자치가 민주주의의 필수적 요소라고 주장할 수 없다는 것이다.

실례로, 한국의 지방자치 역사를 보면, 이승만 정권은 자신의 정권 연장을 위해 지방자치제도를 적극 활용했다. 1952년 4월 한국전쟁 중에 전격적으로 실시된 지방자치제도는 당시 한민당이 장악하고 있던 국회에서 이승만 대통령의 직선제 안을 거부하자 국회를 무력화하기 위한 대안으로 실시되었다. 지방자치는 전제 권력의 정치적 도구로도 사용될 수 있음을 보여주고 있는 사례이다.

2) 지방 토호 세력의 거점화와 부정부패

지방자치가 국가 권력을 지방에 분산시킨다고 하더라도 지방 수준에서 권력이 과연 주민에게 돌아가는가에 대한 회의가 존재한다. 지방에 부여된 권력은 다시 지방의 일부

지배계층에게 독점적으로 주어지고, 이들은 국가의 견제 없이 권력을 남용하여 지방자치 이전보다 주민에게 더 큰 권력 남용의 피해를 준다고 보기도 한다.

상대적으로 좁은 공간 내에서 지역의 정치·경제 엘리트와 전통적 지배 세력(지역 토호)이 연합하여 새로운 패거리를 만들고, 특권 집단을 만들어 지역의 이익을 독점하고 향유할 수 있다. 중앙이나 국가의 간섭과 감시가 약화되어, 결과적으로 지방의 전통적 지배계층이 저지르는 부정과 부패 현상에 대한 통제력이 약화된다. 지역 언론의 역할도 그리 크지 않거나 지배세력에 융합되어 버릴 수 있다고 보는 것이다.

3) 지역이해 중심주의의 대두와 지역갈등의 심화

또한 주민의 권한이 강해지고, 주민참여가 활성화되면서 지역이해 중심주의(지역 이기주의)의 경향이 나타나기도 한다(참고 2-2 참조). 자기 지역에는 쓰레기 처리장, 납골당, 핵폐기물 처리장 등 불편한 시설을 설치하지 못하게 한다. 대부분의 사람들이 쓰레기를 배출하고 있고, 또 쓰레기장이 있어야 한다고 생각하지만, 자기 주변 지역에 쓰레기장을 설치하는 것을 찬성하기는 어려운 것이 현실이다. 이러한 과정에서 주민 간, 지역 간 갈등이 심화되고, 전체적으로 사회 통합을 해치게 된다. 지방자치 시대에는 이러한 지역 주민 간의 이해를 조정하여 갈등을 해결하는 데 많은 어려움을 겪게 되는 것이다.

참고 2-2 님비(NIMBY)와 핌피(PIMFY)

님비(NIMBY)는 Not In My Back Yard의 앞글자를 따서 만든 용어로 '우리집 뒷마당에는 제발 오지 마시오'라는 의미이다. 사람들은 혐오시설이나 불편시설을 자기 지역에 유치하지 않고 다른 지역에 넘기고자 하는 경향성을 가지고 있다. 쓰레기장이나 쓰레기 소각장, 핵폐기물 처리장, 납골당과 같은 시설은 인간이 사는 곳이라면 존재할 수밖에 없고 자신들도 이용할 수밖에 없는 시설이다. 하지만 사람들은 그런 불편시설이 우리 주변이 아닌 다른 지역에 존재하기를 원한다. 이러한 현상을 님비현상이라고 부른다.

핌피(PIMFY)는 편의시설이나 지역에 도움이 되는 시설을 유치하고자 하는 현상으로 Please In My Front Yard의 앞글자에서 따온 말이다. '제발 우리집 앞 동네에 설치해주면 좋겠습니다'라는 의미이다. 사람들은 혐오시설은 배척하지만 유리한 시설은 유치하고자 노력한다. 자기 지역에 도움이 되는 공원이나 여가시설, 무공해 산업시설, 고소득의 고용 기회가 창출되는 기관 등을 자기 지역에 유치하고자 하는 것이다. 이러한 현상을 핌피현상이라고 한다.

님비현상이나 핌피현상을 자신들의 이익을 앞세우는 현상이라고 해서 다소 부정적 의미의 '지역 이기주의'라고 부르기도 한다. 그러나 인간은 누구나 자신의 이익을 중심으로 움직일 수밖에 없는 생존 욕구를 가지고 있기 때문에, 이러한 경향을 일방적으로 매도할 수는 없다. 누구나 불리한 시설은 거부하고 유리한 시설을 유치하려고 하는 것이고, 이러한 인간의 이기심은 누구나 가지고 있는 인간의 본능에 가까운 것이다. 따라서 이러한 현상을 지역 이기주의라기보다는 '지역이해 중심주의'라는 중립적인 용어로 표현하는 것이 타당할 것으로 보인다. 피해를 보는 지역이 있으면 이익을 보는 지역이 있을 것이다. 피해 지역과 이익 지역은 서로 공존할 수 있는 타협과 보상의 기회를 만들어가야 할 것이다.

2. 행정적 측면

1) 국가적 사무 처리의 비능률

지방자치가 실시되면 지방사무 처리 과정은 분업화·전문화된다. 이를 통해 지방사무는 능률적으로 처리할 수 있다. 그러나 국가적 사무의 경우 반드시 그런 것은 아니다. 즉, 국가사무의 경우 전국적으로 일사불란한 처리가 요구되는데, 지방자치단체에 위탁하여 처리하는 경우 업무가 지연되거나, 지방의 이해관계에 따라 왜곡 처리될 수도 있을 것이다.

또한 국가 전체적으로 실시되어야 하는 경제기획이나 지역계획의 수립에도 지방의 다양한 입장과 요구 때문에 많은 어려움을 겪게 된다. 따라서 국가 차원에서의 종합적 정책관리나, 국가적 재난이나 국방의 위기 시 전 국민을 신속하게 동원 관리하는 데도 어려움이 따를 수 있다. 따라서 지방자치 실시에 따라 국가적인 공공사무 관리의 효율성은 더 떨어질 수 있다는 것이다.

2) 지방 간 중복 투자와 예산 낭비

지방자치단체 간의 경쟁을 통한 무리한 시설 투자가 이루어져 불필요한 국가관리 비용이 증대될 수 있다. 주변 지역에 체육 시설이 있다고 하더라도 그것은 남의 재산이 되기 때문에, 우리의 체육관을 가져야 직성이 풀리는 것이 지방자치 시대에서 주민들이 취하는 일반적 태도이다. 또한 각종 체육행사나 국가적 이벤트를 지역에 유지하여 무리한 재정 부담을 떠 안는 경우도 많다. 이러한 지역 간의 중복 투자 문제는 행정협의회나 공동협의체를 만들어 이웃 단체 간 시설의 공동 사용 등과 같은 협약을 맺어 비용을 절감할 수도 있다. 그러나 지역 주민들의 평가를 받아야 하는 지역 정치인들의 입장에서는 국가 차원의 무리한 중복 투자라 할지라도 그러한 시설을 유치하고자 노력하게 된다.

3) 지역의 전문적 문제 해결 능력 부족

지방의 행정 재정적 여건이 열악하고 물적 · 인적 자원이 부족하여 스스로 공공사무를 처리하는 데 부적합한 경우도 많다. 지역은 국가에 비해 재정력도 약하고, 기술력이나 인프라가 부족하기 때문에 지역에 일을 맡기는 것보다는 중앙정부가 국가 차원에서 신속히 개입하여 문제를 처리하는 것이 국가적으로나 지역적으로 훨씬 이득이 된다는 것이다.

3. 경제적 측면

1) 지역 성장을 위한 인적 · 물적 기반의 미비

지방화가 지역의 성장에 기여할 수 있을 것인가에 대한 비판적 시각도 존재한다. 지방 재정력의 한계 때문에 대부분 지방정부에서는 독자적인 사회간접자본(SOC)의 투자가 어렵고 중앙정부에 의존할 수밖에 없게 된다. 따라서 지방정부의 경제 개발 기능은 매우 제한적이며, 중앙정부가 더 효과적인 경제 개발 기능을 수행할 수 있다고 본다. 따라서 대규모의 사회적 투자나 사회간접자본 투자는 중앙정부 주도 하에 실시되어야 하며, 지방정부의 자치권만으로 해결할 수 없는 영역이 너무 많다는 것이다.

2) 지역 간 불균형의 심화

지방자치가 지역경제의 성장에 긍정적 효과를 보여줄 것이라는 주장도 있지만, 지방자치가 오히려 지역 발전을 망칠 수 있고 지방소멸을 가속화시킬 수 있다는 견해가 있다. 지역 간 역량의 차이가 현저한 상태에서 지역 스스로 책임 하에 문제를 해결해 나가라고 할 경우 지역 간의 격차와 불균형은 더욱 심해지게 된다는 것이다(마강래, 2018).

각 지방자치단체의 지방세 세입 차이는 엄청나게 큰데 재정 분권을 통해 스스로의 수입으로 문제를 해결해 나가도록 한다면 지방자치단체는 버티지 못하고 파산하게 될 수도 있다. 2020년 행정안전부 통계에 따르면, 지방자치단체의 재정 자립도가 30%에 못 미치는 곳이 243개의 자치단체 중 170여 곳(70%)이다. 지방자치단체에서 자체수입으로 공무원 인건비도 조달하지 못하는 경우도 65곳(26.7%)이나 된다. 이런 자치단체에서 나 혼자 독립하여 살겠다고 자치분권을 소리 높여 주장할 수는 없는 일이다. 마찬가지로 국가가 자치권을 줄테니 나가서 마음대로 혼자 살아라라고 말할 수도 없다.

4. 사회문화적 측면

1) 폐쇄적 지방주의와 지역 배타성

또한 자율성과 주체성이라는 차원에서 지방적 특성의 무리한 강조는 지방주의의 폐쇄성을 초래할 수도 있다. 지방적 특수성만 강조하다가 지방간 인적·물적 교류가 제한되고, 지방 주민들은 우물 안의 개구리가 될 수 있는 것이다. 따라서 지역성과 지방주의만을 무리하게 강조하다 보면 시대 착오적인 우리만의 지역주의, 폐쇄적 지역주의로 발전될 가능성도 있다.

2) 지역 문화와 역사의 상업화와 왜곡

지역에서 다양한 축제와 문화행사가 열리고 있는데, 이러한 축제는 지역 문화 자원의 발굴이라는 면에서 긍정적 요인도 있지만 지나친 상업화로 인한 왜곡과 포장, 단체장이나 지역 정치인의 성과 중심 치적 등으로 지역의 문화가 오히려 왜곡 과장되는 경우도 존재한다.

지금까지 지방자치의 효용과 문제점을 살펴보았다. 어떤 인간이나 제도도 완벽한 상태로 존재하는 것은 아니다. 사람과 마찬가지로 사회제도도 나름대로 좋은 점이 있고 부족한 점이 있다. 위에서 제기된 여러 문제점에도 불구하고 지방자치는 기본적으로 민주주의를 정착시키기 위해 필요한 제도로 이해되고 있다. 대부분의 선진 국가에서 지방자치제도를 도입하고 있고, 지방의 권한을 확대하기 위해 노력하고 있다. 앞으로 지방자치 과정에서 나타나는 장점은 살리고 부정적인 측면은 점진적으로 개선하여, 보다 성숙한 지방자치를 완성하기 위한 지속적인 노력이 필요할 것으로 보인다.

본문요약

1. 지방자치의 정치적 효용

- 공간적 권력분립, 주민주권의 실현, 주민참여 기회 확대, 협치((協治, 협력적 거버넌스)의 기반 구축, 민주주의 훈련과 교육 기회

2. 지방자치의 행정적 효용

- 공공사무의 분업을 통한 능률성 확보, 지역 적실성을 통한 효과성 증진, 지역의 전문성과 경쟁력 강화, 지역 공공서비스의 품질 향상, 정책의 지역적 실험과 예측

3. 지방자치의 경제적 효용

- 지역경제의 성장과 발전, 공공서비스 공급의 중앙 독점 구조 해체, 지역 공공서비스 공급 비용의 절감

4. 지방자치의 사회문화적 효용

- 지역의 정체성과 자존감 증진, 지역 문화의 발전과 세계화, 지역 공동체의 형성과 발전

5. 지방자치의 한계

- 정치적 측면: 지방자치와 민주주의 상관성 비판, 지방 토호 세력의 거점화와 부정부패, 지역이해 중심주의 대두와 지역갈등의 심화
- 행정적 측면: 국가적 사무 처리의 비능률, 지방 간 중복 투자와 예산 낭비, 지역의 전문적 문제 해결 능력 부족
- 경제적 측면: 지역 성장을 위한 인적·물적 기반의 미비, 지역 간 불균형의 심화
- 사회문화적 측면: 폐쇄적 지방주의와 배타성, 지역 문화와 역사의 상업화와 왜곡

[보충학습]

랭로드 · 팬터브릭 · 물랑의 지방자치와 민주주의 논쟁

전통적으로 자유주의자들은 민주주의와 지방자치가 관계있는 것으로 보아왔으나 제2차 세계대전 이후 1950년대에 들어서면서 이러한 지방자치의 고전적 가치에 대한 논쟁이 제기되었다. 1953~1954년에 걸쳐 랭로드(Georges Langrod), 팬터브릭(Keith Panter-Brick), 물랑(Leo Moulin)을 중심으로 지방자치와 민주주의의 상관성에 관한 논쟁이 전개되었다.

논쟁의 순서는 1953년 봄 영국의 『행정학지』에 랭로드의 문제 제기가 있었고, 그해 겨울 팬터브릭의 반론이 제기되었다. 그 다음해인 1954년 겨울 물랑이 다시 랭로드를 옹호하고 팬터브릭을 비판하는 글을 실었으며, 같은 호에 그러한 물랑의 의견을 다시 재반박하는 팬터브릭의 글이 실리게 되었다.

1. 랭로드 교수의 문제 제기(Langrod, 1953)

■ 지방자치가 민주주의의 필수적 요소로 볼 수 없다. 지방자치가 필수적 요소라면 지방자치 없는 민주주의는 존재할 수 없어야 할 것이다. 그러나 민주주의란 지방자치가 존재하는 곳에만 있는 것은 아니다. 실질적으로 지방정부는 지방에서의 시대 착오적 특권을 누리고자 노력해 왔고, 지방에서의 소수 지배, 정치적 패거리(coterie), 반민주적 폭력 등을 행사해 오면서, 민주주의 발전과 성립 과정에서 개혁에 저항하는 요새로서의 역할을 해왔던 것이다.

또한 민주주의의 기본 원리를 평등주의(egalitarian), 다수결의 원리(majority), 통합체계(unitarian system)라고 볼 때, 차별화(differentiation), 개별화(individualization), 분리화(separation)를 기본 이념으로 추구하는 지방자치는 민주주의와 전면적으로 모순되는 대립 관계(contradiction)에 놓여 있게 되는 것이다. 현대 사회에서는 중앙집권화가 차라리 민주적 현상이다.

■ 지방자치가 민주주의에 대한 교육 효과를 가진다고 볼 수 없다. 물론 지방자치가 제대로 이루어지고 민주주의적 가치가 실현된다면 교육 효과가 있겠지만 그렇지 못한 경우는 정반대의 효과를 가져 오게 될 것이다. 비교 연구에 의하면, 민주주의 교육은

지방정부 차원에서는 제대로 수행될 수 없고, 차라리 민주적 중앙정부에서 더 가능성이 있다.

2. 팬터브릭의 비판(Panter-Brick, 1953)

■ 랭로드 교수는 지방정부는 민주적 정부 시스템의 필수불가결한 요소가 아니며, 선거인들에 대한 정치적 교육의 필수적 요소는 아니다라고 지적하고 있다. 또한 집중화된 행정 체계가 민주정부의 도구가 될 수 있다고 보았다.

그러나 민주주의란 랭로드가 주장한 것처럼 평등적 동일성(egalitarian uniformity)에 의해 이루어지는 것이 아니다. 민주주의는 다른 사람의 관점과 다른 사람의 이익의 존재를 인정하는 다양성에서 출발한다. 이러한 다원성과 다양성은 너무 많은 열정과 광기가 저지를 수 있는 오류로부터 일반 국민을 방어해 줄 수 있다. 민주적 정부라는 것은 하나의 예술이며, 이러한 예술이라는 것은 상세하고 가까운 곳에서 주의를 기울일 때 잘 배울 수 있는 것이다.

3. 물랑의 랭로드 옹호(Moulin, 1954)

■ 랭로드 교수에 동의한다. 지방정부는 지방적이고 개인적인 이익만을 옹호하도록 훈련받기 쉽다. 국가 전체의 이익은 간과되고, 필요하다면 지역의 이기적 태도 때문에 국가 전체의 이익은 희생되기 쉽다. 역사적으로 지방은 국가적 정책과 진보에 대해 저항해왔고 국가를 혼란으로 이끌어 가곤 하였다. 지방은 전혀 민주적이지 않았으며, 또 다른 독재의 산실(mother of dictatorship)로서 작용해 왔던 것이다. 따라서 지방정부가 없다는 것이 비민주적이다라는 표현은 적합하지 않다.

4. 팬터브릭의 재반론(Panter-Brick, 1954)

■ 민주주의에 관한 전제가 평등, 다수결의 원리, 통합이라면 물랑과 랭로드의 견해에 동의할 수 있지만 민주주의에 대한 전제가 다른 경우에는 동의하기 어렵다. 민주주의가 통합이라는 전제에는 논란의 여지가 있다.

5. 평 가

이러한 지방자치와 민주주의 논쟁은 지방자치가 무조건 민주주의 발전에 기여할 것이라는 환상에서 우리를 깨우쳐 주었다는 면에서 의미가 있다. 우리나라의 역사를 보면 일제 시대에도, 이승만 시대에도 부분적으로 지방자치가 실시되었다. 이 점은 지방자치를 절대적인 선으로 생각하고, 민주주의 그 자체라고 이야기하는 것이 얼마나 무모한 주장일 수 있는가를 잘 알려주는 좋은 사례가 되기 때문이다.

그러나 위에서 제기한 논쟁은 근본적으로 민주주의를 어떻게 볼 것이냐의 전제에 대한 합의가 이루어지지 못한 상황에서 이루어졌다는 면에서 한계를 지닌다. 각기 다른 차원에서 민주주의를 정의해 놓고 거기에 근거해서 지방자치의 민주적 가치를 논했기 때문에 의견의 차이가 존재할 수밖에 없었던 것이다.

Chapter 03

지방자치의 가치

가치(價値)란 용어는 일상생활에서 두 가지의 의미로 쓰인다. 먼저, 철학이나 윤리학에서 말하는 가치(value)는 사람들이 바람직하고 소중하다고 생각하여 추구하는 대상을 의미한다. 예컨대, 진리, 아름다움, 선함, 권력, 재산 등과 같은 것 들은 사람이 바람직하다고 생각하여 얻고자 하는 것들이다. 또 다른 가치 개념은 경제학이나 사회과학 영역에서 주로 쓰는 것으로, 유용성, 쓰임새, 효용성과 같은 의미이다. 예컨대, 가치가 있다라는 표현은 '쓸모가 있다', '유용성이 있다'라는 의미이다. 가치 있다라는 말은 일상생활 속에서 '돈이 된다'라는 의미로 통용되기도 한다. 이런 맥락에서 보면, 지방자치의 가치라는 제목으로 다룰 수 있는 내용도 두 가지이다. 하나는 지방자치가 이상적으로 추구하는 이념이라는 측면과 다른 하나는 지방자치의 필요성 혹은 유용성의 측면이다. 학자들도 지방자치의 가치라는 제목으로 지향적 이념을 다루기도 하고 유용성을 다루기도 한다.1)

1) 샤프(Sharp, 1970: 153-174)는 지방자치의 가치로 자유(liberty), 참여(participation), 능률적 서비스(efficient service)의 세 가지를 제시하고 있다. 스미스(Smith, 1985: 19-30)는 지방자치의 가치를 크게 국가 수준(national level)의 가치와 지방 수준(local level)의 가치로 나누어 설명하고 있다. 국가 수준의 가치는 지방자치를 실시했을 때 전체 국가적으로 얻을 수 있는 이점을 의미하는데,

이 책의 앞 장(제2장)에서는 지방자치의 효용이라는 제목으로 지방자치의 유용성 문제를 다루었다. 따라서 여기서는 지방자치의 가치라는 제목으로 지방자치가 추구해야 할 바람직한 이념의 문제를 다루어보기로 한다. 여기서는 지방자치의 가치는 국가적 수준에서 추구해야 할 가치와 지방적 수준에서 추구해야 할 가치로 나누어 검토하고자 한다. 국가적 수준에서 추구해야 할 지방자치의 가치와 지방적 차원에서 추구해야 할 지방자치의 가치가 언제나 배타적으로 구분되는 것은 아니다. 때로는 국가적 수준의 가치를 지방적 수준에도 적용할 수 있다. 예컨대, 국가 수준의 가치는 광역자치단체와 기초자치단체 간의 관계에도 적용할 수 있는 것이다.

제 1 절 지방자치의 국가적 가치

국가 차원에서 추구하는 지방자치 가치는 국가와 지방자치단체 간의 관계 속에서 국가가 추구해야 할 지방자치의 이념을 의미한다. 이러한 국가 차원의 가치는 상위 자치단체와 하위 자치단체 간의 관계 속에서 요구되는 가치로 응용할 수 있다.

정치적 교육(political education), 정치적 지도력의 훈련(training in political leadership), 정치적 안정(political stability)의 세 가지를 제시하였다. 지방 수준의 가치란 지역 차원에서 얻을 수 있는 가치를 의미하는데, 이는 평등(equality), 책임(accountability), 대응(responsiveness)의 세 가지를 제시하였다. 킹(King, 1995: 228-248)은 지방자치의 가치를 크게 두 가지, 즉 자유주의적 가치와 사회민주적 가치로 구분하였다. 이 중 자유주의자 혹은 다원주의자들이 말하는 지방자치의 가치는 자유(liberty), 참여(participation), 능률(efficiency)이고, 사회민주주의자들이 지방자치를 통해 추구하는 추구할 수 있는 가치는 이외에도 재분재(redistribution), 자율성(autonomy)이라는 가치가 추가된다고 설명하였다. 그동안 지방자치의 가치는 전통적으로 다원주의자들의 입장만 주로 소개되었는데, 킹의 분류는 다원주의자들의 가치뿐만 아니라, 사회주의자들이 추구하는 가치를 언급한 점이 주목할 수 있는 점이라 할 것이다. 이외에도 비담(Beetham, 1996: 40-45)은 지방자치의 가치를 책임성(accountability), 대응성(responsiveness), 대표성(representation)이라는 세 가지 틀로 제시하기도 하였다.

1. 분권성과 분업성

1) 분권성

지방자치는 국가 혹은 중앙의 권력을 지방으로 분배하는 분권의 원리에 출발한다. 이러한 분권성(分權性, decentralization)은 권력을 중앙에 집중시키는 집권성(centralization)과 대립되는 개념이다. 현대 민주국가의 구성 원리 중의 하나가 권력분립의 원리이다. 몽테스키외(Charles de Montesquieu)는 "권력을 가진 모든 자는 그 권력을 남용하려 한다. 그는 권력의 한계에 이르기까지 이를 행사하려 한다"고 말한다(몽테스키외, 1748, 고봉만 역, 2006: 9). 따라서 적절한 권력의 분립을 통해서만 권력의 남용과 부패를 방지하고 시민의 자유와 기본권을 방어할 수 있다.

지방자치는 권력분립의 원리를 국가의 지리적 공간 차원에서 실현하는 것이다. 국가는 모든 공간 영역의 문제에 대한 의사결정 및 집행자가 되는 것이 아니다. 지역 공간의 고유한 문제는 지역 주민이 스스로 관리해 나갈 수 있도록 권한과 책임을 돌려주는 것이다. 이러한 권력의 공간적 분산을 통해 중앙의 권력 남용으로부터 지방 주민의 자유권, 자율권을 보호하고, 국가 정치 권력의 다원화를 이루어 민주주의 발전에 기여할 수 있다.

2) 분업성

지방자치에서 분업성(分業性, division)은 국가의 공공사무를 국가와 지방이 적절하게 나누어 분산처리하는 것을 의미한다. 국가적 사무는 중앙정부에서 처리하고, 지방적 사무는 지방에서 처리한다는 것이다. 이러한 분업성은 전체성 집중성과 대립되는 개념이다. 공공사무의 분업화를 위하여 국가는 국가가 담당하고 있는 지방 관련 사무를 지방에 이전(devolution)할 수 있어야 한다. 분권이 중앙-지방 간 정치적 측면에서 권력의 분산 문제라고 한다면, 분업은 중앙-지방 간 행정적·관리적 측면의 사무 분산을 의미한다.

지방적 사무를 모두 국가 차원에서 해결하고 중앙정부가 모든 것을 다 책임져야 한다면 중앙정부가 너무 과도한 짐을 지는 것이다. 국가는 거시적인 국가 사무만을 처리하고, 지방적 사무는 지방에서 처리하도록 나누어 놓으면 중앙정부도 좋고 지방정부도 좋다. 지방정부의 입장에서 보면 지방적 사무를 주민들이 책임지고 처리하면 지방 업무의 전문성을 확보할 수 있고, 지역 실정을 잘 아는 주민들이 주체가 되어 업무를 처리하므로 업무의 능률성을 확보할 수 있다. 또한 주민의 욕구에 따른 방향으로 합목적적인 업무 처리를 할 수 있다.

그러나 이러한 국가와 지방 상이 업무 배분은 명확한 선을 긋기 어렵다. 사무의 중복이 존재할 수 있기 때문이다. 이 경우, 사무배분의 원칙은 먼저 기초자치단체에 우선 배분하고 기초자치단체가 할 수 없는 사무는 광역에, 광역에서 처리할 수 없는 사무는 국가에 배정하는 이른바 보충성의 원칙을 적용한다. 우리나라의 지방자치법에서는 사무배분의 원칙으로 이러한 보충성의 원칙 이외에 중복배제의 원칙, 자기 책임을 다할 수 있도록 하는 포괄적 사무배분의 원칙을 규정하고 있다(지방자치법 제11조).

2. 다양성과 다원성

1) 다양성

다양성(多様性, diversity)이란 사물이 가지고 있는 여러 가지 특성이라는 의미를 가지고 있다. 인간 집단은 인종, 종교, 성, 문화 등이 매우 다양한 특성을 가진 사람들이 모여서 살아가고 있다. 지역도 마찬가지다. 지역은 자연환경이나 지리적 특성이나 인문적 특성에 따라 매우 다양한 형태로 존재하고 있다. 지방자치는 이러한 지역적 다양성을 존중하고 보존하는 방향으로 이루어져야 한다.

중앙집권 시대에는 지역의 정체성과 다양성은 국가적 차원에서 무시되기 쉽다. 또한 전국가적 획일성에 의해 지방의 특수성이 소멸되기도 한다. 어촌에 맞는 공공사무가 있고, 농촌에 필요한 공공사무가 다른 형태로 존재할 수 있다. 대도시에서 필요로 하는 행정 수요가 있고, 중소도시에서 필요로 하는 행정 수요가 구분되어 존재할 수 있는 것이다. 지방자치는 이러한 지역적 다양성을 존중하는 방향에서 지역의 정체성과 특수성을 인정하고 존중하는 방향으로 설계되어야 한다.

2) 다원성

지방자치에서 말하는 다원성(多元性, plurality)은 국가 기능이 국가의 여러 지역에 분산되어 분포하는 것을 의미한다. 다중심성 혹은 다극성(多極化, multipolarization)과 같은 의미로 이해할 수 있다. 다원성은 일극성과 대립되는 개념으로 한곳(一極)에 집중된 국가 기능을 여러 지역과 지방에 분산시켜 다원화하는 것이다.

국가 주요 기능의 분포를 지역적으로 공간적으로 분산시킨다는 의미에서 이를 분극성(分極性)이라고 부르기도 한다. 국가 권력을 분산시키는 것이 분권이고, 국가 업무를 분산시키는 것이 분업이며, 국가 기능을 여러 공간에 분산시키는 것이 분극이다.

우리나라의 경우, 수도권에 우리나라 인구의 절반 이상이 모여 있고, 정치, 행정, 기업, 금융, 교육 등의 중심 기능이 대부분 집중되어 있다. 다원성은 이러한 서울과 수도권에 집중된 국가 기능을 지역 간 분산시킴으로써, 국토의 효율적 활용과 균형적 발전이라는 정책 효과를 얻고자 하는 것이다. 세종특별자치시를 통한 중앙부터의 이전, 혁신도시 건설을 통한 국가 주요 기관의 지방분산 등과 같은 것들이 그 예이다. 그러나 이러한 국가 중추 기능의 지역 분산으로 인하여, 국가적 능률성이 침해될 것이라고 하는 비판도 존재한다.[2)]

3. 형평성과 균형성

1) 형평성

형평성(衡平性, equity)은 평등성의 부분 개념으로 기회의 평등을 의미한다. 기회의 평등이란 자원배분 경쟁의 출발점에서 차별하지 않고 동일한 기회를 부여해주는 것이다. 평등을 과정적 평등과 결과적 평등으로 나누어 본다면 형평성은 과정의 평등에 가까운 개념이다. 결과적 평등은 분배를 강조하는 평등 개념이기 때문이다.

도시나 농촌, 지배지역이나 소외지역에 차별 없는 기회, 공정한 기회를 부여해주는 것이 지방자치에서 말하는 형평성이다. 희소한 자원의 배분을 놓고 갈등하는 여러 행위주체들에게 동일한 기회를 부여하고 공정한 게임의 룰을 통해 비례적 평등의 원칙에 근거하여 공정하게 자원을 배분하고자 하는 것이다.

---

2) 노무현 정부 시절인 2004년 1월 '국가균형발전 특별법'이 제정되었고, 대통령 소속 하에 '국가균형발전위원회'가 설치되었다. 이후 공공기관의 지방 이전이 추진되었고, 수도의 충청권 이전이 추진되었다. 수도(首都) 이전 정책은 헌법재판소의 판결로 무산되었다. 이후에 다시 중앙정부의 기능을 부분적으로 이전하는 정책을 추진하였고, 이명박 정부 시절인 2012년 7월 충청남도 일부 지역에 세종특별자치시가 출범하였다.

지방자치의 이념으로서 형평성은 기회의 평등을 강조하지만, 지방자치단체의 능력과 노력에 따른 결과적 차원의 분배 불평등은 인정한다. 국가는 열심히 일하는 자치단체에 추가적으로 재정을 보조하거나, 새로운 아이디어를 발굴하고 노력하는 자치단체에 일정한 성과급을 제공하기도 한다. 이러한 차등화된 분배는 동일한 기회를 주고, 자치단체의 노력과 능력에 따라 이루어지는 것이므로 형평성에 어긋나는 것이 아니다.

2) 균형성

지방자치에서 균형성(均衡性, equality)이란 국가 차원에서 지역과 지역 간에 존재하는 불균형을 개선하고자 하는 노력을 의미한다. 균형성도 평등 개념의 일부이지만, 균형성은 과정의 평등보다는 결과적 평등, 분배적 평등에 더 가까운 개념이다. 상대적으로 형평성(equity)은 동등한 대우라고 하는 의미의 기회의 평등, 과정의 평등 쪽에 가까운 의미라고 할 수 있다. 지방자치에서 균형성은 수도권과 비수도권의 격차를 시정하려는 노력뿐만 아니라, 지방과 지방, 도시와 농촌 간의 지역 격차를 시정하여 분배적 평등을 실천하려는 노력이다. 국가는 지역 간의 균형성을 확보하기 위해 다양한 정책을 마련하고 집행한다. 낙후 지역의 여건을 개선하기 위해 특화된 지역발전정책을 수립하기도 하고, 자치단체 간의 재정 격차를 보전하기 위해 지방교부세, 국가보조금 등을 형편에 따라 차등 지원한다.

그러나 이러한 지역 간 균형 발전을 추구하는 국가적 노력이 일부 지역에서는 역차별이 될 수 있음을 우려하기도 한다. 또한 국가의 지원이 스스로 자립하려는 의지를 퇴색시킨다는 비판도 있다. 모든 지역의 문제를 중앙의 지원에만 의존하여 해결하려고 하거나, 스스로 책임과 의무를 다하지 않고 무임승차하려는 도덕적 해이 현상이 발생할 수도 있다는 것이다.

4. 조정성과 통합성

1) 조정성

국가는 지방 간에 발생하는 다양한 이익의 충돌을 중재하고, 지역 간의 불균형 상태를 시정하는 조정자(調停者, coordinator)의 역할을 수행할 수 있어야 한다. 어떤 사회나 제한된 가치를 분배하는 과정에서 이익 갈등이 발생할 수 있으므로, 국가는 다양한 지방 간 분쟁을 조정할 수 있는 제도적 장치를 마련하고 있다. 물론 분쟁이 발생하기 이전에 사전 협력과 조정의 장치를 마련하는 것이 더욱 필요할 것이다. 이러한 소극적인 조정뿐만 아니라 지방 간의 불균형과 재정 격차를 조정하는 적극적 조정의 자세도 요구된다. 도시와 농촌 등과 같이 지역 여건에 따라 재정이나 생활 여건의 차이가 존재할 수 있다. 그러나 과도한 격차는 공간이나 사회를 양극화시킨다. 일부 지역에 인구를 과도하게 집중시켜 사회적 비능률과 불안을 초래할 수 있다. 국가는 다양한 공간적 차원의 재분배 정책을 통해 주민 삶의 여건을 조정하고 관리할 수 있어야 한다.

2) 통합성

지방자치에서의 통합성(統合性, integration)이란 지방분권과 자율성을 인정하면서도 그러한 다양성이 국가 전체적으로 혹은 지역사회 내에서 상호 연결되어 조화를 유지해 나가는 것을 의미한다. 지방의 독자성과 자율성을 유지하고 인정하면서도 상호 조화를 이루어가는 이른바 화이부동(和而不同)[3]의 정신이라고 할 수 있다. 지방자치의 분권화 정신이 지나친 배타성과 이기적으로 발현되어 남용되면 결과적으로 지역 간 갈등이 심화 되어 국가와 사회의 혼돈 상태를 야기할 수 있다. 이러한 무질서 혼돈의 상태는 국가와 사회 구성원들의 안정적이고 일상적인 삶의 균형을 무너뜨린다.

따라서 지방자치는 지역사회의 여러 집단 간, 혹은 정부 간에 서로 간의 권한과 다양성, 개성과 특성을 존중하면서도 조화와 통합을 추구해야 한다는 것이다. 각 악기마다 자신의 고유한 음색을 가지고 있지만, 전체적인 조화를 통해 아름다운 선율을 일구어내는 오케스트라의 연주처럼, 자율성과 다양성을 인정하면서 조화와 통합을 이루어내는 지방자치가 가장 이상적 지방자치라고 말할 수 있다.

---

3) 화이부동(和而不同) : 남과 화목하게 지내지만 자기의 중심과 원칙을 잃지 않는다. 『논어(論語)』 자로(子路)편 23장 군자화이부동 소인동이불화(君子和而不同 小人同而不和).

제 2 절 지방자치의 지방적 가치

여기서 말하는 지방자치의 지방적 가치란 지방정부와 주민 간의 상호 관계 속에서 추구되는 가치이다. 주로 지방자치단체의 자치기관과 주민의 상호 관계 속에서 고려될 수 있는 이념이다.

1. 참여성과 대응성

1) 참여성

지방자치에서 민주성은 주민이 지방의 주인으로서 주권자로서 역할을 수행하는 것이다. 주민주권, 주민참여, 주민복리 등의 가치를 추구하는 것이 지방자치의 민주성의 가치를 실현하는 수단이 될 수 있다. 현대 민주국가에서 주권은 국민에게 있다. 이러한 맥락에 따라 지방 권력의 주체는 주민이다. 따라서 지방자치는 주민주권과 참여의 정신을 토대로 구성되어야 한다. 주민주권이 선언적 민주성의 지표라면, 주민의 참여는 이러한 주민주권을 실질적으로 가능하게 하는 실천적 지표라고 할 수 있다. 즉, 지방자치에서 참여(參與, participation)란 지방의 일에 주민이 주인으로서 그 권한을 실질적이고 실천적으로 행사하는 것을 의미한다. 주민은 지역의 주권자로서 지역적 문제에 적극 참여함으로써 제대로 주인 대접을 받을 수 있다. 법학자 예링(Rodolf von Jhering)은 "권리 위에 잠자는 자는 보호받지 못한다"라고 하였다. 참여하지 않으면, 자신의 권리를 보호받지 못하는 것이다.

이러한 주민참여는 선거나 여론 등을 통해 간접적으로 할 수도 있고, 주민발안 · 주민투표 · 주민소환 등을 통한 직접적으로 참여할 수도 있다. 참여의 목적에 따라 주민소환 · 주민소송 등과 같이 통제적 기능을 할 수도 있고, 민 · 관 서비스의 공동생산과 같이 협치의 동반자로서 협력적으로 참여할 수 있다.

2) 대응성

지방자치는 궁극적으로 주민의 이익과 복지를 실현하기 위한 것이다. 따라서 지방자치는 주민의 요구에 대응할 수 있어야 한다. 지방자치의 대응성(對應性, responsiveness)이란 지방자치가 주민의 이익과 욕구에 부응할 수 있는 서비스를 제공할 수 있어야 함을 의미한다.

주민은 선거 과정을 통해서 주민을 위해 도움이 되는 정책을 개발한 후보, 주민이 필요로 하는 정책을 실천할 수 있는 후보를 선택한다. 이러한 과정 속에서 지방자치는 이제 주민이 원하는 것이 무엇인가를 파악하고 주민의 만족과 감동을 얻기 위한 다양한 공공서비스를 개발 공급할 수 있도록 노력한다.

2. 자율성과 책임성

지방자치의 자율성(自律性, autonomy)이란 지방자치단체가 국가나 중앙정부로부터 독립된 자치권을 자기 책임 하에 주체적으로 행사하는 것을 의미한다. 자율권을 행사하는 자는 그 결과에 대해 책임을 지고 의무를 다해야, 그가 가지고 있는 자율권의 정당성을 인정받을 수 있다. 따라서 자율성과 책임성(責任性, responsibility)은 분리되어 존재할 수 없다. 스스로 책임을 지지 못하는 무책임한 자율권의 행사는 제멋대로 행동하는 방종(放縱)에 불과하기 때문이다. 미성숙한 지방자치는 지방자치단체나 주민들이 권한은 행사하고 책임을 지지 않는다. 지방은 중앙이나 상위 자치단체에 요구하고 모든 책임을 다시 중앙에 떠맡기는 의존적 태도를 보이기도 했다. 이러한 미성숙하고 책임회피적 자세는 성숙한 지방자치라고 볼 수 없다. 성숙한 자치는 스스로 운명을 개척하는 자립과 자율의 정신과 스스로 행위의 결과에 대해 책임을 지는 자기 책임의 정신이 공존하면서 가능해지는 것이다.

3. 공존성과 협치성

합리적 인간형의 가정에서 보면 인간은 근본적으로 자기 만족과 자기 효용을 극대화하려는 존재이다. 어떤 지위의 어느 누구도 궁극적으로 자신의 가치와 이익을 보존하고 자기 만족을 극대화하려는 본능을 가지고 있다는 것이다. 그러나 그러한 전제를 인정한다고 하더라도 깊은 산 작은 연못에 살고 있는 붕어 두 마리가 서로 싸워 한 마리가 죽자 죽은 붕어의 썩은 살과 썩은 물 때문에 다른 한 마리도 결국은 죽고 말았다는 한 가

수의 노랫말 이야기처럼[4] 자신만의 이익 극대화는 결국은 자신의 이익도 침해받게 되는 결과를 가져올 수 있다. 즉, 자신의 이익을 위해서라도 타자와의 공존과 공생의 공동체를 형성하려는 노력이 필요하다고 보는 것이다. 지방자치의 영역에서도 이러한 공존과 공생의 공동체를 형성하려는 공동체 정신이 강조된다. 공동체는 상호 배려와 협력, 공존과 협치(協治)의 정신을 통해서 구축될 수 있다. 나와 너 우리가 공존하는 네트워크를 통해 이루어지는 공존과 협치의 정신을 통해 건강한 지역 공동체가 유지 · 발전될 수 있는 것이다.

지방자치가 실시되면서 지방이 독자적 권한을 갖게 되고, 다양한 주민들이 참여의 기회를 가지다 보니 개인과 집단의 이익을 중시하는 '지역이해 중심주의'의 현상이 나타나기도 한다.[5] 자신의 지역에 이른바 혐오시설의 설치를 반대하거나(Not In My Back Yard: NIMBY), 자신의 지역에 유리한 시설을 경쟁적으로 유치하려는 노력(Please In My Front Yard: PIMFY) 등이 그 예가 될 수 있다. 이러한 현상은 자연스러운 현상일 수도 있지만, 자기 지역과 집단의 이익만을 극대화하고 상대방을 인정하지 않아 결국은 공동체를 해체시키는 정도에 이르는 것은 자신과 집단, 지역의 진정한 이익을 위해서 바람직한 것이 아니다. 건강한 지방은 서로의 참여를 통한 협력을 통해 발전되고 완성되어 갈 수 있다.

4. 지역성과 세계성

지방자치는 지방의 고유한 가치를 발견하고자 하며 그러한 가치를 소중하게 여긴다. 지방자치는 국가적 전체성이나 보편성보다는 지역적 특수성이나 고유성이라는 의미에 더 가치를 두는 것이다. 이러한 지역의 특수성이나 고유성을 지역성(地域性, locality,

---

4) 가수 김민기가 작사 작곡한 노래 '작은 연못'의 가사 일부를 소개하면 다음과 같다 "깊은 산 오솔길 옆, 자그마한 연못엔, 지금은 더러운 물만 고이고 아무 것도 살지 않지만, 먼 옛날 이 연못엔, 예쁜 붕어 두 마리, 살고 있었다고 전해지지요, 깊은 산 작은 연못, 어느 맑은 여름날, 연못 속에 붕어 두 마리 서로 싸워 한 마리는 물위에 떠오르고, 그놈 살이 썩어 들어가, 물도 따라 썩어 들어가 연못 속에선 아무 것도 살 수 없게 되었죠 … 깊은 산 오솔길 옆, 자그마한 연못에 지금은 더러운 물만 고이고 아무 것도 살지 않죠."

5) 혐오시설의 설치를 기피하는 님비(NIMBY)현상과 이익이 되는 시설을 유치하려는 핌피(PIMFY) 현상을 지역 이기주의라고 표현하기도 하지만, 자기 지역에 불리한 시설이 유치되는 것을 반대하는 것은 가장 일반적인 행위로 선악의 이분법에 의해 이기주의자들이라고 매도할 수 없다. 따라서 여기서는 '지역 이기주의라'는 표현 대신, '지역이해 중심주의'라고 표현하기로 한다.

regionality)이라고 부를 수 있다. 주민은 지역을 통해 자신들의 고유한 가치를 발견하고, 자긍심과 애향심을 가지며, 자신들의 토착문화를 발전시킬 수 있다.

가장 향토적이고 가장 지역적인 것은 가장 세계적인 것과 통한다. 외국인이 한국에 와서 관심을 가지고 관찰하는 것은 청바지가 아니라 한복이고, 고층빌딩이 아니라 한옥일 것이기 때문이다. 따라서 지역의 특수성을 개발하는 것은 지방을 바로 세계와 연결시키는 노력이 되는 것이다. 이러한 맥락에서 "생각은 범지구적으로 하고, 행동은 지방적으로 할 것(Think Globally, Act Locally)"이 요구되기도 한다.

지방자치 이전의 시대에는 국가나 중앙정부만이 세계와 연결되는 창구가 될 수 있었으나, 지방자치 시대에는 한국의 지방이 외국의 지방과 직접 교류하는 지방의 세계화 시대가 열리게 되었다. 특히 현대 사회에는 국가와 국가의 관계보다는 지방과 지방, 도시와 도시의 관계가 더 중요시되는 경우가 많다. 국가 간 교류 관계는 외교 국방 이념 등의 복잡한 문제가 걸려 있지만, 도시와 도시, 지방과 지방 간에는 이러한 문제들이 미치는 영향력이 낮다. 지역의 가치를 세계와의 연결시키려는 노력을 지방화(localization)와 세계화(globalization)를 합한 개념으로 세방화(glocalization)라고 부르기도 하고, 지세화(local-globalization)라고 부르기도 한다. 이제는 지방이 세계와 연결되어 있고 그 만큼 세계적 보편성을 가지고 있는 주체로서의 의미를 가지게 된 것이다.

제 3 절 지방분권과 균형발전

지방자치 논쟁에서 자주 제기되는 가치 논쟁의 하나는 지방자치 분권과 지역 간 균형발전의 문제이다. 지방분권은 자유의 관점에서, 균형발전은 평등의 관점에서 접근하는 경향이 있다. 학문적으로도 지방분권은 정치학이나 행정학적 시각에서, 균형발전은 경제이론이나 도시계획학적 시각에서 주로 논의된다. 대통령 소속으로 자치분권위원회도 있고, 균형발전위원회도 있다. 지방분권과 균형발전은 지역정책의 두 개의 수레바퀴이지만, 서로의 주장이 조화를 이루기도 하고, 충돌하는 경우도 있다. 여기서는 지방분권과 균형발전의 딜레마를 검토해보고자 한다.

1. 지방분권과 균형발전의 딜레마

지방분권의 기본 정신은 지방자치단체에 행정 및 재정의 자율권을 주는 것이다. 정치나 행정의 영역에서 대부분의 사람들은 자치분권은 민주주의를 향한 바람직한 정책 방향이라고 주장한다. 이 책의 제2장에서도 지방분권과 주민자치가 민주주의를 발전시키고 지역 주민의 삶을 개선할 것이라고 설명하고 있다.

그런데 사실 이러한 주장만 있는 것은 아니다. 자치분권의 커다란 울림에 묻혀 소리가 잘 들리지 않고 있지만, 사실 자치분권의 논리에 대해 회의감을 표시하는 사람들도 많다. 지방분권을 가속화하면 지방소멸의 위험성도 높아진다고 보는 견해가 대표적이다(마강래, 2017, 2018; 마스다 히로야, 김장환 역, 2015).

1) 지방분권이 지역발전을 가져온다

자치분권을 정당한 가치라고 주장하는 사람들은 자치분권을 통한 자치권을 확대함으로써 중앙의 간섭없이 지역의 독자적 행정을 가능하게 할 수 있으며, 이를 통해 주민주권의 원리가 확보될 수 있다고 주장한다. 국가가 의사결정권, 재정권을 틀어쥐고 있어 지방에서 뭔가 획기적인 정책이나 사업을 하려고 해도 제약이 많다는 것이다.

따라서 국가는 지방자치단체에 조직, 인사, 재정 등의 권한을 넘기는 자치분권 정책을 강하게 추진해야 한다. 자치단체가 자율권을 가짐으로써 지역이 발전하고 성장할 수 있다. 대체적으로 자생력이 있는 수도권 대도시나 광역자치단체에서 하는 주장이다.

2) 지방분권이 지역소멸을 초래한다

자치분권에 대해 회의적인 사람들은 지방분권의 강조가 지역낙후의 문제를 해결할 수 있는 대안이 아니라고 주장한다. 그동안 지방분권 정책이 지속적으로 이루어지고 강화되어 왔지만, 수도권을 제외한 대부분의 지역에서 인구유출과 지방소멸의 위기가 더욱 심각해져 가고 있다는 것이다. 이러한 맥락에서 보면 자치분권과 지역발전의 상관관계는 없으며, 오히려 자치분권이 강화되면 지방소멸은 가속화될 것이라는 우려가 존재한다고 보는 것이다.

자치분권을 해서 득을 보는 자치단체는 인구 규모가 크고 재정력이 탄탄한 광역 대도시이야기일 뿐이다. 인구도 적고 재정력도 약한 중소도시나 농촌도시의 경우는 자치분권의 내용을 알면 찬성하지 어려워진다. 자생력이 없는 청소년을 거리로 내몰고 너에게 모든 권한을 주었으니 이제 자율적으로 살아라 하면, 그 어린아이는 길거리에서 노숙하다 얼어 죽기 딱 좋은 것처럼, 지금 단계에서 자치분권의 추진은 매우 무모한 정책이라는 것이다.

2020년 행정안전부 재정 통계에 의하면, 우리나라 대부분의 자치단체는 재정력이 약하다. 지방재정자립도가 30% 미만인 곳이 총 243개의 자치단체 중 170곳이다. 약 70%의 자치단체가 재정자립도 30% 미만인 것이다. 자체적으로는 인건비를 충당하지 못하는 자치단체도 65개(26.7%)나 된다. 기초자치단체만 따지면 자체 인건비도 해결 못하는 비율은 28.8%로 높아진다(행정안전부, 2020: 275, 385). 만약에 국가 수준의 자치권을 자치단체에 모두 주고 이제 너희들끼리 알아서 살아라고 하면, 30%의 지방자치단체는 1년을 버티지 못하게 되는 것이다.

의사결정의 자율권과 재정적 자율권을 주면, 원칙적으로 각 자치단체는 자기 스스로 세원과 수입원을 발굴해야 하고, 지역의 문제 해결을 위한 정책비용도 알아서 마련해야 한다. 따라서 가난하고 힘없는 자치단체 입장에서는 자치분권의 논리는 무모한 것이고, 균형발전의 논리가 더 타당하다고 생각하게 된다.

2. 누가 어떤 주장을 하는가?

1) 자생력 있는 자치단체

자생력 있는 자치단체는 지방분권론을 주장하고 균형발전론을 좋아하지 않는다. 주로 재정력이 풍부한 대도시의 광역자치단체나 부자인 기초자치단체는 절대적 자치권과 자율권을 요구한다. 세금도 지출도 알아서 하게 해달라는 것이다. 2007년 서울시의 재산세 공동과세 방안에 대해 강남 · 송파 · 서초구는 구세인 재산세의 절반을 서울시에서 걷어가는 것은 자치권의 침해라고 반발하여 헌법소원을 내기도 했다(최종적으로 서울시 승소). 광역자치단체나 일부 대도시의 자치구는 세원은 많은데 국가에서 국세를 통해 대부분 걷어가는 통에, 자치권을 행사할 수 없고 지역발전을 이룰 수 없다고 강한 불만을 표시하고 있는 것이다.

2) 가난한 자치단체

그러나 시골의 작은 자치단체는 스스로 알아서 세금 걷어서 쓰고 결과도 책임지라면 두 가지 면에서 난감하다. 첫째, 일단은 농촌지역에는 인구가 없다. 소득과 소비도 적어 소득세, 소비세도 적고 인구가 없으니 주민세를 걷어봐야 얼마 안 된다. 자치분권, 재정분권 말은 그럴 듯 하지만 힘 없고 돈 없는 너희들은 그냥 가만히 앉아서 소멸해라는 말로 밖에 들리지 않는다. 둘째, 자치분권을 강화해서 국세를 지방세로 전환해주면 세수가 많은 대도시는 재정력이 풍부해진다. 그러나 국세가 줄어들어 국가의 재정은 빈약해진다. 지방교부세는 내국세의 일정 비율(19.24%)을 따로 떼어서 나누어주는 것이므로, 국세가 줄어들면 지방교부세의 총량도 줄어든다. 국가에서 지방에 지원해줄 돈도 나누어 줄 돈도 점점 줄어들어 소규모 자치단체는 재정력이 더욱 약화되는 것이다.

3. 대안은 있는가?

대안은 어떻게 보면 간단하다. 자치분권을 주장하는 자치단체에는 자치권을 주고, 균형발전을 주장하는 자치단체는 국가 재원의 배분을 통해 균형발전 정책을 추구하면 된다.

우리나라에는 지방자치 분권을 다루는 지방자치법과 지방분권법이 있고, 지역균형발전을 위해서는 국토계획법, 균형발전특별법이 각각 따로 있다. 정책의 추진 방향과 주체도 다르다. 지방자치법은 행정안전부 소관이지만 균형발전법은 산업통상자원부, 기획재정부 소관이다. 국토계획법은 국토교통부 소속이다. 대통령 직속으로 자치분권위원회도 있고, 국가균형발전위원회도 각각 따로따로 있다. 두 가지의 정책은 다른 차원에서 논의되는 별개의 정책인 것이다. 자기 부서의 역할을 충실히 하면 되는 것이다.

그러나 두 정책은 상호 딜레마의 관계에 놓여 있다. 딜레마는 지방분권과 균형발전은 서로 대립적인 가치를 바탕에 깔고 있는 것이다. 지방분권은 국가의 개입 축소와 지방의 권한을 확대하는 것이고, 균형발전은 국가의 개입을 통한 지방 간 재분배를 강조하는 정책이기 때문이다. 하지만 대통령 직속 하에 두 개의 위원회가 공존하는 것처럼 국가적으로는 어느 것도 포기할 수 없다. 국가는 한 손에는 지방분권의 칼을, 다른 한 손에는 균형발전의 칼을 양손에 들고 전진할 수밖에 없는 것이다. 이것은 집토끼와 산토끼의 문제이다. 두 마리 토끼를 잡으면 더할 나위 없이 성공한 정책이 된다. 그러나 현실에서는 집토끼를 지키면 산토끼를 놓치고, 산토끼를 잡으러 간다면 집토끼가 집을 나가기 십상이다. 완전한 자치분권은 가난한 자치단체의 소멸을 가속화시키고, 강력한 균형발전 정책은 대도시나 재정력 있는 자치단체의 불만을 가중시킬 수 있기 때문이다.

국가 정책적으로 두 마리 토끼가 다 필요하다는 면에서는 대부분 공감한다. 그러나 우선 순위에 대한 입장은 다소 다르다. 대체적으로 정치학이나 행정학을 전공하는 사람들은 지방분권으로 집토끼를 먼저 잡고, 균형발전으로 산토끼를 잡자는 주장을 한다. 지역경제학이나 도시계획적 기반을 가진 경우는 사람들은 압축 성장으로 거점별 균형발전을 먼저 이루고 나중에, 지방분권을 추진하는 것이 현실적이라는 견해가 많다. 지역발전과 균형적 성장(압축적 광역경제권 성장을 포함)을 먼저 잡아야 할 집토끼로 보는 것이다. 자치분권이 아무리 좋은 의미를 가지고 있더라도 자생력 없는 자치단체에게는 그림의 떡에 불과하다는 것이다.

국가나 정책 입안자들은 두 마리의 토끼를 놓치지 않으려 한다. 어느 집단의 표도 잃고 싶지 않을 것이기 때문이다. 이러한 두 정책의 선택은 통치권자의 철학과 시대적 상황에 영향을 받는다. 지방분권과 균형발전 정책의 우선 순위 선택은 정책 철학의 문제이고, 가치선택의 문제이다. 두 정책은 자유와 평등이라는 민주주의의 핵심 가치를 각각 대변하고 있다. 국가 발전과 통합의 차원에서 상호 보완적 접근이 필요할 것으로 보인다.

본문요약

1. 지방자치의 국가적 가치

- 분권성과 분업성
- 다양성과 다원성
- 형평성과 균형성
- 조정성와 통합성

2. 지방자치의 지방적 가치

- 참여성과 대응성
- 자율성과 책임성
- 공존성과 협치성
- 지역성과 세계성

3. 지방분권과 균형발전

- 지방분권과 균형발전의 딜레마와 대안

Chapter 04

지방자치의 역사

예로부터 '빛은 동방에서'라는 말이 있다. 서구 문명의 빛은 메소포타미아나 이집트 같은 동방 문명에서 비추기 시작하여 그리스 로마에 정착했던 것이다.[1] 그러나 안타깝게도 현대 사회의 빛은 서쪽, 그것도 유럽과 미국에서 오는 듯하다. 정치 및 경제뿐만 아니라 문화나 정신도 서양적인 것들이 대부분 지배하고 있기 때문이다. 현대적 의미의 지방자치도 서구적인 것이라고 볼 수 있다. 서구에서 시민혁명을 통해 절대주의 왕권이 무너지고 자유와 평등의 근대 민주주의 이념에 따라 서구의 지방자치제도가 실시되었고, 그러한 민주적 지방자치제도는 전 세계로 확산되었다. 여기서는 지방자치의 제도적 측면을 중심으로 영국, 미국, 프랑스, 일본 등 외국의 지방자치 역사와 그로부터 제도와 정신을 이어받은 한국 지방자치의 역사를 정리해보기로 한다.

1) 티그리스·유프라테스강 유역의 메소포타미아 문명과, 나일강 유역의 이집트 문명은 에게 문명에 영향을 미쳤고, 에게 문명은 현 발칸반도 지역의 그리스 문명에 영향을 미쳤으며, 그리스 문명은 로마 문명의 기원이 되었다. 따라서 메소포타미아·이집트의 아시아·아프리카 문명이 그리이스 로마 문명의 토대를 둔 현대 서구 유럽 문명의 기원을 형성하였다고 볼 수 있다.

제 1 절 외국 지방자치의 역사

외국 주요 나라의 지방자치 역사는 우리에게 큰 교훈이 될 수 있을 것이다. 여기서는 영국, 미국, 프랑스, 일본 지방자치의 역사를 간단히 살펴보기로 한다.

1. 영국 지방자치의 역사

영국은 역사적으로 지방분권적 요소가 강한 국가이다. 영국(UK)은 나라 명칭에서 볼 수 있듯이, 잉글랜드, 웨일스, 스코틀랜드, 북아일랜드의 연합왕국(The United Kingdom of Great Britain and Northern Ireland)으로 구성되어 있다. 이들 네 지역은 민족, 언어 등이 각각 다르고 지역에 따라 독자적인 화폐를 발행하기도 하며, 독자적인 의회를 가지고, 조세권을 행사하기도 한다.[2] 영국은 이러한 다양성의 나라이지만 왕을 중심으로 네 개의 지역국가가 통합되어 있다.[3]

1) 자치제도의 정비

영국에서 노르만 정복(1066년) 이후 카운티(County)라는 구역이 설정되고, 1360년에는 치안판사가 국왕에 의해 부여된 행정권을 부여받기도 하였으나, 근대적 의미의 지방자치는 1835년 도시자치단체법(Municipal Corporation Act)에서 시의회에 법인격을 부여함으로써 시작되었다고 볼 수 있다.

이후 1888년 지방자치법(Local Government Act of 1888)에 의해 카운티의회(County Council)와 버러의회(Borough Council)를 구성하였는데, 이 법에 의해 포괄적인 지방의회 체계가 최초로 정비되었다. 그때까지 치안판사가 장악하고 있던 행정권도 카운티

2) 우리가 쓰는 영어는 원래 잉글랜드 말이고, 스코틀랜드, 웨일스에는 고유 언어가 있다. 특히 스코틀랜드는 고유 문자를 지금도 사용하고 있다. 민족의 기원도 다르다. 스코틀랜드는 원래 북방 켈트족인데, 잉글랜드는 앵글로 색슨족이다.

3) 각각의 독립된 왕국은 상호 전쟁을 치르기도 했으나, 1603년 잉글랜드의 엘리자베스 1세가 죽고 나서 마땅한 후계자가 없자, 스코틀랜드의 제임스 6세(엘리자베스의 조카)가 스코틀랜드와 잉글랜드의 통합 왕으로서 즉위하였다(제임스 1세). 이로써 양국은 심리적으로 통합되었고, 1707년 통합법이 통과됨으로써 잉글랜드와 스코틀랜드는 통합왕국이 되었다. 한편 웨일스는 1536년 잉글랜드에 합병되었다.

의회로 이관되었다. 이 법은 오늘날까지 영국의 지방자치를 존립 발전시키는 근거가 되었다.

이후 지방자치제도는 많은 변화를 겪어 왔는데, 1933년에는 카운티(county), 카운티버러(county borough), 넌카운티버러(non-county brough), 도시구역(urban district), 농촌구역(rural district), 교구(parish)의 다섯 가지 유형으로 정비되었고, 1965년에는 지방정부의 역할과 기능의 범위가 증대되면서 지방정부 간의 일정한 책임 소재의 변천이 있었으며, 기존의 런던 카운티의회보다 훨씬 더 넓은 지역을 포함하는 대런던의회(The Greater London Council)가 창설되었다. 이 개혁의 결과 대런던의회(GLC)가 런던 카운티의회에 포함되어 있던 32개의 런던버러와 런던시의 주요한 업무를 맡아보게 되었다.

1972년 전면 개정이 이루어진 지방자치법은 지방정부 체제를 대폭 재편하였으며, 이 결과 잉글랜드, 웨일스, 스코틀랜드 등의 지방정부 수가 1,500개 이상에서 522개로 축소 조정되고, 일부 지방정부 간의 경계와 지방 당국의 역할과 기능이 재조정되었다. 1974년 개혁에서는 대런던의회 구역을 제외한 잉글랜드의 나머지 지역과 웨일스의 지방정부를 재편성하였다. 1975년에는 스코틀랜드에서도 이와 비슷한 개편이 이루어졌다. 북아일랜드에서는 1973년에 이러한 변화들이 진행되었다.

2) 보수당과 신중앙집권

대처(Margaret Thacher)의 보수당 정부(1979년)가 들어서면서 능률성이라는 명제하에 여러 가지 지방정부 개혁이 이루어졌으며, 뒤를 이은 메이저(John Major) 정부(1990년)에서도 이러한 추세는 계속되었다. 이러한 경향은 시장경제의 원리를 중심으로 능률적 정부 관리 체계를 구성하고자 하는 정부 혁신 정책의 일환으로 시도되었는데, 핵심 내용은 지방정부의 계층을 줄이고, 통·폐합하는 것이었다.

대처 정부는 지방정부 개혁 정책의 하나로 광역자치단체라고 볼 수 있는 잉글랜드 지역의 대런던의회(GLC)와 6개의 대도시카운티(metropolitan county)를 폐지하는 법률을 통과시켰다(1985년). 노동당의 강력한 반대에도 불구하고 보수당 정부는 이러한 광역자치단체가 낭비적이며 불필요한 것이라고 지적하였다. 이리하여 1986년 4월 1일부터는 이 법이 시행되었으며, 폐지된 의회의 기능들은 런던버러(borugh)와 도시 구역(district) 의회 및 다른 공공기관으로 이관되었다.

이제 런던지역은 32개의 런던버러(London Borough)와 1개의 런던시(City of London)로 재편되었고, 대도시지역에는 34개의 대도시구역(metropolitan district)을, 대도시 이외의 지역은 38개의 비대도시 카운티(non-metropolitan county)와 그 밑에 278개의 구역(district)을 두게 되었다. 이로써 런던 등의 대도시의 계층은 단층제로 축소되었다. 웨일스 지역은 8개의 카운티(county)와 37개의 구역(district), 스코틀랜드는 9개의 지역(region)과 53개의 디스트릭트(district)와 3개의 섬특구(island)의 2계층제를 운영하였다. 스코틀랜드와 웨일스도 지방자치계층을 과감하게 축소하여 단일계층화하였다.

1994년에는 웨일스에 22개의 카운티, 스코틀랜드에 29개의 단일 계층 카운티를 운영하는 법률이 통과되어, 1998년까지 영국 전역에 걸쳐 단일 계층제의 지방제도가 완성되었다.

3) 노동당과 분권국가

1997년 5월에 블레어(Tony Blair)의 노동당 정부가 들어서면서 강력한 분권화 정책을 추진하게 되었다. 이러한 분권화 정책은 보수당과의 경쟁에서 승리한 뒤 기존 보수당의 지방정책에 비판적이었던 노동당의 정책이 반영된 것이다.

1997년 9월 11일과 18일에는 스코틀랜드와 웨일스에서 주민 찬반 투표를 통해 강력한 독립의회를 구성하고, 독자적인 조세 및 세율 조정권을 행사하는 분권국가 안을 통과시켰다. 이에 따라 1999년 5월 6일 총선을 통해 7월부터 스코틀랜드(129명)와 웨일즈(60명)에 독자적 입법권을 가진 지역의회를 구성하게 되었다.

1998년 5월에는 런던 시민투표를 통해, 대런던시(Greate London Authority: GLA)라는 광역자치단체를 다시 부활시켰다. 대런던시는 2000년 5월 직접 선거를 통해 시장을 선출하고 25명의 의원을 선출하였다. 보수당 정부에 의해 1986년 폐지되었던 대런던의회(GLC)는 대런던시(GLA)라는 새로운 모습으로 부활하게 된 것이다.

지방정부의 통·폐합과 함께 지방정부의 다양성을 확보하고자 하는 노력이 계속되었다. 2000년 지방정부법 개혁으로 기관구성 형태를 다양하게 선택할 수 있도록 하였다. 2007년에는 지방정부 형태로 시장-관리자형은 폐지되었고, 2011년 작은 규모의 지방정부는 위원회형을 채택할 수 있도록 하였다(임승빈 외, 2019: 95-96).

2. 미국 지방자치의 역사

미국은 영국에서 이주한 식민국가로 시작되었는데, 미국 지방자치의 역사도 이러한 미국의 발전 과정 속에서 정착되어 왔다. 식민지 시대의 미국의 지방제도는 17, 18세기의 영국의 지방제도를 모방하여 대부분의 명칭과 제도가 영국과 유사하다. 그러나 독립 이후에는 차츰 독자적인 체제를 갖추어 가기 시작하였다.

1) 식민지와 개척 시대

매사추세츠 주를 비롯한 동북부의 6주는 주로 영국으로부터의 이민에 의해서 개척되었기 때문에 '뉴잉글랜드(New England)'라고 부르고 있는데, 이 지방에는 교회를 중심으로 타운(town)을 형성하여 자치적 생활을 개시하였다. 자치의 형태는 모든 자유민이 한자리에 모여 주민총회를 통해 결정하는 직접 민주주의였다. 이 시대에는 자연발생적인 촌락을 중심으로 마을은 하나의 독립된 작은 국가의 역할을 하였다. 따라서 주민들에 의한 강력한 자치가 시행되었다. 이외에 뉴욕에는 초기에는 타운십(township)과 후기에 카운티(county)가 창설되었고(1683), 펜실베이니아, 버지니아 등 여러 주들이 독자적인 지방 단위를 형성하기 시작하였다. 이 시기는 영국의 지방자치를 모방하는 단계였다고 볼 수 있다.

2) 미국 독립 이후

1776년 독립 이후 미국의 지방자치제도는 민주적으로 재편성되어 미국의 독자적 지방자치제도를 형성하기 시작하였다. 즉, 3권 분립, 각 기관의 상호 견제와 균형의 원칙이 지배적이 되었고, 선거권 및 피선거권이 확장되었다. 이러한 개혁으로 19세기 중엽까지 미국의 지방자치제도는 식민지 시대에 모방했던 영국의 제도로부터 탈피하여 독자적 지방자치제도를 형성하게 되었다. 이 시대에는 선거권이 대폭 확장되어 주민의 정치 참여가 강화되었으며, 시의 중요한 행정공무원들은 시민이 직접 선거하는 제도가 생겨 시민과 시정부 간의 거리가 매우 가까워지게 되었다. 또한 시의회가 집행기관과 의결기관으로 분리되어 감으로써 영국적인 식민통합형의 구체제에서 탈피하게 되었다.

3) 남북전쟁 이후와 근대

1865년 종결된 미국의 남북전쟁은 미국 사회를 전반적으로 재편하는 기회를 제공하였다. 남북전쟁이 종결되면서 미국의 정치, 행정, 사회, 경제적으로 새로운 체제의 정비와 질서의 확립이 이루어졌으며, 지방정부는 딜런의 원칙(Dillon's Rule, 1868)에 의해 주정부의 강력한 통제 아래 놓여 있었다.[4)]

1890년 제1차 세계대전을 거쳐 1920년대 대공황의 시기에 이르러 행정 수요가 증대하기 시작하였으며, 연방정부의 주정부에 대한 간섭이 강화되었다. 행정책임의 명확화와 행정집행의 효율화 필요성이 강조되었고, 집행부의 권한이 강화되어, 강시장형이나, 의회-지배인형 등의 유형을 많은 지방자치단체에서 채택하게 되었다. 1960년대 이후에는 닉슨(Richard Nixon)과 레이건(Ronald Reagan) 등에 의한 신연방주의 도입으로 주정부의 권한을 강화하고, 중앙정부의 지출을 감소시켰으며, 지방정부의 관리에서 능률의 원리를 도입하였다.

3. 프랑스 지방자치의 역사

프랑스에서는 11세기경부터 도시가 발달하였는데, 이들은 국왕 또는 영주로부터 특허장(charter)를 부여받음으로써 각종의 특권과 자유를 향유할 수 있었다. 농촌지역은 사제(司祭)를 중심으로 운영되는 교구라는 지방 단위가 있었다. 근대적 지방제도의 성립은 사실상 영국보다(1835년) 프랑스가 먼저 시작하였으나(1789년), 나폴레옹(Bonaparte Napoléon)의 강력한 집권정책으로 분권 및 자치 기능은 늦게 발전되었다.

1) 집권적 자치기

1789년 프랑스 대혁명에 의하여 혁명 전 구제도(ancien regime) 하의 지방제도는 폐지되고 대신 최초의 근대적 지방제도가 설립되었다. 지방제도의 개혁 내용은 첫째, 프랑스 혁명의 기본사상에 입각한 자유화 및 지방분권화의 진전으로 도시의 자치권이 회복되었으며, 둘째, 대관제도 및 주제도를 폐지함과 동시에 종래의 복잡하고 다양한 행

---

4) 딜런의 원칙(Dillon's Rule): 미국의 주정부와 지방정부 간의 권력 관계를 설정한 원칙으로, 지방정부의 권력은 주(州) 입법에 의해 부여된다는 것을 규정한 원칙이다. 이 원칙은 1868년 미국 아이오와(Iowa) 주 법원의 판사인 딜런(John F. Dillon)의 판례에 의해서 최초로 정립되었다.

정구획을 통일화하여 데파르트망(départment), 아롱디스망(arrondissement) 및 코뮌(commune)이 창설되었다. 그러나 이 새로운 지방제도는 혁명과정에서 잘 운영되지 못했다(장지호, 1995: 119).

1795년 통령정부는 중앙집권을 강화하기 위해 데파르트망에는 5명으로 구성된 의결기관 겸 집행기관을 설치하고, 그 구성원에 대하여 중앙정부는 파면권 및 직무 정지권을 행사할 수 있게 하였으며, 코뮌에 대해서는 중앙정부의 감독권을 한층 더 강화하였다. 그리고 데파르트망에 대한 중앙정부의 감독권 강화로 중간자치단체인 아롱디스망의 자치권은 폐지되었다.

1799년 쿠데타에 의하여 정권을 잡고 제1통령이 된 나폴레옹은 1800년 2월에 종래의 지방자치조직을 근본적으로 개혁하여 지방정부를 중앙의 지배 하에 두는 법률을 제정하였으며, 이러한 중앙 지배를 위하여 데파르트망 지사를 핵심적 관직으로 만들었다. 철저한 중앙집권적 제도가 형성된 셈이다. 이때의 지방행정 체제는 군대식의 지휘명령계통과 유사한 지방행정 체제였으며, 나폴레옹 이래 프랑스는 전형적인 중앙집권적인 지방행정 체제를 유지해 왔다.

2) 분권화 시기

나폴레옹 1세에 의한 제도개혁 이후 프랑스에서는 주로 민주화 및 지방분권화의 추진을 목적으로 하는 여러 가지 지방제도의 개혁이 이루어졌다. 대표적인 것을 보면, 1830년 지방의회의원 선거의 부활 및 코뮌 권한의 확대, 1968년 도시 공동체제도의 창설에 따라 대도시 및 그 주변에 소재하는 코뮌의 상호 협력 체제 확립, 1978년 데스탱(François Giscard d'Estaing) 대통령 하에서 국가의 감독 축소, 중앙과 지방 간의 사무 재분배, 주민참여의 확대 등이 있었다. 그러나 아직까지도 프랑스의 지방자치는 중앙의 강력한 통제와 관리 하에 놓여 있는 집권적 자치를 시행하고 있었다.

현대 프랑스의 지방제도는 강력한 분권화 정책을 추진한 1982년의 지방자치제도 개혁에서 비롯되었다. 1981년 대통령 선거에서 미테랑(François M. M. Mitterrand)이 당선된 후, 지방분권화는 사회당 정부의 가장 중요한 정책과제의 하나가 되었다. 그 내용을 보면, 국가행정기구로서 독립성을 지니지 않았던 레종을 지방자치단체로 승격시킴으로써 자치계층이 레지옹(région)-데파르트망(départment)-코뮌(commune)의 3계층으로 되었다. 또한 국가에서 임명하던 지사(préfet) 제도를 폐지하고 레지옹 및 데파르트망의 장은 지방의회의 의장(président)이 담당토록 하였다. 다만, 레지옹 및 데파르트망에는 국가사무를 처리하기 위한 국가임명의 지방장관을 두도록 하고 있으나 이들의 권한은 극히 제한되어 있다. 이와 함께 중앙정부의 지방자치단체, 상위 지방자치단체의 하위 지방자치단체에 대한 각종 후견적 감독을 원칙적으로 폐지하고 지방세제와 보조금 제도의 개편과 사전 통제에서 사후 통제로 전환함에 따른 지방회계원 제도가 창설되었다. 이후 1988년에도 지방분권화의 개선에 관한 법률이 제정되어 분권화 경향은 더욱 촉진되었다.

2003년에는 지방분권을 강조하는 지방분권형 헌법 개정을 단행하였다. 이때 지방정부에 대한 권한의 확대, 지방정부 조직 구성의 자율권 보장, 지방재정조정제도 등의 조항이 마련되었다. 2010년부터는 레지옹과 데파르트망의 수를 대폭적으로 축소시키는 대대적 지방행정 체제 개편을 시도하였다. 프랑스의 경우, 장기적으로는 데파르트망을 폐지한 레지옹-코뮌의 2단계 지방정부 체계를 구상하고 있다.[5)]

4. 일본 지방자치의 역사

일본 지방자치제도는 1870년에 이미 독일 프로이센의 제도를 모방하여 근대적 지방제도의 기틀이 마련하였으나, 제2차 세계대전 이후 연합국의 점령 하에서 미국식 지방자치제가 상당한 부분에 걸쳐 도입되었다. 즉, 일본의 지방제도는 일본 고유의 전통에다 독일, 미국식 전통이 가미된 형태라고 할 수 있다.

1) 근대 이전의 지방자치제도

일본의 근대적 지방자치제가 확립된 것은 1878년(明治 11년)에 제정된 소위 3신법, 즉 군・구・정・촌(郡・區・町・村) 편제법, 부・현(府・縣) 회칙, 지방세 규칙에서 비롯되었다. 이들 세 가지 법은 근대적 지방자치제 형성의 기틀이 되었다. 군・구・정・촌 편제법은 호적법에 의해 설치된 구의 제도를 폐지하고, 그 대신에 부・현 아래

5) 2016년에 프랑스 본토의 22개 레지옹을 13개로 줄였다. 프랑스는 장기적으로는 데파르트망도 폐지하여 지방자치 계층을 레지옹-코뮌의 2단계로 축소 재편할 계획이다. 데파르트망 폐지는 헌법 개정과 국민투표를 필요로 하기 때문에, 우선 데파르트망의 주요 기능을 레지옹이나 코뮌 연합체로 이전하는 작업을 추진하고 있다.

에 군 및 구를 나누어 군 아래에 정・촌을 두고, 이를 국가의 지방행정구획으로 함과 동시에 구 및 정・촌을 자치단체로 하였다. 부・현에 부현회를 창설하고, 지방규칙과 더불어 어느 정도의 자치제적 성격을 부여하였다. 1880년(明治 13년)에는 구・정・촌회법에 따라 구・정・촌회가 설치되었다.

1888(明治 21년)에는 시제(市制), 정・촌제(町村制)가 제정 공포되었다. 이렇게 하여 1889년부터 시제, 정・촌제가 시행되고, 1890년에는 부・현제(府縣制) 및 군제(郡制)가 공포되어 부현(府縣)・군(郡)・시정촌(市町村)의 3계층으로 구성된 근대적 지방자치제도의 발족을 보게 된다. 메이지(明治) 시대의 지방자치제도는 비스마르크(Otto E. L. von Bismarck) 하의 프로이센의 지방제도를 모방한 것으로 중앙집권적 색채가 짙은 것이었다. 부・현의 지사는 국가에서 임명하였고, 시・정・촌 행정에 이르기까지 강력한 감독권을 행사하였다.

1921년에는 군이 폐지되었고, 1929년까지 자치권을 확대하기 위한 다양한 조치가 이루어졌다. 메이지 시대에 확립된 구지방자치제도는 1933~1934년부터 전시 체제 내지 준전시 체제로 들어가면서 중앙집권적 경향이 강화되기 시작하였다.

1940년경에는 행정의 통합 일원화, 합리화, 간소화가 이루어졌다. 1943년 지방자치제도의 개정을 통해 시・정・촌장의 권한을 강화하였고, 지방자치단체는 중앙정부의 일선행정기관으로 전락하였다. 또한 도쿄부(東京府)와 도쿄시(東京市)가 폐지되고, 도쿄도제(東京都制)가 실시되었다. 이후 일본의 지방자치는 암흑기를 맞게 되었다.

2) 근대의 지방제도

일본이 제2차 세계대전에서 패망하고 미국의 군정이 시작된 이후 1946년 새로운 헌법 초안이 발표되고, 1947년 5월에는 일본국 헌법 시행과 동시에 지방자치법이 시행되어 새로운 지방자치제도가 탄생하였다. 이후 1951년까지는 미군 점령기에 해당하는 시기로 도・도・부・현(都・道・府・縣), 시・정・촌(市・町・村)이 완전한 자치단체로서의 거듭날 수 있도록 정비되었다. 이때 경찰법, 교육위원회법, 지방재정법, 지방공무원법 등이 제정되었다.

초기 지방제도는 미국식 지방제도가 이식된 것으로 1952년에 중앙관료제를 정점으로 하는 일본식 집권 체제가 다시 구축되었다. 이때에 도쿄 특별구의 구청장 민선제 폐지(1975년 부활), 도・도・부・현에 대한 국가의 조언 및 권고 확대, 표준 부・국 수의 규정, 의회의 정례회의 축소 등이 이루어졌고(이호철, 1996: 64-65), 1952년 지방공영기업법의 제정, 1954년에 경찰법의 개정, 1956년 교육위원회제도의 개정이 있었다. 1956년에는 도・도・부・현과 시・정・촌의 사무 분담을 명확히 하였다.

3) 최근의 분권개혁

1995년 5월에는 '지방분권추진법'이 5년의 한시 입법으로 제정되었고, 동년 7월에는 지방분권추진위원회를 중심 강력한 지방분권 정책을 추진하였다. 1999년 7월에는 '지방분권일괄법'이 제정되었는데, 이는 475개의 법률을 1개의 법률로 개정한 것이다. 이에 따라 국가의 기관위임사무를 전면 폐지하고 지방사무를 자치사무와 법정수탁사무로 재조정하였고, 국가와 광역자치단체(도・도・부・현)의 관여를 폐지하거나 축소시키는 등 분권개혁을 실시하였다. 이외에도 필치규제(必置規制: 법령에 의해 필히 설치해야 할 기관에 관한 규제)의 재조정, 지방사무관제의 폐지, 인구 20만 명 이상 도시를 대상으로 한 특례시 제도의 창설, 시・정・촌 합병의 추진 등의 지방행정개혁도 추진하였다. 최근에는 전국의 47개 도・도・부・현을 6~12개의 도주(道州)로 개편하여 연방의 주와 같은 강력한 권한을 부여하는 도주제(道州制)로의 분권화 작업도 활발히 논의되고 있다.

제 2 절 한국 지방자치의 역사

우리나라의 현대적이고 실질적인 지방자치의 시작은 1995년 6・27 선거 이후부터라고 볼 수 있다. 이때야 비로소 단체장과 지방의회를 동시에 주민이 직선으로 선출하여 구성할 수 있었기 때문이다. 따라서 이때 당선된 단체장은 초대 민선 시장, 혹은 초대 민선 군수 등으로 불리기도 했다.

그러나 실제적으로 한국 지방자치제도는 이보다 훨씬 더 오래된 역사를 가지고 있다. 지방자치법이 1949년 제정되었고, 최초의 지방선거는 1952년에 실시되었기 때문이다. 이렇게 볼 때 한국의 근대적 지방자치제도의 출발은 일본과 비슷한 시기였고(일본은 패망 이후인 1947년 시작), 영국의 도시자치단체법(1835)보다는 약 1세기 정도 늦었을 뿐이다.

1. 근대 이전의 지방자치

고려 시대 초기의 사심관(事審官) 제도는 지방의 유력한 호족이나 개국 공신에게 지방의 통치를 맡기는 제도로서 중세의 봉건제도의 형태를 유지하고 있었다. 그러나 이러한 분권은 왕권을 귀족에게 나누어 준 것이며, 주민의 자치권이라는 개념이 전혀 없었으므로 현대적 의미의 지방자치라고 부를 수 없다.

조선 시대에 들어와서는 지방의 향청(鄕廳), 향약(鄕約), 향회(鄕會)제도 등이 존재하여 지방 주민이 수령에게 어느 정도의 자문 역할을 하고 영향력을 미쳤다. 특히 향회는 1895년 고종 32년 11월 3일 갑오경장기에 채택된 제도로 일종의 의결기관의 성격을 띤 것으로 한층 발전된 것이었다(한국지방행정연구원, 1998: 3-13). 그러나 이러한 자문 역할이라는 것은 강력한 왕권과 지방 수령의 보조 역할을 하는 데 불과한 것이고, 실질적으로 수령의 뜻을 거스르는 결정을 하기는 매우 어려운 것이었으므로 참된 의미에서 자치라고 평가하기 어렵다.

이는 일제 시대에도 마찬가지이다. 일본은 메이지 시대에 정비한 지방자치제도를 우리나라에 이식하였는데, 한일합방(1910) 이후인 1914년에 부제(府制)를 도입하여 군과 면의 수를 대폭 감축하는 지방제도 개편을 시도하고, 부(府)를 조례 제정, 예산 편성 등을 할 수 있는 공법인으로 인정하고, 부의 책임자인 부윤(府尹)의 자문기관으로서 부협의회를 두었다. 이들은 임명제로서 부윤의 권한 행사에 보조적 역할을 수행하였다.

1919년 3·1 운동 이후 문화정치로의 변화를 표방한 일본은 1920년에 부협의회나 면협의회라는 일종의 선거직에 의한 자문제도를 신설하였다. 부협의회의 의원은 선거에 의해서 선출되었지만 의장은 단체장이라고 할 수 있는 부윤이 겸임하였다. 그러나 이러한 제도는 일부분에만 적용된 것으로 많은 한계를 가지고 있었다. 예를 들면, 선거권과 피선거권은 제한적으로 허용되었다. 즉, 독립생계를 영위하는 25세 이상의 남자와 부에 세금을 연 5원 이상 납부한 자에게만 선거권 및 피선거권이 주어졌다. 이로 인해 주로 일본인이나 친일 부호들만이 유권자 혹은 후보자가 될 수 있었다. 또한 면협의회의 경우, 일반면은 임명제였고, 일본인이 거주하는 지정면은 선거를 실시하는 등 매우 불평등한 선거제도가 유지되었다. 도지사의 자문기관인 도평의회는 3분의 1인은 도지사가 직접 임명하고 나머지는 부 · 면 협의회의 추천한 후보자를 도지사가 임명하였다(최창호, 1998: 69-70; 한국지방자치학회, 1995: 40-58).

1930년대 초에는 도 · 부 · 읍 · 면의 각급 지방행정기관들을 법제상의 지방자치단체로 만들었고, 지금까지 자문기관에 불과했던 부 · 면 협의회와 도평의회 대신 의결기관인 부회 · 읍회 · 도회(府會 · 邑會 · 道會)를 설치하는 등 일련의 지방제도 개편을 추진하였다. 그러나 여전히 단체장이 의결기관의 의장직을 맡고 있었고, 총독은 언제라도 의회 및 협의회를 해산할 수 있었다. 이후 태평양전쟁이 일어나면서 이러한 지방자치제마저 중단되고 말았고, 일본에 협력적인 인사를 중심으로 추천에 의한 투표제가 실시되다가, 일본이 패망하면서 종결을 맞게 되었다.

2. 지방자치의 도입과 실험: 1949~1960년

1) 1949년 7월 4일: 지방자치법 제정 · 공포

우리나라에 현대적 지방제도가 도입된 것은 대한민국 정부가 수립되고, 1948년 7월 17일 제헌헌법에 지방자치 조항이 규정되면서 시작되었다. 건국 당시의 지방행정조직은 조선총독부 지방 관제에 의했던 것이므로, 이를 시정하기 위해 1948년 11월 17일 법률 제8호로 '지방행정에 관한 임시조치법'이 공포되었다. 이는 6개월의 시한부 입법이었다.

1949년 3월 9일 '지방자치법'이 제49차 본회의를 통과하였으나 '법 공포 이후 10일'이라는 시행규정이 당시 현실에 맞지 않는다 하여, 대통령이 국회의 재의(再議)를 요구하였고, 재의 기간 안에 국회가 폐회되어 자동적으로 안건이 소멸되었다. 이후 제3회 국회에서 6월 14일 법안이 제출되었고, 국회의 심의를 거쳐 1949년 7월 4일 법률 제32호로 지방자치법이 제정 · 공포되었다.

지방자치단체의 종류는 서울특별시와 도를 광역자치단체로, 시 · 읍 · 면을 기초자치단체로 하였고, 시 · 읍 · 면은 도가 관할하도록 하였다. 의결기관과 집행기관을 분리시켜 집행기관으로서 서울특별시에 서울특별시장을 도에 도지사를 두고 각각 대통령이 임명하도록 규정하였다. 시 · 읍 · 면에서는 시 · 읍 · 면장을 두고 각각 지방의회에서 무기명 투표로 선거하도록 하였다. 의결기관으로서 지방의회는 주민의 보통 · 직접 · 평등 · 비밀선거로 선출하도록 하였다. 의원의 임기는 4년으로 하는 명예직으로 구성하고

의원의 수는 인구를 기준으로 정하였다. 이러한 지방제도는 서울시장, 도지사를 임명제로 한 것 이외에는 당시 선진국 자치제도와 비교하여 손색이 없는 것이었으나, 그 당시의 시대 상황으로 봐서는 적용하기 어려운 것이기도 하였다. 지방자치법이 공포된지 약 4개월 만인 1949년 12월 15일 법률 제73호로서 지방자치법 제1차 개정을 단행하였고 경과규정을 신설하였다. 즉, 지방의회가 성립될 때까지 의회의 의결을 요하는 사항의 경우 도와 특별시는 내무부장관, 시 · 읍 · 면은 도지사의 승인을 얻도록 하였고, 지방의회가 성립될 때까지 시장은 대통령이 읍 · 면장은 도지사가 임명하도록 했던 것이다. 그러나 1950년 6 · 25 한국전쟁이 발발하여 제대로 시행되지 못하였다.

2) 1952년 4월과 5월: 한국전쟁 중에 지방자치의 시작

1950년 6월 한국전쟁이 발발하였다. 한국전쟁은 이후 3년 간 지속 되었다(1950. 6.25~1953.7.27). 전쟁이 계속되고 있었던 1952년 4월과 5월, 부산의 피난 정부 시절에 전국적으로 최초의 지방의원 선거가 실시되었다. 치안 유지가 가능하여 우선적으로 선거가 가능한 지역에서 각각 시 · 읍 · 면 의회 의원 선거(1952.4.25)와 도의회 의원선거(1952.5.10)를 실시하였다. 각각의 지방의회 의원들은 주민의 직접 선거로 선출하였다.

한국전쟁의 와중에 실시된 최초의 지방의원 선거는 이승만 대통령의 재집권을 위한 직선제 개헌의 도구로 활용되었다. 이승만 대통령은 기존의 국회 간선제로 재집권이 어려워지자, 대통령 직선제 개헌안을 통과시키고자 하였고, 이를 위한 대중 동원의 도구로 지방선거를 활용하였다. 이후 직선제 개헌안은 통과되었고, 이승만 대통령은 재선되었다.

기관 구성 형태는 의회와 집행기관을 대립시키는 기관대립형이었고, 지방자치단체장의 경우 시 · 읍 · 면장은 의회에서 선출하는 간선제를, 서울특별시장 · 도지사는 대통령에 의한 임명제로 하였다. 도지사 · 특별시장은 대통령의 허가를 얻어, 시 · 읍 · 면장은 도지사의 허가를 얻어 지방의회를 해산시킬 수 있었다. 그러나 시 · 읍 · 면장이 의회를 해산할 경우, 도지사의 허가를 얻어야 해산시킬 수 있어 실질적으로 해산시키기가 어려웠다.

이 당시의 지방의회는 자치단체장을 불신임할 수 있었다(1949년 지방자치법 제121조). 특히 시 · 읍 · 면 의회는 지방자치단체장을 선출하고, 불신임할 수 있었으므로 의회의 권한이 상대적으로 강했다고 볼 수 있었다. 실제적으로 정치적 목적에 따라 많은 수의 단체장들이 의회의 불신임으로 퇴직을 거듭하여 혼란이 야기되었다(김병찬 · 정정길, 1995: 1-44).

3) 1956년 2월 개정: 시 · 읍 · 면장 직선제 도입, 시 · 읍 · 면장 불신임제 폐지

한국의 제헌헌법에서 대통령은 의회에서 간선으로 선출하도록 되어 있었다. 초대 이승만 대통령은 국회에서 간선으로 선출되었다. 그러나 1952년 7월 4일 개헌을 통해 대통령 선출 방식이 국민 직선제로 바뀌었고, 이에 따라 1952년 8월 5일 이승만이 직선제에 의한 대한민국 제2대 대통령으로 선출되었다.

이때까지 대통령의 임기는 4년으로 연임 만이 가능했다. 그러나 1954년 11월에 초대 대통령의 종신제를 보장하는 이른바 사사오입(四捨五入) 개헌안이 국회를 통과하였다. 이제 이승만 대통령의 영구 집권이 가능하게 된 것이다. 이러한 개헌을 통해 1956년 5월에는 이승만 대통령이 제3대 대통령으로 다시 당선되었다.

이러한 정치적 배경 속에서 1956년 2월에 지방자치법의 개정이 있었다. 시 · 읍 · 면장의 지방의회 간선제와 지방의회의 단체장 불신임제도가 문제점이 지적되어, 이 제도에 수정이 가해졌다. 시 · 읍 · 면장 지방의회 간선제가 주민 직선제로 바뀌고, 또한 지방의회의 단체장 불신임제도도 폐지되었다. 그러나 종래와 같이 서울시장과 도지사는 대통령이 임명하였고, 서울시 의회와 도의회의 단체장 불신임제도는 그대로 유지하였다(1956년 지방자치법 제121조). 1956년 5월 15일 3대 대통령 선거에서 이승만 대통령이 당선된 후, 8월 8일 제2차 시 · 읍 · 면의회 의원 선거와 주민 직선에 의한 시 · 읍 · 면장 선거를 실시하였다. 동년 8월 13일에는 서울특별시와 도의회 의원선거를 실시하였다.

4) 1958년 12월 개정: 단체장 전부 임명제로 전환, 불신임제 부활

1956년 선거에서 3선에 성공하고 영구 집권의 가능성을 확보한 이승만 대통령과 자유당 정부는 강력한 지배력을 확보하게 되었다. 이에 이승만 정부는 1958년 12월 26일 단체장을 모두 임명제로 바꾸는 집권적 조치를 단행하였다. 이 당시 법 개정으로 자치단체장을 모두 임명직으로 바꾸었고 실질적으로 지방자치는 껍데기로 남게 되었다. 특별시장 · 도지사 · 시장은 대통령이 임명하고, 읍 · 면장은 도지사가 임명하게 된 것이다. 시 · 읍 · 면장을 임명제로 바꾸는 대신 지방의회의 단체장에 대한 불신임제도는 부활시켰다.

참고 4-1 발췌 개헌과 사사오입 개헌

우리나라 초기 지방자치의 전개에 결정적인 영향을 끼친 헌법 개정은 이른바 1952년 7월 4일의 발췌 개헌과 1954년 11월 27일의 사사오입 개헌일 것이다.

발췌 개헌은 한국전쟁(1950.6.25~1953.7.27)의 와중에 지방자치를 전격 실시하고(1952년 4월과 5월), 그 결과를 바탕으로 여론을 동원하여 밀어 붙인 개헌안이다. 이를 통해 국회 간선제였던 대통령 선거제도는 국민 직선제로 바뀌었고, 이승만 대통령을 제2대 대통령으로 만들어 주었다. 사사오입 개헌은 이승만 후반기의 영구 집권이 가능하도록, 초대 대통령의 연임 제한을 철폐한 개헌안이다. 집권의 영구성이 주어진 후로 단체장의 선거는 무력화되고 모두 임명제로로 바뀌었다.

1. 발췌 개헌(拔萃改憲)(1952년 7월 4일)

이승만 초대 대통령은 의회에서 간선제로 선출된 대통령이었다. 그러나 당시 국회의 중심 세력이었던 한민당의 지지를 받지 못하여 제2대 대통령으로 재선될 가능성이 없자 국회 간선제를 폐지하고 국민에 의한 직선제로의 개헌을 추진하였다. 그러나 1952년 1월 18일 정부가 제출한 대통령 직선제 개헌안이 찬성 19표, 반대 143표라는 압도적인 차이로 국회에서 부결되었다. 이에 따라 이승만 대통령은 직선제 개헌안을 관철시키기 위한 새로운 대안을 모색했는데, 이 과정 속에서 경찰력과 자유당을 동원하여 시・읍・면 의원선거, 도의회 의원 선거를 실시하였다. 이를 통해 여론을 동원하고, 국회를 무력화시키고자 하였던 것이다.

선거 결과는 자유당의 대승으로 끝나고, 자유당을 중심으로 전국적인 개헌안 부결에 대한 반대운동과 국회의원 소환운동이 전개되었다. 1952년 5월 25일에는 공비 소탕을 명목으로 계엄령이 선포되고, 국회의원 정헌주 등 12명이 구속되었다. 부통령 김성수가 사임하고, 국회의원 장택상을 중심으로 한 신라회가 중심이 되어 대통령 직선제 정부안과 내각책임제 국회 안을 발췌하여 혼합한 이른바 발췌 개헌안을 마련한 것이다.

1952년 7월 4일 경찰과 군인들이 국회의사당을 포위한 가운데 기립 표결을 통해 찬성 163표, 반대 0표, 기권 3표로 대통령 직선제가 가결되었다. 이러한 권력의 게임의 와중에서 지방의회가 구성되고 지방자치가 실시되었으니, 한국의 지방자치는 출발부터 한계를 지닌 제도였다고 볼 수 있었다.

2. 사사오입(四捨五入) 개헌(1954년 11월 27일)

초대 이승만 대통령 연임 금지조항을 폐지하여 종신 연임이 가능하도록 하는 개헌안이다. 개헌안이 제출된 후 국회에서 1954년 11월 27일 찬성 135표, 반대 60표, 기권 7표로 부결 처리되었다. 당시 재적의원은 203명으로 3분의 2인 136표(203의 3분의 2는 135.3인데, 사람이므로 136명이 가결 표수임)를 얻었어야 했으나, 1표가 미달하여 부결된 것이다.

그러나 이 법안은 29일 국회 본회의에서 이른바 사사오입(4 이하는 버리고, 5 이상은 반올림)의 원리에 의하면, 203명의 3분의 2는 135.3명이므로 135표면 가결이 가능하다고 주장하여, 개헌안이 가결되었음을 다시 선포하였다. 이를 통해 이승만 대통령의 3기 집권과 영구 집권이 가능하게 되었고, 1956년 5월 15일 이승만은 제3대 대통령으로 당선되었다. 이후 단체장은 모두 임명제로 바뀌었다.

5) 1960년 4·19 이후: 지방자치의 완벽한 제도화

1960년 3·15 부정선거로 네 번째의 대통령으로 취임하려던 이승만은 4·19 혁명으로 몰락하고 만다. 이후 민주당 장면 정부가 들어서면서 중앙정부의 통치 체제가 내각제로 바뀌었다.

1960년 6월 3차 개정 헌법에서는 시·읍·면장 직선제를 명문화하였다. 이후 지방자치법의 개정도 이루어졌고(1960.11.1), 서울특별시장·도지사, 시·읍·면장을 주민이 직선으로 선출하고, 서울특별시 의회와 도 의회, 시·읍·면 의회도 동시에 구성하도록 하였다.[6] 이에 따라 1960년 12월 12일부터 12월 29일 사이에 네 번에 걸친 지방선거가 실시되었고, 전국적으로 광역·기초의 단체장 선출과 지방의회 구성이 완료되었다.

이 당시의 지방자치제도는 광역·기초 단체장, 광역·기초 의회를 모두 주민 직선으로 구성하여 제도적으로는 현재의 지방자치제도와 다를 바 없었다. 그러나 이러한 지방자치제도는 1961년 5·16 군사정변으로 무력화되고 말았다.

3. 지방자치의 중단과 부활: 1961~1994년

1) 1961년 5·16 군사정변과 9·1 임시조치법

1961년 5월 16일, 박정희 소장을 중심으로 한 군사정변이 발생하였다. 이후 1961년 9월에는 '지방자치에 관한 임시조치법'이 공포되었다. 이 임시조치법은 지방자치단체장 임명, 지방의회 폐지를 골자로 하는 것으로 1961년부터 1988년까지 약 27년 동안 적용되었다. 1961년 '지방자치에 관한 임시조치법'에서는 기존의 읍·면 중심의 자치제를

---

6) 이 당시 군과 구는 지방자치단체가 아니었으며 군수와 구청장은 임명제였다. 군수는 도지사의 추천으로 내무부장관을 경유하여 국무총리가 임명하였고, 구청장은 서울특별시에서는 시장의 추천으로 내무부장관을 경유하여 국무총리가 임명하였다. 기타 시의 구청장은 도지사의 승인을 얻어 시장이 임명하였다. 동·리장은 임기 2년으로 주민이 직접 선거하도록 하였다(지방자치법, 1960, 제146조).

폐지하고 군(郡)자치제를 규정하였다. 시장 · 군수는 도지사가, 특별시장 · 도지사는 대통령이 임명하도록 하였다. 의회의 의결사항에 대해서는 도와 특별시는 내무부장관, 시와 군에서는 도지사의 승인을 얻어 시행하도록 하였다. 단체장 임명, 지방의회 폐지라는 조치가 이루어진 것이다. 이로써 5 · 16 군사정변 이후 한국의 지방자치는 사실상 중단되고 말았다.

1962년 12월 26일 개정 헌법의 제109조, 제110조에 지방자치에 관한 조항을 두고는 있지만, 헌법 부칙 제7조에 "헌법에 의한 최초의 지방의회의 구성 시기에 관하여는 법률로 정한다"라는 단서 조항을 삽입하여 지방자치는 권력 담당자의 임의에 의해 실시될 수도 그렇지 않을 수도 있도록 하였다.

당시 지방의회가 해산하고 지방자치에 관한 임시조치법이 공포되었기 때문에 집권세력에게는 지방자치를 할 의사가 없었다고 보아야 할 것이고, 결과적으로 지방자치는 일반 사람들의 시야에서 사라지게 되었다. 이러한 임시조치법은 1988년 4월 새로운 지방자치법이 제정됨으로써 폐지되었다.

2) 1972년 유신헌법: 지방의회 구성은 통일 이후로

1972년 10월에 새로 제정된 유신헌법에서도 지방자치 관련 조항은 있지만 헌법 부칙에 "지방의회는 조국 통일이 이루어질 때까지 구성하지 아니한다"고 규정해 놓아 역시 현실적으로 지방자치를 할 수 없도록 제도화해 버렸다. 이후 지방자치는 서서히 그 자취를 잃어가면서 우리나라 국민들의 의식 속에서 소멸해 가고 있었다.

참고 4-2 **1987년: 두 청년의 죽음과 6.29 선언, 그리고 지방자치**

1. 박종철 군 고문치사 사건

1987년 1월 14일, 치안본부에 연행된 서울대생 박종철 군 고문치사 사건이 발생하여, 전 국민의 분노가 폭발하였다. 2월 7일 추모대회가 개최되었다.

2. 이한열 군 최루탄에 맞아 사망

1987년 6월 9일, 당시 전두환 대통령의 호헌조치(4월 13일)에 반대 시위를 하던 연세대생 이한열 군이 교내에서 경찰이 쏜 최루탄에 맞아 부상 후 사망, 7월 9일 민주국민장이 거행되었다.

3. 1987년 6·10 항쟁, 6·29 선언, 그리고 …

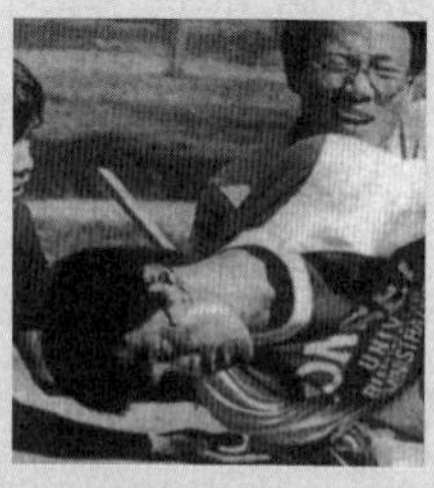

6월 10일부터 전국적인 시위 발생, 6월 29일 당시 노태우 민정당 대표가 이른바 6·29 선언을 발표하였다. 주된 내용은 지방자치 실시를 포함한, 대통령 직선제 실시 등 민주화 8개항. 10월 27일 직선제 개헌안이 국민투표에 붙여져 국민의 전폭적인 지지(93.1%)로 통과되었다. 그러나 민주화를 외치던 이른바 양김씨(YS, DJ)는 서로에게 대통령 후보를 양보할 것을 요구하며 분열하였다. 12월 16일 노태우, 김영삼, 김대중, 김종필 4인이 선거에 출마하였고, 노태우 후보가 제13대 대통령으로 당선되었다. 이듬해 1988년 4월 6일 새 지방자치법이 제정되었다.

(사진자료: 시사저널, 398호, 1997.6.12: 52-53)

3) 1988년 4월 여소야대 정국: 지방자치의 소생

박정희 대통령의 사망(1979년 10·26 사태)과 1980년대의 혼돈의 정치 정세 속에서 지방자치는 부활을 준비하였다. 제11대 국회 개원 이후 3년 동안 여·야 간에 지방자치제 논쟁이 실시되다가, 1984년 10월, 제11대 국회에서 민정당 측이 국무총리 산하에 지방자치제 실시 연구위원회 설치 의사를 밝힘으로써 지방자치의 실행이 구체화되기 시작하였다. 이어 여야는 1984년 11월 3당(민정, 민한, 국민) 3역 회담에서 1987년부터 지방자치를 순차적으로 확대 실시한다고 발표하였다. 1986년 6월 민정당 당정협의회의 국무총리실 산하 '지방자치제 실시 연구위원회'의 보고가 있은 뒤, 정부와 민정당은 1986년 7월 최종협의를 거쳐 공청회에 회부할 시안을 확정하였다.

이러한 일련의 정치과정 속에서 1987년 4월 13일 전두환 당시 대통령이 4·13 호헌 조치를 발표하였다. 국민들이 요구하는 대통령 직접 선거를 거부하고 기존 헌법 체제에 의한 간접 선거 방식을 통해 대통령을 선출하겠다는 것이다. 이에 불만을 가진 전 국민의 저항운동이 이른바 1987년 이른바 6·10 항쟁으로 표출되었다. 당시 서울은 거의 시민들의 시위대로 마비될 지경이었고, 1988년의 서울올림픽이 개최될 수 없을 것이라는 우려가 세계적으로 확산되었다.

이러한 혼란한 상황 속에서 1987년 6월 29일 당시 민정당의 대표였던 노태우를 중심으로 대통령 직선제를 중심으로 한, 이른바 6·29 선언이 발표되었고, 이 내용 중에 지방자치제의 실시가 포함되었다. 당시의 정치적 갈등 상황 속에서 1987년 지방자치제 실시는 불가능하게 되었고, 우여곡절 끝에 1988년 4월 6일 지방자치법이 제정·공포되어, 5월 1일부터 시행하게 되었다. 이때는 지방자치단체를 광역자치단체(특별시 · 직할시 · 도)와 기초자치단체(시 · 군 · 구)의 두 종류로 대별하였다. 이로 인해 우리나라 건국 초기에 시도되었던 기초자치단체로서 읍 · 면 · 동은 사라지게 되었다.

1988년 4월 제정된 지방자치법은 과거의 지방자치 역사를 청산하고 새로운 시대를 여는 기념비적인 것이었으며, 30여 년 간 숨죽이고 있었던 한국의 지방자치를 다시 부활시키는 단초가 되는 역사적인 사건이기도 하였다. 1989년 12월 30일 개정에서는 지방의원 선거는 1990년 6월 30일 이내, 단체장 선거는 1991년 6월 30일 이내에 실시하도록 규정하였으나 지키지 못했다. 1990년 12월 31일 제8차 개정에서 다시 1년씩을 연기하여 의원 선거는 1991년 6월 30일 이내에, 단체장 선거는 1992년 6월 30일 이내에 실시하기로 하였다.

그러나 지방자치의 실시는 당시 대통령 선거를 앞둔 각 정치세력 간의 이해관계로 계속 미루어져 왔다. 우여곡절 끝에 노태우 대통령 시절인 1991년 3월 26일 전국적으로 기초의회의원 선거가 실시되었고, 6월 20일 광역의회의원 선거가 실시되었다. 이 당시에는 의회만 구성하고 단체장은 임명함으로써 반쪽짜리 지방자치를 실시하게 되었다.

4. 지방자치의 성장과 발전: 1995년~현재

1) 1995년 6월 27일: 한국 지방자치의 실질적 원년

1992년 12월 대통령 선거에서 제14대 김영삼 대통령이 선출되어 1993년 2월 25일 취임선서를 하였다. 김영삼 정부(1993.2~1998.2) 기간 내인 1995년 6월 27일 단체장을 포함한 지방의회의원을 모두 직접 선거하는 제1차 통합 지방선거를 실시하였다.

1949년 7월 지방자치법이 제정된지 약 반세기(46년) 만인 1995년 6월, 드디어 기초자치단체의 장과 기초의회 의원, 광역자치단체의 장과 광역의회 의원 모두를 동시에 주민이 직접 선출하는 제대로 된 지방자치를 실시하게 된 것이다. 물론 한국에서의 지방선거가 1995년에 처음 실시된 것은 아니다. 한국의 지방선거는 한국전쟁의 와중인 1952년 4월 처음 실시한 경험을 가지고 있다. 1950년대에도 나름대로의 지방자치제도가 존재했다. 그러나 그동안 지방자치는 혼돈스러운 정치 정세 속에서 실험적인 시도에 불과했었고, 제대로 정착하지 못했다. 따라서 우리나라의 지방자치는 1995년을 실질적 지방자치의 원년으로 볼 수 있다. 따라서 이때 선출된 단체장을 관례상 민선 1기라고 부르기도 한다.

2) 지방자치의 정착과 성장 · 발전

이후 김대중 정부 시절(1998.2~2003.2)인 1998년 6월 4일에 민선 제2기 지방선거를, 2002년 6월 13일에 민선 3기 지방선거를 실시하였다. 1999년 1월에는 사무의 지방 이양을 촉진시키기 위해 '중앙행정 권한 지방 이양 촉진에 관한 법률'이 제정되어 국가사무의 지방 이양을 제도적으로 추진하게 되었다. 또한 1999년 8월에는 주민의 직접 참여에 의한 조례 제정 · 개폐 청구권, 주민감사 청구권이 신설되었고, 1년에 한번 열리는 지방의회의 정기회를 매년 2회 열리는 정례회로 바꾸었으며, 지방자치단체장과 지방의회의장단의 전국협의체를 둘 수 있도록 법제화하였다.

노무현 정부 시절(2003.~22008.2)에는 지방분권을 주요 국가 정책과제로 선정하여 다양하고 체계적인 제도 개혁이 이루어졌다. 2003년 지방의원의 명예직 조항을 삭제한 후, 2005년 8월에는 지방의원 유급제를 정착시켰고, 2004년에는 5년 한시법으로 '지방분권 특별법'을 제정하여 지방분권을 강력히 추진할 수 있는 제도적 기틀을 마련하였다. 지방자치법 개정으로 인구 50만 명 이상 대도시에 특례를 지정할 수 있도록 하였고, 독립된 법률로 '주민투표법'을 제정하였다. 이외에도 2005년 1월에는 주민소송제를, 2006년에는 주민소환제를 도입하였다. 2006년 7월에는 제주특별자치도가 새롭게 출범하기도 하였다. 2006년 5월 31일에는 민선 제4기 지방선거가 실시되었다.

이명박 정부 시절(2008.2~2013.2)인 2008년 6월에는 '지방분권 특별법'을 대체한 '지방분권 촉진에 관한 특별법'을 제정하였다. 이법에 근거하여 '중앙행정 권한의 지방이양 촉진에 관한 법률'은 폐지되었다. 2010년 6월 민선 제5기 지방선거가 실시되었고, 2010년 7월 통합 창원시가 출범하였다. 이후 지속적인 행정구역의 통합과 계층 조정의 근거를 마련하기 위해 2010년 10월에는 '지방행정체제 개편에 관한 특별법'을 제정하였다. 2012년 7월에는 세종특별자치시가 출범하였다.

박근혜 정부 시절(2013.2~2017.3)인 2013년 5월에는 지방분권과 지방행정 체제 개편을 효과적으로 추진하기 위해 '지방분권 촉진법'과 '지방행정체제 개편법 특별법'을 통합한 '지방분권 및 지방행정체제 개편에 관한 특별법'이 시행되었다. 2014년에 6월에는 제6회 지방선거가 실시되었고, 7월에는 통합 청주시가 출범하였다.

문재인 정부 시절(2017.5~2022.4)인 2018년 3월 기존의 지방분권 특별법을 개정하여 자치와 분권을 강조한 '지방자치분권 및 지방행정체제 개편에 관한 특별법'을 제정 시행하였다. 이에 근거하여 대통령 소속 하에 '자치분권위원회'를 설치하여 지방자치 관련 제도를 대폭 손질하였다. 이후 2018년 6월에는 제7회 지방선거가 실시되었다. 문재인 정부 시절 초기에 지방자치 관련 헌법 조항의 개정을 통한 지방자치권 강화를 시도하였으나 정치권의 이해 대립에 의해 헌법 개정이 무산되었고, 이로 인해 지방자치 관련 헌법 조항의 개정은 다음 기회로 미루어지게 되었다.

본문요약

1. 영국 지방자치의 역사

- 자치제도 정비: 도시자치단체법(1835), 지방자치법(1888)에서 체제 정비
- 보수당과 신중앙집권: 대처 수상, 지방정부 및 계층 조정 및 통합 광역화
- 노동당과 분권국가: 블레어 수상, 스코틀랜드와 웨일스 독립의회 구성, 대런던시(GLA) 부활

2. 미국 지방자치의 역사

- 식민지와 개척 시대: 영국의 지방자치제도 모방 단계
- 미국 독립 이후: 독자적인 지방제도 형성
- 남북전쟁 이후와 근대: 주정부 역할 강화, 주민참여제도 확대

3. 프랑스 지방자치의 역사

- 집권적 자치기: 나폴레옹의 개혁(1789)으로 군대식의 집권적 지방제도 형성
- 분권화 시기: 미테랑의 사회당 정부에서 강력한 분권화 정책 실시(1982), 분권형 헌법 개정(2003), 지방정부의 통합 및 행정체제 개편(2010~)

4. 일본 지방자치의 역사

- 근대 이전의 지방자치제도: 메이지 11년(1878) 3신법에 의해 기틀 마련
- 근대의 지방제도: 미군이 점령 이후 미국식 지방제도의 이식 및 보완(1947)
- 최근의 분권 개혁: 지방분권추진법(1995), 지방분권일괄법(1999), 도주제 추진

5. 한국 지방자치의 역사

- 근대 이전의 지방자치: 고려 시대 사심관, 조선 시대 향청・향약・향회, 일제 시대 부회・읍회・도회
- 지방자치의 도입과 실험: 1949년 7월 4일 '지방자치법' 제정, 1950년 6・25 한국전쟁

으로 중단, 1952년 4월과 5월 한국전쟁 중에 지방의회 구성하여 지방자치의 시작, 1956년 2월 시·읍·면의 단체장 직선과 시·읍·면 의회의 단체장 불신임제 폐지, 1958년 12월 시·읍·면장 임명제로 전환과 불신임제 부활, 1960년 4·19 이후 지방자치의 완벽한 제도화 그러나 5·16으로 중단

- 지방자치의 중단과 부활: 1961년 5·16 군사정변으로 지방의회 해산, 9월 1일 '지방자치에 관한 임시조치법, 1972년 10월 유신헌법에서 통일 이후 지방의회 구성하기로 함, 1988년 여소야대 정국에서 지방자치의 부활, 새 지방자치법 공포(1988.4.6), 1991년 3월과 6월 지방의회 구성, 단체장은 임명
- 지방자치의 성장과 발전: 1995년 6월 27일 1차 동시 4대 지방선거 실시. 1995년은 한국 지방자치의 실질적 원년, 이후 지속적인 개혁으로 지방자치제가 정착하고 발전하게 됨

[보충자료]

지방자치 관련 한국 근대사 연표(1943년~현재)

* 표시 항목은 지방자치 관련 사항임.

[1940년대]

1943년 12월 1일: 카이로 선언, 미·영·중 세 나라가 한국의 해방과 독립을 결의
1945년 8월 15일: 일본 패망, 한반도의 해방
1945년 12월 27일: 모스크바 3상 회의 한국의 미·소·영·중의 신탁통치
1946년 8월 1일: 제주도가 전라남도에 분리되어 도 단위의 독자적인 행정구역으로 설정됨
1948년 4월 3일: 제주 4·3 사건 발생
1948년 5월 10일: 전국(남한) 총선을 통한 초대 제헌국회 구성
1948년 7월 17일: 대한민국 제헌헌법 제정
1948년 7월 20일: 초대 대통령 이승만, 부통령 이시영 당선(국회 간선, 제1공화국)
1948년 8월 15일: 남한에 단독정부 수립(대한민국)
1948년 9월 9일: 북한에 단독정권 수립(조선민주주의 인민공화국)
1949년 7월 4일: * 최초 '지방자치법' 제정 공포

[1950년대]

1950년 6월 25일: 한국전쟁 발발
1952년 4월 25일: * 최초 시·읍·면 의회의원 선거
1952년 5월 10일: * 최초 도의회 의원선거(서울·경기·강원·전북 일부 지역 제외)
1952년 7월 4일: 대통령 직선제로 개헌(발췌개헌)
1952년 8월 5일: 이승만 제2대 대통령, 부통령 함태영 당선(직선제)
1953년 7월 27일: 휴전협정 조인
1954년 11월 29일: 초대 대통령 연임 제한 규정 폐지(사사오입 개헌)
1956년 2월 13일: * 시·읍·면장 지방의회 간선제 폐지하고 직선제 도입, 지방의회의 시·읍·면장 불신임제 폐지, 단체장의 의회해산권 폐지
1956년 5월 15일: 이승만 제3대 대통령, 부통령 장면 당선(직선제)
1956년 8월 8일: * 시·읍·면 의회의원 선거(2차), 시·읍·면장 주민 직선
1956년 8월 13일: * 서울특별시 의회의원(1차), 도의회 의원 선거(2차)
1958년 12월 26일: * 시·읍·면장 직선제를 폐지하고, 임명제로 전환, 지방의회의 시·읍·면장 불신임제 재도입

[1960년대]

1960년 3월 15일: 3 · 15 부정선거, 이승만 대통령, 이기붕 부통령
1960년 4월 19일: 4 · 19 학생혁명
1960년 4월 26일: 이승만 하야, 하와이 망명(5월 26일)
1960년 4월 28일: 이기붕 일가 자살, 허정 과도내각 출범
1960년 6월 15일: 헌법 개정, 대통령제를 내각책임제로 변경(제2공화국 성립)
1960년 7월 29일: 민의원 참의원 선거 민주당의 압도적 승리, 장면 총리
1960년 8월 12일: 민 · 참 합동회의에서 윤보선 제4대 대통령으로 선출(국회 간선제)
1960년 11월 1일: * 지방자치법 개정, 서울시장, 도지사, 시 · 읍 · 면장, 동 · 리장 주민 직선제 도입
1960년 12월 12일: * 서울특별시 의회의원 2차 선거, 도의회 의원 3차 선거
1960년 12월 19일: * 시 · 읍 · 면의회 의원 3차 선거
1960년 12월 26일: * 시 · 읍 · 면장 선거(2차 주민 직선 선거)
1960년 12월 29일: * 서울특별시장, 도지사 선거(1차 주민 직선)
1961년 5월 16일: * 5 · 16 군사정변, 지방의회 해산
1961년 9월 1일: * '지방자치에 관한 임시조치법', 의회 해산하고 단체장 임명제로 전환
1963년 10월 15일: 박정희 제5대 대통령(직선제, 제3공화국)
1967년 5월 3일: 박정희 제6대 대통령(직선제)
1969년 9월 14일: 대통령 3선이 가능하도록 한 삼선(三選) 개헌안 통과

[1970년대]

1971년 4월 27일: 박정희 제7대 대통령 당선(김대중 후보와 경선)
1972년 7월 4일: 7 · 4 남북공동성명, 최초의 통일에 관한 남북 합의
1972년 10월 17일: 10월 유신, 국회해산 및 비상계엄선포
1972년 12월 23일: 박정희 제8대 대통령(통일주체국민회의에서 선출, 100% 지지율, 제4공화국)
1972년 12월 27일: * 유신헌법 공포, 지방자치는 통일 이후 실시한다는 헌법 부칙 조항 삽입
1973년 8월 8일: 김대중 납치사건
1974년 8월 15일: 박정희 대통령 저격 미수사건, 대통령 부인 육영수 여사 사망
1975년 4월 8일: 인혁당 사건, 8명 사형 집행
1975년 8월 17일: 장준하 북한산에서 의문사
1978년 7월 6일: 박정희 제9대 대통령(통일주체국민회의 선출, 100% 지지율)
1979년 10월 4일: 김영삼 총재 의원직 박탈
1979년 10월 16일: 부산 · 마산 반유신시위 발생(부 · 마 민주화 운동)
1979년 10월 26일: 박정희 대통령, 중앙정보부장 김재규의 저격으로 사망
1979년 12월 6일: 최규하 제10대 대통령(통일주체국민회의 선출)
1979년 12월 12일: 정승화 계엄사령관 연행 과정에서 총격전 발생

[1980년대]

1980년 5월 17일: 전국 비상계엄 확대

1980년 5월 18일: 광주 민주화 운동

1980년 8월 27일: 전두환 제11대 대통령(통일주체국민회의 대통령 선출)

1981년 2월 25일: 전두환 제12대 대통령(선거인단에 의한 선출, 7년 단임제, 제5공화국)

1983년 10월 8일: 버마 아웅산 폭탄 테러, 한국 고위 관리 17명 사망

1987년 4월 13일: 전두환 대통령의 4 · 13 호헌조치

1987년 6월 10일: 전 국민의 반발 시위 확산, 대통령 직선제 요구, 이른바 6 · 10 항쟁

1987년 6월 29일: * 노태우 민정당 대표의 6 · 29 선언(대통령 직선제 수용, 지방자치제 실시 발표)

1987년 10월 27일: * 직선제 개헌안 국민투표, 93.1%로 확정, '지방자치는 통일 후 실시한다'는 헌법의 부칙 조항 삭제

1987년 12월 16일: 노태우 제13대 대통령(직선제 5년 단임, 제6공화국)

1988년 4월 6일: * 새롭게 재편된 '지방자치법' 제정 공포(5.1 시행). '지방자치에 관한 임시조치법' 폐지

1988년 9월 17일: 서울 올림픽 개최

[1990년대]

1991년 3월 26일: * 새로운 지방자치법에 따라 시 · 군 · 자치구의회 지방의원 선거(단체장은 임명)

1991년 6월 17일: 남북한 동시 유엔(UN) 가입

1991년 6월 20일: * 특별시 · 직할시 · 도 의회 지방의원 선거(단체장은 임명)

1992년 12월 18일: 김영삼 제14대 대통령 당선(직선제)

1994년 3월 6일: * 주민투표제 도입(도 · 농통합시를 위한 시 · 군 통합에 활용)

1994년 7월 8일: 북한 김일성 주석 사망

1994년 8월 3일: * 경기도 남양주시 등 33개 도 · 농 복합 형태 시 설치(32개 시와 32개 군을 통합)

1994년 12월 20일: * 직할시 명칭을 광역시로 변경, 광역시에도 군을 둘 수 있도록 함

1994년 12월 22일: * 광양시(동광양시+광양군), 울산시(울산시+울주군) 통합

1995년 6월 27일: * 민선 1기 동시 4대 지방선거 실시(임기 3년, 단체장 · 의원 모두 직선)

1997년 10월 8일: 북한 김정일 노동당 총비서로 추대

1997년 11월 21일: IMF 구제금융 신청

1997년 12월 18일: 김대중 제15대 대통령 당선(직선제)

1998년 6월 4일: * 민선 2기 동시 4대 지방선거 실시(임기 4년 모두 직선)

1999년 1월 29일: * '중앙 행정 권한의 지방 이양 촉진 등에 관한 법률' 제정

1999년 8월 31일: * 주민 조례 제정 · 개폐 청구권, 주민감사 청구권 신설(2000년 3월 시행), 지방자치단체기관 전국 협의체, 매년 2회의 정례회제 도입

[2000년대]

2000년 6월 15일: 남북정상회담(김대중 · 김정일)과 6 · 15 공동선언
2002년 6월 13일: * 민선 3기 동시 4대 지방선거(임기 4년 모두 직선)
2002년 12월 19일: 노무현 제16대 대통령 당선(직선제)
2003년 7월 18일: * 지방의원 명예직 조항 삭제
2004년 1월 29일: * '주민투표법' 별도 입법으로 제정(주민투표제는 1994년 3월 도입)
2004년 1월 16일: * '지방분권 특별법'을 한시법(2009년 1월 17일까지)으로 제정
* '신행정수도 건설을 위한 특별 조치법' 제정
2004년 4월 1일: * '국가 균형 발전 특별법' 제정
2004년 10월 21일: * '신행정수도 건설을 위한 특별 조치법' 헌법재판소 위헌 판결
2004년 12월 30일: * '지방양여금법' 폐지
2005년 1월 27일: * 주민소송제 도입
* 정례회 회기 일수 제한 규정(2회 종합하여 광역 40일, 기초 35일, 임시 15일 미만) 삭제
2005년 3월 18일: * '신행정수도 건설을 위한 특별 조치법'을 대체하기 위한 '신행정수도 후속 대책을 위한 연기 공주 지역 행정 중심 복합도시 건설을 위한 특별법' 제정
2005년 7월 29일: * '국민 고충 처리 위원회 설치 및 운영에 관한 법률'을 독자 법률로 제정하고, 지방자치단체 차원의 고충 처리 기관인 '시민 고충 처리 위원회' 규정 신설
2005년 8월 4일: * 지방의원 유급제 도입
2006년 2월 21일: * '제주특별자치도 설치 및 국제 자유도시 조성을 위한 특별법' 제정
2006년 4월 28일: * 지방의회 회의 총일 수(광역 120일, 기초 80일) 제한 규정 삭제, 상임위원회 설치 제한 규정(의원 정수 13인 미만인 의회 설치 불가) 삭제, 지방의회 사무직원 중 기능직, 별정직, 계약직에 한해 지방의회 사무처장 · 국장 · 과장이 임명 가능
2006년 5월 24일: * '주민소환에 관한 법률' 제정, 2007년 6월부터 시행
2006년 5월 31일: * 민선 4기 동시 4대 지방선거(임기 4년 모두 직선)
2006년 7월 1일: * 제주특별자치도 출범
2007년 12월 3일: * 지방자치단체 정원관리를 위한 '총액인건비제' 도입
2007년 12월 19일: 이명박 제17대 대통령 당선
2008년 2월 29일: * '지방분권 촉진에 관한 특별법' 제정, 이 법에 의거 8월 30일부터 '중앙행정권한의 지방 이양 촉진 등에 관한 법률'은 폐지
* '부패 방지 및 국민 권익 위원회 설치와 운영에 관한 법률' 제정, 기존의 부패방지법, 국민 고충 처리 위원회 설치법, 행정심판법의 내용을 종합
2009년 4월 1일: 공유수면 매립에 따른 매립지의 구역은 안전행정부장관이 결정

[2010년대]

2010년 3월 12일: * '경상남도 창원시 설치 지원 특례에 관한 법률' 제정
2010년 6월 2일: * 민선 5기 동시 4대 지방선거(임기 4년 모두 직선)

2010년 7월 1일: * 통합 창원시 출범

2010년 10월 1일: * '지방 행정체제 개편에 관한 특별법' 제정, '도 · 농 복합 형태시 설치에 따른 행정 특례에 관한 법률'은 폐지

2010년 12월 27일: * '세종특별자치시 설치 등에 관한 특별법' 제정

2011년 12월 17일: 북한 김정일 국방위원장 사망

2012년 4월 : 북한 김정은 국방위원회 제1위원장 취임

2012년 7월 1일: * 세종특별자치시 출범

2012년 12월 12일: 박근혜 제18대 대통령 당선

2013년 5월 28일: * '지방분권 및 지방 행정체제 개편에 관한 특별법' 제정

2014년 3월 5일: * 지방자치단체 정원 관리를 위한 '기준인건비제' 도입

2014년 6월 4일: * 민선 6기 동시 4대 지방선거(임기 4년, 모두 직선)

2014년 7월 1일: * 통합청주시 출범

2017년 3월 10일: 헌법재판소에서 박근혜 제18대 대통령 탄핵 결정

2017년 5월 9일: 문재인 제19대 대통령 당선

2018년 3월 20일: * '지방자치 분권 및 지방 행정 체제 개편에 관한 특별법' 제정, 대통령 소속 하에 '자치분권위원회'를 설치함

2018년 6월 13일: * 민선 7기 동시 4대 지방선거(임기 4년, 모두 직선)

2020년 12월 9일: * 전면 개정한 지방자치법 국회 통과

2021년 1월 12일: 개정 지방자치법 제정 · 공포(2022년 1월 13일 시행)

Chapter 05

지방자치의 이론

지방자치의 영역은 생활자치의 영역이 중심이 되는 것이라서, 주로 지방행정이나 공공서비스의 공급 내용에 주로 관심을 가지게 되고, 상대적으로 지방의 정치이론은 소홀히 다루어져 온 감이 있다. 여기서는 지방정치의 이론의 동향과 지역사회의 권력구조론, 그리고 최근에 논의되고 있는 지방 거버넌스론을 검토해보기로 한다.

제 1 절 지방자치의 정치이론

현대 지방자치에 관한 이론 논쟁은 유럽 특히 영국을 중심으로 20세기에 중반에 들어와 이루어지기 시작하였고, 최근에는 나름대로의 이론 체계를 정립하기에 이르렀다. 여기서 몇몇 학자들이 제시한 이론의 분류 내용을 개괄적으로 소개하기로 한다.

1. 스토커(Stoker, 1991)의 분류와 내용

1) 지방주의자

지방주의자(localist)들은 전통적으로 지방자치의 가치를 높게 평가하는 지방자치의 옹호론자들을 의미한다. 존스와 스튜어트(Jones & Stewart, 1983) 같은 사람이 대표적인 것으로 이들은 지방자치를 강하게 방어하는 입장을 견지한다. 던리비와 오리어리(Dunleavy & O'Leary, 1987)도 정치적 다원주의는 사회나 제도나 이념적 실천의 다양성의 존재를 인식하며, 지방자치는 그러한 다양성의 가치를 존중한다고 보았다. 다원주의자들은 중앙집권화된 국가에 적대적이다. 따라서 모든 다원주의자들은 선거에 의해 구성된 지방정부의 절대적인 옹호자들이다.

2) 신우파와 공공선택론

신우파(new right)라고 함은 대체적으로 뷰캐넌(James M. Buchanan), 털럭(Gordon Tullock), 니스카넨(William A. Niskanen) 등과 같은 공공선택론자(public choice theory)들을 가리킨다. 이러한 공공선택 이론가들은 정치적 행위를 시장 선택이라는 경제학의 방법론으로 설명하고자 한다. 영국이나 미국, 독일 등 우파정부에서 관심을 가지고 있는 이론이다.

3) 이중국가론

이중국가론(dual state thesis)은 코손(A. Cawson)과 손더스(P. Saunders)에 의해 주장되었다. 이중국가론은 기본적으로 국가의 사회적 투자(social investment)와 사회적 소비(social consumption) 기능을 구분하면서 출발한다. 사회적 투자는 재화와 용역의 생산을 유지하는 투자로서 사회간접자본 등 국가적 투자와 관여가 필요한 영역이다. 사회적 소비는 연금, 사회보장, 가족수당과 같은 분배적 복지서비스의 영역들을 의미한다. 사회적 투자정책은 국가 혹은 중앙정부 수준에서 이루어지고, 사회적 소비는 지방정부 수준에서 이루어진다고 보는 것이 이중국가론이다.

4) 지방국가와 사회관계론

지방국가와 사회관계론자(local state and social relations)들은 지방정치를 계급론적 시각에서 이해한다. 코크번(Cockburn, 1977)에 의하면, 지방국가는 두 가지 기능을 수행한다. 첫째는 노동력의 물리적 재생산, 둘째는 사회적 조화를 목적으로 하는 이념적 역할이다. 대개 사회관계론에서는 두 번째 부분에 관심을 기울이고 있다. 지방자치를 모순적이고 갈등이 내재된 과정으로 본다. 도시좌파의 권위자들은 그들 자신이 이념의 투쟁에 공헌하는 것으로 대처리즘(Thatcherism)에 대한 대안으로 생각한다.

2. 킹(King, 1995)의 분류와 내용

킹(Desmond King)은 지방자치의 이론가들을 크게 우파(right)와 좌파(left)로 나누고, 우파적 시각은 다시 자유주의적 신우파(liberal new right)와 보수주의 신우파(conservative new right)로 구분하고 있다. 자유주의자들은 전통적인 다원주의자들을 의미하는데, 이 중 자유주의적 신우파는 시장경제의 원리에 의한 공공재 공급을, 보수주의 신우파는 시장경제의 원리와 함께 강력한 중앙정부의 권위를 강조하고 있다. 좌파이론

표 5-1 킹(King)의 지방정부에 관한 다섯 가지 이론

내 용	이념적 수준				
유형	신우파		좌파		
	자유주의 신우파	보수주의 신우파	도시좌파	공동체주의자	국가주의
가치	자유, 참여, 능률	중앙권위, 능률	재분배, 참여	자유, 참여, 재분배	사회적 시민주의
지방정부의 역할	지역사회 봉사	중앙의 대리인	지역사회 봉사	지역사회 봉사	중앙의 대리인
예시적 정책	인두세	국가적 정책	기업위원회	지방수입세	포괄적 교육
정책 산출	다양성과 불평등의 증진	능률성의 기준 하에 중앙 중심의 서비스 공급	서비스에서 개인 간, 지역 간 다양성	서비스 전달의 개인 간, 지역 간 다양성	불평등을 감소시키는 중앙통제

출처: King(1995: 243).

가들은 국가주의(statist), 도시좌파(urban left), 공동체주의자(communitarian)로 다시 구분하고 있는데, 국가주의는 지방정부의 역할에 특별한 의미를 두지 않은 채 고전적 마르크스주의자(Marxist)에 의하여 전개되는 것이고, 도시좌파는 사회주의적 입장을 견지하면서도 지방정부의 사회정책적 역할을 강조한다. 공동체주의자는 능률과 참여, 분배 등의 이념을 강조한다(King, 1995: 234-238).

1) 다원주의 시각: 신우파이론

고전적인 자유민주주의나 다원주의 이론은 개인의 자유를 극도로 보장하고, 정부의 간섭을 제한하는 자유방임적 정책을 기본 철학으로 견지하고 있다. 따라서 고전적 자유주의 이론은 분권화와 지방정부의 강력한 권한을 강조하는 지방자치 옹호론자, 혹은 지방주의자(localist)라고 볼 수 있다. 이러한 고전적 자유주의 입장을 견지하면서도 현대의 시장적 능률성의 개념을 첨가한 입장이 신우파라고 볼 수 있다.

(1) 자유주의 신우파

고전적 자유주의자들은 자유와 참여를 중시하지만 자유주의 신우파는 이러한 기본적 이념에 능률의 개념을 더하고 있다. 즉 자유, 참여, 능률이 자유주의 신우파의 지향가치이다. 자유주의 신우파(liberal new right)는 복지가 집합적 재화의 극대화에 있다고 보는 티부(Charles M. Tiebout)의 가설을 기본으로 채택하고 있다. 시장경제 원리에 의한 개인의 자유로운 선택 과정을 통해 지방정부의 능률성을 제고시킬 수 있다고 보는 것이다. 이 이론은 공공선택론, 합리적 선택론을 지방 차원에 접합시킨 이론 체계라고 할 수 있다.

(2) 보수주의 신우파

보수주의 신우파(conservative new right)는 공공부문이나 정부의 역할을 감소시키고, 사적 분야의 책임을 증대시키는 지속적인 노력을 기울이며, 자유의 원리를 기본으로 하지만 지방정부의 재정적인 책임, 그리고 분배적 능률을 강조한다. 보수주의 신우파도 자유와 참여 이외에도 능률을 강조한다는 면에서 신우파로 분류될 수 있다. 그러나 이러한 신우파는 능률을 공공 분야의 감축과 사적 분야의 성장을 통해서 혹은 중앙정부의 강력한 리더십을 통해서 이루려고 한다는 면에서, 시장 원리를 충실히 따르고자 하는 기존의 자유주의 신우파의 능률 개념과 구분된다.

보수주의 신우파도 근본적으로 지방정부의 권한과 가치를 인정하지만 이러한 것들이 중앙정부의 기준과 목적 하에서 움직여야 하며, 지방정부는 이의 대리인 역할을 한다고 보는 중앙집권적 관점을 유지하고 있다. 이러한 보수주의 신우파의 입장은 대처리즘(Thtcherism), 혹은 신중앙집권주의로 표현되기도 한다.

2) 마르크스주의 시각: 좌파이론

(1) 국가주의

전통적 국가주의자(statist)들은 마르크스의 계급론적인 관점을 토대로 그들의 입장을 전개한다. 그들은 국가기획과 정책을 강조하며, 지방정부는 중앙정부의 대리인으로 간주한다. 따라서 그들은 지방정부 역할에는 큰 의미를 두지 않고 있다. 코크번(Cockburn, 1977)은 『지방국가』라는 책에서 가장 고전적 마르크스주의 입장을 토대로, 자본주의 국가에서 지방국가는 국가와 마찬가지로 결국 지배계급의 이익을 위해 봉사하는 도구로 보고 그 자율성을 인정하지 않았다.

이러한 국가주의 입장은 제2차 세계대전 이후부터 1970년대 중반까지 영국 노동당에서도 강조되었다. 그들이 이론적으로는 지방정부의 중요성을 강조하는 면에서는 보수주의자들의 입장과 크게 다르지 않지만, 실제적으로 지방정부의 정책은 중앙정부나 국가에 집중되어 있다. 1945년부터 1970년대 중반까지 영국 노동당의 기본 정책은 국가의 분배정책을 기본 토대로 하여 기회의 균등을 추구하거나 국가주의적 정책을 중심으로 전개되어 온 것이다. 따라서 지방정부는 중앙정부의 대리인의 역할을 수행하게 되는 것으로 평가되었다.

(2) 도시좌파

국가주의자들의 국가기획을 강조되는 입장은 정책결정이나 독자적인 실체로서 지방정부의 역할을 감소시키고, 중앙정부의 역할을 증대시키는 결과를 가져오게 되었다. 모든 지역과 도시정책이 국가적 수준에서 지역 간, 도시 간 불균형을 해소하는 차원에서 이루어졌기 때문에, 그러한 평등주의는 국가적 차원의 문제이지, 지방정부는 그 역할을 제대로 하고 있지 못했다. 이러한 노동당의 지방정부에 대한 역할의 경시는 지방정부의 잠재력을 간과한다는 비판에 직면하게 되었다.

도시좌파는 좌파의 입장에 서면서 지방정부의 역할을 중시한다. 이들은 전통적 국가주의자들과는 달리 지방정부를 변화와 혁신주의 활동무대로 본다. 즉, 지방정부 수준에서 재분배적 사회주의의 정책을 추구하는 것이다. 국가주의자들과 재분배의 사회주의적 입장을 견지한다는 면에서는 동일하지만 지방정부의 적극적 역할을 강조한다는 면에서 구분된다고 할 수 있다. 도시좌파의 정치적 가치는 사회민주적이다. 즉, 지방정부의 적극적 참여와 분배적 능률의 추구와 함께 참여를 통해 불평등의 감소를 추구하는 것이다. 국가적 복지정책을 추구하지만, 직접적인 지방의 투자정책을 통해 사회주의자의 경제적·정치적 목표를 달성하고자 하는 것이다. 도시좌파는 마르크시즘의 입장에서 서면서도 국가주의와는 구분되는 시각이라는 의미에서 신도시좌파(new urban left)라고 부르기도 한다.

손더스(P. Saunders)는 이중국가(dual state)라는 개념을 통해 이러한 입장을 제시하고 있는데, 중앙정부는 경제적 능률과 개별 시장경제의 발전과 관련이 된 사회적 투자(social investment)와 관련되어 있고, 지방정부는 대중의 욕구를 집합적으로 만족시켜 가면서 삶의 질을 유지해 가는 사회적 소비(social consumption)에 관심이 있다고 구분하였다. 영국의 정치 과정은 이러한 이중적 정치이론으로 설명되어야 한다고 보았다(Saunders, 1984: 29).

(3) 공동체주의자

자유주의 입장과 유사하면서도 좌파적 입장으로 구분해 볼 수 있는 이론이 공동체주의자(communitarian)이다. 킹(Desmond King)은 이러한 공동체주의를 자유와 참여를 주장하지만 이를 능률이라는 차원에서 수용하는 것이 아니고, 재분배와 지역 공동체의 실현이라는 차원에서 이해하기 때문에 좌파적 입장으로 구분될 수 있다고 보았다. 이러한 입장은 우파적 입장과 유사하지만, 종국적으로 추구하는 사회모형은 분권화를 통해 사회민주적 복지국가모형을 추구한다는 점에서 우파적 시각과 구분된다.[1)]

3. 이종수(2002)의 분류와 내용

국내 학자 중 이종수 교수는 지방정부에 관한 이론적 논의의 갈래를 국가이론을 중심으로 분류하였는데, 다원주의, 마르크시즘, 이원국가론, 신도시좌익, 신자유주의, 공공선택론의 여섯 가지로 구분하고 있다. 다원주의와 신자유주의는 우파적 이념으로, 마

1) 그러나 공동체주의는 근본적으로 자유주의 원리를 토대로 하고 있기 때문에 이러한 분류에 대해서는 논란의 여지가 있다고 생각된다.

르크스시즘과 신도시좌익은 좌파적 이념으로 구분하고 이원국가론은 중간적 입장으로 구분했다. 구체적 구분 내용은 [표 5-2]와 같다(이종수, 2002: 38-65).

표 5-2 이종수의 국가이론 속에서 지방정부이론 분류

이론 항목	가 치	일반명제	분석 수준	예시적 정책	대표적 학자
다원주의	민주, 자유	• 중앙정부의 전횡에 대한 방파제 • 민초의 참여 • 정치적 교육	개인, 집단	분권화 및 지역 간 다양성의 추구	J. S. Mill A. de Tocqueville
마르크시즘	형평	• 집권화된 공공소유를 통한 보편적 평등주의의 실현 • 단원적 국가기구	사회 계급	의무교육 및 국유화	J. O'Connor C. Cockburn
신도시 좌익	참여, 형평	• 아래로부터 사회주의 건설 • 더 많은 참여를 통한 서비스 공급 • '무지개연합'	사회 계급과 조직	지역경제에의 개입, 정치 과정의 공개	J. Gyford G. Green
이원 국가론	중립	• 상이한 정책 및 정부에 대한 이론적 삼각화	조직	중앙-지방정부 간 차이에 대한 순수이론적 접근	P. Saunders A. Cawson
신자유주의	능률, 자유, 시장의 자율, 국가의 권위	• 비능률적인 지방정부에 대한 통제 • 공공지출의 감축	개인	교부금 제한, 세금 감축, 세율통제, 지역세, 민영화	F. A. Hayek M. Friedmann
공공 선택론	합리성, 탈규제	• 이익추구 존재로서 인간을 간주 • 경쟁을 통한 공공선택의 효율성 증대	개인	경쟁 도입, CCT, Best Value	J. Buchanan G. Tullock W. Niskanan

출처: 이종수(2002: 65) 참조.

제 2 절 지방자치의 권력구조론

권력 현상은 정치 현상의 핵심 요소이다. 따라서 지방정치를 논할 때 지역사회의 권력구조에 연구는 중심적인 위치를 차지한다. 지역사회의 권력구조의 연구는 정치학의 전통적인 주제인 누가 지배하는가(Who governs?)의 문제를 다룬다.

여기서는 지역사회의 권력구조 이론을 크게 세 가지 영역으로 나누어 접근하고자 한다. 소수가 지배한다고 주장하는 소수 지배론, 다수가 지배한다고 보는 다수 지배론, 그리고 연합한 권력이 지배한다고 보는 연합 권력론이 그것이다. 소수 지배론 시각에서는 엘리트 이론을, 다수 지배론 시각에서는 다원론을, 연합 지배론에서는 도시 레짐(urban regime) 이론을 검토해보기로 한다.

1. 소수 지배론: 엘리트론

지역사회나 국가나 어떤 조직이나 권력 현상은 존재한다. 그런데 소수 지배론자들은 결국은 조직의 권력은 소수자의 것이고, 특히 소수 엘리트 집단이 향유하고 행사한다고 본다. 대체적으로 사회학자들이 이러한 주장을 하는 경향이 있다.

모스카(Gaetano Mosca), 파레토(Vilfredo Pareto), 미첼스(Robert Michels) 등의 조직이론가들은 조직 내의 권력 현상을 분석하여 조직 속의 권력이 소수 집단에 집중되어 있다는 점을 주장한다. 특히 미첼스는 민주적 정당 내에서 조차 소수의 지배집단이 지배하고 있다고 보고, 이를 통해 그는 조직에서는 언제나 소수의 우두머리 집단이 지배한다고 하는 과두제의 철칙(寡頭制鐵則, iron law of oligarchy)을 제시했다(Michels, 1964).

밀즈(C. W. Mills)도 미국 사회의 여러 집단 중에서 기업체, 정부 내의 행정관료, 군부의 관료기구의 지도자들이 미국 사회를 이끌어가는 권력 엘리트라고 보고 있다. 이들은 삼위일체가 되어 오늘날 미국의 중요한 국가정책을 주도하고 다른 집단들은 이러한 정책에 적응하는 역할밖에 수행하지 못한다고 보고 있는 것이다(Mills, 1956).

이러한 소수 지배이론을 지역사회 권력구조론에 접합시킨 학자로는 헌터(Floyd Hunter)와 몰로치(Havey Molotch)를 들 수 있다. 이들은 대체적으로 지역사회 권력이 지역의 경제 엘리트를 중심으로 형성된다고 하는 경제 엘리트론을 전개한다. 헌터는 미국 조지아 주의 애틀랜타 시를 명성 방법(reputational method)[2]으로 연구하여 애틀랜타가 회사의 소유자나 경영자를 중심으로 한 지역의 경제 엘리트를 중심으로 움직이며, 이들은 서로 인근 지역에 거주하면서 지방정부의 정책 과정에 실질적 영향력을 행사한다고 설명한다(Hunter, 1953). 몰로치도 도시가 기본적으로 토지에 기초한 엘리트(land based elite)의 이익에 의해 움직인다고 설명한다. 토지 소유자를 중심으로 도시 발전을 통해 이익을 공유하는 기업가, 재산가, 투자가 등이 중심이 되어 성장기구 연합(growth machine coalition)을 결성하고, 이러한 성장기구 연합은 도시 정치에 개입하여 중요 정책결정에 영향력을 행사한다는 것이다(Molotch, 1976: 309-331).

이와 같은 엘리트 이론은 지역이 결국은 소수 집단에 의해 움직인다고 보는 시각이다. 다수가 지배한다는 민주주의의 원리는 환상에 불과하다고 보는 것이다. 그러나 지배적 소수가 누구인가는 다양한 견해가 있을 수 있다. 자본주의가 발달한 미국 사회를 대상으로 한 기존의 연구는 주로 경제 엘리트가 영향을 미치는 것으로 나타났지만, 중국이나 북한 같은 사회주의 국가에서 경제 엘리트의 영향력은 그리 높지 않을 것이다. 공산주의 국가나 권위주의 국가에서는 당 간부나 군·관료와 같은 정치행정 엘리트가 더 영향력을 행사한다고 볼 수 있는 것이다. 따라서 누가 지배 권력을 행사하는지는 지역마다 시대마다 다르게 나타날 수 있다.

2. 다수 지배론: 다원론

다수 지배론은 주로 서구의 정치학자들에 의해 제기되는 권력이론이다. 민주주의 사회에서는 소수에게 권력이 주어지는 것이 아니고, 다수의 의견이 경쟁하고 공존하면서 영향력을 행사하고, 그러한 과정에서 다수의 지배가 이루어진다고 보는 이론이다. 이러한 이론은 다원주의(pluralism)라고 부른다.

이스턴(David Easton)은 체계모형(system model)을 통해서 다원주의 사회의 정책결정 과정을 설명한다. 다양한 사회적 요구가 투입(input)되고, 이러한 투입이 사회적 지지를 얻게 되면 체계라고 하는 블랙박스(black box)를 통해서 정책이라는 산출물

2) 지역의 이름(명성) 있는 인사들을 중심으로, 누가 가장 영향력 있는가를 질문하여 가장 영향력 있다고 보는 사람들을 추출해 내는 방법이다.

(output)이 도출된다고 보는 것이다. 이러한 전환 과정을 거쳐 산출된 정책은 환류(feedback) 과정을 거쳐 다시 새로운 투입 요인으로 작용한다. 다원주의 사회는 이렇듯 다양한 개인과 집단의 영향력 속에서 의사결정이 이루어지는 것이고, 특정 집단이 지속적이고 특권적 지위를 차지하기 어렵다고 보는 것이다.

이외에도 합리적 선택(rational choice)이론은 정책의 선택은 정책 사안에 따른 개인이나 집단의 합리적 선택의 결과일 뿐이라고 말한다. 어느 특정 집단이 영향력을 행사하는 것이 아니라, 투표 과정을 통해서 자기 만족을 극대화시킬 수 있는 정책을 시장의 원리를 통해 사회적으로 선택하게 된다는 것이다.

다원론 시각에서 지역사회 권력구조를 접근한 대표적인 학자는 달(Rober A. Dahl)이다. 그는 뉴 헤이븐(New Haven) 시의 지역사회 연구를 통해 특정의 소수 엘리트집단이 정책결정을 주도하는 것은 아니라고 보았다. 공공교육과 도시개발 같은 사회적 정책에는 경제 엘리트가 전혀 참여하고 있지 않다는 것이다. 따라서 지역사회 엘리트가 동일한 이해를 바탕으로 집단적으로 움직이는 것은 아니며, 각각 이익집단이 다양한 방식으로 자기 이익을 위해 움직인다는 것이다(Dahl, 1961). 이와 비슷한 다원주의 맥락이지만 입장을 달리하는 학자는 바크라크(Peter Bachrach)와 바라츠(Morton S. Baratz)이다. 그는 엘리트 이론과 다원주의 이론을 비판한다. 겉으로는 다원적 의사결정이 이루어지는 것처럼 보이지만, 자신의 의사를 반영하지 못하고, 순응하는 집단이 존재함을 설명하고, 이러한 의사결정 과정을 무의사결정(non decision making)이라고 설명한다. 무의사결정은 어떤 요인에 의해 정책문제에 대한 자기 의사를 반영하지 못하거나, 의도적으로 의사결정과정에서 제거되는 현상을 의미한다(Bachrach & Baratz, 1962).

엘리트 이론과 마찬가지로 다원주의 이론도 지역의 사회 발전 수준과 시대적 배경에 따라 다른 설명이 가능할 것이다. 다원적 권력이 존재한다고 하더라도, 누가 어떤 과정을 거쳐 정책결정에 영향을 미치는 가는 지역적 특수성을 가지고 있을 것이기 때문이다.

3. 연합 지배론: 연합체제론

연합체제론은 사회에 존재하는 다양한 의사결정의 단위가 연합체를 형성하여 지역사회의 의사결정에 영향을 미친다고 보는 시각이다. 의사결정을 주도하는 집단이 있다는 면에서 엘리트 이론과 유사하지만, 그러한 집단이 고착된 특정 집단이 아니고 다양한 형식으로 존재한다는 면에서 다원주의적 시각과 유사하다. 지역사회 권력구조론에서 이러한 시각은 도시 레짐(urban regime)이론으로 나타난다. 지역사회의 문제 해결을 위한 통치연합체를 도시 레짐이라고 부를 수 있다. 스톤(Clarence Stone), 스토커(Gerry Stoker) 등이 대표적인 학자이다.

스톤은 지역사회에는 분야별로 구성된 체계적 권력(systemic power)이 존재한다고 보았다(Stone, 1980). 그는 이러한 체계적 권력의 형태를 후에 네 가지의 도시통치연합(도시레짐)으로 설명하였는데, 보수 레짐(maintenance regime), 개발 레짐(development regime), 진보 레짐(middle class progressive regime), 기회확장 레짐(low class opportunity expansion regime)이 그것이다. 보수 레짐은 현상의 유지를 추구하고, 개발 레짐은 도시의 성장을 지향한다. 진보 레짐은 중산층을 중심으로 삶의 질 개선이나 시민의 참여 같은 가치를 추구한다. 기회확장 레짐은 저소득층을 중심으로 기본적인 삶의 여건 개선 및 기회의 확대를 추구한다(Stone, 1987).

스토커는 레짐의 유형을 세 가지로 나눈다. 유기적 레짐(organic regime), 도구적 레짐(instrumental regime), 상징적 레짐(symbolic regime)이 그것이다. 유기적 레짐은 전통적 소규모 도시에서 존재하는 레짐으로 구성원 간의 상호 의존성이 높은 정치적 공동체를 구성·유지하고자 하는 레짐이다. 도구적 레짐은 어떤 가시적 결과(tangible results)를 얻어낼 목적으로 형성되는 레짐으로 참여자끼리는 정치적 파트너십을 형성한다. 상징적 레짐은 지역의 변화를 추구하는 과정에서 도시 이미지의 변경과 같은 이데올로기적 전략을 위해 채택하는 레짐이다.

제 3 절 지방 거버넌스론

거버넌스(governance)란 말은 최근의 학문적 유행어가 되었지만 아직도 정확한 정의가 되어 있지 않고 쓰는 사람마다 다양한 의미로 활용되고 있다. 거버넌스의 영어의 번역도 관점에 따라 다양한 표현을 활용하고 있다. 주로 정치학의 영역에서는 지배구조, 통치구조, 협력적 통치, 공동 통치, 네트워크 통치 등의 개념으로 이해하고, 행정학에서는 국정관리, 신공공관리, 공동생산 등의 개념으로 이해한다.

여기서는 표준화된 국어적 표현이 없고 입장에 따라 용어를 달리하므로 그냥 거버넌스라는 표현을 쓰기로 한다. 지방 거버넌스는 이러한 거버넌스의 범위를 지방정부 단위로 제한하여 검토하는 범주적 의미가 있을 뿐 기본 성격은 유사하므로, 거버넌스란 주제를 먼저 살펴보고 지방 거버넌스를 검토해 보기로 한다.

1. 거버넌스의 개념과 유형

1) 거버넌스의 개념

거버넌스(governance)는 통치하다 · 지배하다라고 하는 의미의 'govern'에서 파생된 명사형이다. 그런데 govern의 명사형은 거버넌스(governance)뿐만 아니라 정부라고 번역되는 거번먼트(government)도 있다. 이 두 개념의 차이점을 통해 거버넌스의 의미를 탐색해 보기로 한다.

먼저, 일상화된 개념으로 '정부'라고 번역되는 거번먼트(goverment)는 주로 권력적 지배의 문제를 다룬다. 즉, 거번먼트는 '누가 무엇을' 가질 것인가의 문제를 중심으로 한 다툼의 과정이며, 이러한 다툼을 다스리기 위해 형성된 통치구조와 기능을 의미한다고 할 수 있다.

이에 비해 거버넌스(governance)는 비권력적, 비강제력에 기초한 개념으로, 조정 · 통제 · 관리 등과 같은 의미를 가지고 있다.[3] 따라서 거버넌스는 사회적 관리와 통제, 문제의 해결, 의사결정, 국정의 효율적 관리, 사회적 조정 등과 같은 구체적 문제 해결의 방식과 구조, 그리고 과정에 주안점을 두는 것이다. 즉, 거번먼트가 항해하는 배를 '누가' 소유할 것인가?의 권력적 지배에 관심을 가진다면 거버넌스는 배를 조종하여 안전하게 목적지에 다다를 것인가를 연구하는 '어떻게'라는 문제 해결의 방법과 절차에 주된 관심을 가진다.

3) 사전적 의미의 거버넌스는 라틴어에서 조정을 의미하는 사이번(cybern)에서 유래하며, 관리과학에서 사이버네틱스(cybernetics)와 같은 어원을 가지고 있다고 한다(Pierre & Peters, 정용덕 외 역, 2003: 44).

2) 거버넌스의 유형

이러한 관점에서 거버넌스를 검토할 때도 세부적으로는 다음과 같은 다양한 개념 유형이 존재하고 있다. 여기서는 학자들이 제시한 몇 가지 개념을 소개해보기로 한다.

(1) 거버넌스 개념의 다양성: 로드스의 일곱 가지 분류

로드스(R. A. W. Rhodes)는 거버넌스의 개념이 다양하게 적용되고 있음을 지적하면서 구체적으로 일곱 가지 거버넌스 개념을 정리하고 있다. 즉, 기업 거버넌스(corporate governance), 신공공관리(new public management), 건전한 국정관리(good governance), 국제적 상호의존성(international Interdependence), 사회통제체제(socio-cybernetic system), 신정치경제학(new political economy), 네트워크(network)가 그것이다(Rhodes, 2000: 54-63).

기업 거버넌스는 대주주나 소액주주 등에 의해 형성되는 기업의 지배구조를 의미하고, 신공공관리는 공공서비스 공급에 민간과 시장의 참여를 의미한다. 건전한 국정관리로서 국가의 합리적 통치구조를, 국제적 상호의존성은 국제 단위 간의 상호 협력과 참여 관계를, 사회통제 체제는 사회적 의사결정의 구조와 관리 체계를, 신정치경제학에서는 거래비용이론을 토대로 한 사회적 선택 과정을, 네트워크는 사회적 의사결정 단위 간의 관계망을 의미하는 것으로 이해한다.

(2) 고전적 거버넌스(국가 중심 거버넌스)와 새로운 거버넌스(사회 중심 거버넌스)

피에르(Jon Pierre)는 거버넌스(governance)는 크게 두 가지 의미가 있다고 보았다. 첫째는 20세기에 나타난 현상으로 외적 환경에 대한 국가적 적응의 경험적 선언(empirical manifestations)이고, 둘째는 국가의 역할을 수행하는 과정에서 사회 체제의 조정에 관한 개념적 이론적 표현을 의미한다고 보았다.

피에르는 이 중 거버넌스의 사회 체제의 조정이라는 두 번째 개념을 다시 고전적 거버넌스와 새로운 거버넌스의 두 가지 범주로 구분하였다. 그는 고전적 거버넌스(old governance)는 국가가 사회의 방향을 제시하고 민간부문을 어떻게 참여시킬 것인가 하는 것으로 전통적 국가 중심(state centric)의 통치를 의미하며, 새로운 거버넌스(new governance)는 공공-민간 상호작용, 공식-비공식 부분의 상호작용을 중심으로 이루어지는 네트워크(network)와 파트너십(partnership)을 강조하는 사회 중심(society-centered)의 통치를 의미한다고 보았다(Pierre, 2000: 3-5). 현재 거버넌스론에서 관심을 끌고 있는 사항은 후자, 즉 사회 중심의 거버넌스라고 할 수 있는 이른바 '뉴거버넌스'라고 할 수 있다.

(3) 정부와 함께하는 거버넌스와 정부 없는 거버넌스

사회 중심 거버넌스는 정부의 역할을 어느 정도 인정하느냐에 따라 '정부와 함께하는 거버넌스'와 '정부 없는 거버넌스'로 구분해 볼 수 있다.

먼저, '정부와 함께하는 거버넌스(governance with government)'는 정부의 독자적 행위 영역을 인정하고 정부와 시장, 정부와 민간부문의 협력을 강조하는 개념이다. 이는 공공부문과 민간부문이 공동으로 참여하는 민·관의 협력적 동반자 관계(public private partnership)라는 공동 관계(co)를 강조한다. 즉, 정부의 역할을 부정하지 않고 거버넌스의 부분 당사자로 인정하고 있는 것이다. 이 입장에서는 공동생산(co-production), 협력(co-operation), 조정(co-ordination), 협동(collaboration), 혼합 투자(co-investment) 등이 강조된다.

'정부 없는 거버넌스(governance without government)'는 정부를 특별히 인식해야 할 의사결정의 단위로 보지 않는 시각이다. 이는 사회문제가 시장의 보이지 않은 손에 의해 자율적으로 해결될 수 있음을 강조한다. 다양한 구성원과 의사결정자들의 자유로운 참여의 네트워크가 구성되고 시장의 힘에 의해서 자율적으로 문제를 해결해 나가는 자율적 사회관리 체제로서 거버넌스이다. 이러한 시각에서는 정부는 일반적인 민간단체와 구분되는 특별한 의미를 지니지 않는다. 사회는 다양한 의사결정 주체들 간에 형성된 게임의 규칙과 신뢰 장치를 기반으로 움직여 나간다.

여기서 강조되는 단어는 자기(self)라는 용어이다. 자기조직화(self-organizing), 자기통치(self-governing), 자기규제(self-regulation), 자원봉사의 영역들이 이에 속한다(Rhodes, 1996: 652-667; Stoker, 1999, forward). 이러한 시각은 이론적으로는 네트워크 이론(network theory), 거래비용이론을 토대로 형성된 신제도주의의 합리적 선택이론(rational choice), 공공선택론(public choice) 등에 적용되고 있다.

(4) 구조로서의 거버넌스와 과정으로서의 거버넌스

피에르(Jon Pierre)와 피터스(B. Guy Peters)는 거버넌스의 유형을 구조로서의 거버넌스와 과정으로서의 거버넌스로 구분하기도 한다(Pierre & Peters, 정용덕 외 역, 2003: 32-44).

먼저, '구조로서의 거버넌스'를 계층제로서 거버넌스, 시장으로서 거버넌스, 연결망으로서 거버넌스, 공동체로서 거버넌스 네 가지로 구분하고 있다. 첫째, 계층제로서 거버넌스는 수직적으로 통합된 국가구조를 통해서 운영되는 거버넌스로 베버(M. Weber)의 관료제 모형이 그 예가 될 수 있다. 이러한 계층제로서 거버넌스는 현대에 와서는 관심을 끌지 못하고 있다. 둘째, 시장으로서 거버넌스는 정부의 실패에 따라 시장을 통해 가장 효율적이고 공정하게 자원을 배분할 수 있다고 본다. 시장은 소비자로서 권력을 행사함으로써 시민의 권한을 강화시킨다고 평가된다. 셋째, 연결망으로서 거버넌스는 가장 일반적으로 인식되는 개념으로 정책연결망으로서의 거버넌스다. 현대의 정책연결망은 국가의 권력에 대항하거나 도전할 수 있을 정도로 협력이 잘 이루어지고 응집력을 갖추고 있다고 보는 것이다. 넷째, 공동체로서 거버넌스는 국가의 간섭을 최소화한 상태에서 공동체가 스스로 문제를 해결할 수 있다고 보는 시각이다. 이러한 공동체주의자들은 정부를 불필요한 존재로 인식한다. 정부는 정치적 분쟁의 해결을 해결하기 위한 도구로서 존재하는 것인데, 이제는 별로 중요하지 않은 문제들에 개입하여 오히려 문제를 야기 시키고 있다고 본다. 따라서 이들은 공동체의 협력과 시민정신의 강화, 구성원들의 참여를 통해 자발적으로 사회적 문제를 해결해 나가는 것이 더 효율적이라고 생각한다.

다음으로, '과정으로서의 거버넌스'는 거버넌스를 제도 · 기구라는 차원에서 보는 것이 아니라 과정과 성과 산출이라는 부분에서 본다. 제도 · 기구는 중요한 부분이지만 거버넌스는 구조만 보는 것이 아니라 구조 간의 상호작용과도 관련되는 것이므로 과정적 측면을 중시한다는 것이다. 즉, 거버넌스를 민간과 공공부문의 참여자들이 경제적 활동을 어떻게 통제하고 결과를 만들어 내는가에 대한 동태적 과정으로 보는 것이다.

(5) 가치 중립적 의미의 거버넌스와 가치 지향적 의미의 거버넌스

거버넌스를 가치 중립적 개념으로 보느냐, 가치 지향적 개념으로 보느냐에 따라 거버넌스 개념의 유형을 구분해 볼 수 있다.

먼저, 거버넌스를 가치 중립적 개념으로 보는 시각이다. 여기서는 거버넌스를 사회적 통제와 조정, 문제 해결의 구조와 과정이라는 시각으로 본다. 이 경우, 거버넌스는 일정한 가치를 표현하는 용어가 아니므로 가치를 나타내기 위해서는 앞에 일정한 형용사를 붙여서 쓴다. 뉴거버넌스(new governance), 모던 거버넌스(modern governance), 국가 거버넌스(state governance), 시민 거버넌스(civil governance), 시장 거버넌스(market governance), 도시 거버넌스(urban governance), 지방 거버넌스(local governance),

네트워크 거버넌스(network governance) 등과 같은 것들이다.

다음으로, 가치 지향적 시각이다. 거버넌스를 특정한 의미나 가치가 개입된 개념으로 보는 시각이다. 따라서 앞에 형용사를 붙이지 않고도 나름대로 특수한 가치나 형태를 내포하는 개념으로 활용된다. 거버넌스를 시장적 국가관리, 협력적 통치, 네트워크 통치, 참여의 통치, 자율적 통치 등 특수한 가치 내포적 개념으로 보는 시각이다. 로드스(R. A. W. Rhodes)가 거버넌스의 의미를 신공공관리, 국제적 상호의존성, 사회통제 체제, 신정치경제학, 네트워크라는 개념으로 규정한 예가 그것이다(Rhodes, 2000: 54-63). 이런 시각에서는 대체적으로 거버넌스(governance)와 뉴거버넌스(new governance)를 동일한 개념으로 이해한다. 현대 사회의 거버넌스는 대체적으로 시민사회 중심의 뉴거버넌스를 추구하고 있으므로, 동일한 개념으로 통용되어도 의사소통에 큰 무리는 없을 것이다.

(6) 기타 분류

지배구조의 중심이 어디에 있느냐에 따라 국가 중심 거버넌스, 시장 중심 거버넌스, 시민 중심의 거버넌스로 구분하기도 한다. 국가 중심 거버넌스는 국가가 일방적인 권한을 행사하는 전통적 관료 중심의 지배구조를 의미하며, 시장 중심 거버넌스는 시장의 자율적 문제 해결 기제를 중심으로 하는 시장 중심의 지배구조를, 시민 중심 거버넌스는 개인과 시민사회가 사회적 문제 해결의 주도권을 행사하는 지배구조를 의미한다. 현대 사회에서는 어느 주체가 일방적인 지배권을 행사하기 어려운 다원적 네트워크 구조를 형성하고 있다(거버넌스연구회, 2002: 42-47).

또한 거버넌스는 그 개념의 적용 범주에 따라 세계 거버넌스(global governance), 국가 거버넌스(state governance), 지방 거버넌스(local governance)로 구분해 볼 수 있다. 세계 거버넌스는 세계적 차원의 지배 · 협력구조를, 국가 거버넌스는 국가 차원, 지방 거버넌스는 지역사회, 지방 차원에서의 문제 해결의 상호작용 구조와 기능을 의미한다. 이외에 지역 거버넌스와 사이버 거버넌스를 추가하기도 한다.[4)]

---

4) 문병식 교수는 범주에 따라 글로벌 거버넌스(global governance), 리저널 거버넌스(regional governance), 내셔널 거버넌스(national governance), 로컬 거버넌스(local governance), 사이버 거버넌스(cyber geovernance)의 다섯 가지 유형을 제시하고 있다(문병식, 2000).

3) 거버넌스 논의의 의의

여기서는 왜 현대에 와서 다양한 행위 주체의 참여와 네트워크를 통한 사회적 문제 해결 구조와 기능이라고 하는 거버넌스 관련 논의를 필요로 하며, 관심을 가지게 되었는가를 살펴보고자 한다.

(1) 신자유주의의 이념의 지배

21세기는 이념적으로 사회주의가 퇴조하고 자유주의가 지배 이념으로 정착하는 시대가 되었다. 신자유주의는 국가의 간섭을 최소화하고 시장의 자율 배분 기제를 중심으로 사회적 자원을 최적 배분하고자 한다. 자유로운 선택과 경쟁, 규제의 철폐가 강조되고, 능력과 실적 성과가 강조된다. 이러한 신자유주의의 시각에서 보면 국가가 일방적으로 모든 책임을 지고 사회문제를 해결해 가는 전통적 통치 방식은 불필요하고 가능하지도 않다고 본다. 즉, 국가의 관여는 최소한에 머물고 시장의 자유로운 선택 기제에 의해 국가와 사회문제를 해결해 나가야 한다고 보는 것이다.

(2) 정부의 실패와 국가재정의 위기

20세기 복지국가 이념의 출현으로 인한 국가의 관여와 정부의 복지재정 확대는 재정의 경직화를 가져왔고 사회적 정체를 가져와 국가의 위기를 초래하게 되었다. 국가들은 만성적 재정적자에 시달려 왔으며, 무한정으로 분출하는 사회적 욕구와 그에 대한 공공지출의 요구는 공공부문이 더 이상 유일한 사회문제 해결의 대안이 될 수 없음을 인지하게 된 것이다. 시장의 실패를 통해 국가 개입이 정당화되었듯이 이러한 정부의 실패는 시장과 시민사회의 개입을 필연적으로 요구하게 되었고, 시장과 시민, 국가나 기타 사회의 다원적 영역이 참여하여 공공서비스를 공급하는 새로운 지배 질서를 요구하게 되었던 것이다. 이러한 문제 의식은 정부 관리의 새로운 패러다임으로 시장적 기제에 의한 국가관리라는 의미를 가지고 있는 신공공관리(New Public Management: NPM)라는 개념으로 발전하게 되었다.

(3) 사회의 복잡화와 국가 기능의 다양화

현대 사회는 산업사회에서 정보사회로 정보사회에서 지식사회로 빠르게 변모하고 있다. 이러한 빠르게 변동하는 사회에서 전통적 관료조직 구조로는 대응하기 어려운 것이 현실이고, 국가 관료제가 모든 사회적 문제에 관여하고 해결하기는 불가능해졌다. 따라서 민간 기능, 다원화된 국가구조의 구성원들이 연결망(network)을 구축하여 신뢰를 바탕으로 한 운영 기제를 통해 자발적으로 문제를 해결해 나갈 수밖에 없는 상황에 놓이게 된 것이다.

2. 지방 거버넌스

여기서는 거버넌스의 한 유형으로서 지방정부 차원의 거버넌스, 즉 지방 거버넌스를 살펴보기로 한다.

1) 지방 거버넌스의 개념

지방 거버넌스는 위에서 논의한 거버넌스의 개념을 공간적으로 한정된 영역, 즉 지방에 적용하는 것이다. 따라서 기본 성격은 유사할 것이다. 그러나 공간적 범주가 제한적이므로 몇 가지 구분되는 점을 도출할 수 있을 것이다. 공간적 범주에 의한 구분인 세계 거버넌스, 국가 거버넌스와 비교해 보면 일단 지방 거버넌스는 범주와 규모가 상당히 제한적이라고 할 수 있다. 또한 지방 거버넌스의 대상이 되는 문제는 외교, 국방, 금융 등과 같은 거시적 국가적 문제는 제외된다. 지방적 차원의 고유 문제를 중심으로 지방 거버넌스가 설정될 수 있을 것이다.

2) 참여 주체

지방 거버넌스의 참여 주체는 지방정부 시장 시민사회 이외에도, 지역 정치인과 지역 정당, 이익집단 등이 있다.

(1) 지역 정치인과 지역 정당

지역사회에 영향을 미치는 정치인은 지역 국회의원, 단체장, 의회의원 등이 있다. 지역에 중앙정당이 나름대로의 지배력을 행사하고 있는 상황에서 지역 국회의원의 존재도 지방의 문제 해결 구조에 영향력이 있다. 국회의원은 국가 전체의 문제를 다룬다고 하지만 지역에서 선출되기 때문에 지역 문제를 도외시할 수 없는 것이다. 지방의 정치인인 지역단체장과 지역의회 의원 역시 강력한 지방 거버넌스의 참여 주체로서 지배력을 행사한다. 이러한 정치인들을 조직화하고 여론을 조성하는 지역 정당 역시 참여의 주체, 의사결정의 주체로서 기능한다.

(2) 지방정부와 행정 관료

단체장이나 지역의 공무원은 지역 정치인들이 정치 과정을 통해 형성시키거나 시민의 일상적인 행정 욕구를 충족시켜주는 실무적 정책입안가로서 영향력을 가지고 있다. 단체장은 정치인으로서 성격을 가지고 있지만 행정가로서의 성격도 있다. 또한 공무원 집단은 소규모 기초자치단체의 경우, 실질적인 지역사회의 권력 형성에 영향을 미치는 권력집단화되어 있다. 공무원 집단의 영향력은 실무 전문집단으로서 영향력과 조직화된 권력집단으로서 영향력을 동시에 가지고 있다.

(3) 시장과 기업인

기업은 시장경제의 주체로서 지역사회의 지배 권력에 상당한 영향력을 미친다. 기업인들은 지역의 상공회의소, 경영자단체 등을 형성하여 지역사회에 정책결정에 영향력을 행사한다. 현대 자본주의 기업 발전과 함께 노동자 단체도 그 영향력 범위를 확대해 나가고 있다. 시장과 기업은 행위 주체로서뿐만 아니라 그 행동의 원칙과 원리에 의해 지역사회의 가치 배분에 영향력을 행사한다.

(4) 언론과 시민단체, 전문가단체

언론은 입법 · 사법 · 행정의 3부에 이어 권력의 4부라고 부르기도 하는데 여론을 형성하고, 선거에 영향력을 미치는 강력한 힘을 가지고 있다. 시민단체도 권력과 자본의 중간 영역에서 공공의 여론을 형성하고 여론을 주도하는 등 막강한 영향력을 행사한다. 시민단체는 비정부조직(NGO) 혹은 비이윤조직(NPO)으로 불리기도 한다. 학계나 연구기관 등 전문가 그룹도 학자들의 전문적 지식을 통해 여론을 형성하고, 정책 입안가의 정책적 판단에 영향력을 행사한다.

(5) 이익집단

이익집단은 특정한 이해를 공유하는 단체가 특수 이익을 옹호하기 위해 영향력을 행사하는 인적 결합체로서 정권을 담당하고자 하는 정치조직인 정당과 구분된다. 국가 권력의 다원화와 함께 이익집단의 영향력이 확대되고 있다. 이러한 이익집단과 정부, 이익집단과 이익집단 간에 갈등이 형성되기도 하는데 이런 경우 조정이 매우 어렵다.

3) 지방 거버넌스의 특징

여기서는 과거의 지방 거버넌스에 비해 현대적 지방 거버넌스가 가지는 특징을 몇 가지만 제시해 보고자 한다.

(1) 다원적 참여구조

전통사회에서 지역사회에 권력은 소수에게 한정적으로 배분되었지만 현대 사회에서 지역의 지배 권력은 다원적으로 배분되어 다양한 참여구조를 형성한다. 이러한 맥락에서 시민민주주의에서 한걸음 진전된 토의민주주의, 심의민주주의, 참여민주주의 개념 등이 정립되는 것이다. 토의민주주의나 심의민주주의란 국민이 공개적인 논쟁과 대화를 통하여 국가적 의사결정에 관여하는 정치 과정을 의미한다. 또한 참여민주주의도 유사한 맥락에서 시민의 직접 참여를 통해 국가 권력에 영향력을 행사하는 민주주의를 의미한다. 이는 투표 후에 대표자나 엘리트에게 전권을 위임하는 대의민주주의의 정신과 비교되는 새로운 지배구조라고 할 수 있다.

(2) 연결망의 구축

다양한 사회 구성원의 참여는 네트워크(network)를 형성하고 이러한 네트워크는 자체의 자율적 신뢰 구조로 운영된다. 사회는 이제 일방적 독주 체제가 아닌 상호 간 공존의 동반적 신뢰 체제로 구성된다. 문제 해결의 네트워크는 구체적으로 정책 연결망으로 구축된다.

이렇게 하여 형성된 네트워크는 신경망처럼 상호 연계되어 있기 때문에 어느 의사결정 단위의 일방적 독주는 어려워진다. 또한 자기 역할을 제대로 수행하지 못하고 상호 간 신뢰 체제를 파괴하는 방식으로는 그 사회가 운영될 수 없게 된다.

(3) 시장의 지배력 확대

시장은 이윤과 효용이라는 경제성의 논리로 움직이는 거대한 기계로서 이러한 경제 원리에 의해 각종 문제가 제기되고 해결되어 국가나 정부, 전통적 관료의 실질적 영향력이 감소되게 된 것이다. 과거의 지방 거버넌스가 공공서비스 공급에서 국가와 정부의 역할, 관료의 역할을 강조하여 적극적 국가 개입을 통하여 공공의 문제를 해결하고자 하였다면, 현대 지방 거버넌스는 공공의 문제 해결, 공공서비스 공급에 있어 민간과 시장의 자율적 기제를 강조한다. 이는 신제도주의 경제학의 기본 이념을 바탕으로 형성된 것으로, 국가 개입의 축소와 시장의 확대, 시장 기제에 의한 자율적 공공서비스 공급을 강조하는 것이다. 이러한 흐름은 행정의 영역에서는 시장적 기제에 의한 공공서비스 공급이라고 하는 신공공관리의 흐름으로 정리되고 있다.

(4) 자율적 문제 해결 시스템

사회적 문제에 대한 의사결정이 다원적인 네트워크가 잘 조직화된 시스템을 통해 자율적 상시적 안정적 문제 해결 구조를 가지게 된다. 상위 권력이나 정부적 차원의 일방적 문제 해결 구도는 적절한 대답이 되지 못한다. 지역사회는 하나의 공동체를 형성하여 국가나 정부에 의존하지 않고 자율적으로 문제를 해결해 나간다. 예컨대, 학대 아동을 보호하는 경우 국가나 정부에 의존하지 않고 민간인의 자율적 참여를 통해 기금을 만들고 스스로 공동체 차원에서 아동을 보호하는 것이다. 이러한 공동체주의적 문제 해결의 방식은 궁극적으로 국가나 정부의 역할을 크게 기대하지 않는다.

본문요약

1. 지방자치의 정치이론

- 스토커의 분류(1991): 지방주의자, 신우파와 공공선택론, 이중국가론, 지방국가와 사회관계론
- 킹의 분류(1995): 자유주의 신우파, 보수주의 신우파, 국가주의, 도시좌파, 공동체주의자
- 이종수의 분류(2002): 다원주의, 마르크시즘, 신도시좌익, 이원국가론, 신자유주의, 공공선택론

2. 지방자치의 권력구조론

- 소수 지배론: 엘리트론, 헌터(Floyd Hunter), 몰로치(Havey Molotch)
- 다수 지배론: 다원론, 달(R. A. Dahl), 바크라크(Peter Bachrach)와 바라츠(Morton S. Baratz)
- 연합 지배론: 연합체제론, 스톤(Clarence Stone), 스토커(Gerry Stoker)

3. 거버넌스의 개념과 유형

- 거버넌스의 개념 : 공공부문의 문제 해결, 조정 및 통제 관리 등과 같은 비권력적 의미의 지배
- 거버넌스의 유형: 로드스의 일곱 가지 유형, 고전적 거버넌스와 새로운 거버넌스, 정부와 함께하는 거버넌스와 정부 없는 거버넌스, 구조로서의 거버넌스와 과정으로서의 거버넌스, 가치 중립적 의미의 거버넌스와 가치 지향적 의미의 거버넌스, 국가 중심 거버넌스 · 시장 중심 거버넌스 · 시민 중심 거버넌스, 세계 거버넌스 · 국가 거버넌스 · 지방 거버넌스

4. 지방 거버넌스

- 지방 거버넌스의 개념: 거버넌스의 개념을 지방이라는 공간에 한정

- 지방 거버넌스의 참여 주체: 지역 정치인과 지역 정당, 지방정부와 행정 관료, 시장과 기업인, 언론과 시민단체·전문가단체, 이익집단
- 지방 거버넌스의 특징: 다원적 참여구조, 연결망의 구축, 시장의 지배력 확대, 자율적 문제 해결 시스템

Chapter 06

정부 간 관계론

지방자치가 정착되면서 각각의 행위 주체인 국가나 광역자치단체, 기초자치단체의 자율권이 확대되고, 독자적인 의사결정의 주체로서 지위를 획득해 나가면서 정부 간의 상호 관계 문제가 관심을 끌게 되었다. 권위주의 시대, 중앙집권 시대에는 중앙정부나 상위정부의 일방적 관계 설정으로 문제가 관리되었지만, 이제 지방의 독자성이 확보되고, 지방자치단체가 법인화되고, 독자적 의사결정과 행위 주체로서 지위를 확보함으로써 과거와 같은 일방적 관계로는 다양한 지역의 문제를 풀기가 어려워진 것이다.

제 1 절 정부 간 관계론의 기초 개념

정부 간 관계(Intergovernmental Relations: IGR)라는 개념은 미국에서 1930년대부터 쓰기 시작하였다. 이 개념은 1937년 스나이더(Clyde F. Snider) 교수가 『미국정치학회보』(1937년 10월호)에서 최초로 사용하였고, 유사한 시기에 앤더슨(William Anderson)

도 이러한 개념을 사용하고 있었다. 1960년대에 들어서면서 법률 등에 공식적 개념으로 사용되기 시작하였다(예: 1968년 Intergovernmental Cooperation Act의 통과). 1980년대에 들어서면서 정부 간 관계(IGR)는 보편적으로 사용하는 개념이 되었다(Write, 1988: 13-14).

미국은 건국 초기부터 연방정부와 주정부 간의 상호 관계를 중심으로 주로 논의해 왔기 때문에 초기의 정부 간 관계는 주로 연방주의(Federalism: FED)라는 측면에서 언급되어 왔다. 이러한 연방주의는 1930년 이후부터 정부 간 관계론(Intergovernmental Relations: IGR)이라는 개념으로 재정비되었고, 1970년대에는 다시 정부 간 관리론(Intergovernmental Management: IGM)이 강조되고 있다. 이러한 세 가지 개념은 넓게 정부 간 관계론이라는 이름으로 포괄할 수 있지만, 여기서는 이를 구분하여 살펴보기로 한다.

1. 연방주의(FED)

정부 간 관계론이라는 용어 이전에는 주로 연방과 주간의 관계를 중심으로 한 연방주의(federalism)라는 개념으로 사용해 왔다. 따라서 연방주의라는 개념을 먼저 정리하는 것이 필요할 것으로 보인다. 여기서는 연방주의의 변천 과정을 중심으로 설명해 보고자 한다(Starling, 1986: 79-100).

1) 이중 연방제(Dual Federalism, ~1933)

잭슨(Andrew Jackson)은 주정부의 권리를 강조하였다. 이 기간 동안 주정부와 연방정부는 독자적인 영역으로 존재하였다. 이는 미국이라는 나라가 독자적인 식민지 개척 이후 연합한 연합국가의 형태를 띠고 있었기 때문으로 보인다. 연방과 주는 독자적인 정부로서 상호 구분되는 범주 속에서 존재하던 시대이다.

2) 협력적 연방제(Cooperative Federalism, 1933~1960)

그러나 1930년대 대공황이 발생하자 주정부와 지방정부에 연방정부의 적극적인 개입이 시작되었다. 루스벨트(Franklin Roosevelt) 대통령에 의한 뉴딜정책에 의해 연방정부의 역할이 매우 강화된 것이다. 이 시기에는 연방과 주가 협력하고 공존하는 상호 관계 속에서 존재한다.

3) 창조적 연방제(Creative Federalism, 1960~1968)

연방의 개입이 훨씬 더 강화된 시기라고 볼 수 있다. 존슨 대통령(Lyndon B. Johnson)의 위대한 사회(Great Society) 프로그램에 의해 주정부와 지방정부에 대한 연방의 지원은 종전의 두 배에 가깝게 되었던 것이다. 이러한 창조적 연방제는 연방정부가 주나 지방정부의 일상적인 생활에 많은 영향을 미치게 되었고, 정부 간 관계의 연구 필요성이 더욱 증대되었다.

4) 신연방제(New Federalism, 1968~현재)

신연방제는 연방의 개입을 약화시키고, 주정부의 권한과 기능을 강화하는 분권적 흐름이다. 이러한 입장은 닉슨(Richard Nixon), 레이건(Ronald Reagan) 등을 거쳐 현대에 이르고 있다. 닉슨은 주정부에 국고보조금의 자율적 사용권을 부여하여 주정부의 자율성을 신장시키고자 하였다. 레이건은 연방의 기능을 주정부에 돌려주고자 했으며, 연방이 너무나 주정부에 간섭하고 있고, 불필요하게 개입하고 있다고 보았다. 이러한 시각에서 연방의 주에 대한 지출은 대폭 감축되었다.

참고 6-1 레이어 케이크 연방주의와 마블 케이크 연방주의

미국의 연방제 변화 과정을 레이어 케이크 연방주의(layer cake federalism)와 마블 케이크 연방주의(marble cake federalism)로 구분하기도 한다. 레이어 케이크는 보통의 생일 케이크와 같은 다단 케익 연방주의를 지칭한다. 다단 케이크(레이어 케이크)는 여러 층이 독자적인 빵으로 형성되어 있다. 단면을 자르면 동일한 모양을 보여준다. 한편 마블 케이크는 빵의 중간중간에 초콜릿이나 다른 재료들이 들어 있는 케이크로 단면을 자르면 대리석의 무늬와 같이 다양한 색상과 재료가 조합되어 나타난다.

레이어 케이크 연방주의(layer cake federalism)는 다단계 케이크처럼 연방정부와 주정부가 서로 섞이지 않고 다른 계층을 형성하여, 각자의 독자적인 권한을 행사하는 것이다. 위에서 말한 이중 연방제를 의미한다. 연방제 초기에 주의 권한은 국가와 같은 것이어서 연방정부가 주정부에 간섭하는 것은 쉬운 일이 아니었다. 1861년 시작된 미국의 남북 전쟁은 연방정부와 주정부가 극단적으로 대립한 경우라고 하겠다.

마블 케이크 연방주의(marble cake federalism)는 주 정부와 연방정부가 상호 중첩적인 상호 관계를 유지하는 이른바 협력적 연방제를 의미한다. 1930년대 대공황의 위기에서 연방과 주는 적극적으로 상호 협조할 필요성이 제기되었고, 협력적 연방제의 원리가 채택되게 된 것이다.

2. 정부 간 관계(IGR)

앤더슨(Anderson, 1960: 3)은 미국에서의 정부 간 관계를 "연방 체계 안에서 모든 유형과 여러 수준의 정부 단위 사이에 발생하는 행위와 상호작용의 중요한 형태"라고 정의하고 있다. 연방주의도 정부 간의 상호 관계를 논의의 대상으로 하고 있지만, 대상 영역은 연방-주(federal-state)의 관계에 한한 것이었다. 그러나 정부 간 관계론은 연방-주 간의 관계뿐만 아니라, 주와 주, 주와 지방정부, 지방정부 상호 관계 등 다양한 수준의 정부 간 관계를 검토하는 것이다. 따라서 현대에 와서는 연방주의라는 개념보다는 정부 간 관계(Intergovernmental Relations: IGR)라는 개념을 더 보편적으로 사용하고 있다.

라이트(Deil S. Wright)는 연방주의라는 말보다 정부 간 관계라는 개념이 가지는 장점으로 다음과 같은 다섯 가지를 설명하고 있다(Wright, 1988: 36-39). 첫째, 정부 간 관계는 연방과 주정부 간의 관계는 물론 모든 수준의 정부 간 관계를 의미한다(more than national-state relations). 연방주의가 연방-주정부의 관계를 주로 강조하는 반면, 정부 간 관계는 연방과 주정부는 물론 주와 지방정부, 지방정부 상호 간의 관계 등 모든 수준의 정부 실체들의 상호작용을 분석하고 포함한다. 둘째, 정부 간 관계는 법적 측면 외에 비공식적인 측면과 관료들의 의식까지도 포함한다(beyond legalism). 연방주의가 오랫동안 법적 측면의 정태적 측면, 즉 법적인 권한, 공식적 행동, 문서화된 합의(비합의)에 초점을 두었지만, 정부 간 관계는 법·제도적 측면 외에도 수많은 비공식적이고 드러나지 않은 행동 및 관료들의 의식까지도 포함한다. 셋째, 정부 간 관계는 비계층제적 관계(nonhierarchy relations)를 지향하는 데 비해, 연방주의는 계층제적 권한이나 권위 관계를 함축한다. 즉, 정부 간 관계의 개념은 비계층제적 관계를 지향하고 있으며, 비록 정부 간 관계가 정부 간 권력 차이가 있음을 전제하지만, 연방-주정부-지방정부의 관계에서 연방정부가 최고의 권위를 가진다고 보지는 않는다. 넷째, 정부 간 관계를 선호하는 이유는 정부 간 관계론이 연방주의에 비해 명확한 정책 지향성

(prominence of policy)을 가지고 있다는 것이다. 연방주의가 정책문제에 대해 특별한 관심을 가지지 않은 반면, 정부 간 관계는 정책 연구에 대한 경험적 연구와 개념의 탐색을 강조하였다. 연방주의는 정부 간 법률적 관계를 주로 연상시키기 때문에 그동안 공공정책이 형성되고 집행되는 방식에 대한 이론들의 설명에 초점을 두지 않았다. 반면 정부 간 관계는 정책 연구에 대한 경험적 연구들과 개념의 탐색에 관심을 가진다. 정부 간 관계론을 연방주의보다 선호하는 다섯째 이유는, 정부 간 관계론은 비정치적인 개념이라는 것이다. 그동안 연방주의는 존슨의 창조적 연방주의, 레이건의 신연방제 등 정치적 목적에 의해 다양하게 포장되어 왔다. 그러나 정부 간 관계론은 이러한 정치적 용어가 아니며 좀 더 객관적이고 중립적인 개념이라는 것이다.

3. 정부 간 관리(IGM)

정부 간 관리(Intergovernmental Management: IGM)라는 개념은 정치적 측면에서 논의되어 온 정부 간 관계론의 개념을 정부 간의 정책적, 관리적, 행정적 차원에서 재구성한 개념이다. 라이트(D. S. Write)와 크래인(Dale Krane)은 "정부 간 관리(IGM)는 정부 간 혹은 민간부문의 연결망(network) 사용과 창조를 통해, 고도의 불확실성과 복

표 6-1 FED, IGR, IGM 개념 비교

구 분 / 특 징	연방주의(FED)	정부 간 관계(IGR)	정부 간 관리(IGM)
1. 포함 단위	국가-주, 주 상호 간	국가-주-지방 주-지방 국가-지방 지방 상호 간	정부 간 관계(IGR) 단위를 기본으로 하며, 행정 연결망의 정치, 공공-민간부문의 혼합
2. 권위 관계	국가가 최고 권위	정부 간 계층 질서	비계층의 연결망
3. 갈등 해결의 방법	법, 법원, 선거	시장, 게임, 동맹	거래, 협상, 토론, 문제의 처리
4. 가치	목적(임무)	관점(정책과 행정)	산출물, 프로그램 결과 (관리)
5. 정치적 요소	고도의 정치(당파주의)	정책결정(조정)	집행(문제 해결)
6. 주도자	선거직의 정치인	일반 행정인	정책전문가

출처: Write(1990: 158).

잡한 여건 아래서 정부 상호 간의 문제들을 해결하는 과정이다"고 정의하고 있다(Write & Krane, 1998: 1162). 즉, 정부 간 관리론의 주제는 관리이며, 정부 간 시스템, 구조, 정책, 프로그램 등이 주 연구대상이다. 정부 간 관리론의 핵심용어는 문제 해결(problem solving), 일처리 능력(coping capabilities), 연결망(networking)의 세 가지 개념이며, 정부 간 관리의 목표는 능률성을 향상시키는 데 있다. 여기서 연방주의(FED), 정부 간 관계론(IGR), 정부 간 관리론(IGM)의 개념을 비교해보면 [표 6-1]과 같다(Write, 1990: 156-158).

제 2 절 정부 간 관계의 이론

1. 연방국가에서의 정부 간 관계론

미국의 정부 간 관계에 관한 설명은 라이트(Deil S. Wright)의 정부 간 관계모형에서 잘 소개되고 있는데, 미국의 연방정부와, 주정부, 지방정부 간의 상호 관계를 세 가지 모형으로 정리하고 있다(Write, 1988: 39-55).

1) 조정-권위모형

조정-권위모형(the coordinate-authority model)은 연방정부(National Gov't)와 주정부(State Gov't)는 대등한 관계를, 주정부와 지방정부(Local Gov't)는 포함 관계를 유지한다고 본다. 실질적으로 미국의 주는 독자적인 헌법을 가지고 있는 준국가의 형태를 유지하고 있지만, 지방정부는 주정부에 비하면 상대적으로 미약한 권한을 가지고 있다. 지방정부는 주정부의 행정기관으로서의 성격을 가지고 있다. 지방정부를 주의 창조물로 보는 딜런의 원칙(Dillon's Rule)은 이러한 입장을 대변해 주고 있다.

2) 포함-권위모형

포함-권위모형(the inclusive-authority model)은 연방정부, 주정부, 지방정부를 수직적 포함 관계로 보는 모형이다. 주가 국가의 형태를 띠고 있고, 독립된 주가 모여 연방을 이루고 있다고 하지만, 하나의 국가로서 통합된 체제 유지를 위해 연방, 주, 지방정부 간의 관계는 수직적 포함 관계라는 것이다. 이 경우, 하위정부는 행정적 관리 체계로서의 성격이 강하다.

3) 중복-권위모형

중복-권위모형(the overlapping-authority model)은 연방정부, 주정부, 지방정부가 독립적인 실체로서 존재하며, 상호 협력적 관계라고 보는 것이다. 정부 간은 독립된 법인체로서 서로 제한된 권한을 유지한 상태에서 협력과 경쟁 관계에 놓여 있다는 것이다. 이 모형에 의하면, 각 정부 간에는 침해받을 수 없는 자율권을 가지고 있다. 이러한 모형을 상호작용 모형이라고 부르기도 한다.

그림 6-1 국가와 주, 지방 간의 상호 관계 모형

형 태	조정-권위	중복-권위	포함-권위
관 계	독립	상호 의존	의존
권위 유형	자율	협상	계층

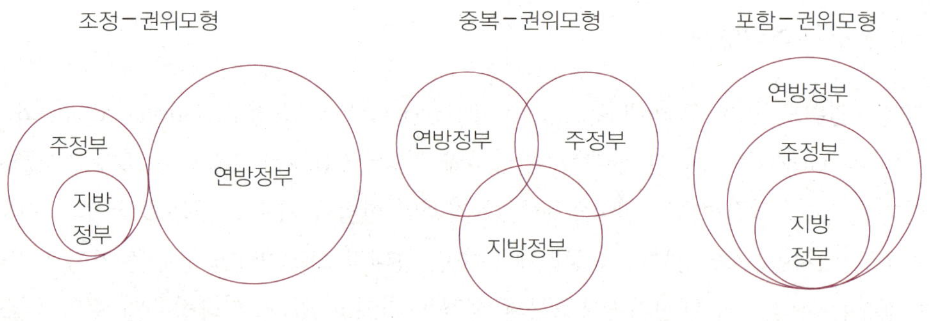

출처 Wright(1988: 40).

2. 단일국가에서 정부 간 관계론

1) 엘코크의 중앙-지방 관계 분류

엘코크(Elcok, 1994: 6-8)는 중앙-지방 관계의 모형을 다음과 같이 세 가지로 분류해서 소개하고 있다. 첫 번째는 대리인(agent)모형이다. 이는 가장 기본적인 모형으로 지방정부는 중앙정부의 대리인이라고 보고 있다. 즉, 중앙정부의 지시를 충실히 수행하는 것이 지방정부의 존재 목적이라고 보는 것이다. 두 번째는 동반자(partnership)모형이다. 주민 서비스 공급에 있어서 중앙정부와 지방정부는 동반자적 관계에 있다고 보는 모형이다. 세 번째는 동반자모형을 약간 수정한 지배인(stewards)모형이라 볼 수 있다. 즉, 지방정부는 중앙정부로부터 어느 정도의 자율권을 가지고 지방을 관리한다고 보는 것이다. 이는 자율권의 정도에 따라 다시 자유방임형과, 규제형으로 나눠 볼 수 있다.

2) 윌슨과 게임의 정부 간 관계 모형

윌슨과 게임(Wilson & Game, 1998: 115-124)도 세 가지로 구분하고 있다. 첫 번째는 역시 대리인모형(agency model)이다. 대리인 모형은 지방자치단체가 중앙정부에 완전히 종속된 관계를 갖는 것으로 평가한다. 즉, 지방정부는 중앙의 대리인(agent)이나 한 부서(arm) 정도의 지위를 갖는 것으로 보며, 국가 정책을 집행하는 데 있어 자율권을 거의 인정하지 않는다. 두 번째는 권력-의존모형(power-dependence model)이다. 이 모형은 엘코크(Howard Elock)의 동반자모형과 유사한 것인데, 중앙정부와 지방자치단체 간을 동반적이고 평등한(co-equal) 파트너 관계로 보는 것이다. 이러한 모형에서는 상호 간의 협상(bargaining)을 중요하게 생각한다. 이를 상호관계모형(interaction model)이라고 부르기도 한다. 세 번째는 지배인모형(stewardship model)이다. 지배인 모형은 지방자치단체가 중앙정부의 통제 하에 놓여 있기는 하지만, 어느 정도의 상대적 자율성을 가지고 있다고 보는 모형이다. 지배인이나 재산관리인은 사장이나 주인으로부터 일정한 권한을 위임받아 그 권한 내에서 자율권을 행사할 수 있는데, 이와 같이 중앙과 지방과의 관계를 이러한 지배인 혹은 재산관리인의 지위로 평가하는 것이다. 이를 상대적 자율모형(relative autonomous model)이라고 부르기도 한다.

제 3 절 우리나라의 정부 간 관계

여기서는 우리나라의 정부 간 관계를 현행 법령의 범위 내에서 제도를 중심으로 검토해 보고자 한다.

1. 중앙과 지방 간의 관계

우리나라의 중앙과 지방 간의 관계는 중앙정부가 광역·기초자치단체를 감독·통제하고, 광역자치단체가 기초자치단체를 다시 감독·통제하는 다양한 제도적 장치를 마련하고 있다. 우리나라의 전통적인 중앙정부와 지방정부 관계는 중앙정부가 대부분의 권한을 가지고 지방을 수직적으로 통제하는 수직적 대리인 모형이었다. 하지만 민주화와 지방분권화가 진전되면서, 중앙과 지방은 상호 협력을 통한 수평적 동반자 관계를 구축하기 위해 노력하고 있다.[1)]

1) 중앙의 지방 통제

(1) 지방의회 의결에 대한 국가의 재의 요구와 직접 제소

국가는 직접적으로 지방의회를 직접 통제할 수 있는 권한이 있다. 즉, 지방의회의 의결이 법령에 위반되거나 공익을 현저히 해한다고 판단될 때에는 광역자치단체(시·도)에 대하여는 주무부장관이, 기초자치단체(시·군 및 자치구)에 대하여는 시·도지사가 재의(再議)를 요구하게 할 수 있고, 재의의 요구를 받은 지방자치단체의 장은 지방의회에 이유를 붙여 재의를 요구하여야 한다. 재의에 붙인 안건이 재적의원 과반수의 출석과 출석의원 3분의 2 이상의 찬성으로 재의결된 경우에 일반적으로 의결은 확정된다.

그러나 주무부장관 또는 시·도지사가 판단하여 재의결된 사항이 법령에 위반된다고 판단됨에도 해당 지방자치단체의 장이 소송을 제기하지 아니하는 때에는 그 지방자

1) 지방자치법의 전면적 개정 과정에서 지방자치법 제9장 '국가의 지도 감독'이라는 제목을 '국가와 지방자치단체와의 관계'라고 수정하였다. 이외에도 국가와 지방자치단체가 연대하고 협력할 의무 조항 신설, 국가와 지방자치단체가 참여하는 자치발전협력회의 설치, 국가의 조치에 대한 지방자치단체의 의견 제시권 등이 추가 되었다.

치단체의 장에게 제소를 지시하거나 직접 제소 및 집행정지결정을 신청할 수 있다. 특히 기초의회의 위법 부당한 의결이 있는데도 시 · 도지사가 통제권을 행사하지 않는 경우는 주무부장관이 시 · 도지사에게 감독을 지시할 수 있고, 이를 어기면 국가가 직접 개입할 수 있다(지방자치법 제192조).

(2) 상위법이나 조례에 위배되는 자치입법 금지

지방자치단체의 조례와 규칙은 법령의 범위에서 그 사무에 관하여 조례를 제정할 수 있다. 다만, 주민의 권리 제한 또는 의무 부과에 관한 사항이나 벌칙을 정할 때에는 법률의 위임이 있어야 한다. 그러나 법령에서 조례로 정하도록 위임한 사항은 하위 법령에서 그 위임의 내용과 범위를 제한하거나 직접 규정할 수 없다(지방자치법 제28조 제2항).

(3) 국가사무나 시 · 도 사무처리의 지도 · 감독

국가사무나 시 · 도의 위임사무가 제대로 처리되고 있는지에 관하여 국가나 상급 단체가 지도 감독할 수 있다. 광역자치단체(시 · 도)는 주무부장관이 지도 · 감독의 주체가 되고, 기초자치단체(시 · 군 · 자치구)는 1차로는 시 · 도지사, 2차로는 주무부장관이 지도 · 감독의 주체가 된다.

(4) 위법 부당한 명령 · 처분의 시정명령

지방자치단체의 사무에 관한 그 장의 명령이나 처분이 법령에 위반되거나 현저히 부당하여 공익을 해한다고 인정되면 시 · 도에 대하여는 주무부장관이, 시 · 군 및 자치구에 대하여는 시 · 도지사가 기간을 정하여 서면으로 시정을 명하고, 그 기간 내에 이행하지 아니하면 이를 취소하거나 정지할 수 있다. 시정요구의 대상이 되는 명령이나 처분은 법령에 위반하는 것에 한한다. 시 · 군 · 자치구의 처분이 위법 부당함에도 시 · 도지사가 시정명령 등의 조치를 취하지 않는 경우가 있을 수 있다. 이 경우는 주무부장관이 시 · 도지사에게 시정명령을 하도록 지시할 수 있다. 이를 따르지 않는 경우 주무부장관은 직접 시정명령 등의 지도 감독권을 행사할 수 있다. 지방자치단체의 장은 이러한 명령이나 처분의 취소 또는 정지에 이의가 있으면 그 취소처분 또는 정치처분을 통보받은 날부터 15일 이내에 대법원에 소를 제기할 수 있다(지방자치법 제188조).

(5) 지방자치단체의 장에 대한 직무이행명령

지방자치단체의 장이 법령의 규정에 의하여 그 의무에 속하는 국가 위임사무 또는 시·도 위임사무의 관리 및 집행을 명백히 게을리하고 있다고 인정되는 때에는 시·도에 대하여는 주무부장관이, 시·군 및 자치구에 대하여는 시·도지사가 기간을 정하여 서면으로 그 이행할 사항을 명령할 수 있다. 주무부장관 또는 시·도지사는 당해 지방자치단체의 장이 위의 기간 내에 이를 이행하지 아니할 때에는 당해 지방자치단체의 비용 부담으로 대집행하거나 행정·재정상 필요한 조치를 할 수 있다. 이 경우, 행정대집행에 관하여는 행정대집행법을 준용한다. 시·도지사가 기초단체장에게 필요한 직무이행명령을 발하지 않는 경우는 주무부장관이 시·도지사에게 직무이행명령을 하도록 명하거나, 시·도지사가 이를 이행하지 않는 경우 직접 직무이행을 명할 수 있다. 역시 지방자치단체장이 이러한 직무이행명령에 이의가 있으면 15일 이내에 대법원에 소를 제기할 수 있다.

(6) 지방자치단체의 자치사무에 대한 감사

행정안전부장관 또는 시·도지사는 지방자치단체의 자치사무에 관하여 보고를 받거나 서류·장부 또는 회계를 감사할 수 있다. 이 경우, 감사는 법령 위반 사항에 한하여 실시한다.

(7) 자치조직 및 인사권에 대한 통제

자치조직 및 인사권에는 행정안전부에서 직급이나 정원, 조직 등에 많은 제약을 두고 있다. 특히 '지방자치법 시행령'이나 '지방자치단체의 행정기구와 정원 기준 등에 관한 규정'에서 보면, 행정안전부가 구체적인 부단체장의 직급·자격 등을 규정하고 있고, 실·국·과 등의 숫자와 조직 명칭 및 해당 직급까지 상세한 임명기준을 제시하고 있다. 최근에는 총액인건비제를 기반으로 하지만, 어느 정도 탄력성을 확보할 수 있는 기준인건비제도를 도입하여 자치조직 및 인사권의 자율성을 확대하였다.

(8) 자치재정 및 재무권에 관한 통제

지방자치단체는 재정이 매우 취약하므로, 중앙정부의 지원 없이는 제대로 운영할 수 없는 경우가 많다. 재정 지원은 지방교부세, 국고보조금, 조정교부금 등 다양한 이전 재원을 통해 이루어지고 있다.

2) 중앙 – 지방 간의 갈등과 분쟁 조정

국가와 지방자치단체 간에는 협력의 의무가 있지만, 사안에 따라 권한 및 이해의 대립이 있을 수 있다. 대체적으로 국가는 지방자치단체보다 강력한 권한을 가지고 있어 지도 감독권을 행사하는 경우가 많다. 이 경우, 국가와 지방자치단체와 분쟁이 발생하는 경우가 있을 수 있다. 우리나라는 이러한 국가의 통제권에 대해 지방자치단체가 대응할 수 있는 몇 가지 방법을 마련하고 있다.

첫째, 지방자치단체는 국가의 명령이나 처분에 대해 대법원에 소송을 제기할 수 있다. 둘째, 헌법재판소의 심판을 청구할 수 있다. 헌법 제11조 제1항 및 헌법재판소법 제2조 제4항에는 국가와 지방자치단체 간의 권한 쟁의를 헌법재판소의 심판사항으로 규정하고 있다. 셋째, 행정소송에 의한 방법이 있다. 행정소송법 제4조에 의거 행정기관은 감독청의 행정행위 취소 및 무효 확인 소송을 제기할 수 있다. 넷째, 국무총리 소속하에 설치된 중앙-지방 분쟁조정기구인 '행정협의조정위원회'의 조정을 통한 조정을 시도할 수 있다.

참고 6-1 **국가의 기초자치단체장에 대한 감독 통제권**

개정된 새지방자치법(2021.1)에는 그동안 입법 미비 사항이었던 국가의 기초자치단체 감독 통제권을 규정하였다. 그동안 국가는 광역자치단체에 대한 감독 통제권은 있었으나 기초자치단체에 대한 직접 통제권은 없었다. 기초자치단체가 위법 부당한 명령 · 처분의 시정, 직무이행명령 불이행, 지방의회의 의결과 재소 불이행 시, 시 · 도지사가 감독권을 행사하지 않을 경우 국가가 관여할 수 있는 여지가 없었던 것이다. 법령에 의해 광역자치단체가 지도 감독권을 행사할 수는 있었으나 광역자치단체장이 지도 감독권을 행사하지 않을 때 국가로서 조치할 수 있는 권한이 법제화되지 않았던 것이다. 이는 법령의 미비사항으로 지적되었고, 개정 지방자치법은 우선 국가가 시 · 도지사에게 감독 · 통제할 것을 명하고, 시 · 도지사가 이를 이행하지 않을 경우, 국가가 직접 개입할 수 있도록 근거 조항을 마련하였다(지방자치법 제188조, 제189조, 제192조).

국가와 지방자치단체, 광역자치단체와 기초자치단체 간의 상하 관계뿐만 아니라, 지방과 지방 간의 수평적 관계에서도 협력과 갈등의 문제가 대두될 수 있다. 광역행정 체제를 구축하는 문제를 검토해보기로 한다.

2. 지방 간의 광역행정 체제

1) 사무의 협력과 위탁

우리나라의 경우, 지방자치단체는 다른 지방자치단체로부터 사무의 공동 처리에 관한 요청이나 사무 처리에 관한 협의·조정·승인 또는 지원의 요청이 있는 때에는 법령의 범위 안에서 이에 협력하여야 할 의무가 있다. 또한 지방자치단체 또는 그 장은 소관 사무의 일부를 다른 지방자치단체 또는 그 장에게 위탁하여 처리하게 할 수 있다. 이 경우 지방자치단체의 장은 사무위탁의 당사자가 시·도인 경우에는 행정안전부장관 및 관계 중앙행정기관의 장에게, 시·군 및 자치구인 경우에는 시·도지사에게 이를 보고하여야 한다.

2) 행정협의회

우리나라 지방자치법에는 두 개 이상의 지방자치단체에 관련된 사무의 일부를 공동으로 처리하기 위하여 관계 지방자치단체 간에 행정협의회를 구성할 수 있도록 하고 있다. 행정안전부장관 또는 시·도지사는 공익상 필요한 경우에는 관계 지방자치단체에 대하여 협의회의 구성을 권고할 수 있으며, 이를 통해 자치단체 간에 협의되지 않은 사항을 조정할 수 있다.

3) 지방자치단체조합

지방자치단체조합은 두 개 이상의 지방자치단체가 하나 또는 둘 이상의 사무를 공동으로 처리할 필요가 있을 때 설립한다. 지방사무의 공동 처리 필요가 인정될 때, 자치단체 간 상호 규약을 정하여 당해 지방의회의 의결을 거쳐, 시·도는 행정안전부장관의 승인을, 시·군 및 자치구는 시·도지사(특별시장, 광역시장, 도지사)의 승인을 받아 설립한다. 지방자치단체조합에 참여하는 시·군 및 자치구가 두 개 이상의 특별시·광역시·도에 걸쳐있는 경우는 행정안전부장관의 승인을 받아야 한다. 이외에도 지방공기업인 지방직영기업의 경영에 관한 사무를 광역적으로 처리하기 위하여 광역공기업으로 지방자치단체조합을 설립할 수 있다(지방공기업법 제44조).

4) 자치단체협의체

지방자치단체가 상호 공동 관심사를 협의하기 위하여 자치단체협의체를 구성하여 상호 협조하기도 한다. 우리나라의 경우, 광역단체장 협의회, 지방의회 의장단 협의회 등이 있다. 이러한 협의체를 통해 지방자치단체의 권익을 주장하고, 상호 간 공동 노력을 시도할 수 있다. 또한 관계 기관끼리 상호 친선 및 협력을 위해 자매 결연이나 공동 문제 처리를 위한 협력 체제를 구축할 수 있다.

3. 지방 간 분쟁 조정

1) 분쟁조정위원회의 조정

지방자치단체 상호 간이나 지방자치단체장 상호 간 사무를 처리할 때 분쟁이 생기면 행정안전부장관이나 광역단체장은 당사자의 신청에 따라 분쟁을 조정할 수 있다. 분쟁을 조정할 경우 관계 중앙행정기관의 장과 협의를 거쳐 행정안전부장관은 '지방자치단체 중앙분쟁조정위원회', 광역단체장은 '지방자치단체 지방분쟁조정위원회'의 의결에 따라 분쟁을 조정하여야 한다.

2) 헌법재판소의 분쟁 심판에 의한 조정

우리나라 헌법에 제111조에는 '국가기관 상호 간, 국가기관과 지방자치단체 간 및 지방자치단체 상호 간의 권한 분쟁에 관한 심판'에 관한 사항이 헌법재판소의 소관 사항으로 규정되어 있다(헌법 제111조 제1항 제4호). 헌법재판소법 제62조 제1항 제3호에는 지방자치단체 상호 간의 권한쟁의 심판의 종류를 특별시 · 광역시 · 특별자치시 · 도(특별자치도) 간의 권한쟁의 심판, 시 · 군 또는 자치구 상호 간의 권한쟁의 심판, 특별시 · 광역시 · 특별자치시 · 도(특별자치도)와 시 · 군 또는 자치구 간의 권한쟁의 심판으로 구분하고 있다.

본문요약

1. 정부 간 관계의 개념 변천: 연방주의(FED)-정부 간 관계(IGR)-정부 간 관리(IGM)

- 연방주의(Federalism): 전통적인 정부 간 관계론, 미국의 연방과 주정부, 주정부와 주정부 간의 상호 관계
- 정부 간 관계(Intergovernmental Relations: IGR): 1930년대 이후부터 등장한 개념, 연방주의의 대상 영역을 확장, 연방과 주정부뿐만 아니라 지방정부 간 상호 관계를 포함 모든 정부 단위의 상호 관계
- 정부 간 관리(Intergovernmental Management: IGM): 1970년대 이후 등장한 개념, 정부 간 정책이나 프로그램을 관리를 중심으로 행정적 능률성을 추구하는 상호 관계, 민간 영역도 포함됨

2. 정부 간 관계이론과 연구 대상

- 연방국가 모형: 라이트의 모형(조정-권위형, 포함-권위형, 중복-권위형)
- 단일국가 모형: 엘코크(대리인모형, 동반자모형, 지배인모형), 윌슨과 게임(대리인모형, 권력-의존모형, 지배인모형)

3. 우리나라의 정부 간 관계

- 중앙정부가 광역자치단체, 기초자치단체를 강력히 통제·감독하고, 광역자치단체가 기초자치단체를 다시 통제하는 수직적 통제모형이었으나, 민주화 분권화 추세에 맞추어 수평적 협력 모형으로 변화가 추진됨, 국가와 자치단체가 참여하는 중앙-지방 협력회의 설치
- 지방과 지방은 광역행정체제의 구축을 통한 협력적 관계 추구: 사무협력과 위탁, 행정협의회, 지방자치단체조합, 자치단체협의체
- 정부 간 분쟁 조정: 법원·헌법재판소·행정소송을 통한 사법적 조정, 분쟁조정위원회를 통한 조정

Chapter 07

지방선거

지방자치기관을 구성하는 선출직 공직자는 지방선거를 통해 선출된다. 선거를 통해 주민의 대표를 뽑고, 지방정부 구성의 정당성을 구성하며, 지방의 정책에 대한 주민의 최종 선택권을 행사한다. 여기서는 지방선거의 역사와 기초적 제도, 그리고 선거운동에 관련된 기본적인 유의 사항, 선거 결과 등을 검토해보았다.

제 1 절 한국 지방선거의 역사

지방자치법이 1949년 7월 4일 법률 제32호로 제정되어 처음으로 지방선거제도가 마련되었다. 법이 제정된지 불과 5개월도 안 되어 지방의회 의원 정수의 감소와 선거 실시 연기 등을 내용으로 하는 제1차 개정이 1949년 12월 15일 법률 제73호로 공포되었다. 이때 지방자치단체의 장(시 · 읍 · 면장)은 주민의 직접 선거에 의하여 선출되는 것이 아니고 지방의회에 의하여 간접 선거로 선출되도록 하였다. 또한 서울특별시장과 도지사는 대통령이 임명하도록 하였다. 그러나 1950년 6 · 25 한국전쟁이 발발하면서 지방선거는 제때 실시되지 못했다.

1. 지방선거의 시작과 중단

역사상 제1차 지방선거는 1952년 4월과 5월에 실시되었다. 이 시기는 한국전쟁(1950.6.25~1953.7.27)의 와중에서 실시된 것이다. 전쟁 중의 시기에 한강 이북의 미수복지구와 치안상태가 불안한 공비 침투지역을 제외한 전국의 시 · 읍 · 면에서 기초의회 의원(4월)과 광역의회 의원(5월)을 선출하였다. 이는 당시 이승만 대통령의 직선제 개헌안을 통과시키기 위한 국민 여론 동원의 수단으로 무리하게 실시된 것이었다.

1956년 8월 8일 제2차 지방선거에서는 시 · 읍 · 면장 과 시 · 읍 · 면 의회 의원을, 8월 13일에는 서울특별시 및 도의회 의원을 주민 직선에 의하여 선출하였다. 그동안 간선으로 선출하던 시 · 읍 · 면장을 주민 직선으로 선출하게 된 것이다.

1960년에 실시된 제3차 지방선거에서는 4 · 19 혁명의 영향으로 모든 단체장과 지방의원을 주민 직선으로 선출하게 되었다. 즉, 서울특별시 · 도의회 의원(12월 12일), 시 · 읍 · 면의회 의원(12월 19일), 시 · 읍 · 면장(12월 26일) 및 서울특별시장 · 도지사(12월 19일)를 모두 주민의 직접 선거에 의하여 선출한 것이다. 그러나 1961년 5 · 16 군사정변에 지방의회가 해산됨으로써 지방자치가 잠정 중단되었고, 1972년 유신헌법에서 통일 이후로 다시 연기되었다.

2. 지방선거의 부활과 현재

1980년 제5공화국 헌법 부칙에서 "지방의회는 지방자치단체의 재정자립도를 감안하여 순차적으로 구성하되 그 구성 시기를 법률로 정한다"라고 규정하고 1985년 1월 9일 대통령 국정연설을 통하여 지방자치제를 1987년 일부 지역에 실시할 것을 발표하였고, 1987년 6월 29일 이른바 민정당 노태우 대표의 6 · 29 선언에 의해서 지방자치 실시를 명문화하였다.

1988년 4월 지방자치법이 제정되었으나, 혼돈된 정치 상황 속에서 실시를 계속 미루어오다가, 1990년 12월 31일 지방자치법 개정에 의해 지방의회 의원선거는 1991년 6월

30일, 단체장 선거는 1992년 6월 30일까지 실시하기로 하였다.

1991년 3월 26일 구·시·군의회 의원 선거가 실시되어 260개 기초자치단체에 4,304명의 의원이 선출되었으며, 이어서 같은 해 6월 20일 시·도의회 의원 선거가 실시되어 12개 광역자치단체에 866명의 의원이 선출되었다. 지방자치가 부활의 꿈을 꾸기 시작한 것이다. 이때 단체장 선거는 이때에도 실시되지 못했다.

1995년 6월 27일에는 제1차 동시 지방선거로 지방자치단체장과 지방의회 의원을 주민 직선으로 모두 뽑게 되었다. 이때부터 완전한 민선자치 시대가 개막된 것이다. 이후 1998년 6월 4일 제2차, 2002년 6월 13일 제3차, 2006년 5월 31일 제4차, 2010년 6월 2일 제5차, 2014년 6월 4일 제6차, 2018년 6월 13일 제7차 동시 지방선거가 실시되었다.

1950년대에도 지방선거가 있기는 했지만 단절되었고 제대로 실시되지 못했으므로, 실질적으로 현대 한국의 지방자치는 1995년을 원년으로 볼 수 있다. 지금까지 우리나라에서 실시된 지방선거의 현황을 보면 [표 7-1]과 같다.

표 7-1 우리나라 역대 지방선거 실시 현황

횟 수	일 시	단체장 선거	지방의회 의원 선거	비 고
1차 선거	1952.4.25	시·읍·면장 의회 간선	시·읍·면 의원 선거	서울시장, 도지사 임명
	1952.5.10		도의원 선거	서울특별시, 경기도, 강원도, 전북 일부 지역(남원, 완주, 순창, 정읍) 제외
2차 선거	1956.8.8	시·읍·면장 선거	시·읍·면 의원 선거	시·읍·면장 주민 직선 서울시장·도지사 대통령 임명
	1956.8.13.		서울특별시·도의원 선거	경기도 연천군, 강원도 철원군·금화군·화천군·양구군·인제군·고성군·양양군, 선거가 연기된 옹진군 제외
3차 선거	1960.12.12		서울특별시·도의원 선거	주민 직선
	1960.12.19		시·읍·면의회 의원 선거	주민 직선
	1960.12.26	시·읍·면장 선거		주민 직선
	1960.12.29	서울특별시장·도지사 선거		주민 직선

<table>
<tr><td rowspan="2">4차
선거</td><td>1991.3.26</td><td></td><td>시·군·구의회 의원 선거</td><td>단체장 임명</td></tr>
<tr><td>1991.6.20</td><td></td><td>특별시·직할시·도의원
선거</td><td>단체장 임명</td></tr>
<tr><td>제1차
동시지
방선거</td><td>1995.6.27</td><td rowspan="4">-서울특별시장·
광역시장·도지사
선거
-시장·군수·구청
장 선거</td><td rowspan="4">-서울특별시·광역시·
도의원 선거
-시·군·자치구 의원 선거</td><td>임기 3년, 주민 직선</td></tr>
<tr><td>제2차
동시지
방선거</td><td>1998.6.4</td><td>임기 4년, 주민 직선</td></tr>
<tr><td>제3차
동시지
방선거</td><td>2002.6.13</td><td>임기 4년, 주민 직선</td></tr>
<tr><td>제4차
동시지
방선거</td><td>2006.5.31</td><td rowspan="4">-임기 4년, 주민 직선
-기초의원 정당 공천,
비례대표제 도입</td></tr>
<tr><td>제5차
동시지
방선거</td><td>2010.6.2</td><td>-서울특별시장·
광역시장·도지사·
제주특별자치도지
사 선거
-시장·군수·구청
장 선거</td><td>-서울특별시·광역시·도·
제주특별자치도 의원 선거
-시·군·자치구 의원 선거</td></tr>
<tr><td>제6차
동시지
방선거</td><td>2014.6.4</td><td rowspan="2">-서울특별시장·
광역시장·도지사·
제주특별자치도지
사·세종특별자치
시장 선거
-시장·군수·구청
장 선거</td><td rowspan="2">-서울특별시·광역시·도·
제주특별자치도·세종특
별자치시 의원 선거
-시·군·자치구 의원 선거</td></tr>
<tr><td>제7차
동시지
방선거</td><td>2018.6.13</td></tr>
</table>

제 2 절 지방선거의 기본 제도

1. 지방선거의 종류와 임기

지방자치단체를 구성하기 위한 지방선거의 종류는 네 가지가 있다. 광역자치단체장 선거와 광역의회의원 선거, 기초자치단체장 선거와 기초의회의원 선거가 그것이다. 이 외에도 지방 교육을 담당하는 교육자치의 영역에서 광역자치단체 단위로 교육감을 직선으로 선출한다. 교육자치 영역에서 선거는 제주특별자치도의 경우 교육감 이외에 교육의원을 주민 직접 선거로 선출한다.

광역의회와 기초의회에서는 지역구 의원과 함께 비례대표 의원도 선출한다. 비례대표는 후보자가 아니라 정당에 투표하여, 정당 득표율에 비례해 정당별로 의석을 배정하게 된다. 정당 투표 방식에 의한 비례대표제는 제4차 선거(2006년)에서 도입되었다.

임기는 모두 4년이다. 지방의원은 임기 4년에 연임 제한 규정이 없다. 지방자치단체장은 임기 4년에 3번까지만 연임 가능하며, 계속 재임 기간은 12년까지이다.

2. 선거구

선거구는 한 선거구에서 몇 명을 뽑느냐에 따라 소선거구, 중선거구, 대선거구로 나누어 볼 수 있다. 소선거구는 선거구 당 1인을 뽑는 제도이고, 중선거구는 2-3인을, 대선거구는 5인 이상을 뽑는 제도이다.

우리나라의 경우, 광역단체장(서울특별시장, 광역시장, 도지사)이나 기초단체장(시장, 군수, 자치구 구청장)은 모두 소선거구제에 의해 선출한다. 지방의원의 경우, 광역의회 의원은 선거구당 1인을 뽑는 소선거구제에 의해 선출하고, 기초의회 의원은 선거구당 2~3인을 뽑는 중선거구제를 통해서 선출한다. 지역구 선거와 함께 정당 명부에 의한 비례 의원도 동시에 선출한다. 이러한 정당별 투표의 결과 득표비율에 따라 광역의회 비례대표 의원과 기초의회 비례대표 의원을 선출한다.

3. 선거권과 피선거권

1) 선거권자(투표권자)의 자격

18세 이상의 국민으로 선거인 명부 작성 기준일 현재 당해 지방자치단체의 관할 구역 안에 주민등록이 되어 있는 사람, 영주권을 가진 재외국민 중 주민등록표에 3개월 이상 계속하여 올라 있고, 해당 지방자치단체의 관할 구역에 주민등록이 되어 있는 사람, 영주 체류 자격을 취득한 후 3년이 경과한 외국인으로서 지방자치단체 외국인 등록대장에 기재된 사람은, 그 구역에서 실시되는 지방의회 의원 및 지방자치단체장에 대한 선거권이 있다(공직선거법 제15조).

영주권을 가진 외국인은 대통령 선거나 국회의원 선거와 같은 전국선거에서는 투표권을 행사할 수 없지만, 지방선거나 주민투표에서는 투표권을 행사할 수 있다. 과거 외국인은 투표권이 전혀 없었으나 2005년 8월 공직선거법 개정으로 일정한 자격을 갖추고 등록된 외국인에게는 지방선거에서의 투표권을 인정하게 되었다.

참고 7-1 **사전 투표제도**

선거일에 투표를 할 수 없는 선거인이 누구든지 별도의 신고 없이 읍·면·동마다 설치된 사전투표소에서 선거일 전 5일부터 2일 간 투표할 수 있는 제도로서 2013년 상반기 재보궐 선거에서 최초로 도입되었다.

종래의 부재자 신고와 비교하면 사전 투표라는 점에서는 유사하다. 그러나 부재자 투표는 사전 신고가 필요하지만, 사전 투표는 사전 신고 없이 자신이 투표 가능한 날짜를 골라서 투표할 수 있다. 투표 당일 부득이 투표할 수 없는 유권자에게 주말이나 휴일 등을 활용하여 사전에 투표할 수 있는 기회를 부여하는 제도이다.

2) 피선거권자(후보자)의 자격

선거일 현재 계속하여 60일 이상 당해 지방자치단체의 관할 구역에 주민등록이 되어 있는 주민으로서 25세 이상의 국민은 지방자치단체장 선거와 지방의회 의원 선거에 출마할 수 있다(공직선거법 제16조 제3항). 참고로, 대통령은 5년 이상 국내에 거주한 40세 이상이 되어야 하고, 국회의원은 거주 기간 제한 없이 25세 이상이면 입후보할 수 있다. 영주 외국인은 주민이지만 국민이 아니므로 피선거권은 주어지지 않는다.

4. 기탁금

선거에 출마하고 싶은 사람은 다음의 기탁금을 내야 한다. 후보자의 난립을 막기 위한 장치라고 할 수 있다. 기탁금은 후보자가 일정 비율의 유효 득표를 획득하면 반환받을 수 있다. 광역단체장(특별시장, 광역시장, 도지사)은 5천만 원, 기초단체장(시장·군수·구청장)은 1천만 원, 광역의회 의원은 3백만 원, 기초의회 의원은 2백만 원을 기탁

표 7-2	선거후보자별 기탁금의 액수		
	구 분	기탁금	비 고
광역단체	서울특별시장 · 광역시장 · 도지사	5,000만 원	대통령 선거 3억 원, 국회의원 선거 1,500만 원
	서울특별시 · 광역시 · 도의회 의원	300만 원	
기초단체	시장 · 군수 · 구청장	1,000만 원	
	시 · 군 · 구 의회 의원	200만 원	

출처: 공직선거법 제56조.

해야 후보자로 등록할 수 있다([표 7-2] 참조).

이 기탁금은 후보자가 당선되거나 사망한 경우, 유효 투표 총수의 15% 이상을 득표한 경우 전액을 반환하며, 유효 투표의 10% 이상 15% 미만을 득표한 경우에는 기탁금의 절반을 반환한다. 비례대표의 경우, 당해 후보자 명부에 올라 있는 후보 중 당선인이 있을 때는 기탁금 전액을 반환한다(공직선거법 제57조).

5. 지역구 의원과 비례대표

지역의 의원 정수는 인구와 지역 대표성을 고려하여 결정하는데, 기초의회(시 · 군 · 자치구 의회) 의원의 최소 정수는 7명이며, 광역의회(특별시, 광역시, 도) 의원의 최소 정수는 19명이다.

광역의회의 지역구 의원 정수는 시 · 군 · 자치구 당 2명으로 하는데, 국회의원 선거구가 2개 이상인 경우는 국회의원 선거구를 단위로 하여 2명을 선출한다.[1] 지역구의 인구 규모가 매우 적거나 기타 사정이 있는 경우 인구 · 행정구역 · 지세 · 교통, 그 밖의 조건을 고려하여 100분의 14의 범위에서 광역의회 의원의 정수를 조정할 수 있다. 이 경우 자치구 · 시 · 군의 시 · 도의원 정수는 최소 1명으로 한다(공직선거법 제22조 제1항).

비례대표 의원 정수는 지역구 의원 정수의 100분의 10으로 하여 소수점 이하는 1로 본다. 예컨대, 53명이 의원 정수라면 100분의 10은 5.3인데 0.3을 1로 보아 6명이 비례대표 의원이 된다. 산정된 비례대표 광역의회 의원 정수가 3명 미만일 때에는 3명으로

1) 예를 들면, 전북 남원시는 1개의 선거구이므로 2명의 도의원이 있고, 전북 전주시는 3개의 국회의원 선거구가 있으므로, 각 선거구마다 2명씩 6명의 도의원이 존재하게 된다.

한다. 기초의회 비례대표의 경우, 산정된 의원 정수가 소수점 이하일 경우는 이를 1로 본다(공직선거법 제22조 제4항, 제23조 제3항).

제 3 절 지방선거 결과 분석

지방선거는 1950년대에도 실시되었지만 여기서는 생략하기로 하고, 1995년 이후 실시된 일곱 번의 지방선거(1995년 6월 27일, 1998년 6월 4일, 2002년 6월 13일, 2006년 5월 31일, 2010년 6월 2일, 2014년 6월 4일, 2018년 6월 13일)만을 분석하기로 한다. 선거 결과는 성별·연령별, 직업별, 학력별, 정당별로 분류하여 정리하였다.

1. 성별·연령별 분석

1) 단체장

역대 광역단체장과 기초단체장의 연령별 분포를 보면 대체적으로 광역이나 기초나 50대가 다수를 차지하고 있다. 그러나 광역단체장은 대부분 50대 이상이고 40대 이하는 거의 없는 반면, 기초단체장은 30~40대가 약 20% 정도를 점유하고 있어서 약간 구분된다. 기초자치단체장이 상대적으로 젊은 세대라고 할 수 있다. 성별 분포는 절대적 남성 우위를 보이고 있는 가운데, 기초단체장에 여성의 참여가 초기보다는 최근에 소수 늘어났음을 알 수 있다([표 7-3] 참조).

표 7-3 단체장 당선자의 성별·연령별 분포

(단위: 명)

선거 구분		성 별			연령별					
		합계	남	여	합계	30대 미만	30대	40대	50대	60대 이상
광역 단체장	1차	15	15	–	15	–	–	2	11	2
	2차	16	16	–	16	–	–	–	15	1

	3차	16	16	–	16	–	–	–	8	8
	4차	16	16	–	16	–	–	2	9	5
	5차	16	16	–	16	–	–	4	4	8
	6차	17	17	–	17	–	–	2	9	6
	7차	17	17	–	17	–	–	–	7	10
기초 단체장		합계	남	여	합계	30대 미만	30대	40대	50대	60대 이상
	1차	230	229	1	230	–	7	35	147	41
	2차	232	232	–	232	–	7	36	112	77
	3차	232	230	2	232	–	4	39	109	80
	4차	230	227	3	230	–	–	36	120	74
	5차	228	222	6	228	–	–	39	114	75
	6차	226	217	9	226	–	–	18	106	102
	7차	226	218	8	226	–	–	19	104	103

* 1차는 1995.6.27, 2차는 1998.6.4, 3차는 2002.6.13, 4차는 2006.5.31, 5차는 2010.6.2, 6차는 2014.6.4, 7차는 2018.6.13.
* 자료: 선거관리위원회 역대 선거정보시스템.

2) 지방의원

지방의원은 초기에는 50대가 가장 많았으나 40대도 상당수 진출하고 있다. 대체적으로 50대가 차지하는 비율이 점점 높아지고 있다. 상대적으로 단체장에 비해 40대의 점유율은 높은 편이다. 1, 2차는 50대가 근소한 차이로 우위를 점했으나 3, 4차 선거에서는 40대가 우위로 돌아서고 있다. 5차 선거 이후 현재까지 50대의 점유율이 40대의 두 배 이상으로, 압도적 우위를 점유하고 있다([표 7-4] 참조).

표 7-4 지방의원 당선자의 성별 · 연령별 분포

(단위: 명)

선거 구분			성 별			연령별					
			계	남	여	계	30대 미만	30대	40대	50대	60대 이상
광역 의원	1차	지역	875	862	13	875	9	136	300	357	73
		비례	95	53	42	95	–	9	24	41	21
	2차	지역	616	602	14	616	–	98	214	255	49
		비례	74	47	27	74	–	9	22	30	13

	3차	지역	609	595	14	609	–	46	256	222	85
		비례	73	24	49	73	1	9	23	28	12
	4차	지역	655	623	32	655	1	44	278	256	76
		비례	78	21	57	78	–	8	27	27	16
	5차	지역	680	625	55	680	1	31	282	282	85
		비례	81	23	58	81	–	8	34	30	9
	6차	지역	705	647	58	705	1	16	206	367	115
		비례	84	29	55	84	–	3	29	42	10
	7차	지역	737	639	38	737	1	32	177	375	152
		비례	87	25	62	87	4	9	22	46	6
기초 의원			계	남	여	계	30대 미만	30대	40대	50대	60대 이상
	1차		4,541	4,469	72	4,541	34	640	1,600	1,910	357
	2차		3,489	3,433	56	3,489	14	440	1,356	1,356	323
	3차		3,485	3,408	77	3,485	4	227	1,348	1,386	520
	4차	지역	2,513	2,403	110	2,513	6	165	1,061	996	285
		비례	375	48	327	375	5	33	134	143	60
	5차	지역	2,512	2,238	274	2,512	8	128	881	1,140	355
		비례	376	24	352	376	2	30	129	159	56
	6차	지역	2,519	2,150	369	2,519	6	82	619	1,358	454
		비례	379	16	363	379	2	17	100	205	55
	7차	지역	2,451	2,015	526	2,541	22	144	535	1,315	525
		비례	385	11	374	385	4	22	86	185	88

* 1차는 1995.6.27, 2차는 1998.6.4, 3차는 2002.6.13., 4차는 2006.5.31, 5차는 2010.6.2, 6차는 2014.6.4, 7차는 2018.6.13.
* 자료: 선거관리위원회 역대 선거정보시스템.

2. 직업별 분석

1) 단체장

광역단체장의 직업으로 가장 높은 비중은 차지하는 직업은 정치인이다. 여기서 정치인은 정당인, 지방자치단체의 선출직 공직자를 포함한다. 그 다음으로 많은 직업은 공무원이다. 고위직 일반 공무원으로 퇴직한 후 단체장에 도전하는 사례가 많기 때문이다.

기초자치단체의 경우도 단체장은 정치인의 경우가 많고 그 다음이 공무원이다. 기초자치단체장은 과거 단체장이 재선, 삼선되는 경우가 많은 데, 이들의 당선 시 직업을

표 7-5 단체장 당선자의 직업별 분포

(단위: 명)

직업별		계	정치인	농축산업	상업	광공업	운수업	수산업	건설업	언론인	금융업	약·의사	변호사	종교인	회사원	교육자	정보통신업	출판업	공무원	기타
광역	1차	15	10	-	-	-	-	-	-	-	-	-	1	-	-	1	-	-	-	3
	2차	16	8	-	-	-	-	-	-	-	-	-	-	-	-	-	-	-	8	-
	3차	16	15	-	-	-	-	-	-	-	-	-	-	-	-	-	-	-	-	1
	4차	16	6	-	-	-	-	-	-	-	-	-	1	-	-	1	-	-	6	2
	5차	16	6	-	-	-	-	-	-	-	-	-	1	-	-	1	-	-	8	-
	6차	17	13	-	-	-	-	-	-	-	-	-	-	-	-	-	-	-	4	-
	7차	17	8	-	-	-	-	-	-	-	-	-	1	-	-	1	-	-	4	3
기초	1차	230	82	24	14	2	-	3	4	-	-	6	5	-	1	4	-	2	7	76
	2차	232	32	4	5	1	-	1	-	-	1	-	1	-	6	2	-	-	152	27
	3차	232	177	5	3	2	-	1	2	-	3	4	2	-	3	7	-	-	-	23
	4차	230	80	1	6	-	2	-	3	-	1	-	1	-	1	7	-	-	89	39
	5차	228	85	3	1	-	1	2	3	-	1	1	3	-	3	9	-	-	72	44
	6차	226	89	6	1	-	-	-	2	-	-	-	1	-	-	6	-	-	91	30
	7차	226	117	3	2	-	-	-	-	-	1	1	6	-	-	6	-	-	54	56

* 1차는 1995.6.27. 2차는 1998.6.4. 3차는 2002.6.13. 4차는 2006.5.31. 5차는 2010.6.2. 6차는 2014.6.4. 7차는 2018.6.13.

* 자료: 선거관리위원회 역대 선거정보시스템.

공무원으로 분류하기보다는 정치인으로 분류하는 것이 타당할 것으로 보인다([표 7-5] 참조).

2) 지방의원

광역의회의 경우, 정치인 출신이 가장 많고, 그 다음으로 농축산업, 상업 등 생업에 종사하는 사람들이 차지하고 있다. 그 다음으로 많은 직업은 건설업이다.

기초의회의 경우, 초기에는 생업에 종사하는 농축산업, 상업 관련자들이 많고, 그 다음으로 건설업이 뒤따르고 있다. 그러나 최근에 가까워 올수록 정치인의 비중이 점점 높아지고 있다. 그 다음으로 농축산업, 상업, 건설업 등이 그 뒤를 잇고 있다([표 7-6] 참조).

표 7-6 지방의회 당선자의 직업별 분포

(단위: 명)

직업별			계	정치인	농축산업	상업	광공업	운수업	수산업	건설업	언론인	금융업	약·의사	변호사	종교인	회사원	교육자	정보통신업	출판업	공무원	기타
광역	1차	지역	875	226	113	122	29	16	15	62	–	–	40	5	1	31	5	–	4	7	199
		비례	95	39	3	5	–	3	–	4	–	–	5	–	–	4	5	–	1	–	26
	2차	지역	616	102	50	87	11	9	6	25	–	16	22	2	–	20	5	–	4	158	99
		비례	74	17	6	1	2	4	–	4	–	–	–	–	–	4	1	–	–	2	33
	3차	지역	609	250	47	64	7	8	4	35	2	12	12	1	0	19	14	6	3	–	125
		비례	73	26	1	4	–	2	–	1	–	–	4	–	–	3	1	–	–	–	31
	4차	지역	655	316	38	42	–	5	3	27	–	7	6	1	–	17	16	4	1	14	158
		비례	78	28	6	3	1	1	1	–	–	–	6	–	–	3	11	1	1	–	16
	5차	지역	680	346	32	29	–	3	4	22	1	4	6	–	–	18	16	1	5	4	189
		비례	81	25	–	5	1	0	0	1	0	2	2	–	–	4	4	–	–	–	37
	6차	지역	705	465	24	27	1	4	1	20	1	3	6	–	–	11	10	–	2	1	129
		비례	84	23	2	4	–	–	–	3	1	1	4	1	–	7	3	–	–	–	35
	7차	지역	737	414	27	25	2	2	1	10	1	0	4	6	–	24	15	–	–	4	202
		비례	87	21	–	2	–	–	–	1	–	–	3	–	–	11	4	–	–	–	45
기초	1차		4,541	322	1,044	1,029	133	67	61	336	–	–	95	1	1	188	10	–	20	12	1,222
	2차		3,489	141	718	611	55	37	36	229	–	77	35	–	–	114	8	–	11	782	635
	3차		3,485	875	718	524	20	24	45	230	2	84	20	1	–	132	21	16	7	–	766
	4차	지역	2,513	930	286	284	13	24	15	143	3	29	8	–	1	95	27	6	5	18	626
		비례	375	80	18	19	–	–	–	6	–	2	5	–	1	8	21	–	1	1	213
	5차	지역	2,512	1,203	227	162	8	10	16	83	4	14	10	–	0	72	25	8	2	5	663
		비례	376	86	20	21	1	–	–	3	–	1	1	–	1	11	13	–	–	–	218
	6차	지역	2,519	1,410	217	162	3	13	8	57	2	6	5	1	0	73	26	5	–	6	525
		비례	379	112	19	33	1	1	1	5	–	1	3	–	1	9	12	–	–	–	181
	7차	지역	2,541	1,295	176	166	2	5	10	62	–	11	1	3	–	71	27	3	1	3	705
		비례	385	104	19	16	–	1	–	2	–	1	1	2	–	4	19	1	–	–	205

* 1차는 1995.6.27, 2차는 1998.6.4, 3차는 2002.6.13, 4차는 2006.5.31, 5차는 2010.6.2, 6차는 2014.6.4, 7차는 2018.6.13.

* 정치인에는 지방의원 포함.

* 자료: 선거관리위원회 역대 선거정보시스템.

3. 정당별 분석

1) 단체장

광역단체장과 기초단체장은 지방선거의 경우라도 중앙정치권의 영향 하에 놓여 있고, 정당 공천이 가능하므로 시대적 상황에 따라 정당 간의 편차가 크게 나타나고 있다. 1995, 1998년 선거에서는 민자당과 민주당, 자민련이 정립하고 있는 양상 속에서 민자당과 민주당(국민회의)가 비슷한 분포를 보여주고 있다. 2002년 선거에서는 한나라당이 우세를 보이고 민주당과 자민련이 열세 속에서 3각 구도를 형성하다가 2006년에는 한나라당이 압도적 우세를 보이게 된다. 2006년 당시 집권 여당이던 열린우리당은 광역단체장 16석 중 1석, 기초단체장 230석에서 19명만을 당선시키는 참패를 당하고 말았으며, 새로운 신당에 흡수되어 2007년 8월 당의 간판을 내리고 말았다. 2010년 선거에서는 한나라당과 민주당이 비슷한 균형을 이루고 있다. 2014년에는 새누리당과 새정치민주연합이 대등한 경쟁을 펼쳤다. 대통령 탄핵 이후 집권한 문재인 정부에서 치러진 2018년 지방선거에서는 집권 여당인 더불어민주당이 압승을 거두었다([표 7-7] 참조).

표 7-7 단체장 정당별 당선자 분포

(단위: 명)

광역 단체장	1차	계	민주자유당	민주당	자민련		무소속
		15	5	4	4		2
	2차	계	한나라당	국민회의	자민련		
		16	6	6	4		
	3차	계	한나라당	민주당	자민련		
		16	11	4	1		
	4차	계	열린우리당	한나라당	민주당		무소속
		16	1	12	2		1
	5차	계	한나라당	민주당	자유선진당		무소속
		16	6	7	1		2
	6차	계	새누리당	새정치민주연합			
		17	8	9			
	7차	계	더불어민주당	자유한국당			무소속
		17	14	2			1

기초 단체장	1차	계	민주자유당	민주당	자민련		무소속
		230	70	84	23		53
	2차	계	한나라당	국민회의	자민련	국민신당	무소속
		232	74	84	29	1	44
	3차	계	한나라당	민주당	자민련	민노당	무소속
		232	140	44	16	2	30
	4차	계	열린우리당	한나라당	민주당	국민중심당	무소속
		230	19	155	20	7	29
	5차	계	한나라당	민주당	자유선진당	민주노동당	기타 · 무소속
		228	82	92	13	3	38
	6차	계	새누리당	새정치민주연합			무소속
		226	117	80			29
	7차	계	더불어민주당	자유한국당	민주평화당		무소속
		226	151	53	5		17

* 1차는 1995.6.27, 2차는 1998.6.4, 3차는 2002.6.13, 4차는 2006.5.31, 5차는 2010.6.2, 6차는 2014.6.4, 7차는 2018.6.13.

* 자료: 선거관리위원회 역대 선거정보시스템.

2) 지방의원

지방의회도 단체장과 유사한 중앙정치의 영향력 속에 놓이게 된다. 광역의회는 1차, 2차의 경우, 민자당과 민주당이 비슷한 분포를 보이다가, 3차, 4차에서는 여당인 한나라당이 독주하는 양상을 보이고 있다. 이후 새누리당과 새정치민주연합의 대결 구도로 가다가 대통령 탄핵 이후 치러진 선거에서 더불어민주당이 자유한국당을 제치고 압승하였다.

기초의회는 3차까지는 정당 추천을 못하게 하여 정당 구성 분포를 알 수 없었으나, 4차 선거부터는 정당 추천과 비례대표 선출이 가능하게 되었다([표 7-8] 참조).

표 7-8 지방의원 당선자 정당별 분포

(단위: 명)

광역의회	1차		계	민주자유당	민주당	자민련				무소속
		지역	875	286	352	86				151
		비례	95	49	38	8				-
	2차		계	한나라당	국민회의	자민련				무소속
		지역	616	224	271	82				39
		비례	74	29	32	13				-
	3차		계	한나라당	민주당	자민련	민노당	미래연합		무소속
		지역	609	431	121	29	2	-		26
		비례	73	36	22	4	9	2		-
	4차		계	열린우리당	한나라당	민주당	민주노동당	국민중심당		무소속
		지역	655	33	519	71	5	13		14
		비례	78	19	38	9	10	2		-
	5차		계	한나라당	민주당	자유선진당	민주노동당	진보신당		기타·무소속
		지역	680	252	328	38	18	3		41
		비례	81	36	32	3	6			4
	6차		계	새누리당	새정치민주연합	노동당	통합진보당			무소속
		지역	705	375	309	1	-			20
		비례	84	41	40	-	3			-
	7차		계	더불어민주당	자유한국당	바른미래당	민주평화당	정의당		무소속
		지역	737	605	113	1	1	1		16
		비례	87	47	24	4	2	10		-
기초의회	4차		계	열린우리당	한나라당	민주당	민주노동당	국민중심당		무소속
		지역	2,513	543	1,401	233	52	56		228
		비례	375	87	220	43	14	11		-
	5차		계	한나라당	민주당	자유선진당	민주노동당	진보신당		기타·무소속
		지역	2,512	1,087	871	95	90	22		347
		비례	376	160	154	22	25			15
	6차		계	새누리당	새정치민주연합	통합진보당	정의당	노동당		무소속
		지역	2,519	1,206	989	31	10	6		277
		비례	379	207	169	3	1	-		-
	7차		계	더불어민주당	자유한국당	바른미래당	민주평화당	정의당	민중당	무소속
		지역	2,541	1,400	876	19	46	17	11	172
		비례	385	238	133	2	3	9	-	-

* 1차는 1995.6.27, 2차는 1998.6.4, 3차는 2002.6.13, 4차는 2006.5.31, 5차는 2010.6.2, 6차는 2014.6.4, 7차는 2018.6.13.

* 기초의회는 3회까지는 정당 공천이 없었다. 따라서 4회(2006.5.31)부터 정당별 자료 존재.

* 자료: 선거관리위원회 역대 선거정보시스템.

본문요약

1. 지방선거의 역사

- 1차 선거(1952년): 한국전쟁 기간 중 시·읍·면의회 의원 선거(4.25), 도의회 의원 선거(5.10), 시·읍·면장은 지방의회에서 간접 선거로 선출, 서울시장·도지사는 대통령이 임명
- 2차 선거(1956년): 시·읍·면장 선거(주민 직선), 시·읍·면의회 의원 선거, 서울시·도의회 의원 선거, 서울시장·도지사 대통령 임명
- 3차 선거(1960년): 4·19 혁명 이후 1960년 12월 4차례에 걸쳐 시·읍·면장, 시·읍·면의회 의원, 서울시장·도지사, 서울시·도의회 의원을 모두 주민 직접 선거로 선출
- 4차 선거(1991년): 읍·면은 자치단체 지위 상실 군이 자치단체가 됨, 시·군·구의회 의원 선거, 특별시·직할시·도의회 의원 선거, 단체장 선거는 실시하지 않음
- 1차 동시지방선거(1995년): 시·군·구 단체장과 의원, 특별시·광역시·도 단체장과 의원을 주민 직선으로 뽑는 선거를 동시에 실시, 임기 3년, 실질적 민선 1기 단체장을 선출
- 이후 매 4년마다 2차, 3차, 4차, 5차, 6차, 7차 동시지방선거(1998년, 2002년, 2006년, 2010년, 2014년, 2018년, 2022년) 실시: 시·군·구 단체장과 의원, 특별시·광역시·도·특별자치시·특별자치도 단체장과 의원을 주민 직선으로 선출, 임기 4년, 2006년 지방의원 비례대표제 도입

2. 지방선거의 기본 제도

- 선거의 종류: 광역단체장 선거, 광역의회 의원 선거, 기초단체장 선거, 광역의회 의원 선거. 교육자치 영역에서 교육감 선거, 제주특별자치도의 교육의원 선거
- 임기: 단체장과 지방의원 임기는 각 4년, 단체장은 3년 연임(총 12년)만 가능, 지방의원은 연임 제한 없음
- 선거권(투표권): 18세 이상, 명부 작성일 기준 주민등록이 되어 있는 사람, 영주권을 가진 재외국민 중 주민등록표에 3개월 이상 계속하여 올라 있고, 해당 지방자치단체의 관할 구역에 주민등록이 되어 있는 사람, 국내 영주 자격 취득 후 3년이 경과한 외국인
- 피선거권(후보자): 선거일 현재 60일 이상 지방자치단체 구역에 주민등록이 되어 있는 25세 이상 국민

3. 선거 결과

- 성별·연령별: 광역단체장은 남성, 50대 중심, 기초단체장은 50대 중심이나 30~40대가 약 20% 존재, 지방의원은 50대와 40대가 반반이나 최근에는 50대가 늘어가고 있음

- 직업별: 정치인, 농축산업, 상업, 건설업 순, 단체장이나 광역의원의 경우 정치인 출신 비중이 높음
- 정당별: 1, 2차 선거는 여야가 상대적으로 균형을 이루었으나, 3, 4차는 야당인 한나라당이 우세, 5차 6차 선거는 야당인 민주당과 균형, 7차 선거는 여당인 더불어민주당의 압승

PART 02

지방자치 제도론

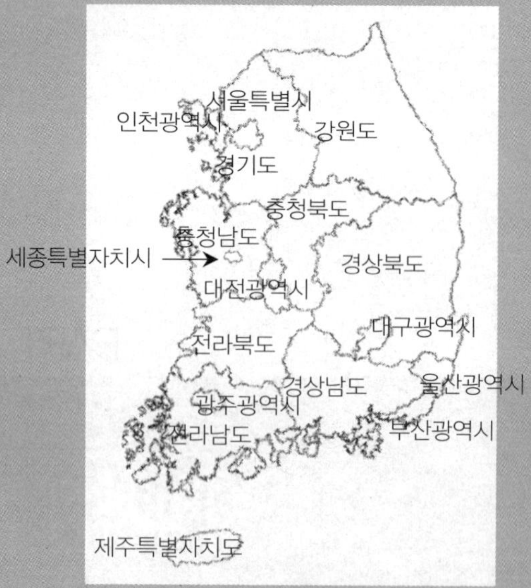

[우리나라 광역자치단체]

제2부에서는 지방자치의 기본 제도를 서술해 보기로 한다. 제도는 가장 넓은 의미로 법이나 관습, 문화까지 포함하는 개념으로 이해할 수 있지만, 여기서는 주로 법과 제도를 중심으로 검토하고자 하였다.

제8장에서는 지방자치의 법체계를 헌법, 법령, 조례, 규칙으로 구분하여 접근한다.

제9장에서는 지방자치단체의 개념과 종류, 우리나라 지방자치단체의 기본 현황을 검토한다.

제10장에서는 지방자치단체의 구역과 계층, 지방행정 체제 개편의 문제를 논의한다.

제11장에서는 지방자치단체의 주민과 참여의 문제를 다룬다.

제12장에서는 지방자치단체의 자치권과 국가통제 문제를 검토한다.

제13장에서는 지방자치단체의 사무를 지방의 고유사무와 단체위임사무, 기관위임사무로 구분하여 검토한다.

제14장에서는 지방자치단체의 기관 구성 형태를 살펴본다.

제15장에서는 지방의회의 조직과 구조, 기타 기능을 설명한다.

제16장에서는 지방자치단체장을 중심으로 한 집행기관의 구성과 기능을 설명한다.

제17장에서는 지방교육자치와 지방경찰자치 문제를 검토한다.

독자들은 제2부의 내용을 통해 우리나라 지방자치의 기본 구조를 이해할 수 있을 것이다.

Chapter 08

지방자치의 법체계

지방자치 관련 기본 제도를 이해하기 위해서는, 먼저 지방자치 관련 법체계와 그 구성 내용을 알 수 있어야 한다. 법의 존재 형식은 크게 성문법과 불문법의 두 가지 유형으로 구분할 수 있다. 성문법(成文法)은 공식화된 법전이 존재하는 것이고, 불문법(不文法)은 공식적인 통일 법전이 없이 판례와 관습 조리들을 모아 법체계를 형성한 것이다. 대체적으로 영미법 계통은 불문법, 대륙법 계통은 성문법 체계를 채택하고 있다.

한국은 성문법 국가로 독일, 일본과 유사하게 헌법, 법률, 명령, 자치법규의 정비된 법체계를 가지고 있다. 관습, 판례, 조리 등과 같은 불문법적 요소는 보충적으로 적용된다. 따라서 우리나라 지방자치 관련 법은 헌법, 지방자치법, 관련 법률, 법규명령(시행령, 시행규칙), 자치법규(조례 · 규칙)를 기본으로 판례, 관습, 조리 등이 보충하는 형식으로 구성되어 있다.

헌법(憲法)은 국가의 모든 법의 근본 규범이 되는 것으로, 법 중의 법이다. 따라서 지방자치에 관련된 최고의 기본법은 헌법이라고 할 수 있다. 헌법 아래에 존재하는 지방자치의 기본법으로 지방자치법이 있다. 그리고 지방자치법을 바탕으로 관련된 법률과 법규명령(시행령 · 시행규칙)이 있다. 지방자치단체에서 제정하는 자치법규로서는 조례와 규칙이 있다. 조례는 지방의회를 거쳐 제정하는 지방자치단체의 법규범이고, 규칙은 지방자치단체장이 제정하는 법규범이다.

표 8-1 지방자치의 법체계

성문법	불문법
헌법 | 법령: 지방자치법과 관련 법령 | 자치법규: 조례와 규칙(훈령 · 지시 · 예규 등 포함)	관습 · 판례 · 조리

제 1 절 헌 법

1. 헌법의 지방자치 규정

헌법에는 대체적으로 국민의 자유권, 평등권, 인격권, 행복권, 지방자치권과 같은 기본권을 규정하고 있다. 대부분의 국가에서는 지방자치권을 헌법이 보장하는 국민의 기본권으로 인정하고 있다. 그러나 헌법적 권리로서 보장하는 지방자치권의 내용은 국가마다 매우 다르다. 대한민국 헌법에도 지방자치 관련 규정이 있지만, 상대적으로 허술한 면이 있어 자치분권형 헌법으로 개정 필요성이 제기되기도 하였다.1)

1) 외국 헌법의 지방자치 규정

세계 여러 나라는 국가 헌법을 통해 다양한 지방자치 규정을 두고 있는데, 그 내용은

1) 문재인 정부 출범(2017년 5월) 이후 헌법 개정에 관한 구체적 논의가 집중적으로 이루어졌다. 국회에서는 헌법 개정을 위한 특별위원회가 만들어지기도 하였다. 이 당시 헌법 개정안의 주요 내용은 대통령 임기를 5년 단임제에서 4년 중임제로 바꾸는 것과 지방정부의 권한을 강화하는 자치분권형 헌법을 만드는 것이었다. 정부는 헌법 개정을 강하게 추진하였지만, 2018년 6월 지방선거 시기와 맞물리면서 결국 무산되었다. 이 당시 제기되었던 자치분권형 헌법 개정의 논의는 이후 지방자치법 개정안에 반영되었고, 2021년 1월 전면적으로 개정된 자치 분권형 지방자치법이 제정되었다.

국가마다 매우 상이하다.

일단 영국은 전형적인 불문법 국가로서 성문화된 헌법이 존재하지 않는다. 따라서 성문헌법에 규정된 지방자치 규정은 없고 지방자치는 일반 개별 법령에 의해 운영된다. 미국이나 독일의 연방헌법에는 연방정부와 주정부와의 관계나 구조는 상세하게 서술하고 있지만, 지방정부나 지방자치에 관련된 규정은 존재하지 않는다. 이런 나라의 경우, 지방자치 규정은 주정부 헌법에만 존재한다. 연방제 국가는 연방정부-주정부-지방정부의 3단계 정부구조를 가지고 있기 때문이다.

국가의 헌법에 지방자치 규정이 존재하는 나라는 프랑스, 일본, 중국, 한국과 같은 단방제(單邦制) 국가이다. 단방제(단일제) 국가는 국가(중앙정부)와 지방정부의 2단계 정부 체계만 존재하므로, 국가의 헌법에 지방자치 규정이 존재하게 된다. 단방제 국가 중 헌법에 지방자치 관련 규정을 상세히 서술하고 있는 대표적인 나라는 프랑스라고 할 수 있다. 프랑스는 헌법 제1조와 본문 제12장에 지방정부 관련한 상세 규정을 두고 있다. 특히 프랑스 헌법의 제1조는 프랑스가 지방분권 국가를 지향한다는 선언적 규정을 담고 있다.[2)]

중국(중화인민공화국) 역시 헌법에 아주 구체적이고 상세한 지방자치 규정을 가지고 있다. 중국 헌법 제3장(국가기구) 제5절에는 중국의 지방제도를 17개 조항에 걸쳐 상세히 서술하고 있고, 제6절에서는 민족자치제도를 11개 조항으로 규정하고 있다. 중국은 소수 민족의 자치권을 보장하는 민족자치라는 개념을 도입하고 있는데, 이를 위해 독립된 절에서 민족자치를 다루고 있는 것이다. 중국 헌법은 본문이 총 138개 조로 구성되어 있는데, 그 중 지방자치 관련 조항이 28개나 된다.

일본이나 한국의 지방자치 관련 헌법 규정은 상대적으로 매우 적은 편이다. 일본 헌법은 총 130개 조항 중 4개 조항을,[3)] 한국 헌법은 총 130조 중 2개의 조항만을 지방자

---

2) '프랑스 헌법' 제1조 ①항: 프랑스는 불가분적, 비종교적, 민주적, 사회적 공화국이다. 프랑스는 출신, 인종 또는 종교에 따른 차별 없이 모든 시민이 법 앞에서 평등함을 보장한다. 프랑스는 모든 신념을 존중한다. 프랑스는 지방분권화된 조직을 갖는다.

3) '일본 헌법' 제92조: 지방공공단체의 조직 및 운영에 관한 사항은 지방자치의 취지에 따라 법률로 정한다. 제93조: ① 지방공공단체에는 법률이 정하는 바에 따라 의사기관으로서 의회를 설치한다. ② 지방공공단체의 장, 의회 의원 및 법률이 정하는 그 밖의 공무원은 지방공공단체의 주민이 직접 선거로 선출한다. 제94조: 지방공공단체는 재산을 관리하고 사무를 처리하며 행정을 집행할 권한을 가지고, 법률의 범위 내에서 조례를 제정할 수 있다. 제95조: 국회는 법률이 정하는 바에 따라 그 지방공공단체의 주민투표에서 과반수의 동의를 얻지 못하면 특정 지방공공단체에만 적용되는 특별법을 제정하지 못한다.

치 관련 규정으로 서술하고 있다.

2) 대한민국 헌법의 지방자치 규정

국가의 근본 규범인 헌법의 규정에 따라 대한민국의 지방자치는 존재하는 것이므로, 지방자치는 헌법이 제도적으로 보장하고 있는 기본권이며 헌법적 제도라고 할 수 있다. 따라서 지방자치단체나 지방의회의 존재나 지위는 헌법 개정을 하지 않는 한 일반 법률로 그 존폐를 논할 수 없다.

그러나 대한민국 헌법의 지방자치 관련 규정은 다른 나라와 비교하면 상대적으로 적다. 대한민국 헌법(憲法)은 총 10장 130조로 구성되어 있는데, 이 중 헌법 제8장 제117조와 제118조의 단 2개 조항이 지방자치에 관련된 규정이다. 대부분의 구체적인 사항은 따로 법률을 만들어 운영하도록 되어 있다([표 8-2] 참조).

표 8-2 대한민국 헌법의 지방자치 관련 조문

헌법 조문	내 용
제117조	① 지방자치단체는 주민의 복리에 관한 사무를 처리하고 재산을 관리하며, 법령의 범위 안에서 자치에 관한 규정을 제정할 수 있다. ② 지방자치단체의 종류는 법률로 정한다.
제118조	① 지방자치단체에 의회를 둔다. ② 지방의회의 조직·권한·의원선거와 지방자치단체의 장의 선임 방법 기타 지방자치단체의 조직과 운영에 관한 사항은 법률로 정한다.

2. 대한민국 헌법에서 지방자치 규정의 변천

우리나라 최초의 헌법은 1948년 7월 17일 제정되었다. 대한민국 헌법 제96조와 제97조에 지방자치에 관련된 조항이 만들어졌다. 헌법 제96조는 지방자치단체의 구성에 관련 내용을, 제97조는 지방의회에 관한 내용을 규정하고 있다.

이후 1960년 6월 15일 3차 개정 헌법 제97조 제2항에 시·읍·면장을 직접 선거해야 한다는 새로운 조항을 추가하였다. 이승만 정부는 1958년 12월 지방자치법을 개정하여 원래 선출직이던 기초자치단체장을 전부 임명제로 전환하였다. 1960년 4·19 혁명으로 민주당 장면 정권이 집권하면서 임명제로 전환하였던 기초단체장을 반드시 주민 직선으로 선출해야 한다고 규정하게 된 것이다.

1962년 5 · 16 군사정변 이후, 동년 12월 26일 제정된 5차 개정 헌법에서는 장면 정부에서 삽입한 시 · 읍 · 면장 주민 직접 선거 조항을 삭제하였다. 그리고 헌법 부칙 제7조 제3항에는 "헌법에 의한 최초의 지방의회의 구성 시기에 관하여는 법률로 정한다"고 규정하였다. 당시 군정 포고령에 의해 지방의회는 해산되었지만, 헌법 본문에는 "지방자치단체에 지방의회를 둔다"라는 조항이 있었다. 따라서 당시 헌법에 따라 지방의회를 폐지할 수 없었다. 당시 군사정권은 지방의회를 구성할 생각이 없었으므로, 헌법의 부칙에 지방의회의 구성 시기는 따로 법률로 정한다고 규정한 것이다.

이후 1972년 10월 이른바 유신에 의한 7차 개정 헌법 부칙에는 "지방의회는 조국 통일 시까지 구성하지 아니 한다"라고 새롭게 규정하여, 한국의 지방자치는 한반도의 통일 이후로 미루어졌다. 이러한 선언은 사실상 정부 차원에서는 지방자치를 실시할 의사가 없음을 선언한 것이라고 할 수 있다. 이후 한국의 지방자치는 소멸하고 말았다.

1979년 10월 이후 유신 정부가 무너졌다. 이후 개정된 1980년 10월 27일 8차 헌법 부칙에는 지방자치는 재정자립도를 감안 순차적으로 구성한다고 규정하였다. 헌법 부칙의 개정을 통해 그나마 지방자치의 실시 가능성을 열어 놓았던 것이다. 그러나 당시 지방은 인적 재정적 자치역량이 미약하였고, 이러한 상황은 지방자치 실시를 반대하는 근거로 작동하였다.

이후 1987년 10월 29일 9차 개정 헌법에서 부칙의 지방자치 관련 단서 조항을 모두 삭제하였다. 이후 1988년 5월 1일 새롭게 부활한 지방자치법이 통과되었다. 당시 부칙에는 1년 이내에 지방의회를 구성하도록 하였으나 계속 미루어졌다.

이후 지방자치 실시는 여러 차례 연기되다가, 1991년 결국 지방의회를 먼저 구성하게 되었고, 1995년에 지방자치단체장과 지방의원을 모두 주민이 직접 선출하게 되었다. 우리나라 지방자치는 1950년대에도 실시되었지만 이는 도입 및 실험기였다. 따라서 1995년을 실질적인 우리나라 현대 지방자치의 원년으로 보기도 한다. 1995년 동시 지방선거를 민선 1기의 지방선거라는 부르기도 하는 것이다. 우리나라 헌법의 지방자치 규정 변천 사항을 정리하면 [표 8-3]과 같다.

표 8-3 헌법의 지방자치법 관련 조항 변천

헌 법	본문 내용	부 칙
제헌헌법 (1948.7.17) 1차 개정 (1952.7.17) 2차 개정 (1954.11.29)	**제8장 지방자치** 제96조 ① 지방자치단체는 법령의 범위 내에서 그 자치에 관한 행정사무와 국가가 위임한 행정사무를 처리하며 재산을 관리한다. ② 지방자치단체는 법령의 범위 내에서 자치에 관한 규정을 제정할 수 있다. 제97조 ① 지방자치단체의 조직과 운영에 관한 사항은 법률로써 정한다. ② 지방자치단체에는 각각 의회를 둔다. ③ 지방의회의 조직, 권한과 의원의 선거는 법률로써 정한다.	없음
3차 개정 (1960.6.15) 4차 개정 (1960.11.29)	**제11장 지방자치** 제96조 ① 지방자치단체는 법령의 범위 내에서 그 자치에 관한 행정사무와 국가가 위임한 행정사무를 처리하며 재산을 관리한다. ② 지방자치단체는 법령의 범위 내에서 자치에 관한 규정을 제정할 수 있다. 제97조 ① 지방자치단체의 조직과 운영에 관한 사항은 법률로써 정한다. ② 지방자치단체의 장의 선임 방법은 법률로써 정하되 적어도 시, 읍, 면의 장은 그 주민이 직접 이를 선거한다.〈신설 1960.6.15〉 ③ 지방자치단체에는 각각 의회를 둔다. ④ 지방의회의 조직, 권한과 의원의 선거는 법률로써 정한다.	없음
5차 개정 (1962.12.26) 6차 개정 (1969.10.21)	**제3장 통치기구 제5절 지방자치** 제109조 ① 지방자치단체는 주민의 복리에 관한 사무를 처리하고 재산을 관리하며 법령의 범위 안에서 자치에 관한 규정을 제정할 수 있다. ② 지방자치단체의 종류는 법률로 정한다. 제110조 ① 지방자치단체에는 의회를 둔다. ② 지방의회의 조직・권한・의원선거와 지방자치단체의 장의 선임 방법, 기타 지방자치단체의 조직과 운영에 관한 사항은 법률로 정한다.	부칙 제7조 제3항 이 헌법에 의한 최초의 지방의회의 구성시기에 관하여는 법률로 정한다.
7차 개정 (1972.12.27)	**제10장 지방자치** 제114조 ① 지방자치단체는 주민의 복리에 관한 사무를 처리하고 재산을 관리하며 법령의 범위 안에서 자치에 관한 규정을 제정할 수 있다. ② 지방자치단체의 종류는 법률로 정한다. 제115조 ① 지방자치단체에는 의회를 둔다. ② 지방의회의 조직・권한・의원선거와 지방자치단체의 장의 선임 방법, 기타 지방자치단체의 조직과 운영에 관한 사항은 법률로 정한다.	부칙 제10조 이 헌법에 의한 지방의회는 조국통일이 이루어질 때까지 구성하지 아니한다.
8차 개정 (1980.10.27)	**제8장 지방자치** 제118조 ① 지방자치단체는 주민의 복리에 관한 사무를 처리하고 재산을 관리하며, 법령의 범위 안에서 자치에 관한 규정을 제정할 수 있다. ② 지방자치단체의 종류는 법률로 정한다. 제119조 ① 지방자치단체에 의회를 둔다. ② 지방의회의 조직・권한・의원선거와 지방자치단체의 장의 선임 방법, 기타 지방자치단체의 조직과 운영에 관한 사항은 법률로 정한다.	부칙 제10조 이 헌법에 의한 지방의회는 지방자치단체의 재정자립도를 감안하여 순차적으로 구성하되, 그 구성 시기는 법률로 정한다.

9차 개정 (1987.10.29)	**제8장 지방자치** 제117조 ① 지방자치단체는 주민의 복리에 관한 사무를 처리하고 재산을 관리하며, 법령의 범위 안에서 자치에 관한 규정을 제정할 수 있다.② 지방자치단체의 종류는 법률로 정한다. 제118조 ① 지방자치단체에 의회를 둔다. ② 지방의회의 조직・권한・의원선거와 지방자치단체의 장의 선임 방법, 기타 지방자치단체의 조직과 운영에 관한 사항은 법률로 정한다.	없음(삭제)

제 2 절 지방자치법

헌법에 근거하여 제정된 법규범이 법령이라고 할 수 있다. 법령은 법률(法律)과 명령(命令)으로 구성된다. 법률은 국회를 통과한 법규범으로 국회에서 제정한다. 명령은 법률에서 위임한 내용에 따라 행정부에서 제정하는 행정입법이다. 명령에는 시행령(대통령령), 시행규칙(총리령, 부령)이 있다.

헌법의 위임에 따라 지방자치의 구체적 내용을 규정한 법률이 지방자치법이다. 지방자치법은 지방자치의 근본법이요 기본법이라고 할 수 있다. 이러한 지방자치법의 위임에 따라서 행정부에서 정한 명령은 지방자치법 시행령, 지방자치법 시행규칙의 형태로 존재한다. 여기서는 지방자치법의 발전단계를 3단계로 나누어 접근한다. 첫 번째 단계는 지방자치의 도입 및 실험기로 1950년대와 1960년대의 시기이다. 이 시기는 지방자치를 도입했지만, 정착시키지 못하고, 1961년 5・16 이후 지방자치의 소멸을 경험한 시기이다. 두 번째 단계는 지방자치의 부활과 성장기이다. 민주화 이후 1988년 새롭게 지방자치법이 제정되고, 1990년대부터 실질적으로 지방자치가 도입되고 성장・발전해 나가던 1990~2010년대에 걸친 시기이다. 세 번째 단계는 2021년 이후 성숙하고 완성된 지방자치의 미래를 준비하는 시기이다. 2021년 1월 분권형 지방자치법이 제정되면서 지방자치가 훨씬 성숙해 나갈 수 있는 터전을 마련한 시기라고 볼 수 있는 것이다.

참고 8-1 법, 법률, 명령, 법령, 자치법규의 개념 구분

법, 법률, 명령, 법령, 자치법규는 법의 범주에 포함되는 개념이지만, 실제 내용은 구분된다.

- 법(法)은 가장 포괄적인 개념으로 헌법, 법률, 법령, 명령, 규칙, 자치법규, 국제법, 판례법 등 모든 법적 규범을 포함하고 있는 종합적 개념이다.
- 법률(法律)은 헌법에 기초하여 국회에서 제정되는 법이다. 헌법은 국가의 근본 규범으로 법률이라고 부르지는 않는다. 예컨대, 지방자치법, 민법, 형법, 상법, 형사소송법, 민사소송법 등이 법률이다.
- 명령(命令)은 국회를 통과하지 않고 법률의 위임에 따라 행정부에서 만든 법규범이다. 시행령(대통령령), 시행규칙(총리령, 부령)이 있다. 명령도 법이므로 강제적 구속력이 있다. 이외에도 조직 내부에 적용되는 행정규칙인 훈령, 규칙 등도 넓은 의미의 명령에 포함시킬 수 있다.
- 법령(法令)은 법률과 명령을 합한 개념이다. 법령은 국회에서 제정한 법률과 행정부에서 제정한 명령(시행령, 시행규칙)을 포함한다. 따라서 법령은 법률보다는 훨씬 더 넓은 법규범을 포함한다. 예컨대, 법(지방자치법)+명령(지방자치법 시행령+지방자치법 시행규칙)을 합한 개념이 법령의 개념이다.
- 자치법규(自治法規)는 지방자치단체에 적용되는 지방의 법이다. 조례와 규칙이 있다. 조례는 지방의회를 통과해서 제정되는 지방의 법이고, 규칙은 지방자치단체장이 규정하는 지역의 법이다.

1. 1950년대 지방자치법: 지방자치의 도입 및 실험기

이 시기는 정부수립 이후 지방자치를 도입하고 실험적으로 적용하던 시기로 제대로 지방자치를 도입했지만 제대로 실시하지 못한 시기라고 할 수 있다. 시기적으로 이승만의 제1공화국과, 장면의 제2공화국, 5·16 군사정부의 시기라고 할 수 있다.

1) 1947년 7월 4일 최초의 지방자치법: 제1공화국

1948년 7월 17일 대한민국 제헌헌법이 제정되었고, 이듬해인 1949년 7월 4일 법률 제32호로 우리나라 최초의 지방자치법이 제정되었다. 이때의 지방자치법은 총 7장 156조, 부칙 4조로 구성되었다.

제1장은 총강으로 총칙과 조례·규칙에 관한 내용을 두었다. 제1절은 총칙을 규정하였고, 제2조에는 지방자치단체의 종류를 지정하였다. 지방자치단체의 종류는 광역자치

단체로 도와 서울특별시를 기초자치단체로는 시 · 읍 · 면을 규정하였다. 도와 서울특별시는 정부의 직할 하에 시 · 읍 · 면은 도지사의 직할 하에 두었다. 제2절은 조례와 규칙에 관한 규정을 두었다.

제2장은 지방의회를 두었는데 조직, 권한, 소집과 회기, 의장 · 부의장 l 서기, 위원회, 회의, 청원, 의원과 사직과 자격심사, 질서, 징계에 관한 내용을 두었다. 지방의원은 명예직(제16조) 규정하였으며, 임기는 4년(제17조)으로 하였다. 의장과 부의장의 임기는 의원 임기와 동일하게 규정하고 있었으므로(제25조), 의장과 부의장의 임기가 4년이었다.

제3장은 지방선거에 관련된 내용으로 선거권 · 피선거권, 선거구와 투표구, 선거인명부, 선거위원회, 의원후보자와 선거운동, 선거 방법과 당선인, 재선거와 보궐선거, 선거에 관한 쟁송, 벌칙으로 구성되어 있다. 선거권은 만 21세에 달하며, 특이한 사항은 6개월 이내 동일자치단체의 구역 내에 주소를 두고 있어야만 선거권을 가질 수 있었다(제52조).

제4장은 지방자치단체의 장, 보조기관, 지방자치단체의 행정기구, 지방의회와의 관계를 규정하고 있다. 도지사와 서울특별시장은 대통령이 임명하고, 시 · 읍 · 면장은 지방의회에서 무기명 투표로 선출하였다. 지방의회는 단체장을 불신임할 수 있었는데, 재적의원 3분의 2 이상의 출석과 출석의원 3분의 2 이상의 찬성이 있어야 했다. 지방의회의 불신임이 있는 경우, 단체장은 10일 이내에 의회를 해산할 수 있는데, 도지사 · 특별시장은 대통령의 시 · 읍 · 면장은 도지사의 허가를 얻어야 의회를 해산할 수 있었다.

제5장은 재무에 관한 내용을 규정하고 있다. 제6장은 군 · 구 · 동리 · 서에 관한 규정을 두고 있다. 여기서 서는 경찰서 · 소방서를 의미하는데, 시 · 구 · 군에 경찰서를, 대통령이 정하는 시 · 구 · 읍에 소방서를 두도록 하였다. 특이한 것은 동장과 이장을 선거로 뽑게 되어 있었다는 점이다. 당시 동 · 리장의 임기는 2년이었다(제146조). 이 조항은 후에 모든 단체장이 임명제로 변했던 1958년 삭제되었다가 1960년 다시 살아났었는데, 1961년 임시조치법 이후 사라졌다.

제7장은 소청에 관한 규정을 두고 있는데(제153조~제156조) 주민 100인 이상의 연서로 도와 서울특별시는 대통령, 시 · 읍 · 면에서는 제1차로 도지사, 제2차로 대통령에 소청할 수 있도록 직접 청구권을 규정하고 있다. 이러한 주민 연서에 의한 직접 청구권은 1960년 11월 장면 민주당 정부에 의한 개정 지방자치법까지 존속하다가, 1988년 4월 6일 만든 새 지방자치법에서 삭제되었다. 이 조항은 이후 1999년 주민감사 청구권

으로 부활하였다.

2) 1956년 2월 13일 개정 지방자치법

개정 지방자치법은 총 9장 162조로 2장 8조가 추가되었다. 이때 제8장에 시·읍·면 조합, 제9장에 보칙 조항이 추가되었다. 자치단체 종류는 특별시와 도, 그리고 시·읍·면으로 동일하였다.

단체장의 경우, 시·읍·면장 지방의회 간선제를 주민 직선제로 바꾸고, 임기를 3년으로 단축하였다. 특별시장·도지사는 예전처럼 대통령이 임명하였고, 따로 임기 규정은 없었다. 시·읍·면 지방의회 의원의 임기도 3년으로 단축하였고, 지방의회의 단체장 불신임결의안 폐지, 단체장의 의회해산권을 폐지하였다.

1956년 7월에 다시 지방자치법이 그동안 서울시 이외의 지역에서 구청장을 도지사가 임명했으나, 법개정으로 도지사가 아닌 시장이 임명하게 되었다. 1958년 12월에는 시·읍·면장 직선제를 폐지하고 임명제로 전환하였다. 시·읍·면 의원 임기는 다시 4년으로 다시 연장하였다. 동·리장 선거제 역시 폐지하고 임명제로 전환하였다.

3) 1960년 11월 1일 지방자치법: 제2공화국

1960년 4·19 이후 이승만의 자유당 정부가 붕괴하고, 1960년 8월 12일 윤보선 대통령, 장면 총리의 제2공화국이 출범하였다. 이해 1960년 11월 1일 지방자치법을 개정되었고, 12월에는 이법에 따라 단체장과 지방의회를 구성하는 지방선거를 실시하였다.

지방자치법 전체 조항은 9장 162조로 전과 동일하였고, 자치단체 종류도 서울특별시·도, 시·읍·면으로 역시 동일하였다. 지방단체장 선임 방식이 대대적으로 정비되었는데, 지방자치단체장, 광역·기초 단체장을 모두 주민 직선으로 선출하도록 하였다. 임기는 모두 4년이었다. 선거권은 종래 21세에서 20세로, 피선거권은 특별시장 도지사는 30세 이상, 시·읍·면장은 25세 이상으로 하였다. 지방의회 구성 역시 주민 직선으로 임기 4년이었고, 선거권은 20세, 피선거권은 25세 이상으로 하였다. 동·리장도 주민 직선으로 하고 임기는 2년으로 하였다.

그러나 이 법은 1961년 5·16 군사정변에 의한 군사정부의 등장으로 폐기되었다.

4) 1961년 9월 1일 지방자치에 관한 임시조치법

지방자치에 관한 임시조치법은 1961년 발생한 5 · 16 군사정변에 의해 지방자치법이 정지되면서 준비된 대체 입법이다. 1961년 9월 1일 법률 제707호로 공포된, 단 12조의 짧은 법률이었다. 임시조치법에서는 광역자치단체를 서울특별시와 도로, 기초자치단체는 시와 군으로 정하였다. 광역자치단체는 종래와 동일하지만, 기초자치단체인 읍 · 면(邑 · 面)은 군(郡)으로 대체했다. 이 법에 의해 읍과 면은 자치단체로서의 지위를 상실하게 되었다. 지방의회는 해산되었고, 단체장의 임명제가 확립되었다. 이러한 임시조치법은 1988년 5월 새로운 지방자치법이 제정됨으로써 폐지되었다.

2. 1990~2010년대의 지방자치법: 지방자치의 부활 및 성장기

이 시기는 이 땅의 민주주의가 자리를 잡아가기 시작하고, 지방자치가 부활한 1988년 4월 지방자치법에서 시작하여, 1991년 지방의회를 구성한 이후의 시기이다. 이후 지방자치는 지속적으로 성장 발전을 거듭하였다. 안정적으로 지방선거가 실시되었고, 여러 가지의 분야에서 제도 개선이 이루어졌다.

1) 1988년 4월 6일 부활 지방자치법

1988년 4월 6일 '지방자치에 관한 임시조치법'이 폐지되고 새로운 지방자치법이 공포되었다. 총 조항은 10장 162조로 자치단체 종류는 광역은 특별시 · 직할시 · 도, 기초는 시 · 군 · 구로 하였다. 읍 · 면은 지방자치단체 지위를 상실하였다. 단체장은 임기 4년 주민 직선제로 뽑기로 하였다. 선거권은 20세로 제2공화국 시절과 동일하게 하였고, 피선거권은 특별시장 · 도지사는 35세, 시 · 읍 · 면장은 30세 이상으로 하여 과거에 비해 상향 조정하였다. 지방의회 의원은 명예직으로 역시 임기 4년의 주민직선, 피선거권은 25세 이상으로 하였다. 새롭게 주민의 권리와 의무, 행정협의회, 국가의 지도 감독에 관련된 조항이 삽입되었다. 1988년 지방자치법이 제정되었지만, 부칙에 경과조항이 삽입되어 실질적으로 실시 시기는 미루어지게 되었다. 부칙에는 "이 법에 의한 최초의 지방의회는 시 · 군 및 자치구부터 구성하되, 그 지방의회의원의 선거는 이 법 시행일로부터 1년 이내에 실시한다. 이 법에 의한 최초의 시 · 도의회는 시 · 군 및 자치구의

의회가 구성된 날로부터 2년 이내에 구성한다. 지방자치단체의 장은 따로 법률로 정할 때까지 정부에서 임명한다"고 되어 있었다.

2) 계속적인 부칙 개정과 1994년 3월 16일 지방자치법

이후 지방자치의 실시는 부칙 개정을 통해 계속 연기되었다. 1989년 12월 30일 지방자치법 부칙이 "이 법에 의한 최초의 시·도 및 시·군·자치구의 의회의원의 선거는 1990년 6월 30일 이내에 실시한다. 이 법에 의한 최초의 시·도지사 및 시장·군수·자치구의 구청장의 선거는 1991년 6월 30일 이내에 실시한다"로 수정되었는데 실시되지 못했다.

1990년 12월 31일 지방자치법 부칙이 다시 개정되었다. "이 법에 의한 최초의 시·도 및 시·군·자치구의 의회의원의 선거는 1991년 6월 30일 이내에 실시한다. 이 법에 의한 최초의 시·도지사 및 시장·군수·자치구의 구청장의 선거는 1992년 6월 30일 이내에 실시한다"고 규정한 것이다. 이 법에 의해 1991년 3월 시·군·자치구 기초의회 지방의원 선거가, 6월에는 특별시·직할시·도의회 선거가 실시되었다.

1994년 3월 16일 법 개정으로 시·읍·면 설치 기준에 도·농통합 형태의 시가 신설되어 시와 군을 통합한 지역이나, 인구 5만 명 이상의 도시 형태를 갖춘 지역이 있는 군을 도·농복합 형태의 시로 할 수 있도록 하였다. 이때 주민투표제도를 도입, 도시와 농촌지역 시·군 통합 시 주민의 의견을 물을 수 있도록 하였다. 지방자치가 본격화함에 따라 지역 간 분쟁이 발생하여 지방자치단체 간 분쟁 조정 조항을 신설하였다.

3) 지속적인 지방자치법 개정

어렵게 부활한 지방자치는 민주정부의 성장과 함께 지속적으로 개선 개정되었다. 그 내용을 요약하면 다음과 같다.

- 1999년 8월 31일: 주민조례 제정 및 개폐 청구권, 주민감사 청구권이 도입되었다.
- 2003년 7월 18일: 지방의원 명예직 조항을 삭제하였다.[4] 이를 근거로 한 지방의원 유급제가 2005년 8월 본격적으로 도입되었다.
- 2004년 1월 29일: 인구 50만 명 이상의 대도시 특례 조항이 신설되었다. 서울특별

4) 지방자치법 제32조 제1항: '지방의회의원은 명예직으로 하되, 다음 각호의 비용을 지급한다'를, '지방의회의원에게 다음 각호의 비용을 지급한다'로 수정함.

시와 광역시를 제외한 인구 50만 명 이상 대도시의 행정, 재정 운영 및 국가의 지도·감독에 있어서는 그 특성을 고려하여 관계 법률이 정하는 바에 의하여 특례를 둘 수 있다(법 제161조)고 규정한 것이다.

- 2004년 1월 29일: 별도 입법으로 주민투표법이 제정되었다. 이미 주민투표 실시에 관한 선언적 규정이 지방자치법에 존재하였으나(1994년 3월 16일 개정 지방자치법), 이때에 다양한 상황에 적용할 수 있도록 구체적으로 절차와 내용을 정비한 것이다.
- 2005년 1월 27일: 주민소송제 도입
- 2006년 1월 11일: 선거권 19세로 하향 조정하고 광역자치단체의 유형으로 특별자치도를 규정하였다.
- 2006년 5월 24일: 지방자치법에 주민소환제를 도입함과 동시에 주민소환법을 별도 입법으로 제정하였다.
- 2011년 5월 30일: 지방자치법을 개정하여 특별자치시를 광역자치단체의 한 유형으로 규정하였다.
- 2021년 1월 12일: 지방자치법을 전면적으로 개편 조정하였다. 자치분권과 주민참여, 자치단체 역량 강화, 중앙-지방의 협력적 거버넌스 구축 등을 개편안에 담았다.

3. 2021년 이후의 지방자치법: 지방자치의 성숙 및 발전기

2020년 12월 9일 30여 년 만에 대폭 손질된 자치분권형 지방자치법이 국회를 통과하였고, 2021년 1월 12일 정부에 이송된 법률안이 제정·공포되었다. 이 시기는 한 단계 성숙한 미래의 지방자치를 준비하는 시기이며, 분권형 지방자치국가를 구축 완성해 나가는 미래의 시기이다. 여기서는 새지방자치법의 내용을 통해 미래를 전망해보고자 한다(개정 지방자치법의 자세한 내용은 이 장 보충학습 참조).

1) 2021년 1월 개정 지방자치법 연혁

2017년 5월 문재인 정부가 출범하면서 헌법 개정 논의가 진행되었다. 핵심은 대통령 4년 중임제를 도입하는 것이었지만, 지방자치 분야에서도 지방분권형 국가 건설을 위한 자치분권 헌법을 제정하기 위해 많은 노력을 하였다. 그러나 2018년 6월 지방선거와 맞물리면서 헌법 개정 논의는 사라지고, 이러한 분권국가의 노력을 법제도의 정비로 보완하고자 하는 노력이 시도되었다. 헌법 개정이 무산된 2018년은 1988년 지방자치가 부활한지 30년이 되는 시기이기도 하였다. 이후 행정안전부는 전면적인 지방자치법 개정 시안을 마련하였고(김부겸 행정안전부장관), 입법 예고를 거쳐 2019년 2월 국회에 제출하였다. 그러나 입법은 계속 지연되었고 이후 다시 수정안을 2020년 5월 제출하게 되었다(진영 행정안전부장관). 이 법도 계속 국회에 계류하다가 2020년 12월 9일 가까스로 국회를 통과하게 되었다. 이후 이송된 법률은 2021년 1월 12일 공포되었다.

개정 지방자치법은 지방분권의 헌법 정신을 법령을 통해서나마 실현하기 위한 것으로 총 12장 211조로 구성되었다. 211개 조항 중에 53개 조항이 수정이나 신설된 조항이다. 2개의 장(章)이 새롭게 신설되기도 하였다. 이는 1947년 7월 지방자치법, 1988년 5월 지방자치법에 버금가는 새로운 지방자치법이라고 평가할 수 있다.

여기서는 개정된 지방자치법의 내용을 주민, 구역, 자치권, 자치정부의 영역으로 구분해서 간략히 소개하고자 한다(구체적인 내용은 이 장의 말미에 있는 보충학습 내용을 참고).

2) 주민주권의 실현과 참여 기회의 확대

지방자치법 제1장 지방자치법 제정의 목적란에 자치분권이라는 단어를 새로 삽입하고, 다양한 주민 권리와 참여에 대한 제도를 보강하였다. 주민이 정책결정과 집행에 참여할 수 있는 권리를 선언하고, 주민발안의 여건을 완화하고 참여의 범위를 확대하였으며, 조례뿐만 아니라 규칙에 까지 주민발안의 범위를 확대하였다. 주민의 감사 청구 요건도 완화하여 주민참여 기회를 확대하였으며, 주민에 대한 정보공개의 의무조항도 신설하였다.

3) 자치구역 경계 조정의 간소화

매립지 행정구역 결정의 간소화하고 자치단체 간 관할 구역 경계 변경 제도를 개선하였다. 지방자치단체장이 지방의회의 동의를 얻어 경계 조정을 신청하고, 이러한 신청 내용에 대해 행정안전부장관이 자율협의체를 통해 조절하도록 하고, 합의에 이르지 못하면 중앙분쟁조정위원회의 심의 의결을 거쳐 행정안전부장관이 결정하도록 하였다.

4) 자치권의 확대와 중앙 – 지방 협력 강화

자치분권의 실질화를 위한 사무배분의 원칙을 규정하고, 특례시 제도를 도입하였으며, 대도시뿐만 아니라 균형발전과 지방 소멸위기에 대응하기 위해 시 · 군 · 구에도 다양한 특례를 적용하기로 하였다. 지방재정조정의 의무를 법제화하여 지역 간 재정의 불균형을 시정하도록 하였다.

중앙과 지방의 관계를 대등한 상호 관계로 규정하여 상호 협력하도록 하였고, 이를 위해 중앙-지방협력회의를 신설하도록 하였다. 지방자치단체장의 의견 제출권, 국가의 기초자치단체에 대한 감독권 확립 조항을 신설 보강하였다.

5) 자치기관의 다양화와 역량 강화

이번 지방자치법 개정에서 강조된 영역 중의 하나는 지방정부의 자치기관 구조를 다양화하여 주민이 주민이 선택할 수 있도록 한 것이다. 지금까지는 의회와 단체장의 기관 분립 및 대립형으로 지방자치기관이 통일되어 존재했다. 이제는 주민투표를 거쳐 지역주민이 지방자치기관의 구조를 변경 선택할 수 있게 된 것이다(지방자치법 제4조).

이외에도 그동안 규정이 미비했던 지방자치단체장 인수위원회 설치 기준을 마련하였고, 광역행정 수요을 처리하기 위한 특별지방자치단체에 관한 규정을 새롭게 장을 구성하여 신설하였으며, 지방자치단체의 사무로 국제협력과 교류업무를 추가하였다. 또한 행정협의회 구성 시 의회의 심의 의결 사항을 의회에의 보고 사항으로 조정하였다.

지방의회의 인사의 자율권을 확대해 지금까지 단체장이 행사해 왔던 지방의회의 인사권을 지방의회 의장에게 부여하였다. 지방의회의 역량을 강화하기 위하여 정책 지원 전문인력 확보를 명문화하였으며(제41조), 지방의회의 책임성을 강화하기 위한 윤리규정을 강화하였다. 지방의회의 입법권을 강화하여 법령에서 조례로 정하도록 위임한 사항은 그 법령의 하위 법령에서 그 위임의 내용을 제한하거나 직접 규정할 수 없도록 하였다(제28조 제2항).

4. 지방자치 관련 기타 법령

지방자치 관련 법령이란 지방자치법 이외에 지방자치와 관련된 다양한 법률과 관련 시행령, 시행규칙을 의미한다. 여기서는 주요 관련 법률의 내용을 소개한다.

1) 지방공무원법 및 기타 인사에 관한 법령

지방공무원 및 인사에 관한 내용은 지방공무원에 관한 규정을 다룬 지방공무원법을 기본으로, 지방공무원 교육훈련법 및 시행령, 지방공무원 보수규정, 지방공무원 임용령, 지방자치단체의 행정기구와 정원에 관한 규정 및 시행령, 지방자치단체에 두는 국가공무원의 정원에 관한 법률, 공무원노동조합 설립 및 운영 등에 관한 법률 등이 있다.

2) 지방재정법 및 기타 재무에 관한 법령

지방재정에 관한 기본 규정은 지방재정법 및 시행령을 필두로 지방세법, 지방공기업법, 지방교부세법, 지방자치단체 기금관리법, 지방자치단체를 당사자로 하는 계약에 관한 법률, 공유재산 및 물품관리법, 보조금의 예산 및 관리에 관한 법률 등이 있다. '지방양여금법'은 2004년 폐지되었다.

이 중 지방재정법은 지방자치법 내의 재무에 관한 규정과 함께, 지방재정에 관한 내용을 종합적으로 규정하고 있다. 지방재정법은 2005년 전면적 재편을 하게 된다. 이에 따라 종래의 지방재정법은 지방재정법, 지방자치단체 기금관리기본법, 지방자치단체를 당사자로 하는 계약에 관한 법률, 공유재산 및 물품관리법의 네 가지 법률로 각각 분할되었다.

3) 지방행정 특례에 관한 법률

서울특별시 행정특례에 관한 법률은 1962년 제정된 서울시 행정에 관한 특별조치법을 대체하여 1991년 5월 31일 제정되었다. 과거 서울시 행정에 관한 특별조치법에서는 서울시가 내각 수반, 국무총리 직속 하에 있었으나, 1991년 법 개정 이후에는 정부 직할로 바뀌었다. 서울시가 중앙행정기관과 의견이 다를 경우는 국무총리가 조정하도록 되어 있다(서울특별시 행정특례에 관한 법률 제5조).

도·농 복합시 행정특례에 관한 법률은 1994년 2월 제정되어 1995년부터 적용되었고, 이에 근거하여 1995년 전국적으로 도시와 인접 농촌지역의 통합이 추진되었다. 이러한 통합을 용이하게 하기 위해 이 법에서는 새로 통합 출범하는 도·농 복합시에 재정, 교부세, 의원정수 결정 등의 특례를 두었고, 통합하는 농촌지역이 불이익을 받지 않도록 세금 등의 특례를 두기도 했다. 그러나 이 법은 2010년 지방행정 체제 개편을 위한 특별법이 제정되면서 폐지되었다. 이후 2018년에는 자치분권을 강조한 지방자치 분권 및 지방 행정체제 개편에 관한 특별법으로 개정되었다.

이외에도 지방행정에 관한 다양한 특별법이 존재한다. 국가 균형발전 특별법, 세종특별자치시 설치 등에 관한 특별법, 제주특별자치도 설치 및 국제자유도시 조성을 위한 특별법, 경상남도 창원시 설치에 관한 특별법, 충청북도 청주시 설치 및 지원 특례에 관한 법률 등이 그 예라고 할 수 있다.

4) 기타 관련 법령들

지방선거에 관한 구체적 사항은 대통령 선거, 국회의원 선거와 같이 공직선거법에 규정되어 있다. 이외에도 주민의 직접 참여에 관련된 법으로 주민투표법, 주민소환법이 있다. 주민투표법은 지역의 중요 사항에 관하여 주민이 직접 의사결정권을 행사하는 절차를 상세히 규정하고 있다. 주민소환법은 선출직 지방자치단체 공직자에 대한 소환 과정과 절차에 대한 규정을 담고 있다.

제 3 절 조 례

1. 조례의 개념과 유형

1) 조례의 개념과 특성

지방자치단체는 지방적 사무에 관해서 조례를 제정할 수 있는 자치입법권을 가지고 있다. 조례(條例, bylaw)란 지방자치단체가 법령의 범위 안에서 그 권한에 속하는 사무에 관하여 지방의회의 의결을 거쳐 정립하는 자치법규를 말한다. 국가는 국회를 통해서 국가의 법을 만들지만, 지방은 지방의회를 통해서 지방의 법 규범인 조례를 만든다.

조례의 몇 가지 특성을 살펴보면 다음과 같다.

첫째, 조례는 지방의회에서 만들어진다. 조례의 제정 개폐는 지방의회의 고유 권한이다. 조례는 지방의회의 의결을 통해서만 제정될 수 있다. 주민에 의한 조례 제정 개폐 청구권 제도가 있기는 하지만, 주민은 청구할 수 있을 뿐이다. 이 경우도 최종 의결은 지방의회에서 한다.

둘째, 조례는 법 규범이다. 조례는 일반인들에게 일정한 구속력을 가지는 강제 규범이며, 법 규범이다. 따라서 이러한 조례를 위반할 경우, 제 규정에 의해 과태료가 부과되는 등의 공권력에 의한 강제력이 행사된다.[5)]

셋째, 조례는 지역의 법이다. 조례는 당해 지방자치단체의 범위 내에서 적용되는 공간적 한계, 지역적 범위를 가지고 있다. 이러한 측면에서 국가 전체 공간을 대상으로 제정되는 헌법이나 일반 법령과는 구분된다.

넷째, 조례는 법령의 범위 안에서 제정된다. 단, 주민의 권리 제한 또는 의무 부과에 관한 사항이나 벌칙을 정할 때에는 법률의 위임이 있어야 한다. 이 조항을 유추 해석하면 의무 부과나 벌칙 사항이 아닌 경우는 법률의 위임이 없더라도 법령의 범위 안이면 조례를 제정할 수 있다.[6)]

2) 조례의 유형

(1) 위임조례와 직권조례

조례는 법령의 근거가 있는가에 따라 위임형과 직권형으로 나눈다. 위임조례는 개별적인 법령에 의하여 위임된 조례이며, 직권조례는 지방자치단체가 자유로운 의사에 의해 제정한 조례이다.

(2) 필수조례와 임의조례

필수조례는 법령에 의하여 반드시 제정하여야 하는 조례를 의미하며, 임의조례란 법령의 규정이 없더라도 당해 지방자치단체의 사무에 관한 재량에 의하여 제정하는 조례를 말한다.

---

5) 우리나라의 경우, 지방자치단체는 조례로서 조례 위반 행위에 대하여 1천 만원 이하의 과태료를 정할 수 있다(지방자치법 제34조 제1항).

6) 1992년 6월 23일 '청주시 행정정보 공개 조례'에 대한 대법원 판결 내용이다. 대법원은 청주시가 제기한 대법원의 조례 무효 소송을 기각하고, 청주시 의회의 손을 들어주었다.

(3) 영속형 조례와 한시적 조례

효력이 미치는 기간에 따라 영속형과 한시형으로 나눈다. 조례는 특별히 정함이 없으면 폐지나 개정을 하지 않는 한 영속적으로 그 효력을 가지면 통상은 그 효력을 정하지 않는다. 이에 대해 주로 당해 자치단체의 재정 수요나 세원의 변화 등을 감안하여 한시적으로 정하는 경우도 있다.

(4) 단체장 제안 조례, 의회 제안 조례, 주민 제안 조례

조례는 누가 제안하였는가에 따라 단체장 제안형, 의회 제안형, 주민 제안형으로 나누어 볼 수 있다. 조례는 단체장이 제안할 수도 있고, 의원입법 형식으로 의회 의원이 제안할 수도 있다. 우리나라 지방자치법에도 주민도 조례 제정에 관한 개·폐 청구권이 있어 주민도 조례를 제안할 수 있다. 하지만 조례안의 최종 의결은 지방의회에서 행한다.

(5) 주민형 조례와 국민형 조례

조례는 주된 대상이 누군가에 따라 주민형 조례와 국민형 조례가 있다. 주민형 조례는 지방세 부과와 같이 해당 지방자치단체의 주민에게만 적용되는 조례이고, 국민형 조례는 공공시설 주차비 징수 등과 같이 타 지역 주민에게도 적용되는 조례이다.

2. 조례제정권의 범위와 한계

1) 조례제정권의 범위

조례로써 규정할 수 있는 사항은 지방의 고유사무와 단체위임사무이다. 지방의 고유사무란 자치사무라고도 하며 지방자치단체가 그 권능으로 처리할 수 있는 사무를 말한다. 단체위임사무란 지방적 이해와 국가적 이해가 공유된 사무로서 법령에 의해 자치단체에 위임된 사무이다. 기관위임사무는 병역이나 선거 등과 같은 국가적 공공사무를 지방자치단체장에게 위임하여 처리하는 사무이다. 기관위임사무는 지방 주민과 관련된 사항이라 하더라도 조례를 정할 수 없다.

2) 조례제정권의 한계

(1) 지역적 한계

조례는 지방에서 정하는 자치 법규이다. 따라서 조례의 효력이 미치는 범위는 당해 지방자치단체의 구역 내에 한정되는 것이 원칙이다. 이 경우, 지방자치단체의 구역은 그 지역 내의 하천이나 호소(湖沼) 등은 물론 그 지역에 접속하는 영해 및 상공, 지하에도 미친다. 물론 조례에서 당해 지방자치단체의 구역 중 특정 지역에 한정하여 조례를 적용할 수도 있다.

(2) 대인적 한계

조례는 지방자치단체의 주민에게 적용되는 것이 원칙이다. 예컨대, 주민은 다른 지역에 임시 거주하거나 해외에 출장을 가더라도 해당 지방자치단체의 조례에 의해 지방세를 납부해야 한다.

(3) 법률적 한계

헌법 제117조 제1항은 지방자치단체는 법령의 범위 안에서 자치에 관한 규정을 제정할 수 있다고 규정하여 자치입법권을 보장하고 있다. 즉, 자치단체의 조례는 헌법적 권한이지만, 일정한 법령의 범위 안에서만 제정될 수 있다. 따라서 조례가 비록 지방자치단체의 자치입법으로서 각 지방자치단체의 관할 구역 안에서만 시행되는 것이라 하더라도 그것은 형식적 효력에 있어서 성질상 법률의 하위에 있는 하위 입법으로서 국가의 법령과 모순 또는 저촉되어서는 아니 된다. 또한 제정권의 한계에서 지적되었듯이 국가위임사무나 타 기관의 권한에 속하는 사항은 조례로 제정할 수 없다.

그러나 최근 개정 지방자치법(2021.1)에서는 조례제정의 법적 한계를 완화했다. 과거에 조례는 법률과 시행령의 범위에서만 관여할 수 있었다. 그러나 새지방자치법에서는 법령에서 조례로 정하도록 위임한 사항은 그 법령의 하위 법령에서 그 위임의 내용과 범위를 제한하거나 직접 규정할 수 없도록 하였다. 예컨대, 법률에서 조례로 정하도록 위임한 사항을 대통령령(시행령)이나 부령(시행규칙)으로 제한할 수 없다는 것이다(지방자치법 제28조 제2항).

3) 조례 제정 권한의 확대 요구

이러한 조례 제정에 관련된 제반 규정이 지방의 입법권을 지나치게 제한하는 문제점이 있다. 따라서 장기적으로 조례 제정이 권한을 확대하여 자치입법권 범위를 확대해야 할 필요성이 제기되고 있다. 구체적인 방안으로 제시되고 있는 내용은 두 가지 정도로 다음과 같다.

(1) 법령을 위반하지 않는 범위

이는 지방자치법 제28조에서 조례 제정권의 범위를 '법령의 범위에서'라고 규정하고 있는 조항과 관련된 것이다. 이 조항이 조례 제정의 범위를 축소 제한하고 있으므로, '법령의 범위에서'라는 문구를 개정하여 '법령을 위반하지 않는 범위에서'로 바꾸어야 한다는 의견이 있다. 이를 통해 자치입법권을 확대할 수 있다고 보는 것이다.

(2) 법률의 범위

다른 견해는 '법령(法令)의 범위에서'를 '법률(法律)의 범위에서'로 바꾸어 조례제정권의 범위를 넓히자는 견해도 있다. 법률은 국회를 통과하는 법만을 의미하고, 법령은 국회를 통과하는 법률과, 행정부에 제정하는 행정입법의 법규명령(대통령령, 총리령, 부령)을 모두 포함하는 개념이다. 따라서 법령(법률+명령)을 법률로 고친다면 시행령과 시행규칙으로 표현되는 법규명령에 의한 조례제정권의 제한이 없어진다. 결과적으로 조례제정권의 재량 범위가 훨씬 더 넓어질 수 있다고 보는 것이다.

3. 조례안의 공포 · 재의 · 제소

1) 조례안의 공포

지방의회에서 의결된 조례안은 5일 이내에 의장이 이를 지방자치단체의 장에게 이송된다. 지방의회에서 의결된 조례안이 지방자치단체의 장에게 이송되면, 단체장은 20일 이내에 이 조례안을 공포해야 한다. 지방자치단체장은 이송받은 조례안에 대해 이의(異意)가 있으면 20일 이내 지방의회로 환부하고 재의(再議)를 요구할 수 있다. 지방자치단체의 장이 조례안을 이송한 후 20일 이내에 공포나 재의요구를 하지 아니할 때에 조례안은 조례로서 확정된다. 재의를 요구하지 않고 20일이 지나거나, 재의결이 확정된

후 5일이 지나면 지방자치단체장은 지체 없이 공포하여야 한다. 지방자치단체의 장이 이를 공포하지 아니하면 지방의회의 의장이 이를 공포한다.

조례와 규칙은 특별한 규정이 없으면 공포한 날로부터 20일이 지나면 효력을 발생한다.

2) 재의 및 제소

재의(再議)란 지방의회의 의결에 관하여 지방자치단체장이 다시 한 번 의회의 의결을 요구하는 것을 말한다. 지방자치단체의 장은 지방의회에서 이송되어 온 조례안에 이의가 있을 때에는 송부받은 날로부터 20일 이내에 이의서를 붙여 지방의회로 환부하고 그 재의를 요구할 수 있다. 이 경우에 지방자치단체장은 조례안의 일부에 대하여 또는 조례안을 수정하여 재의를 요구할 수 없다. 재의 요구를 받은 지방의회가 재의에 부쳐 재적의원 과반수의 출석과 출석의원 3분의 2의 찬성으로 전과 같은 의결을 하면 그 조례안은 조례로서 확정된다.

조례를 포함한 일반 의안에 대해 지방자치단체장이 재의결을 요구하는 경우는 다음과 같다. 지방의회의 의결이 월권 또는 법령에 위반되거나 공익을 현저히 해한다고 인정되는 때, 지방의회의 의결이 예산상 집행할 수 없는 경비가 포함되었다고 인정하는 경우, 의회가 지방자치단체의 의무부담 경비를 삭감한 경우, 비상 재해 응급복구비를 삭감한 경우 등이다(지방자치법 제120조, 제121조).

의회의 재의결이 이루어진 뒤에도 재의결된 조례가 법령에 위반된다고 인정되면 지방자치단체장은 20일 이내에 대법원에 소를 제기할 수 있다. 이 경우, 필요하다고 인정되면 그 의결의 집행을 정지하게 하는 집행정지 결정을 신청할 수 있다.

3) 국가와 상급 지방자치단체의 지도와 감독

지방자치단체장과 지방의회가 정치적 이익을 공유하며 위법한 조례나 의결이 의심되는 경우에도 지방자치단체장이 재의 신청을 하지 않거나 제소(提訴)를 미루는 경우가 있을 수 있다. 이 경우는 국가나 상위 자치단체가 개입하여 재의나 제소를 지시하거나 강제할 수 있다.

지방의회에서 의결된 조례안이 법령에 위반하거나 공익을 현저히 해한다고 판단될 때에, 시 · 도에 대해서는 주무부장관이 시 · 군 및 자치구에 대하여는 시 · 도지사가 조례안에 대해 재의결을 요구하도록 지시할 수 있다. 재의를 요구받은 지방자치단체장은 지방의회에 그 이유를 붙여 재의를 요구하여야 한다. 일정 기간이 지나도록 해당 자치단체장이 지방의회에 재의 요구를 하지 않거나 재의결된 조례안에 대해 소송을 제기하지 않는 경우, 주무부장관이나 시·도지사는 대법원에 직접 제소(提訴)하거나 집행정지결정을 신청할 수 있다.

기초단체장이 지방의회의 법령 위반 조례안에 대해 재의결를 요구하지 않거나 제소하지 않으면 광역단체장이 감독 및 통제를 할 수 있다. 그러나 광역단체장이 기초단체장에게 감독권을 행사하지 않을 경우에 대한 입법 미비 사항이 발견되어, 개정 지방자치법(2021.1.12)에 국가의 기초자치단체에 대한 감독권을 보강 신설하였다(지방자치법 제192조). 개정 지방자치법은 우선 국가가 시·도지사에게 재의 요구에 관련한 감독통제를 명하고, 시·도지사가 이를 이행하지 않을 경우, 국가가 직접 개입할 수 있는 근거를 마련한 것이다.

참고 8-2 조례안 재의 요구 사례

[사례 1] 서울시 증언·감정 등에 관한 조례

1992년 서울시 의회 등 10개의 시·도에서는 의회의 감시 권한을 강화하기 위해 시·도에서 출석·증언을 거부하거나 허위 진술·감정한 시·도 공무원에 대해 3월 이하 징역 또는 10만 원 이하 벌금에 처하도록 하는 내용의 '증언·감정 등에 관한 조례'를 일제히 의결했다.

그러나 이 조례는 집행부와의 마찰을 빚게 되었고, 단체장들이 지방의회에 재의를 요구하였다. 그러나 이러한 요구에 대해, 지방의회에서 다시 재의를 의결하자 단체장들이 일제히 대법원에 제소하게 된 것이다.

이 조례안은 당시 지방자치법 제20조에 근거해 처벌 조항이 마련되었으나 이 조항은 후에 삭제되었고, 이에 따라 1995년 7월 27일 대법원에서 '증언·감정 등에 관한 조례안'은 무효라고 판결하였다.

[사례 2] 청주시 행정정보 공개 조례

1991년 11월 25일 청주시 의회는 '청주시 행정정보 공개 조례안'을 의결하였다. 청주시장이 이러한 조례안이 상위법의 근거가 없는 등의 이유로 재의를 요구하였고, 12월 26일 지방의회에서 다시 수정 없이 재의결하자 조례안의 무효를 주장하는 소를 대법원에 제기하였다.

1992년 6월 23일 대법원은 주민의 권리의 제한 또는 의무 부과에 관한 사항이거나 벌칙에 관한 사항이 아닌 한 법률의 위임이 없더라도 조례를 제정할 수 있으며, 청주시 정보공개 조례는 국민의 알 권리를 실현을 근본 내용으로 하면서 개인의 권익침해 가능성을 배제하고 있고,

정보공개는 세계의 각국이 채택하고 있는 일반적인 제도라는 측면에서 지방의회가 재의결한 조례안이 문제가 없다고 판시하였다.

이에 따라 1992년 '청주시 행정정보 공개 조례안'이 확정되었고, 이러한 행정정보 공개 조례는 전국적으로 확산되었다. 국가 차원에서도 1994년 행정정보 공개 운영지침, 1996년 '공공기관의 정보공개에 관한 법률'을 제정하여 행정정보 공개는 국가와 지방자치단체의 일반화된 규범으로 정착하게 되었다. 즉, '청주시 정보공개 조례'는 조례를 통해 상위 법령을 새롭게 만들게 하는 결과를 가져왔고, 한 지역의 조례가 전국적으로 전파되는 지역 조례의 전국화 효과를 가져왔다.

[사례 3] 서울시 친환경 무상급식 지원 조례

서울시 '친환경 무상급식 조례안' 논쟁은 의회의 조례 제정, 단체장의 재의와 대법원 소송, 주민투표와 단체장의 사퇴, 단체장 보궐선거 등을 초래하는 등 많은 논란과 다양한 사건을 연출하였다. 서울시 친환경 무상급식 조례안은 그동안 저소득 자녀에게만 지원해 왔던 무상급식 제도를 초·중학교와 같은 의무교육 기관의 전 학생들에게 확대 적용한다는 내용을 담고 있다. 조례 제정 과정의 전개 내용을 정리하면 다음과 같다.

- 2010년 10월 5일: 서울시 의회 민주당 의원을 중심으로 '친환경 무상급식 지원에 관한 조례안' 발의
- 2010년 11월 18일: 조례안 서울시 의회 상임위원회(재정경제위원회) 통과
- 2010년 12월 1일: 조례안 본회의 의결. 참석의원 89명 중 찬성 71표 기권 18표로 통과
- 2010년 12월 19일: 서울시(시장 오세훈)는 서울시 의회에 조례안의 재의를 요구함.
- 2010년 12월 30일: 서울시 의회는 과반수 참석과 참석 인원 3분의 2 이상의 찬성으로 조례안을 재의결함.
- 2011년 1월 6일: 서울시장이 조례안을 공포하지 않으므로, 서울시 의회의장이 조례안을 직권 공포함.
- 2011년 1월 18일: 서울시는 대법원에 '친환경 무상급식 조례안'의 무효 확인 소송을 제기함.
- 2011년 8월 24일: 서울 시민에게 무상급식 조례안의 찬반을 묻는 주민투표 실시함. 투표 결과에 따라 오세훈 시장이 진퇴를 결정하겠다고 공언함. 결과는 투표율 미달(25.7%)로 주민투표가 무산됨. 주민투표는 원래 투표율이 3분의 1(33.3%)을 넘고 투표 인원의 과반수가 찬성해야 의결됨. 이에 따라 오세훈 시장은 사퇴를 선언함.
- 2011년 10월 26일: 서울시장 보궐 선거가 실시되었고, 무소속 박원순 후보가 한나라당 나경원 후보를 제치고 당선됨.
- 2011년 12월 16일 서울시(시장 박원순)에서 무상급식 지원조례 대법원 소송을 취하함.

제 4 절 규 칙

1. 규칙의 개념

지방자치단체의 장은 법령 또는 조례가 위임한 범위 안에서 그 권한에 속하는 사무에 관하여 규칙(規則)을 제정할 수 있다. 규칙이란 지방자치단체의 장이 고유사무나, 법령에 의해 위임된 사무, 조례에 의해 위임된 사무에 관하여 제정하는 자치법규이다. 규칙도 법규로서 조례와 마찬가지로 강제력을 가진다. 이외에 훈령 · 지시 · 예규 · 일일명령도 단체장이 제정하는 자치법규의 일종으로 넓은 의미의 규칙에 속한다. 조례의 제정은 지방의회의 권한이지만, 규칙의 제정은 지방자치단체장의 고유 권한이다.

2. 규칙제정권의 범위와 한계

1) 규칙제정권의 범위

규칙은 국가의 법령 또는 조례의 위임이 있는 사항에 관해서 제정된다. 규칙은 원칙적으로는 지방자치단체장의 책임 하에 수행되는 기관위임사무에 대해서 제정할 수 있다. 기관위임사무는 단체장의 책임 하에 집행되므로 지방의회에서 관여할 수 없다. 그러나 기관위임사무 이외에도 지방자치단체의 사무 중 지방자치단체장의 전권에 속하는 사항이나 지방의회나 다른 집행기관의 권한에 속하지 아니한 지방자치단체의 사무에 대해서도 규칙을 제정할 수 있다고 보아야 할 것이다(박영도, 1998: 133).

2) 주민의 규칙제정 개폐에 관한 의견 제출권

개정된 지방자치법에 의하면(2021.1), 주민도 규칙의 제정 개폐에 관여할 수 있다. 그동안은 조례에 한해 주민발안권이 인정되었으나, 개정 지방자치법에는 조례뿐만 아니라 규칙이나 행정규칙(훈령, 예규, 고시)에도 주민의 직접 청구권을 인정하게 된 것이다. 주민은 규칙제정 개폐의 의견을 지방자치단체장에게 제출할 수 있고, 단체장은 그 의견이 제출된 날로부터 30일 이내에 검토 결과를 통보해야 한다(지방자치법 제20조).

3) 규칙제정권의 한계

규칙도 조례와 마찬가지로 주민의 행동에 영향력을 미치는 법규이므로 상위법이나, 조례, 기타 상위 규칙에 어긋나는 내용을 제정할 수 없다. 이러한 한계를 살펴보면 다음과 같다.

첫째, 법령에 의하여 조례 규정 사항으로 지정된 사항과 지방의회의 권한에 속하는 사항은 규칙으로 제정할 수 없다. 둘째, 주민의 권리 의무에 관한 사항은 법령 또는 조례의 위임이 있어야 한다. 따라서 법률이나 조례를 대체하는 규칙이란 존재할 수 없으며, 규칙이 법률이나 조례를 위반할 수도 없다. 셋째, 시장 · 군수 및 자치구의 구청장이 제정하는 규칙은 해당 자치단체의 조례를 위반할 수 없다. 마찬가지로 시 · 군 · 자치구의 규칙은 상위 자치단체인 시 · 도의 조례, 시 · 도지사가 제정하는 규칙도 위반해서는 안 된다.

3. 기타 규칙: 훈령 · 지시 · 예규 · 일일명령

기타 넓은 의미의 규칙에 속하는 것으로 훈련 · 지시 · 예규 · 일일명령이 있다. 규칙과 동일한 형식 절차를 거쳐 제정 운영된다. 내용에 따라 명칭을 약간씩 달리하고 있다.

훈령(訓令)이란 상급 기관이 하급 기관에 대하여 장기간에 걸쳐 그 권한의 행사를 일반적으로 지시하기 위하여 발하는 명령으로서 조문 형식 또는 시행문 형식으로 작성하고, 연도나 일련번호를 사용하는 것을 말한다. 지시(指示)란 상급 기관이 직권 또는 하급기관의 문의에 의하여 하급 기관에 개별적, 구체적으로 발하는 명령이다. 예규(例規)란 행정사무의 통일성을 기하기 위하여 반복적 행정사무의 처리기준을 지시하는 법규 문서외의 문서로서 조문 형식 또는 시행문 형식에 의하여 작성하고, 일련번호를 사용한다. 일일명령은 당직, 출장, 시간 외 근무 휴가 등 일일 업무에 관한 명령으로서 시행문 형식 또는 회보 형식 등에 의하여 작성한다.

본문요약

1. 헌 법

- 국가의 헌법에 지방자치 관련 규정 존재: 프랑스, 중국, 일본
- 대한민국 헌법: 제117조와 제118조에 지방자치 관련 규정 존재

2. 지방자치법

- 법령: 지방자치의 기본법으로 지방자치법과 지방자치법 시행령 존재
- 관련 법: 지방공무원법, 지방자치단체의 행정기구와 정원에 관한 규정, 지방재정법, 지방세법, 지방공기업법, 주민투표법, 주민소환법, 기타 특례법

3. 조 례

- 지방자치단체가 법령의 범위 안에서 그 권한에 속하는 사무에 관하여 지방의회의 의결을 거쳐 정립하는 자치법규

4. 규 칙

- 지방자치단체장이 고유사무나, 법령에 의해 위임된 사무, 조례에 의해 위임된 사무에 관하여 제정하는 자치법규, 훈령, 지시, 예규, 일일명령도 규칙의 일종의 규칙

[보충학습]

개정 지방자치법(2021.1.12)의 주요 내용

1. 개 요

지방자치 부활 30년이 되는 2018년 당시 행정안전부(장관 김부겸)는 지방자치법의 전면적 수정 보완을 시도하였고, 2019년 2월 개정법안을 국회에 제출하였으나, 다양한 이해 관계의 조정과 대립으로 계속 통과가 되지 못하였다. 그러다가 2020년 7월 행정안전부(장관 진영)는 법안을 새롭게 손질하여 다시 제출하였고, 이해 조정 과정을 거쳐 12월 3일 국회 행정안전위원회, 12월 9일 국회 본회를 통과하게 되었다. 이 법은 다음 해인 2021년 1월 12일 정식으로 공포되었고, 시행일은 부칙을 통해 1년 후인 2022년 1월 13일로 규정되었다.

개정 지방자치법은 총 12장 211조로 구성되었다. 1949년 최초의 지방자치법은 총 7장 156조로 만들어졌고, 1988년 지방자치법은 총 10장 162조로 구성되었다. 개정된 지방자치법은 최초 지방자치법(1947)에 비해 5개 장과 55개 조항이 추가된 것이고, 1988년 지방자치법과 비교하면 2장 49조가 추가된 것이다. 10장 175조로 구성된 개정 직전의 지방자치법(2020.11)과 비교해서도 2장 36조가 추가된 것이다. 추가된 2장은 제10장 국제교류 협력, 제12장 특별자치단체에 관한 조항이다. 개정 지방자치법 총 211조의 내용 중 내용 수정 및 신설이 이루어진 조(條)는 53개조(25.1%)에 달한다. 2개의 장(章)은 신설되었다. 30여 년 만에 기존의 지방자치법을 대규모로 리모델링하여 재창조한 것이라고 할 수 있는 것이다.

개정안의 주요 내용을 살펴보면 다음과 같다. 여기서는 개정안의 내용은 주민, 자치구역, 자치권, 자치기관의 순으로 구분하여 정리하였다.

2. 주민: 주민주권의 실현과 참여기회의 확대

1) 주민의 권리 중 정책결정과 집행에 참여할 권리 추가(제17조)

주민은 지방자치단체의 정책결정과 집행에 참여한다는 조항 삽입. 국민은 지방자치단체 선거에 참여할 권리를 가진다는 조항 중 국민을 주민으로 변경. 일정한 조건을 갖춘 외국인도 지방선거의 선거권을 가지므로 국민을 주민으로 변경함.

2) 주민 조례 제정 개폐 청구권 제도 개선 근거 마련(제19조)

과거에는 주민이 직접 청구하는 경우 단체장을 거쳐 지방의회에 제출하도록 되어 있었으나, 이제는 주민이 지방자치단체장을 직접 거치지 않고 직접 조례 제정 개폐를 청구 할 수 있도록 함. 청구자 연령을 공직선거법의 선거 연령에 맞추어 18세로 조정. 주민발안법(주민 조례 제정 개폐 청구권에 관한 법률)을 별도로 제정할 수 있는 근거를 마련함.

3) 규칙의 제정 개정 폐지에 관한 의견 제출권 신설(제20조)

그동안은 조례에 한해 주민발안권이 인정되었으나, 개정 지방자치법에는 조례뿐만 아니라 규칙이나 행정규칙(훈령, 예규, 고시)에도 주민의 직접 청구권을 인정함. 주민은 규칙제정 개폐의 의견을 지방자치단체장에게 제출할 수 있고, 단체장은 그 의견이 제출된 날로부터 30일 이내에 검토 결과를 통보해야 함.

4) 주민의 감사 청구 조건 수정(제21조)

공직선거법상 투표권 연령에 맞추어, 주민감사 청구 연령의 기준을 18세로 하향 조정함. 또한 감사 청구의 실효성을 높이기 위해 청구인 수를 낮추어 조정하였는데, 광역자치단체인 시 · 도는 300명(종전은 500명), 50만 명 이상 대도시는 200명(종전은 300명), 시 · 군 · 구는 150명(종전은 200명) 이내에서 조례로 정하는 수로 함. 감사 청구 가능 기간을 지방공무원법상 징계 시효와 동일하게 3년으로 조정함(종전은 2년이었음).

5) 주민에 대한 정보공개 조항 신설(제26조)

지방의회, 집행부, 재무 등의 지방자치 정보를 주민에게 공개해야 한다는 정보공개 의무 조항 신설. 정보공개 관련 절차나 기준은 공공기관 정보공개에 관한 법률을 준용하도록 함.

3. 자치구역: 구역 및 경계 조정의 간소화

1) 매립지 행정구역 결정의 간소화(제5조)

매립지 행정 구역 설정 시, 그동안 분쟁이 없는 경우에도 중앙분쟁조정위원회의 의결을 거치도록 되어 있는 조항을 수정하여, 분쟁이 없는 경우는 신청내용대로 행정안전부장관이 결정하도록 함. 이의가 있는 경우에만 중앙분쟁조정위원회의 심의 의결에 따라 결정하도록 하여 처리 절차를 개선함. 비용분담 등에 대해 분쟁이 발생하는 경우도 중앙분쟁조정위원회가 매립지 귀속 결정과 함께 병합 결정하도록 함.

2) 자치단체 간 관할 구역 경계변경 제도 개선(제6조)

그동안 관할 구역 경계변경은 '대통령령으로 정한다. 의회의 의견을 듣는다'라고만 규정되어 있었다. 이번 개정안은 이러한 경계변경 과정에 대한 구체적인 절차를 신설 정비. 지방자치단체장은 지방의회 재적의원 과반수의 출석과 3분의 2의 찬성을 얻어 경계 조정을 신청할 수 있다. 신청이 접수되면 행정안전부장관은 자율협의체를 구성하여 합의를 하도록 유도하고, 120일 안에 합의에 이르지 못한 경우에는 중앙분쟁조정위원회에서 심의 의결을 거쳐 행정안전부장관이 조정할 수 있도록 함.

4. 자치권: 지방의 자치권 확대와 중앙-지방 협력 강화

1) 분권을 통한 자치권의 확대

(1) 국가와 지방자치단체, 지방자치단체 간 사무배분의 원칙 규정(제11조)

사무배분의 원칙은 그동안 지방분권법(지방자치분권과 행정체제개편에 관한 특별법)에 규정되어 있었는데, 이번에 지방자치법에 그 조항을 이전해 놓았다. 사무배분의 원칙으로 중복 배제의 원칙, 보충성의 원칙, 포괄적 배분의 원칙이 제시되었다.

(2) 대도시 행정 특례 제도의 확대 정비(제198조)

기존 특별시, 광역시, 특별자치도, 특별자치시, 50만 명 이상의 대도시에 대한 특례 조항이 있었으나 새롭게 인구 100만 명 이상의 대도시에 특례시의 명칭을 부여함. 수원시, 고양시, 용인시, 창원시가 특례시가 됨. 실질적인 행정수요, 국가균형발전 및 지방소멸의 위기 등을 고려하여 대통령령에 의해 시·군·구에 특례를 둘 수 있도록 별도 조항을 신설함.

(3) 지방재정 조정 명문화(제136조)

지역 간 재정 불균형을 해소하기 위하여 국가와 지방자치단체 간, 지방자치단체와 지방자치단체 간 재정 조정의 노력을 하도록 명문화함.

(4) 지방자치단체 사무의 범위로 국제교류 및 협력 항목 추가(제13조 제2항, 제193조, 제194조, 제195조)

제10장에 국제교류·협력에 관한 장을 새로 신설, 국제교류 통상을 위해 국가의 외교·통상 정책에 배치되지 않는 범위 내에서 국제기구 행사 대회의 유치 지원, 외국 지

방자치단체와의 교류 협력, 해외사무소 설치 · 운영을 할 수 있다. 국제교류 통상 업무를 지방자치단체의 사무로 추가함.

2) 중앙-지방의 협력 강화: 중앙-지방의 협력적 거버넌스 체제 구축

(1) 지방 간 상호 협력을 위한 중앙의 지원(제164조)

지방자치단체 간의 상호 협력에 필요한 경우 중앙행정기관의 장이 필요한 지원을 할 수 있는 근거 조항 마련함.

(2) 중앙-지방의 상호 협력 강화와 중앙-지방 협력회의 설치(제183조, 제186조)

지방자치법 제9장의 원래 제목은 원래 '국가의 지도 · 감독'이었는데, 이 제목이 중앙 지방을 상 · 하 관계로 규정하는 것으로 문제점이 지적되어, 대등한 의미를 가지고 있는 '국가와 지방자치단체 간의 관계'로 수정함. 중앙과 지방의 관계를 상하 관계가 아닌 상호 관계로 파악하게 된 것임.

• 이어서 제183조에서는 국가와 지방자치단체 간 협력 의무를 규정하고, 제186조에서는 중앙-지방 협력회의 설치를 명문화하고 있다. 중앙-지방 협력회의 설치의 법적 근거가 마련되기는 하였지만 아직 구체적인 기준이나 절차가 없어 '중앙-지방 협력회의 설치에 관한 법률'의 독자 입법이 필요함.

(3) 지방자치단체장의 의견 제출권(제184조)

기존에는 국가의 지방자치단체 사무에 대한 지도와 지원의 내용만 있었으나, 제3항에 지방자치단체장이 국가나 상위 자치단체에 의견을 제출할 수 있는 의견 제출권을 신설함.

(4) 국가의 기초자치단체장에 대한 감독 통제권 확보(제188조, 제189조, 제192조)

그동안 입법 미비로 국가는 광역자치단체에 대한 감독 통제권은 있었으나 기초자치단체에 대한 직접 통제권은 없었다. 기초자치단체가 위법 부당한 명령 처분의 시정, 직무이행명령 불이행, 지방의회의 의결과 재소 불이행 시, 시 · 도지사가 감독권을 행사하지 않을 경우 국가가 관여 여지가 없었음(법령의 미비). 개정 지방자치법은 우선 국가가 시 · 도지사에게 감독 통제할 것을 명하고, 시 · 도지사가 이를 이행하지 않을 경우, 국가가 직접 개입할 수 있는 근거를 마련하게 됨.

5. 자치기관: 자치기관의 다양화와 역량 강화

1) 기관구성의 다양화

(1) 지방자치단체 자치기관 구성의 다양화(제4조)

현재는 지방자치단체의 자치기관 구조로 단체장, 지방의회의 기관 분리형을 일률적으로 채택하고 있지만, 앞으로는 주민투표 과정을 거쳐 지방자치단체장의 선임 방법을 포함, 자치단체별로 다양한 기관구성 형태를 선택할 수 있다. 개정 지방자치법에 근거는 마련해 놓았지만, 아직까지 어떤 절차를 통해 어떤 유형의 기관을 선택할지 등의 구체적 내용은 정해지지 않음. 따라서 '지방자치단체 기관 구성법(가칭)'이 추가로 제정되어야 실효성을 확보할 수 있음.

(2) 특별자치단체의 설립 운영에 관한 기준 마련(제199조~제211조)

지금까지 광역행정 수요에 대처하기 위한 특별자치단체에 대한 구체적인 규정이 없어서 실질적으로 설치하기 어려운 점이 존재함. 개정 지방자치법에 새로 제12장을 신설하여 특별지방자치단체의 설치 및 운영에 관한 상세 규정을 마련하였다.

2) 지방의회의 역량 강화

(1) 지방의회의 정책지원 전문인력 확보(제41조)

지방의회 의원의 의정활동을 지원하기 위해 의회 의원 정수의 2분의 1 범위 내에서 정책지원 전문인력을 둘 수 있다. 실질적으로 의원 2명당 1명의 전문위원을 확보하게 되는 셈이다. 정책지원 전문인력의 확보를 통해 지방의회의 전문성을 강화하고, 안정된 정책 개발 기능을 수행할 수 있게 되었다.

(2) 지방의회 인사권 독립(제103조)

지금까지 지방의회 사무기관에 대해서 의회의장의 추천에 의해 지방자치단체장이 인사권을 행사했으나, 법 개정으로 지방의회 의장이 지방의회의 사무직원에 대한 지휘·감독 및 인사권을 가지게 되었다. 원래 2020년 7월 행정안전부가 국회에 제출한 개정안에는 광역의회만 지방의회 의장이 인사권을 행사하는 것으로 되어 있었다. 그러나 국회 행정안전위원회 법률 심사 과정에서 모든 지방의회 의장에게 인사권이 부여되도록 조정하였다.

(3) 지방의회 운영의 자율권 강화(제40조, 제42조, 제53조, 제54조)

기존에는 지방의원의 의정활동비, 월정수당, 여비를 의정비심의위원회에서 결정하는 금액 이내에서 조례로 정하도록 했었으나, 이 중 월정수당을 제외한 의정활동비와 여비의 경우는 의정비심의위원회의 결정대상에서 제외하도록 함(제40조). 지방의회 의원의 상해 사망 등의 사고에 대한 보상 범위도 조정하였다. 종전에는 회기 중의 사망 상해 등에 한해 보상하는 것으로 되어 있었다(물론 폐회 중이라도 의결사항의 집행, 공무 여행 등은 회기에 준하는 기간의 직무활동으로 인정되었다). 그런데 이번 지방자치법 개정안에는 회기 중이라는 단서 조항을 삭제하였다. 이에 따라 회기 중이 아니더라도 지방의원의 직무로 인한 신체적 사고나 질병에 관해서는 포괄적 보상이 가능할 수 있도록 하였다(제42조).

기존에는 지방의회의 정례회 운영에 관한 사항도 지방자치법 시행령(대통령령)의 기준에 따라 조례로 정하게 되어 있었는데, 이번에는 지방자치법 시행령의 기준 준수 조항을 삭제하고, 정례회 운영에 관한 사항은 지방자치단체의 조례로 정할 수 있도록 자율권을 부여하였다(제53조 제2항). 임시회 소집의 경우에도 지방의회에 자율권을 부여하였다. 종래에는 지방자치단체장이나 지방의원 3분의 1 이상의 의원이 요구하면 15일 이내로 임시회를 소집하도록 되어 있었다. 그러나 이번에 임시회 소집의 지방의원 3분의 1 이상의 요구조항을 삭제하고, 임시 소집 의원 인원 수는 지방자치단체의 조례에 자율적으로 정하도록 하였다(제54조 제3항).

통·폐합으로 새로운 자치단체가 시작되는 경우 임시회 소집 기준을 새롭게 마련하였다. 종래는 지방의회의원 총선거 후 최초 임시회는 지방의회 사무처장, 국장, 과장이 25일 이내에 소집하는 것으로만 되어 있었다. 개정 지방자치법은 이에 추가하여 통·폐합 등으로 새로운 지방자치단체가 설립된 경우의 임시회 소집에 관한 조항을 마련하였다. 즉, 지방의회의 사무처장, 국장, 과장이 해당 지방자치단체가 설치되는 날 임시회를 소집할 수 있도록 한 것이다(제54조 제2항). 의안 발의의 경우도 종래는 지방자치단체장이나 재적의원 5분의 1 이상 또는 의원 수 10명 이상이 발의할 수 있도록 하였으나, 법 개정으로 의원 수의 제한 규정을 삭제, 의안 발의에 필요한 의원 수는 조례로 정하도록 자율권을 부여하였다(제76조 제1항).

(4) 지방의회 조례 제정 권한 확대(제28조 제2항)

과거에 조례는 법령의 범위에서만 제정될 수 있었다. 그러나 새지방자치법에서는 법령에서 조례로 정하도록 위임한 사항은, 그 법령의 하위 법령에서 그 위임의 내용과 범위를 제한하거나 직접 규정할 수 없도록 하였다.

이는 법률에서 조례로 정하도록 위임한 사항을 대통령령(시행령)이나 부령(시행규칙)으로 제한할 수 없다는 것으로, 조례를 시행령의 하위 법령으로 간주하던 관행에 제동을 건 것으로, 지방의회 입법권의 범위가 넓어졌다고 할 수 있는 것이다.

(5) 지방의회 윤리규정 강화(제65조, 제66조)

기존의 윤리특별위원회에 윤리심사자문위원회 설치. 윤리위원회에서는 지방의원의 겸직, 영리행위, 의원의 징계 등에 관해 자문을 할 수 있다. 윤리심사자문위원은 민간전문가 중에서 지방의회 의장이 위촉하도록 한다.

(6) 지방의원 겸직 금지 관련 규정 명확화(제43조)

그동안 지방의원 겸직 금지 기준이 모호하여 논란의 여지가 있었다. 이제는 지방의원의 겸직 사항은 공개해야 한다. 지방의회 의원은 해당 지방자치단체의 출자·출연한 기관이나 단체, 사무 위탁 기관, 지방자치단체로부터 사업비나 운영비를 지원받는 기관이나 단체, 지방자치단체장의 인가를 받아 설립된 조합의 상근 직원이나 위원을 겸직할 수 없다. 겸직 규정을 어기고 사임하지 않을 때 지방의회 의장은 사임을 권고해야 하며, 이 경우 윤리심사자문위원회의 의견을 들을 수 있다.

(7) 지방의원의 지방자치단체와 영리 거래 금지 조항 정비(제44조)

그동안에도 직위를 이용한 이익 취득을 금지하는 조항은 있었으나 새롭게 독립된 조항으로 정리하였다. 지방의회 의원은 해당 지방자치단체나 지방자치단체의 출자·출연한 기관이나 단체, 사무 위탁 기관, 지방자치단체로부터 운영비 사업비를 지원받고 있는 기관이나 단체, 지방자치단체장의 인가를 받아 설립·운영되는 조합과 영리 거래를 해서는 안 된다. 또한 소관 상임위원회의 직무와 관련된 영리 거래도 할 수 없다.

(8) 지방의회 표결 방법 규정(제74조)

기록 표결을 원칙으로 하지만, 의장, 부의장 선거, 불신임, 의원 징계 자격상실 등 인사에 관한 사항, 재의 요구 의결은 무기명 투표로 하기로 함.

3) 지방자치단체장의 인수위원회 설치 및 역할 조정

(1) 지방자치단체장 인수위원회 설치 근거 마련(제105조)

당선인이 결정된 후 20일의 범위 내에서 존재하는 인수위원회를 설치할 수 있다. 광역은 20인 이내 기초는 15인 이내로 구성한다.

(2) 지방자치단체 자문기관의 설치 · 운영 투명화 및 내실화(제130조)

자문기관 운영의 효율성 향상을 위하여, 중복 유사 기능을 수행하는 자문기관의 설치를 제한하고, 대통령령으로 설치 기준을 마련하도록 함. 단체장은 자문기관 운영 현황을 매년 의회에 보고하도록 함.

(3) 행정협의회 설치 시 의회 의결을 의회 보고로 수정(제169조)

기존에는 행정협의회 설치는 의회의 의결사항이었으나 보고사항으로 바뀌게 됨.

Chapter 09

지방자치단체의 개념 · 종류 · 현황

지방자치단체는 지방자치 실천의 핵심 단위이다. 지방자치는 지방자치단체를 중심으로 이루어지는 것이기 때문이다. 일상 속에서 지방자치단체(地方自治團體)와 지방정부(地方政府)라는 용어는 동일 개념으로 상호 통용된다.

우리나라 헌법과 모든 법령, 자치법규에서는 지방정부라는 용어 대신 '지방자치단체'라는 용어를 공식적으로 사용하고 있다. 따라서 여기서는 우리나라에서 공식화되어 있는 법령상 개념인 지방자치단체라는 표현을 사용하고자 한다. 지방자치단체는 줄여서 '지자체(地自體)'라고 표현하기도 한다. 여기서는 먼저 지방자치단체의 개념을 정리하고, 그 종류를 검토한 뒤 우리나라 지방자치단체의 현황을 간략하게 검토하기로 한다.

제 1 절 지방자치단체의 개념

1. 지방자치단체에 대한 다양한 시각

지방자치단체(地方自治團體, local government)는 지방자치의 핵심 실체이며 기본 단위이다. 교육은 학교를 중심으로, 병의 치료는 병원을 중심으로, 상품 생산과 이윤 추구는 기업을 중심으로 이루어지는 것처럼 지방자치는 지방자치단체를 중심으로 이루어진다.

한국에서는 지방자치단체라고 부르지만, 일본에서는 지방공공단체(地方公共團體)라고 부른다. 서구 유럽에서는 지방국가(local state)나 지방정부(local government), 지방당국(local authority)과 같은 표현을 주로 쓴다. 우리나라 헌법이나 지방자치법, 기타 모든 법령, 자치법규에서는 공식적으로 지방자치단체라는 표현을 사용하고 있다. 따라서 국가 공공기관에서도 모두 지방자치단체라는 용어를 사용한다. 지방정부라는 표현은 학문적으로나 일상적인 용어로 사용하지만, 공적인 문서나 법령 등에서는 대부분 사용하지 않는다. 여기서는 지방자치단체의 의미가 다음의 같은 세 가지의 범주의 개념을 모두 포함하고 있다고 본다.

1) 지방국가

첫째는 지방자치단체와 지방국가를 동일 개념으로 보는 견해이다. 지방자치단체를 지역 단위의 국가로 보는 것으로, 지방자치단체를 가장 넓게 보는 입장이다. 이 시각에서는 지방자치단체를 지방에 있는 소규모의 국가인 지방국가(local state)로 이해한다. 지방국가는 전체 국가보다는 제한된 규모와 권한을 갖지만 본질적으로는 일정한 공간 내에서 국가와 유사한 정치적 성질을 가지고 있다고 본다. 영국의 이론가 코크번(Cockburn, 1977)은 지방국가(local state)라는 제목 하에서 지역사회의 권력구조를 분석하고 있으며, 코크란(Cochrane, 1993) 같은 이는 영국에서는 "지방정부가 지방국가로 재구조화되고 있다"고 주장하기도 한다. 영국의 지방자치단체는 연방정부의 주정부와 같은 강력한 권한을 가진 지방국가(local state)의 형태로 운영되고 있다.

2) 지방정부

둘째는 지방자치단체를 지방의 통치기구나 제도라는 의미의 지방정부(local government, local authority)로 이해하는 입장이다.[1] 이러한 맥락에서 보면 지방자치단체와 지방정부는 동일한 개념이다. 언론, 학계 등에서는 지방정부라는 표현을 쓰기도 하지만, 우리나라의 모든 법령에는 지방자치단체라는 개념을 사용하고 있다.

지방정부에 대응하는 개념은 중앙정부이다. 예컨대, '국가와 지방자치단체의 상호 관계'라는 개념 대신, '중앙정부와 지방정부의 상호 관계라는 표현'을 동일한 의미로 사용할 수 있다. 지방자치단체는 지방의 자치 법인체라는 법제도적인 의미를 내포하고 있고, 지방정부는 지역 주민의 정치적 결사체라는 정치적 의미를 내포하고 있다. 어디서 보느냐의 방향은 다르지만 내용은 같다.[2]

3) 지방집행부(지방행정부)

셋째는 지방자치단체를 가장 좁게 규정하는 시각이다. 지방자치단체를 지방자치단체장을 중심으로 한 지방집행부(local executives) 혹은 지방행정부로 한정하는 것이다. 대체적으로 지방자치단체의 장이 지방집행부(지방행정부)의 장이면서, 지방자치단체를 대표하는 기능을 하기 때문이다. 그러나 엄밀한 의미에서 보면 공공법인인 지방자치단체와 그러한 지방자치단체의 사무를 관리하는 지방집행부(지방행정부)와는 구분되는 개념이다.

2. 지방자치단체의 개념 정의

지금까지 현재 지방자치단체로 이해되고 통용되는 세 가지 개념을 검토해보았다. 논

---

1) 지방정부라는 영어 표현은 전통적으로 local government를 쓰지만 영국에서는 local authority라는 표현도 자주 등장하고 있다. 영국의 경우, 지방정부 재구조화를 통해 단일화된 통합자치단체를 UA (Unitary Authority)로, 2005년 출범한 대런던시의 명칭은 GLA(Great London Authority)로 표기하고 있다.

2) 중앙정부는 넓은 의미로 입법, 사법, 행정을 포함한 국가의 통치 조직을 의미하기도 하고, 국가의 행정부를 의미하기도 한다. 미국에서 말하는 정부는 의회를 포함한 통치기구이다. 대부분의 유럽 국가나 일본, 한국에서 정부는 행정부를 의미한다. 우리나라 헌법이나 정부조직법에서 말하는 정부는 의회나 사법부를 제외한 행정부이다. 예컨대, 정부조직법의 내용을 보면 행정부 조직법이다.

자나 필요에 따라 어떤 의미도 선택적으로 사용될 수 있을 것이다. 이 책에서는 정치적 그리고 법 · 제도적 맥락에서 지방자치단체를 다음과 같이 정의해보기로 한다.

[지방자치단체의 개념]

지방자치단체는 지방자치의 기본 단위로서, 국가 내 일정한 공간 구역에 거주하는 주민이, 자치기관을 구성하고, 스스로의 책임과 권한 하에 자치권을 행사하는, 정치적 결사체이며, 지역의 공공 법인체이다.

1) 지방자치단체는 지방자치의 기본 단위이다

지방자치단체는 지방자치를 수행하는 가장 기본적인 단위이며, 핵심적 실체라고 볼 수 있다. 한국에는 특별시 · 광역시 · 도 · 특별자치도 · 특별자치시와 같은 광역자치단체와 시 · 군 · 자치구와 같은 기초자치단체가 있다. 일본은 광역자치단체로 도 · 도 · 부 · 현을 기초자치단체로 시 · 정 · 촌을 운영하고 있다. 서울특별시, 부산광역시, 강원도, 청주시, 포항시, 목포시, 종로구, 달성군, 영암군 같은 명칭을 가진 곳이 지방자치단체이다.

2) 지방자치단체는 국토의 일부 공간 구역에 설치된다

지방자치단체의 국토의 일부분에 자기 고유의 구역을 가지고 있다. 지방자치단체가 점유하는 공간 구역을 자치구역(自治區域)이라고 부른다. 서울특별시도 자신만의 경계를 가진 구역이 있고, 인천광역시, 대구광역시, 전라남도도 자신의 고유한 영역이 있다. 지방자치단체의 구역은 하천, 산지 등 자연적 조건, 인종이나 종교 등의 사회적 조건, 기타 정치 · 행정적 필요성 등에 의해 설정된다. 자치구역은 지방자치의 정치구역이면서 행정구역의 성격을 동시에 가진다. 자치 구역은 역사나 시대적 조건, 과학기술의 발전에 따라 합병되기도 하고, 분할되기도 한다.

3) 지방자치단체는 주민이 중심이 된다

지방자치단체는 주민을 토대로 구성된다. 주민들은 지역의 주권자로서 단체장이나 의회 의원들을 선임하여 자신들의 권한을 위임할 수 있다. 지방자치법상 주민은 그 지역에 주민등록이 되어 있는 사람이며, 주민은 주권자로서 선거권, 공직 담임권, 정책 선택권 등의 권한을 가진다. 이외에도 주민은 실질적 주권자로서 권한을 행사하기 위해 다양한 지역의 의사결정에 참여할 기회를 갖는다. 지방자치는 궁극적으로 주민의 복리를 실현하기 위해서 실행하는 것이고, 지방자치단체는 이러한 주민 욕구에 대응하기 위한 주민 조직체로서의 성격을 가지고 있기 때문이다.

4) 지방자치단체는 자치기관을 구성한다

지방자치단체는 지역의 자치권을 행사하고 지역의 사무를 처리할 수 있는 자치기관을 구성한다. 자치기관은 주민이 자치권을 행사할 수 있는 자치조직을 의미하고 이를 자치정부라고 부를 수 있다. 자치기관은 기본적으로 권력 분립의 원리를 응용한 의회와 집행부로 구성되지만, 위원회 형식으로 구성하기도 한다. 이러한 자치기관의 구성은 주민의 선택을 통해 다양한 형식으로 존재한다. 의회와 집행부를 대립 견제 기구로 구성하기도 하고, 의회와 집행부를 내각제 형식의 통합체로 운영하기도 한다. 소규모의 인구로 구성된 지방에서는 위원회 형식으로 자치기관을 구성하기도 한다. 구역이 있고, 영토가 있다고 하더라도 이러한 자치기능을 수행할 수 있는 자치정부 혹은 자치기구가 없으면 이를 수행할 수 없다.

5) 지방자치단체는 자치권을 행사한다

지방자치단체는 국가 권력과 다른 자치단체의 권한과 분리된 고유한 자치권을 가지고 있다. 이러한 자치권은 주민의 주권이다. 지방자치단체의 자치권은 국가나 다른 자치단체로부터 간섭받지 않고 스스로 문제를 해결해 갈 수 있는 권리라고 할 수 있다. 지방자치단체의 자치권은 자치법규인 조례와 규칙을 제정하는 자치입법권, 기관을 조직하고, 그 구성원을 배치하는 자치조직 및 인사권, 지방의 고유사무를 독자적으로 처리하는 자치사무권, 지방의 세입, 세출을 통해 독자적인 재정 운용을 시도하는 자치재정권 등이 있다. 이러한 지방자치단체의 자치권은 일정한 법령의 범위 내에서 시행될 수 있도록 제한된다. 자치단체의 자치권은 무한정으로 주어지는 것은 아니다. 전체 국가적 통합을 해치지 않는 범위, 주변의 자치단체와 상호 공존할 수 있는 범위 내에서 허용된다.

6) 지방자치단체는 주민의 정치적 결사체이다

지방자치단체는 정치적으로 보면 지역 주민의 이익을 보호하고 지역의 이익을 지키려는 주민의 정치적 결사체이다. 주민들은 스스로의 주권행사를 통해 자신들의 권력을 행사하고 국가(중앙정부)의 부당한 간섭과 억압적 상황에 대해 대항한다. 주변 지방자치단체의 이익 침해로부터 자기 지역의 안전과 이익을 보장하기 위해 정치력을 행사하기도 한다. 이러한 과정 속에서 주민들은 정치적으로 단결하고 지역의 정체성을 확보해 나간다. 지방자치단체는 일정한 영토를 바탕으로 지역의 주민이 중심이 되어 결성한 주민의 자치 정부, 주민의 정치적 결사체로서의 성격도 가지고 있는 것이다.

7) 지방자치단체는 지역의 공공 법인체이다

지방자치단체는 법·제도적 맥락에서 보면 법인격을 갖춘 지역의 공공단체이다. 행정력과 조직을 갖춘 기관이라고 하더라도 독자적 법적 의사 능력을 가진 법인격을 얻지 못하면 자치단체라고 할 수 없다. 지방자치단체는 법인(法人)체로서 자연인(自然人)과 마찬가지로 여러 가지 법적인 의무를 지고, 권리를 행사할 수 있는 법적 의사결정의 독립 주체가 된다. 지방자치단체는 법인체로서 법인이 아닌 일반 행정기관과는 구분된다. 예를 들면, 구(區)라는 같은 명칭을 사용하고 있다하더라도, 지방자치단체인 특별시·광역시의 구(자치구)와, 자치단체가 아닌 50만 명 이상 대도시에 설치된 구(행정구)는 그 법적 지위가 뚜렷이 구분된다. 자치구는 법인이지만, 행정구는 법인이 아니 관리조직이기 때문이다.

지방자치단체는 지역에 기초를 둔 공공 법인체로서 한국관광공사나 한국은행과 같이 전국적인 범위에 존재하는 공공 법인과는 구분된다. 또한 지방자치단체는 지역 주민을 구성원으로 하는 공공 법인체로서, 지역의 특별한 이해관계인에게만 영향을 미치는 농업협동조합, 토지개량조합과 같은 특수 공공 조합과는 구별된다.

참고 9-1 법인(法人)이란 무엇인가?

법률상 권리와 의무의 주체가 될 수 있는 자는 자연인(自然人)과 법인(法人)이 있다. 자연인은 살아 있는 일반 사람을 의미한다. 따라서 사람은 출생과 동시에 권리 능력을 가지며 사망과 동시에 권리 능력이 소멸된다. 법인이란 사람이 아니면서 사람과 같은 권리 능력이 인정되는 법적으로 인정되는 사람으로 조직이나 기관, 단체의 형태로 존재한다.

1. 공법인 · 사법인

법인은 설립 목적에 따라 공법인과 사법인으로 나눌 수 있다. 공법인(公法人)에는 법인조직 설립 · 운영 등에 국가가 관여한다. 국가와 지방자치단체나 공립학교, 공공조합 등이 예이다. 사법인(私法人)은 사인 간의 관계를 통해 설립 · 운영되는 것으로 사적 자치의 원칙이 적용되는 법인이다. 회사 · 사립학교 · 자선단체 등은 사법인이다.

2. 영리법인 · 비영리법인

이익추구 여부에 따라 영리법인과 비영리법인으로 나눌 수 있다. 영리법인(營利法人)은 영리를 목적으로 하는 법인을 말하며 상법상의 회사가 대표적이다. 공공사업을 수행하더라도 사원의 이익을 목적으로 하는 경우는 영리법인이다. 국가 · 지방자치단체 · 학술 · 종교 · 사립학교 등의 단체는 비영리법인(非營利法人)이다.

3. 사단법인 · 재단법인

민법상의 법인은 사단법인과 재단법인이 있다. 사단법인(社團法人)은 2인 이상의 자연인의 결합을 요소로 하여 성립하는 법인인데, 영리사단법인(예: 회사, 은행)과 비영리사단법인(예: 대한적십자사, 대한노인회)으로 구분된다. 재단법인은 일정한 목적을 위하여 기부된 재산을 요소로 하여 성립하는 법인으로 학교, 고아원, 장학재단 등과 같은 것으로 언제나 비영리법인이다.

제 2 절 지방자치단체의 구성 요소와 지위

1. 지방자치단체의 구성 요소

지방자치단체의 개념 정의를 통해서 자치단체의 구성 요소를 추출해볼 수 있다. 국가의 구성 요소를 국민, 영토, 주권의 3요소로 보기도 하지만, 최근에는 여기에 정부를 추가하여 4요소로 구분하기도 한다.[3] 이러한 맥락에 따라 여기서는 지방자치단체의 구성 요소를 주민, 자치구역, 자치권, 자치기관의 네 가지로 구분해보고자 한다([그림 9-1] 참조).

3) 1933년 체결된 국가의 권리와 의무에 관한 몬테비데오 협약에서는 국가의 요건으로 영구적 주민(permanent population), 명확한 영역(defined territory), 정부(government), 타국과의 관계를 맺는 능력(capacity to enter into relatiion with the other states)의 네 가지를 규정하고 있다.

그림 9-1 지방자치단체의 구성 요소

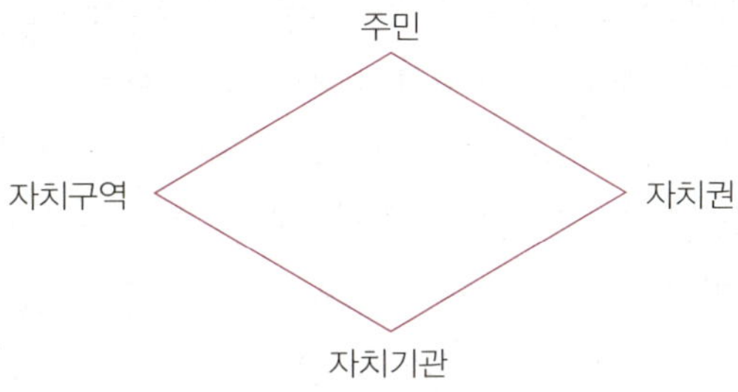

1) 주 민

지방자치단체는 주민을 바탕으로 존재한다. 주민 없는 지방자치단체라는 것은 존재할 수 없다. 국가형성의 기본 요소 중의 하나가 국민인 것처럼, 지방자치단체 주민은 지방자치단체를 구성하는 기본 요소이다. 우리나라 지방자치법상 주민은 그 관할 구역에 주민등록이 되어 있는 사람을 의미한다. 어떤 사람이 실제로 거주하고 있더라도, 그 곳이 주민등록지가 아니면 주민으로서 권리와 의무의 주체가 되지 못한다. 주민(resident)을 시민(citizen)으로 표현하기도 한다. 시민과 주민은 유사 용어이지만 주민은 지역의 거주자라는 법제도적 용어로 주로 쓰이고, 시민은 정치적 관점에서 주권자로서의 주민을 의미하는 개념으로 주로 쓰인다.

2) 자치구역

국가가 성립되려면 기본적으로 자국의 영토를 가지고 있어야 한다. 이와 마찬가지로 지방자치단체를 구성하려면 먼저 자신의 고유한 지역 공간이 있어야 한다. 예컨대, 서울시는 인근 경기도와 구분되는 자신들만의 고유의 영토를 가지고 있다. 경기도는 강원도와 구분되는 자신들의 고유 영토가 있다. 이러한 지방자치단체의 고유한 공간 구역을 자치구역이라고 부른다. 보통자치단체는 자연적으로 구분되는 고유한 공간 영역을 가지고 있다. 여러 개의 자치단체가 연합하여 만드는 특별자치단체의 경우에는 구역이 여러 자치단체에 걸쳐 있기도 한다. 하지만 그 경우에도 연합하여 존재하는 고유의 공간 영역이 있다.

3) 자치권

지방자치단체는 국가의 권력으로부터 자유로운 고유한 자치권을 가지고 있다. 자치입법권, 자치조직권, 자치사무권, 자치인사권, 자치재정권과 같은 것들이다. 국가의 구성 요소인 주권과 같은 개념이라고 할 수 있다. 자치권 없는 자치단체라는 것은 존재 의미가 없다. 지방자치단체의 주민들은 자치조직권을 통해 주민의 정부를 구성하고, 자치사무권을 통해 지역의 사무를 처리한다. 이외에도 자치인사권, 자치재정권을 통해서 지역의 인적·물적 자원을 개발하고 관리해 간다.

4) 자치기관

지방자치단체는 자신들의 문제를 해결해 나갈 수 있는 자치기관을 가진다. 법제도적으로는 자치기관, 자치기구라는 표현을 주로 쓰지만, 일상의 영역이나 정치적으로 자치정부(local government)라는 표현을 사용하기도 한다. 자치기구 혹은 자치기관은 지방자치단체의 통치기구나 제도라는 의미이다. 이런 맥락에서 보면 자치기관과 자치정부는 같은 의미로 통용될 수 있다. 그런데 정부라는 개념은 국가, 국가의 통치기관, 집행부, 지배집단 등 다양한 개념으로 쓸 수 있으므로, 여기서는 개념의 단순화를 위해 자치기관이라는 표현을 쓰기로 한다.[4)]

지방자치단체의 자치기관은 대체적으로 의결기관과 집행기관으로 구분되어 구성된다. 현대 민주주의 정치원리의 하나는 권력분립이므로 권력구조를 의결기관·집행기관으로 구분하고, 상호 견제와 균형의 원리에 의해 운영하도록 한 것이다. 자치기관은 의결기관 집행기관 분리형, 의결기관 집행기관 통합형, 위원회형 등 다양한 형태로 구성된다.

---

4) 대체적으로 정부는 네 가지 정도의 개념으로 사용된다. 첫째는 국가라는 의미이다. 대한민국과 대한민국 정부를 동일한 개념으로 받아들이는 경우이다. 정부가 국가를 대표하기 때문이다. 둘째는 통치기구나 제도라는 의미이다. 민주정부, 전제정부 등의 정부는 입법 사법 행정을 포함한 국가의 통치제도를 의미한다. 셋째는 행정부이다. 우리나라 정부조직법의 내용은 행정부 조직법이다. 대부분의 국가에서 사용하는 정부 개념은 행정부를 지칭한다. 현대 국가는 행정국가이기 때문이다. 넷째는 권력을 장악한 지배집단을 의미한다. 이승만 정부, 장면 정부, 박정희 정부 등에서 사용하는 정부 개념이다.

2. 지방자치단체의 지위

지방자치단체의 국가적 지위는 다양한 맥락에서 검토해 볼 수 있다. 지방자치단체는 정치적으로는 민주주의의 기본 제도인 주민의 정치적 결사체로서, 법적으로는 헌법기관, 행정적으로는 공공사무를 관리하는 행정기관으로서의 지위를 가지고 있다.

1) 주민의 정치적 결사체

지방자치단체는 주민의 이익을 실현하기 위한, 주민에 의해 형성된 주민의 정부이다. 제한된 권력이지만 헌법과 법률에 의해 인정된 지역 국가로서의 성격을 가지고 있다. 즉, 지방자치단체는 주민주권의 가치를 실현하고자 하는 주민의 정치적 공동체이며, 조직체이다. 지방자치단체는 주민주권과 주민이익을 실현하기 위해 자신들의 자치권을 행사한다. 정치적 실체로서 지방자치단체는 국가 혹은 중앙정부와 혹은 주변의 지방자치단체와의 상호 관계 속에서 협조하거나 경쟁하면서 존재한다. 따라서 국가나 다른 지방자치단체와의 공존적 상호 관계를 구축하기 위해 노력하여야 한다.

2) 국가의 헌법기관

현대의 지방자치는 헌법에 의해 제도적으로 보장되고 있다. 즉, 지방자치단체는 헌법에 근거를 둔 국가 헌법기관으로서의 기능을 가지고 있다. 우리나라 헌법 제117조와 제118조에는 지방자치단체와 지방의회의 설치를 규정하고 있다. 따라서 지방자치단체와 지방의회는 헌법기관으로서 일반 법령으로 폐지하거나 지위에 변동을 가할 수 없다. 지방자치단체는 헌법기관이라는 면에서 한국은행, 특허청, 문화재청과 같은 일반적 국가기관과 구분된다. 일반국가 기관으로서 공공단체는 그 기능을 일반 법률에 의하여 창설・부여받지만, 지방자치단체는 개인의 기본권과 마찬가지로 헌법에 의해 그 지위를 부여받는다.

3) 국가 및 지방의 행정기관

지방자치단체는 기본적으로 주민의 정치조직이지만, 동시에 지방의 고유사무를 처리하는 지방의 행정기관이기도 하다. 국가적 통일을 요하는 국가사무를 위임받아 처리하는 국가 행정기관의 역할도 동시에 수행하는 것이다. 지방의회는 지방 고유사무에는 관여하여 의결 및 감시 기능을 수행하지만, 국가의 위탁사무에는 부분적으로 관여하거나(단체위임사무), 전혀 관여하지 못하기도 한다(기관위임사무). 지방자치단체가 국가의 사무를 위탁받아 처리할 때는 그 비용을 전체적으로 혹은 부분적으로 국가가 부담한다.

제 3 절 지방자치단체의 종류

지방자치단체의 유형을 구분하는 것은 그 기준이 무엇이냐에 따라 다양하게 분류해 볼 수 있다. 여기서는 먼저 자치단체의 설립 목적을 중심으로 보통자치단체와 특별자치단체로 구분한다. 보통자치단체는 보편적이고 일상적인 자치단체이고, 특별자치단체는 특수한 목적을 실현하기 위해 설립한 특별목적의 자치단체이다.

1. 보통자치단체

보통자치단체(普通自治團體)는 전국에 걸쳐 보편적 일반적으로 존재하는 지방자치단체이다. 보통자치단체는 그 존립 목적, 조직, 기능 등이 일반적이고 보편적이며 종합적 성격을 지니고 있다. 통상 지방자치단체라 말할 때에는 이 보통지방자치단체를 가리킨다. 보통자치단체는 그 관할 영역에 따라 광역자치단체, 중간자치단체, 기초자치단체로 구분된다. 광역자치단체는 넓은 영역, 기초자치단체는 좁은 영역을 관할한다. 중간자치단체는 광역자치단체와 기초자치단체의 중간영역에 존재한다. 우리나라에 중간자치단체는 존재하지 않는다. 여기서는 미국과 일본 그리고 한국의 사례를 검토해 보기로 한다.

1) 광역자치단체

광역자치단체(廣域自治團體)란 보다 넓은 지역을 담당하는 지방자치단체로 상위 자치단체를 의미한다. 영국이나 미국의 카운티(county), 프랑스의 레지옹(region), 일본의 도・도・부・현(都・道・府・縣), 한국에서는 특별시・광역시・특별자치시・도・특별자치도가 광역자치단체에 속한다.

(1) 미국의 카운티

미국의 대표적인 광역자치단체인 카운티(county)는 주정부에 의해서 창설되는 경우가 많고, 주로 주의 하부행정기관으로 간주되기도 한다. 주에 따라서는 카운티가 자치헌장을 가진 자치단체로서의 지위를 가지기도 한다.[5] 카운티는 종류에 따라 천차만별이며 인구가 700만 명이 되는 로스엔젤레스 카운티(Los Angeles County)가 있는가 하면, 200명 미만이 거주하는 콜로라도 주의 리빙카운티(Living County)도 있다. 카운티의 평균 인구는 약 6만 명 정도라고 한다(국회사무처 입법조사국, 1989: 18).

(2) 일본의 도·도·부·현

일본의 광역자치단체는 1도(都), 1도(道), 2부(府), 43현(縣)으로 구성되어 있다. 일본의 수도인 도쿄도(東京都)는 특별지방자치단체인 23개의 특별구와 주변의 41개의 시·정·촌(市·町·村)을 포괄하고 있는 광역자치단체이다. 이외 1도는 홋카이도(北海道)이며, 2부는 오사카부(大阪府), 교토부(京都府)이다. 현은 우리나라 도와 같은 개념이며 43개가 있다. 이러한 일본의 광역자치단체는 시·정·촌이라는 기초단체를 포함하고 있으며, 광역자치단체는 기초자치단체를 지도, 감독하는 상급 기관으로서의 역할을 수행한다.

(3) 한국: 특별시·광역시·특별자치시·도·특별자치도

우리나라의 광역자치단체는 1특별시(特別市), 6광역시(廣域市), 1특별자치시(特別自治市), 8개도(道), 1특별자치도(特別自治道)로 구성되어 있다. 서울특별시, 부산광역시, 대구광역시, 인천광역시, 광주광역시, 대전광역시, 울산광역시, 세종특별자치시, 경기도, 강원도, 충청북도, 충청남도, 전라북도, 전라남도, 경상북도, 경상남도, 제주특별자치도가 광역자치단체이다.

서울특별시는 1962년 '서울특별시 행정특례에 관한 특별조치법'에 의거 내각 수반의 관할 아래 놓여 있었다. 1963에는 다시 법 개정을 통해 국무총리 소속이 되었다. 1991년 특별조치법이 폐지되고 '서울특별시 행정특례에 관한 법률'이 제정되었는데, 이때에는 중앙정부 직할 체제로 변화하였다. 단, 서울특별시는 수도로서의 특별한 지위를 갖는다고 규정하여 특례를 인정하였으며, 중앙행정기관과 다툼이 있을 때 국무총리가 조

---

5) 카운티는 헌장을 가지는 경우와 헌장을 가지고 있지 않은 경우가 있다. 주에 따라 다르다.

정하도록 되어 있다.

참고 9-2 세종특별자치시와 제주특별자치도

우리나라는 서울특별시 이외에도 자치단체의 명칭에 특별한 지위가 붙어 있는 경우가 있다. 세종특별자치시, 제주특별자치도가 그것이다. 여기서는 세종특별자치시와 제주특별자치도를 살펴보기로 한다.

[세종특별자치시]

세종특별자치시는 과거 충남 연기군과, 충남 공주시와 충북의 청원군 일부 지역을 중심으로 2012년 7월 새롭게 형성된 행정 기능 중심도시이다. 국무총리실, 교육부, 환경부, 보건복지부, 법제처, 국가보훈처, 국세청 등의 중앙행정기관과 소속 기관이 이전했거나 할 계획이다. 세종시는 특별자치시로서 중앙정부 직할의 광역자치단체로서의 지위를 가지고 있지만, 단층제로서 산하에 기초자치단체를 두고 있지 않다.

노무현 정부 시절인 2004년 1월 대통령 공약 사항에 따라 충남지역으로 수도의 이전을 추진하였다. 이에 의거 '신행정수도 건설을 위한 특별법'이 제정되었으나, 그해 10월 헌법재판소는 위헌이라고 판시하였다. 이로 인해 대한민국의 수도(首都)를 충남지역으로의 이전하려는 노력은 중지되었고, 수도의 일부 기능만을 옮기는 행정 중심 복합도시의 건설로 정책이 변경되었다. 이명박 정부 시절인 2010년 12월 '세종특별자치시 설치에 관한 법률'이 통과되었고, 2012년 7월 세종특별자치시가 정식으로 출범하였다.

[제주특별자치도]

제주특별자치도는 우리나라 남해안 지역의 최대의 섬인 제주지역을 중심으로 형성된 광역자치단체이다. 2006년 2월 제정된 '제주특별자치도 설치 및 국제자유도시 조성을 위한 특별법'에 근거하여, 종래의 제주도라는 명칭을 변경하여 2006년 7월 1일 제주특별자치도로 새롭게 출범하였다. 종래에 제주도는 1개 광역자치단체(제주도)와 2시(제주시 · 서귀포시), 2군(북제주군 · 남제주군)의 4개 기초자치단체로 구성되어 있었다. 그러나 능률적인 자치행정의 구현을 위해 과감한 계층 및 구역의 통 · 폐합을 단행하였다. 제주시와 북제주군을 통합하여 제주시로, 서귀포시와 남제주군을 통합하여 서귀포시로 통합하였고, 제주시와 서귀포시는 행정시 체제로 변화되었다. 결과적으로 종래의 기초 · 광역의 2계층의 자치 계층구조를 제주특별자치도를 중심으로 한 단일 계층구조로 재편하게 된 것이다. 이로써 과거의 제주시 · 서귀포시 · 북제주군 · 남제주군에 존재했던 지방의회는 사라지게 되었으며, 주민 직선에 의한 시장 · 군수의 단체장 선거도 실시되지 않게 되었다. 통합 제주시와 서귀포시도 행정시로서 두 도시의 시장은 제주특별자치도 도지사가 임명한다. 이러한 자치계층 및 구역의 재편 과정에서 많은 논란이 있었으나 2005년 7월 27일 주민투표를 실시하여 확정하게 되었다.

2) 기초자치단체

기초자치단체란 영국의 디스트릭트(district), 프랑스의 코뮌(commun), 미국의 시티(city), 빌리지(village), 타운(town), 버러(borough), 일본의 시・정・촌(市・町・村), 우리나라의 시・군・자치구(市・郡・自治區) 등과 같은 것으로, 주민들의 일상적인 삶과 가장 가까운 거리에 존재하는 자치단체를 의미한다.

(1) 미국: 도시자치단체, 타운, 타운십, 특별구

미국의 기초자치단체 중 가장 대표적인 것은 도시자치단체(municipality)인데, 시티(city), 빌리지(village), 타운(town),[6] 버러(borough)가 이에 속한다. 규모는 평균 만 명 내외이다.[7]

도시자치단체는 주민의 청원을 통해 주(state)가 자치단체헌장(charter)을 수여함으로써 가능해진다. 자치단체헌장은 자치단체의 헌법과 같은 것이라고 볼 수 있으며, 자치단체의 제반 운영 원칙을 선언한다. 자치단체 헌장은 주민들이 일정한 집합체를 형성하고, 국왕에게 자치도시로 허락해 줄 것을 청원하면 국왕이 이를 허가하는 전통에서 비롯된 것으로, 일종의 도시 설립에 대한 국가의 허가증서와 같은 성격을 가진다.

뉴잉글랜드 지역에는 타운(town), 타운십(township), 특별구(special district)가 있다. 타운이나 타운십은 카운티의 하부행정 단위이며, 특별구는 특별한 목적으로 결성된 것으로, 학교구, 소방구 등이 대표적인 것이다.

(2) 일본: 시・정・촌

일본의 기초자치단체는 시・정・촌(市・町・村)이 있다. 시의 성립 요건은 인구 5만 명 이상이다. 기초자치단체로서 일본의 시는 정령시, 중핵시, 특례시, 그리고 일반시의 네 종류가 있다.

인구 50만 명을 넘으면 정령(政令)에 의해 광역자치단체의 기능을 일부 이양받을 수 있는 정령지정도시가 된다. 인구 30만 명 이상의 도시에 대해서는 중핵시(中核市), 인구 20만 명 이상의 도시는 특례시(特例市)로 지정한다. 이러한 지정시・중핵시・특례시는 나름대로의 인구 규모에 따른 행정 특례를 부여하고 있다. 이외에 인구 5만 명 이

6) 미국 동부의 뉴잉글랜드 지역에 있는 타운은 도시자치단체가 아니다. 뉴잉글랜드 지역의 타운은 다른 지역의 카운티와 유사한 역할을 수행한다.

7) 그러나 뉴욕시티는 광역자치단체의 지위를 가지고 있으며, 카운티 성격의 5개 버러(borough)를 가지고 있다.

상인 약 600개의 일반시가 있다.

(3) 한국: 시 · 군 · 자치구

우리나라의 경우, 건국 초기에는 시 · 읍 · 면(市 · 邑 · 面)을 기초자치단체로 운영하였으나 1961년 지방자치에 관한 임시조치법에서는 시(市) · 군(郡)이 기초자치단체로 지정되어 읍 · 면이 자치단체로서의 지위를 상실하였다. 현재는 시 · 군 · 구(市 · 郡 · 區)가 기초자치단체이다. 여기서 구는 특별시 · 광역시 안에 설치되어 있는 자치구(自治區)를 의미한다. 기초자치단체는 상위 자치단체인 특별시 · 광역시 · 도의 관할 구역 안에 놓여 있다. 특별시 산하에는 자치구가 있고, 광역시에는 자치구와 군이 소속되어 있으며, 도 산하에는 시와 군이 있다.

시(市) 중에서 제주특별자치도의 2개 행정시(제주시, 서귀포시)와, 구(區) 중에서 인구 50만 명 이상의 시에 설치되어 있는 행정구(行政區)는 기초자치단체에 포함되지 않는다.[8] 따라서 행정시와 행정구에서는 단체장을 선거로 뽑지 않고, 지방의회도 구성하지 않는다.

3) 중간자치단체

우리나라에는 존재하지 않지만 자치단체의 계층구조가 3층의 형태를 띠고 있는 프랑스 같은 경우는 광역자치단체와 기초자치단체 사이에 중간자치단체가 존재한다. 그러나 현대의 지방자치계층은 1계층 혹은 2계층으로 축소하여 운영하는 경향이 강하므로, 중간자치단체가 존재하는 경우는 그리 많지 않다. 프랑스의 경우, 레지옹(région)과 코뮌(commune) 사이에 존재하는 데파르트망(départment)이 중간자치단체이다. 최근 프랑스는 3계층화된 계층구조를 줄이려는 시도를 하고 있어 데파르트망의 폐지를 추진하고 있다. 중국의 성급(省級)과 향급(鄉級) 자치단체 사이에 존재하는 지급(地給), 현급(縣級) 지방정부도 중간자치단체라고 할 수 있다.

---

8) 수원시 장안구 · 권선구 · 팔달구 · 영통구, 성남시 분당구 · 중원구 · 수정구, 천안시 동남구 · 서북구, 청주시 상당구 · 흥덕구 · 서원구 · 청원구, 전주시 덕진구 · 완산구, 포항시 남구 · 북구, 창원시 의창구 · 성산구 · 마산합포구 · 마산회원구 · 진해구 등이 행정구의 예이다. 2021년 현재 32개의 행정구가 있다.

2. 특별자치단체

1) 특별자치단체의 개념과 유형

특별자치단체(特別自治團體)는 특정한 목적을 수행하기 위해 설치한 지방자치단체를 의미한다. 이러한 면에서 전국에 걸쳐 존재하는 보편적 자치단체인 보통자치단체와 구분된다. 보통자치단체가 조직 및 권능 등에 있어서 보편적이고 일반적인데 반해, 특별자치단체는 그 구역, 사무, 조직, 권능 등이 특수적이고 그 존재가 보편적이지 않다. 여기서는 특별자치단체의 유형을 설치 목적에 의한 분류와 설치 구성원에 의한 분류로 나누어 보기로 한다.

먼저, 특별자치단체는 설치 목적에 따라 사무형 특별자치단체와 기업형 특별자치단체로 나눌 수 있다. 미국의 상수도구, 학교구 등이 사무형 특별자치단체이고, 일본의 재산구는 기업형 특별자치단체이다. 우리나라의 경우, 지방자치단체 간의 공동사무를 처리하기 위해 설치하는 지방자치단체조합(지방자치법 제176조)이나 지방자치단체 간 공동기금을 관리하기 위해 설립하는 지방자치단체조합(지방자치단체 기금관리 기본법, 제17조)은 사무형 특별자치단체로 볼 수 있고, 지방직영기업의 경영에 관한 사무를 광역적으로 처리하기 위하여 설치하는 지방자치단체조합(지방공기업법 제44조)은 기업형 특별자치단체라고 할 수 있다.

또한 설치 구성원에 따라 일반 주민이 특수사무를 처리하기 위해 구성하는 주민형 특별지방자치단체와 지방자치단체가 광역적으로 구성하는 자치단체형 특별지방자치단체로 구분해 볼 수 있다. 주민형 특별지방자치단체는 미국의 학교구와 상수도구 · 소방구, 일본의 특별구 및 재산구가 있고, 자치단체형 특별지방자치단체는 독일의 목적조합, 일본의 지방공공단체조합, 우리나라의 지방자치단체조합 등이 있다. 자치단체형 특별자치단체는 지방자치단체를 구성원으로 한다.

2) 외국 사례: 미국과 일본

미국의 경우 특별자치단체는 특별구(special district)를 의미하는데, 특별구는 기존의 지방자치단체로는 처리할 수 없는 특별한 서비스의 공급에 대한 요구가 있거나(소방, 주택, 공공묘지), 서비스의 공급지역이 광역화되어 있을 때(홍수 방지, 토양 보호), 특정한 문제를 정치로부터 분리하고자 할 때(학교구) 설립된다. 특별구는 일반적으로 3~7명으로 구성된 이사회에서 운영되고 있다. 특히 학교구는 전체 특별구의 약 35%를 점유하는데, 주민들에 의해 교육위원회가 구성되고, 여기에서 교육행정의 책임자를 선임한다.

일본의 경우, 우리나라의 특별자치단체를 특별지방공공단체라고 부른다. 일본의 특별공공단체는 특별구(特別區),9) 지방공공단체조합(地方公共團體組合), 재산구(財產區)의 세 가지 유형이 있다. 과거에는 특별자치단체의 한 유형으로 지역개발사업단이 존재했으나 이는 2011년 폐지되었다.10) 특별구는 도(都)의 대도시로서의 일체적인 운영을 위하여 사무, 조직 및 권능 상 여러 가지 특례 하에 운영되는 특별자치단체이다. 이는 도쿄도(東京都)에만 특별히 존재하는데 기능이나 권능은 시(市)와 유사하지만, 사무 처리의 기준이나 내용 등이 여러 가지 면에서 구분이 된다. 지방공공단체조합은 도・도・부・현, 시・정・촌 및 특별구의 사무의 공공 처리를 위하여 설치된 특별지방자치단체이다. 일부사무조합과 광역연합의 두 가지 유형이 있다(일본 지방자치법 제284조). 재산구는 시・정・촌의 일부에 대하여 재산 또는 공공시설의 주체로서 이것을 관리 및 처분하거나 폐지할 수 있는 권능을 인정하기 위한 특별자치단체이다(일본 지방자치법 294조). 이 세 가지 특별지방자치단체 중 특별구와 재산구는 지방자치단체의 일부에 자치단체의 성격을 부여한 것이고, 지방공공단체조합은 복수의 지방자치단체가 공동으로 설정한 복합적인 성격을 갖는 특별자치단체라는 점에서 특색이 있다.

3) 우리나라의 특별자치단체

우리나라의 개정된 지방자치법(2021.1)에는 특별지방자치단체라는 항목을 제12장에 신설하여 상세하게 규정하고 있다. 이를 통해 특별자치단체가 자치단체로서 법인격을 가지고, 자치입법권 및 재정권, 자치조직 및 인사권, 자치 사무권 등을 실질적으로 행사할 수 있도록 제도적 장치를 마련한 것이다. 특별지방자치단체는 이제 독자적으로 의회

---

9) 도쿄도의 특별구는 일반 행정 기능을 수행하는 구로서 우리나라의 특별시・광역시의 자치구와 같은 성격으로 보통자치단체로 볼 수도 있으나, 도쿄도에만 존재하는 자치단체로서 특별자치단체로 구분한다.

10) [일본 지방자치법] 제1조 3: 지방공공단체는 보통지방공공단체와 특별지방공공단체가 있다. 보통지방공공단체는 도・도・부・현(都道府縣)과 시・정・촌(市町村)이 있다. 특별지방공공단체는 특별구(特別區)・지방공공단체조합(地方公共団体の組合)・재산구(財產區)가 있다.

와 집행부를 구성할 수 있는데, 특별지방자치단체의 의원과 단체장은 기존 지방자치단체의 의회의원과 단체장이 겸직할 수 있도록 하였다.

기존의 지방자치법상 특별자치단체의 성격을 가지는 조직으로는 '지방자치단체조합'이 있다.[11] 2개 이상의 지방자치단체 간 사무의 공동 처리 필요성이 인정될 때, 자치단체 간 상호 규약을 정하고, 당해 지방의회의 의결을 거쳐, 특별시·광역시·도는 행정안전부장관의 승인을, 시·군 및 자치구는 특별시장·광역시장·도지사의 승인을 얻어 지방자치단체조합을 설립할 수 있다. 이렇게 설립된 지방자치단체조합에는 조합회의와 조합장, 사무직원을 둘 수 있으며, 해당 지방자치단체의 의회의원과 지방자치단체의 장은 이러한 조합회의의 위원 또는 조합장을 겸직할 수 있다.

이외에도 지방공기업법에 의거 지방공기업의 한 형태인 광역화된 지방직영기업의 형태로 지방자치단체 조합을 운영할 수도 있으며(지방공기업법 제44조), 지방자치단체 기금관리기본법에 의거하여 2개 이상의 지방자치단체가 기금의 여유 자금을 효율적으로 관리하고 활용하기 위하여 지방자치단체조합의 형식으로 지역상생발전 협력기금을 설치할 수 있다(지방자치단체 기금관리기본법 제17조).

참고 9-3 우리나라 특별자치단체 사례: 지리산권 관광개발조합

'지리산권 관광개발 조합'은 지리산 주변에 존재하고 있는 7개의 기초자치단체가 모여서 설립한 특별자치단체로서 지방자치단체 조합이다. 전북 남원시와 장수군, 경남의 하동군·산청군·함양군, 전남의 곡성군·구례군의 3개도 7개 시·군의 기초자치단체가 모여서 지리산권 관광 개발을 공동으로 추진하기 위해 2008년 11월 설립했다.

지리산권의 7개 기초자치단체는 자치구역과 행정구역은 달리하지만 지리산을 공유하고 있는 인접 자치단체들이다. 지리산은 매우 넓은 영역을 점유하고 있으므로, 지리산이라는 산악지역의 관광 개발에는 상호 간 공동 노력과 협력이 필요하다. 예컨대, 지리산 둘레길의 경우는 전북 남원시에서 출발하지만 실제 코스에는 경남·전남의 여러 자치단체 구역을 통과한다. 이 경우 자치단체 간 각각의 코스를 개발하거나 관리하는 것보다는 자치단체 간에 협력하여 공동 개발함으로써, 통일성을 기할 수 있고, 업무를 효율적으로 추진할 수 있다. 이외에도 7개 자치단체는 지리산 관광개발조합을 통해 지역마다 다른 지리산 특산물을 공동으로 홍보 판매하거나, 서로의 지역축제에 참여하고, 7품 7미와 같은 지역을 대표하는 관광상품을 공동 개발 홍보하기도 한다.

11) 지방자치단체조합이 자치조직의 구성, 주민의 참여 등의 여건을 볼 때 자치단체로 보기에는 문제가 있다는 시각도 있으나, 여기서는 특별한 목적을 위해 형성된 자치단체 간의 공동 법인이라는 면에서 특별자치단체의 한 유형으로 다루기로 한다.

제 4 절 우리나라 지방자치단체의 현황

1. 보통자치단체

보통자치단체는 광역자치단체와 기초자치단체로 구성된다. 초기 지방자치법이 제정되던 시기에는 도와 서울특별시가 광역자치단체, 시와 읍・면이 기초자치단체였으나, 1961년 5・16 군사정변 이후 읍・면은 기초자치단체로서의 지위를 상실하였고, 대신 군이 기초자치단체가 되었다.

1988년 새롭게 재편된 지방자치법에는 서울특별시・직할시・도를 광역자치단체로 시・군・구를 기초자치단체로 편성하였다. 1994년에는 직할시를 광역시로 변경하였다. 2006년에는 제주특별자치도가, 2012년에는 세종특별자치시가 출범하였다([표 9-1] 참조).

2021년 1월 현재, 우리나라 자치단체의 총수는 243개로, 17개의 광역자치단체, 226개의 기초자치단체로 구성되어 있다. 광역자치단체는 1특별시, 6광역시, 1특별자치시, 8도, 1특별자치도로 구성되어 있고, 기초자치단체는 75시, 82군, 69자치구로 구성되어 있다([표 9-2] 참조).

표 9-1 우리나라 지방자치단체 명칭 변화

법 령	광역자치단체	기초자치단체
최초 지방자치법(1949.7.4)	도・서울특별시	시・읍・면
임시조치법(1961.9.1)	도・서울특별시	시・군
임시조치법(1973.3.12)	도・서울특별시・부산직할시	시・군
임시조치법(1981.4.4)	도・서울특별시・직할시	시・군
새 지방자치법(1988.4.6)	서울특별시・직할시・도	시・군・구
지방자치법(1994.12.20)	서울특별시・광역시・도	시・군・구
지방자치법(2006.1.11)	서울특별시・광역시・도・특별자치도	시・군・구
지방자치법(2012.7.11)	서울특별시・광역시・특별자치시・도・특별자치도	시・군・구

표 9-2 우리나라 지방자치단체 기본 구성

구 분	총 계	내 용	관 할
광역자치단체	17개	특별시(1), 광역시(6), 특별자치시(1), 도(8), 특별자치도(1)	중앙정부 직할
기초자치단체	226개	시(75), 군(82), 자치구(69)	- 시는 도의 관할 구역 - 군은 광역시 및 도 - 자치구는 특별시 및 광역시의 관할 구역 안에 있음.
계	243개		

* 2021년 1월 현재.

1) 광역자치단체의 현황

서울특별시는 25개의 자치구로 구성되어 있다. 부산광역시는 15개의 자치구와 1개의 군(기장군), 대구광역시는 7개의 자치구와 1개의 군(달성군), 인천광역시는 8개의 자치구와 2개의 군(강화군과 옹진군), 광주광역시에는 5개의 자치구, 대전광역시 역시 5개의 자치구가 있다. 가장 마지막에 광역시로 승격한 울산광역시는 4개의 자치구와 1개의 군(울진군)이 있다. 서울특별시와 광주광역시, 대전광역시에는 군이 존재하지 않는다. 도(道)지역에는 시와 군이 존재하고 있고, 경기도가 28시 3군이라는 가장 많은 수의 기초자치단체를 거느리고 있다. 충청북도가 3개의 시와 8개의 군을 거느리고 있어 가장 적은 수의 기초자치단체를 거느리고 있다.

세종특별자치시와 제주특별자치도는 기초자치단체가 없는 단층제 구조를 가지고 있다. 제주도의 경우, 원래는 제주시와 서귀포시, 남제주군, 북제주군의 4개 기초자치단체가 있었으나, 2006년 제주특별자치도로 전환하면서 기초자치단체의 지위를 포기하고 제주시와 서귀포시 두 개 행정시로 통합 재편하였다. 행정시는 대도시의 행정구와 마찬가지로 기초자치단체가 아니므로, 시장을 도지사가 임명하고, 시의회를 구성하지 않는다([표 9-3] 참조).

광역자치단체 중 가장 인구가 많은 곳은 경기도로 1천 3백 만 명이 넘는다. 그 다음으로 서울특별시 약 973만 명, 부산광역시 약 341만 명 순이다. 가장 인구가 적은 곳은 세종특별자치시로 약 34만 명이고, 다음으로 제주특별자치도 약 67만 명, 울산광역시 약 115만 명 순이다. 세종특별자치시는 2012년 7월에 출범했는데 2013년 1월 당시 인구는 약 11만 3천명이었으나, 2020년 1월에는 약 34만 1천 명으로 3배 가량 증가하였

표 9-3 우리나라 광역자치단체 일반 현황*

구 분	시 · 도청 소재지	소속 기초자치단체 수				행정시	행정구	인구 변동 (단위: 천 명)**	
		계	시	군	자치구			2013년	2020년
계		226	75	82	69	2	32	50,948	51,850
서울특별시	중구	25			25			10,195	9,729
부산광역시	연제구	16		1	15			3,538	3,414
대구광역시	중구	8		1	7			2,506	2,438
인천광역시	남동구	10		2	8			2,844	2,957
광주광역시	서구	5			5			1,469	1,456
대전광역시	서구	5			5			1,525	1,475
울산광역시	남구	5		1	4			1,147	1,148
세종특별자치시	세종시							113	341
경기도	수원시	31	28	3			17	12,093	13,240
강원도	춘천시	18	7	11				1,539	1,542
충청북도	청주시	11	3	8			4	1,566	1,600
충청남도	홍성군	15	8	7			2	2,029	2,124
전라북도	전주시	14	6	8			2	1,873	1,819
전라남도	무안군	22	5	17				1,907	1,869
경상북도	안동시	23	10	13			2	2,698	2,666
경상남도	창원시	18	8	10			5	3,319	3,363
제주특별자치도	제주시					2		584	671

* 자료: 행정안전부, 『전국 행정구역 현황』, 인구는 해당년 1월 1일 주민등록인구.
** 세종특별자치시는 2012년 7월에 출범하여, 2013년 1월 인구 통계와 2020년 1월 인구 통계를 비교함.

다. 행정기관이 다수 이동함으로써 인구가 급격히 늘어난 것으로 보인다. 대체적으로 수도권과 수도권과 인접한 지역(경기, 강원, 충청남북도)은 인구가 증가하고, 수도권과 거리가 있는 남부 지역(부산, 대구, 광주, 대전, 전라남북도, 경상남북도)의 인구는 점차 감소하고 있다. 제주지역도 인구가 다소 증가하고 있는 지역이다([표 9-3] 참조).

2) 기초자치단체 현황

기초자치단체인 시(市) 중에서 가장 인구가 많은 곳은 경기도 수원시이다. 수원시는 경기도 도청 소재지이며 인구는 약 119만 명으로 광역자치단체인 울산광역시(약 115만 명)보다 많다. 이외에도 경기도 고양시(약 107만 명), 경기도 용인시(약 106만 명), 경남 창원시(약 104만 명), 경기도 성남시(약 94만 명). 충북 청주시(약 84만 명) 순이다. 지방자치법 개정(2021.1)으로 인구 100만 명이 넘은 수원시, 고양시, 용인시, 창원시는 대도시의 특례를 적용받는 특례시로 지정되었다. 특례시는 기초자치단체로서의 법적 지위를 가지고 있지만, 광역시에 준하는 행정 재정적 특례를 받을 수 있는 특례도시이다.

이외에도 인구 50만 명 이상의 대도시는 행정구를 설치할 수 있고, 각 도시가 갖는 특성에 따라 각각 대도시 행정 특례의 대상이 될 수 있다. 인구 50만 명 이상 대도시에 설치되는 행정구는 특별시, 광역시에 설치된 자치구와 구분된다. 특별시 광역시에 설치된 구는 자치구로서 구청장을 선거로 선출하고, 구의회를 구성한다. 50만 명 이상 대도시에 설치된 구는 행정구이다. 행정구는 자치단체가 아니므로 구청장은 시장이 임명한다. 구의회도 구성하지 않아서, 구의원 선거도 존재하지 않는다. 경기도에는 가장 많은 17개의 행정구가 설치되어 있다. 경상남도에는 5개가 설치되어 있고, 충남에 4개, 경북, 충남, 전북에 각각 2개가 설치되어 있다. 강원도와 전라남도, 제주특별자치도에는 행정

표 9-4 우리나라 기초자치단체 인구 순위(1~15위)*

순 위	시(총 75개)		군(총 82개)		자치구(총 69개)	
	지 역	인구(천 명)	지 역	인구(천 명)	지 역	인구(천 명)
1	경기 수원	1,194	대구 달성	257	서울 송파	676
2	경기 고양	1,066	울산 울주	223	서울 강서	592
3	경기 용인	1,060	부산 기장	165	대구 달서	569
4	경남 창원	1,045	경북 칠곡	117	서울 강남	545
5	경기 성남	943	경기 양평	117	인천 서	545
6	충북 청주	840	충남 홍성	100	서울 노원	533
7	경기 부천	830	충북 음성	95	인천 남동	533
8	경기 화성	815	전북 완주	92	인천 부평	512
9	경기 남양주	702	전남 무안	81	서울 관악	500
10	전북 전주	654	충북 진천	81	대전 서	481
11	충남 천안	652	충남 예산	79	서울 은평	480
12	경기 안산	651	전남 해남	70	서울 양천	458
13	경기 안양	567	인천 강화	69	서울 성북	443
14	경남 김해	542	강원 홍천	69	대구 북	438
15	경기 평택	513	충남 부여	67	서울 강동	436

* 2020년 1월 1일 주민등록인구(행정안전부).

구가 존재하지 않는다. 제주도에는 행정구 대신 행정시가 2개(제주시, 서귀포시) 있다.

군(郡) 중에서 가장 규모가 큰 곳은 대구광역시 달성군으로 약 26만 명의 인구 규모를 가지고 있다. 그 다음으로, 울산광역시 울주군(약 22만 명), 부산광역시 기장군(약 16만 명), 경상북도 칠곡군(약 11만 7천 명), 경기도 양평군(약 11만 6천 8백 명), 충남 홍성군(약 10만 명) 순이다.

자치구의 인구 규모를 보면 서울특별시 송파구가 68만 명으로 가장 많고, 서울특별시 강서구(약 59만 명), 대구광역시 달서구(약 57만 명), 서울특별시 강남구(약 55만 명), 인천광역시 서구(약 54만 명), 서울특별시 노원구(약 53만 명) 순으로 인구가 분포하고 있다([표 9-4] 참조).

2. 특별자치단체

그동안 우리나라 지방자치법상 특별자치단체의 역할을 하는 단체로는 '지방자치단체조합'이 있었다. 그러나 지방자치단체조합은 자치권의 제약, 주민참여의 미비 등으로 특별자치단체로서의 실질적 기능을 제대로 수행하지 못한다는 점이 한계로 지적되기도 하였다. 이에 따라 개정 지방자치법(2021.1)에는 특별지방자치단체 설립과 운영에 관한 독립된 조항을 새롭게 신설하고, 특별지방자치단체의 요건을 구체적으로 규정하게 되었다(지방자치법 제199조~제211조).

우리나라 지방자치단체조합은 1991년 수도권 매립조합을 시작으로 총 11개가 설립되었다. 이 중 수도권매립조합이 수도권매립지공사로 전환(2000.7.22)되고, 자치정보화조합이 특수법인인 한국지역정보개발정보원으로 전환(2008.7.22)되었으며, 조합 운영의 목적이 달성된 '부산-거제 간 연결도로건설조합(2011.6.8)', '부산-김해 경량 전철조합(2011.12.29), '황해 경제자유구역청(2014.12.30)'은 해산되었다. 2020년 1월 현재 총 6개의 지방자치단체조합이 운영되고 있다([표 9-5] 참조).[12)]

12) 지방자치가 본격적으로 실시되기 전인 1991년 서울특별시 · 인천광역시 · 경기도가 참여하여 설립한 '수도권 매립지 운영 관리조합'을 지방자치단체조합으로 운영한 사례가 있다. 그러나 이 조합은 2000년 공포된 '수도권 매립지 관리공사의 설립 및 운영 등에 관한 법률'에 따라 2000년 7월부터 환경부 관할의 '수도권 매립지 관리공사'로 변경되었다.

표 9-5 지방자치단체조합 현황

조합 명칭	구성원	목 적	승인 일자
부산 · 진해 경제자유구역청	부산광역시, 경상남도	부산 · 진해 경제자유구역 내 각종 인 · 허가 사무 처리 및 외자 유치	2004.1.20
광양만권 경제자유구역청	전라남도, 경상남도	광양만권 자유구역 내 각종 인 · 허가 사무 처리, 외자 유치 등	2004.1.20
수도권 교통본부	서울특별시 · 인천광역시 · 경기도	수도권 광역교통시설 설치 · 운영 총괄	2005.2.4
대구 · 경북 경제자유구역청	대구광역시 · 경상북도	대구 · 경북 경제자유구역 내 각종 인 · 허가 사무 및 외자 유치 등	2008.6.10
지리산권 관광개발조합	남원시 · 장수군 · 구례군 · 곡성군 · 함양군 · 산청군 · 하동군	지리산 인근 7개 시 · 군 관광개발 사업 공동 추진	2008.9.5
지역상생발전기금조합	17개 특별시 · 광역시도	수도권 규제 합리화 이익을 지방 상생발전 재원으로 활용	2010.5.3

* 자료: 행정안전부, 행정안전백서(2019: 35).

본문요약

1. 지방자치단체의 개념

- 지방자치의 기본 단위로서, 국가 내의 일정한 구역에 거주하는 주민이 중심이 되어, 자치기관을 구성하고, 자치권을 행사하는, 주민의 정치적 결사체이며, 지역의 공공 법인체이다.

2. 지방자치단체의 구성 요소와 지위

- 구성 요소: 주민, 자치구역, 자치권, 자치기관
- 지위: 주민주권의 정치적 결사체, 국가의 헌법기관, 국가 및 지방의 행정기관

3. 지방자치단체의 종류

- 보통자치단체: 일반적으로 존재하는 자치단체(광역자치단체, 기초자치단체, 중간자치단체)
- 특별자치단체: 특별한 목적 하에 설립된 자치단체

4. 우리나라 지방자치단체의 현황

- 광역자치단체(17): 1특별시, 6광역시, 1특별자치시, 8도, 1특별자치도
- 기초자치단체(226): 75시, 82군, 69자치구
- 특별자치단체: 지방자치단체조합

[보충학습]

자치단체 헌장

영국이나 미국은 자치단체가 헌장(憲章, charter)을 가지고 있는가 없는가에 따라 지방정부의 지위를 구분하기도 한다. 미국의 경우 도시자치단체(municipality)는 대부분 헌장을 가지고 있지만, 카운티(county)는 헌장이 있는 카운티와 헌장이 없는 카운티로 나뉜다. 미국의 지방자치단체 헌장은 지방정부의 특허장이라고 번역할 수 있는데, 일종의 지방자치단체에 대한 주정부의 인증서(혹은 허가서)라고 볼 수 있다. 이러한 헌장을 가진 지방정부를 자치단체라고 하고, 이러한 헌장을 가지지 못한 지방정부는 준자치단체로 구분한다.

자치단체헌장은 지방자치단체의 구조, 권한, 운영의 기본 원칙 등을 규정하고 있으며, 지방자치의 기본법으로서의 역할을 수행한다. 카운티, 타운, 타운십 및 그 외 지방행정단체는 보통 주의회가 간단한 특별법을 제정함으로써 창설되지만, 자치단체인 도시자치단체(municipality)와 법인격 있는 타운(town) 등을 창설할 때는 이러한 헌장을 채택하는 복잡한 과정을 거친다.

일반적인 단계는 ① 창설을 요구하는 주민의 청원, ② 창설하려고 하는 단체의 승인 여부를 결정하기 위해 주의 감독 하에 행하는 특별투표, ③ 단체에 법인으로서 활동할 수 있는 권한을 부여하는 헌장의 주에 의한 공표 등을 통해 이루어진다. 헌장은 부여되는 방식에 따라 개별헌장, 일반헌장, 분류헌장, 선택헌장, 자치헌장으로 구분된다.

헌장의 구체적인 내용은 다음과 같다(Zimmermann, 안황권 역, 1994: 245-259).

1. 개별헌장(special charter): 가장 오래된 유형인 개별헌장은 주의회의 특별법에 이해 자치단체에 부여된다. 이론적으로 개별헌장은 시가 확실히 필요로 하는 행정조직과 권한을 주문받아 제작하여 주는 것이다.
2. 일반헌장(general charter): 일반헌장 하에서는 자치단체가 크건 작건 각 단체는 완전히 동일한 헌장을 부여받는다. 일반헌장제도는 지방의 정치적 조건, 지리적 사정과 경제적 차이를 고려하고 있지 않다는 문제점을 가지고 있다.
3. 분류헌장(classified charters): 개별헌장과 일반헌장의 결점을 피하기 위하여 몇몇 주에서는 분류헌장제도를 가지고 있다. 이 제도 아래서 자치단체는 인구에 의거

하여 분류되며, 동일한 인구그룹에 있는 모든 시에 대하여 는 동일한 형태의 헌장이 부여된다.

4. 선택헌장(optional charters): 1913년 오하이오 주는 선택헌장 방식을 채택하였으며, 다른 14개 주가 이것을 따랐다. 이 방식 하에서 주의회는 많은 다른 헌장을 기초하여 시의 유권자가 주민투표의 방식에 의해 자치단체에 가장 적합하다고 생각하는 헌장을 채택한다.
5. 자치헌장(home rule charters): 자치헌장은 자치단체에게 자기의 헌장을 기초하고 채택하며 수정하는 것을 인정하는 것이다. 이 규정은 34개 주의 헌법과 4개 주의 법률 속에 포함되어 있다. 1875년 미주리 주 헌법은 지방자치단체의 자치헌장제를 채택하였지만 인구 10만 명 이상의 자치단체로 제한하였다. 자치헌장을 채택하고 있는 자치단체는 상대적으로 주정부에 대해 많은 권한을 가지고 있다.

Chapter 10

지방자치단체의 구역과 계층

앞 장에서 지방자치단체의 개념과 종류 등을 검토해 보았다. 이러한 기본 개념을 토대로 여기서는 지방자치단체는 자치구역과 계층구조를 정리해 보고자 한다. 여기서는 먼저 자치구역의 기본 개념과 설정의 원리를 살펴보고, 자치계층의 설정 근거를 제시한다. 이후 외국의 자치구역과 계층, 그리고 우리나라의 구역과 계층 문제를 검토해 보기로 한다.

제 1 절 지방자치단체의 구역

1. 자치구역의 개념

지방자치단체가 근거를 두고 있는 지리적 공간을 지방자치단체의 구역이라고 할 수 있다. 이러한 자치구역은 자연적 공간, 역사·문화적 공간, 정치적 공간, 행정적 공간,

법적 공간, 사회경제적 공간, 심리적 공간과 같은 다양한 성격을 지니고 있다.

첫째, 지방자치단체의 구역은 주민의 자연지리적 거주 공간으로서의 성격을 가지고 있다. 현대에 와서 교통통신의 발달로 주민 거주 공간의 많은 변화가 있기는 하지만 아직까지도 산맥, 하천, 평야, 바다 등은 주민들의 일정한 거주 공동체를 형성하게 하는 중요한 자연 지리적 공간이다. 주민들의 삶의 공간으로서 지방자치단체의 구역은 국가와 지역사회와 마찬가지로 기본적으로 이러한 자연 지리적 공간을 토대로 형성되어 왔다. 둘째, 지방자치단체의 구역은 일정한 역사·문화적 배경을 토대로 생성된 주민들의 역사적·인문적 정주 공간이다. 지방의 구역은 지역 주민들이 살아가는 일정한 삶의 패턴을 공유하고 있는 공동체 공간이다. 이러한 구역에 존재하는 사람들은 언어, 역사, 문화, 관습, 인종, 가치관 등의 특성을 공유한다. 셋째, 지방자치단체의 구역은 지역 주민의 정치적 공간으로서 성격도 가지고 있다. 자치구역은 주민의 주권이 지배하는 주민 권력의 공간인 것이다. 이러한 자치단체의 공간에 거주하는 주민들은 나름대로의 통치 질서, 권력 질서, 지배 질서를 형성하고 있다. 이러한 면에서 자치 공간은 국가 내의 작은 국가, 하위 국가로서의 성격을 지닌다. 넷째, 지방자치단체의 구역은 국가 및 지방 사무를 처리하는 행정적 단위 공간으로서 성격을 가지고 있다. 행정구역은 국가 및 지방의 공공서비스를 능률적이고 편리하게 공급하기 위해 설정된 사무 처리의 공간이다. 모든 광역자치단체나 기초자치단체를 구성하고 있는 자치단체의 구역은 주민주권의 정치구역임과 동시에 주민 행정을 처리하는 행정구역으로서의 성격을 동시에 가지고 있는 것이다. 다섯째, 지방자치단체의 구역은 자치단체가 제정한 지방법규인 조례와 규칙이 지배하는 공간이다. 즉, 지방자치단체에서 제정한 법적 규범의 지배 공간으로서의 성격을 지닌다. 자치단체의 조례와 규칙은 자치단체의 일정한 영역 안에서 주민 혹은 거주민에 대해 나름대로의 공권적 지배권을 가진다. 여섯째, 지방자치단체의 구역은 주민들이 생업을 유지하는 사회경제적 공간이다. 주민들은 자치구역을 토대로 주민으로서 일상생활을 영위해 나간다. 일곱째, 지방자치단체의 구역은 주민들의 심리적 안정감과 일체감을 부여해 주는 심리적 집단화의 이루고 있는 생활공동체의 공간이다. 주민들은 이러한 구역을 토대로 집단적 공동체 의식을 형성하기도 한다.

2. 자치구역의 설정 기준

이러한 자치단체의 구역은 일정한 경계 범위 내에서 존재하는데, 이를 설정하는 기준을 검토해 보기로 한다.

1) 자연 공간의 공유

지방자치단체의 구역은 일단 자연지리적 공간을 중심으로 형성된다. 자연지리적 공간은 산이나 하천, 바다, 호수 등에 의해 구분되며, 이러한 자연 공간을 경계로 삶의 집단을 형성하고 살아왔다. 최근에는 교통통신시설의 발달로 지역 간의 자연지리적 경계가 변화되어 자연 공간에 따른 자치단체의 구역 설정에 많은 재조정의 필요성이 제기되기도 한다. 예를 들면, 과거에는 섬이었던 지역이 섬과 육지를 연결하는 다리가 건설됨으로써 가까운 이웃 동네로 변모하여 같은 자치구역이나 행정구역으로 통합되는 현상들이 그것이다.

2) 지역 공동체의 형성

자연지리적 공간을 동시에 공유하고 있다 하더라도, 인문학적으로 지역 공동체가 유지되지 못하면 자치구역으로 설정되기 어렵다. 인종, 언어, 역사, 문화, 종교 등이 유사하거나, 동일한 경제 생활권역을 공유하고 있을 때, 주민 간의 공동체가 형성되고 이러한 생활공동체를 중심으로 자치구역이 설정될 수 있는 것이다.

3) 주민참여 기회 보장

자치구역은 정치구역으로서 성격을 가지고 있고, 풀뿌리 민주주의를 실현하는 민주주의 학습장으로서 기능을 한다. 따라서 너무나 넓은 공간에서는 실질적으로 풀뿌리 민주주의를 실현하기 어려운 경우가 많다. 따라서 주민참여 기회가 부여되고, 주민끼리의 상호 소통이 가능한 참여의 공간을 확보할 수 있도록 자치구역을 설정해야 한다. 이러한 입장에서는 자치구역의 광역화에 대해 비판적 시각을 갖게 된다. 자치구역의 광역화가 주민참여의 기회를 축소시키는 역기능을 한다는 것이다.

4) 주민 편리성 확보

자치구역과 주민들의 생활권이 전혀 다르게 편성되어 가까운 곳에서 행정서비스를 받지 못하고 먼 지역에서 관청을 출입해야 하는 경우 등이 존재한다. 이 경우, 주민들은 매우 불편함을 겪게 될 것이므로 생활권에 따른 자치구역의 개편이 검토될 수 있다. 자치구역은 행정·관리적 차원에서 저비용 구조를 실현할 수 있을 뿐만 아니라 주민에게 좀 더 나은 고품질의 행정서비스를 제공할 수 있는 공간구조를 토대로 형성된다.

5) 행정의 능률성

지방자치구역은 공공사무를 처리하는 행정구역으로서의 성격도 가지고 있으므로, 자치구역은 공공사무 관리의 능률성과 경제성을 확보할 수 있는 적정하고 적절한 규모 등을 확보해야 한다. 우리나라에서는 1995년 1월 이러한 행정의 능률성이라는 기준 하에 도시와 농촌을 통합한 도·농 통합시를 출발시켰다. 동일한 생활권을 가지고 있는 두 지역이 통계연감도 따로 발간하고, 도시계획도 따로 수립하는 등 매우 불편하고, 비능률적인 점이 많아 인접 행정구역을 통합하여 도·농 통합시로 재편했던 것이다.

6) 자치 능력의 문제

자치구역은 스스로의 책임과 의무를 수행해야 하기 때문에 자치를 수행할 수 있는 적정 인구 규모를 확보할 수 있어야 한다. 적정 인구 규모는 자치정신을 훼손하지 않으면서도 인적 자원의 동원이나, 자치 재정의 능력을 가질 수 있어야 하기 때문이다. 너무 큰 규모의 자치단체는 주민의 참여의 기회가 제한되는 문제가 있고, 너무 작은 규모의 자치단체는 스스로를 이끌어갈 만한 인적·재정적 능력을 갖추기 어렵다. 따라서 자치구역으로 설정되는 영역은 최소한의 자치 능력, 즉 인적 자원의 동원과 재정의 자율적 운영 능력을 갖추고 있어야 한다.

3. 자치구역의 조정

지방자치단체가 이루어지는 구역을 어떻게 설정할 것인가의 문제도 많은 학자들의 관심 대상이 되어 왔다. 특히 우리나라와 같이 지방자치가 정립의 초기 단계에 와 있는 경우 어떤 기준으로 자치단체를 통·폐합하고, 관리해 나갈 것인가의 문제는 중요한 정책 과제가 될 수 있을 것이다. 지방자치단체의 구역의 재구조화는 다음과 같은 경우가 있을 수 있다.

1) 자치단체의 폐지

첫째는 지방자치단체의 폐지(廢止)됨으로써 자치구역이 소멸되는 경우를 생각해 볼 수 있다. 지방자치단체의 계층이 축소되거나, 통합에 의해 새로운 자치단체가 출현하는 경우 기존의 자치단체는 폐지될 것이다. 1980년대 런던의 지방정부 개혁에서 런던광역시(GLC)가 폐지되었던 사례가 있었고(이후 1990년 말에 와서 GLA로 다시 부활), 우리나라의 1995년 시·군 통·폐합으로 군 단위의 자치단체가 통합 소멸되었던 사례가 있다.

2) 자치단체 간의 통합

둘째는 지방자치단체의 통합 혹은 합병(合併)이다. 두 개 이상의 지방자치단체를 통합하여 새로운 자치구역을 설정하는 경우이다. 광역행정의 필요성, 행정 능률의 필요성, 지역사회의 동일성, 자연적 여건의 조정, 기타 환경 변화 등으로 기존의 자치단체를 통합할 수 있다. 우리나라의 경우, 1995년 이후 여러 차례에 걸쳐 시와 군을 통합하여 1998년까지 41개의 통합시(도·농 통합시)를 구성하였다. 이를 통해 기초자치단체의 광역화를 이루었고, 행정관리 비용을 대대적으로 절감하는 효과를 거두었다. 이후 2010년에는 마산·창원·진해를 통합한 통합 창원시가 출범하였고, 2014년에는 청주시와 청원군을 통합한 청주시가 출범하였다.

3) 자치단체의 신설

셋째는 지방자치단체의 신설(新設)이다. 자치구역의 신설은 자치구역의 재조정 과정을 거치면서 기존에 존재하지 않던 행정구역을 새롭게 만들거나 새로운 구역을 만드는 경우를 의미한다. 분리나 합병 혹은 구역의 전면적 재편을 통해 자치구역을 신설할 수 있다. 충남 계룡시(2003.9.18), 세종특별자치시(2012.7.1)는 신설된 자치단체의 경우이다.

4) 자치구역 경계의 변경

넷째는 생활권의 변경 등으로 지방자치단체의 구역 경계를 변경하는 것이다. 교통수단과 기타 통신 시설의 발달, 기타 도시 세력권의 변화로 주민들의 생활권역이 변동되어 행정적·경제적 이유로 지방자치단체 간의 구역 경계를 재조정하거나 분할하여 편입시키는 경우를 의미한다. 경기도에 소속되어 있었던 강화군, 옹진군이 인천광역시로 편입되거나, 과거 전북지역이었던 금산이 충남으로 변경된 사례가 이에 속한다. 지방자치단체 관할 구역 경계 변경은 대통령령으로 정한다.

5) 자치단체의 분리

다섯째는 지방자치단체의 분리(分離)이다. 기존 지방자치단체에서 분리하여 새로운 지방자치단체를 창설하거나, 새로운 지위를 획득하는 경우를 의미한다. 경계의 변경과 유사하지만 경계의 변경이 현 자치구역을 유지하면서 조정하는 것이라면, 분할은 자치구역의 명칭 및 지위 변동을 가져와 새로운 자치구역을 창설한다는 측면에서 구분된다. 제주도는 1946년 전라남도로부터 분리되어 제주도를 형성하였고, 1997년 울산광역시가 경상남도로부터 분리되어 독립적인 광역자치단체가 되었다.

6) 자치단체의 명칭 변경

이외에 자치구역의 명칭을 변경하는 경우도 있을 수 있다. 자치구역의 명칭 변경은 법률로 정한다(지방자치법 제5조). 폐지, 신설, 통합의 경우도 역시 법률로 정한다. 그런데 자치단체 명칭 변경 중 한자 명칭만 변경하는 경우는 대통령령으로 정한다(지방자치법 제5조 제2항 단서 조항).

제 2 절 지방자치단체의 계층

1. 지방자치단체 계층의 개념

조직에서의 업무 계층은 업무의 성격, 통솔의 범위, 업무의 곤란성, 업무의 책임성 등에 따라서 형성되는데, 대체적으로 상위 계층일수록 거시적 정책 개발이나 전략 기획, 중간직의 경우 실무 차원의 기획이나 정책 개발, 일반관리 기능을 수행하고, 하위직의 경우 조직 운영이나 사무 관리 등의 단순한 역할을 수행한다는 것이다. 경찰이나 공무원 조직에는 책임자, 실장, 국장, 과장, 담당 등과 같은 다양한 업무의 계층구조를 가지고 있으며, 군대에도 책임자, 군단장, 사단장, 연대장, 대대장, 중대장, 소대장, 분대장 등의 업무 계층구조가 존재한다.

이는 동일 임무를 수행하면서도 업무의 성격, 통솔의 범위, 업무의 책임성, 곤란성 등에 따라 계층을 구분하고 있음을 보여주고 있다. 자치단체도 담당하는 업무에 따라 광역 업무를 처리하는 광역자치단체와 일상생활의 기초적인 업무를 처리하는 기초자치단체 간의 계층이 존재하게 된다.

2. 자치계층의 유형

이러한 지방자치단체의 업무 계층은 크게 단일계층제(one-tier system)과 다계층제(multi-tier system), 혼합계층제(mixed-tire system)로 구분해 볼 수 있다.

1) 단일계층제

단일계층제란 지방자치단체의 계층을 국가와 지방자치단체의 관계로 일원화하는 것이다. 현대 사회는 교통통신 등 접근성의 발달로 과거와 같은 업무 계층의 구분이 불필요하다고 보는 사람들은 이러한 단일계층제를 지지한다. 즉, 업무 계층의 중복으로 업무의 복잡성 증가 및 관리비용의 증가, 불필요한 조직 유지를 위한 행정비용의 증가 등의 문제로 업무의 계층을 축소 단일화하는 것이다. 영국의 경우, 스코틀랜드, 웨일스,

북아일랜드는 과거의 2계층을 모두 단일계층화하였다. 한국의 경우도 제주특별자치도는 기초자치단체를 폐지하고, 광역자치단체 중심으로 단일 계층을 완성하였다.

2) 다계층제

지방자치단체를 다계층화하는 경우이다. 지방 업무의 복잡성, 책임성, 곤란성, 광역성, 주민의 참여 욕구 등에 따라 지방자치단체의 계층을 다단계로 조정하는 것을 의미한다. 광역적 조정이 필요한 업무는 광역자치단체가, 일상적 생활 업무는 기초자치단체가 처리하는 것이 합리적이라고 보는 것이다. 대부분의 국가에서는 이러한 다층제를 채택하고 있다. 미국 · 일본 · 한국 등은 기본적으로 광역-기초의 2층제를 유지하지만, 프랑스 같은 경우는 광역-중간-기초의 3층제, 중국은 성급-지급-현급-향진급의 4계층제를 유지한다.

3) 혼합계층제

지역의 자연적 여건 혹은 사회경제적 여건에 따라 단일 복합계층과 다계층을 동시에 적용시키는 것이다. 농촌이나 산악지역과 같이 교통 접근성이 어려운 곳에는 주민의 접근성과 편의를 위해 2계층을 도시지역은 1계층을 유지하는 경우가 이런 예에 속한다. 영국의 잉글랜드 지역에서는 도시지역은 단일 계층화, 농촌지역은 2계층제를 유지하고, 런던은 원래 2계층을 1계층으로 했다가 다시 2계층으로 재편하기도 하였다. 우리나라도 기본적으로 2층제이지만, 세종특별자치시와 제주특별자치도는 1계층제로 운영되고 있다.

3. 여러 나라의 자치계층

여기서는 외국 여러 나라의 자방자치단체 구역과 계층을 보통자치단체를 중심으로 설명하고자 하는데, 영국, 미국, 프랑스, 독일, 일본, 중국의 사례를 설명해 보고자 한다.

1) 영 국

영국은 크게 잉글랜드, 웨일스, 스코틀랜드, 북아일랜드 지역으로 나누어진다. 잉글랜드 지방은 주요 계층구조가 1계층 혹은 2계층의 구조로 되어 있다. 카운티(county)는 전통적으로 광역자치단체를 의미하고, 디스트릭트(district)나 버러(borough)는 기초자치단체를 의미한다. 주로 대도시지역은 단일계층으로 구성되어 있으며, 농촌지역은 카운티-디스트릭트의 2계층구조로 되어 있다. 이외에 웨일스나 스코틀랜드도 2계층제를 계속 유지하다가, 1996년 4월부터 1998년까지 모두 단일 계층구조로 바꾸었다. 북아일랜드는 과거부터 현재까지 계속 단층구조를 유지해오고 있다.

2) 미 국

미국은 연방정부 국가이므로 주정부 아래 지방정부가 있는데, 기본적으로 광역자치단체인 카운티(county)와 기초자치단체인 타운(town: 뉴잉글랜드 지역의 타운임), 타운십(township), 도시자치단체(municipality)의 2계층제 구성되어 있다고 할 수 있다. 그런데 미국의 지방자치는 주마다 매우 다르므로 그 구조를 일반화하기는 어렵다. 예를 들면, 캘리포니아에는 주정부 밑에 로스앤젤레스 카운티(L. A. County)가 있고, 카운티 구역 내에 로스앤젤레스시티(L. A. City)가 있다. 뉴욕 주의 경우 뉴욕시(New York City)가 광역자치단체이고, 그 밑에 기초자치단체로 버러(borough)가 있다. 이외에도 또한 주에 따라 카운티가 없는 곳도 있고, 카운티와 타운, 타운십만으로 이루어진 곳도 있다.

3) 프랑스

프랑스는 지방자치계층이 2 내지 3계층구조를 가지고 있다. 겉으로 보기에는 영국이나 미국에 비해 1~2계층이 많은 것처럼 보인다. 그러나 프랑스 정부 형태는 중앙집권적 단일국가이므로, 주정부라는 계층이 생략되어 있다. 따라서 실질적인 정부의 계층구조는 연방국가인 미국, 준연방국가인 영국과 크게 다르지 않다. 광역자치단체로 레지옹(région)이 있고, 중간자치단체로 데파르트망(département), 기초자치단체로 코뮌(commune)이 있다. 일반적으로 3계층제를 유지하고 있지만 파리지역은 파리레지옹(Paris Région)-파리(Paris)의 2층제와, 파리레지옹-데파르트망-코뮌의 3층제가 동시에 존재하고 있다. 현재 프랑스 헌법에 데파르트망은 자치단체로 규정되어 있지만, 실질적으로 데파르트망을 없애고 레지옹과 코뮌의 2원 체계로 개편하는 개혁 작업이 진행되고 있다. 그러나 아직까지 프랑스 헌법에는 데파르트망이 지방자치단체로 지정되어 있다. 데

파르트망의 폐지 문제는 헌법 개정과 연결되어 있는 문제이다.[1]

4) 독 일

독일도 연방국가인데 연방정부 밑에 주정부인 란트(Land)가 있고, 그 밑에 1계층 혹은 2계층의 지방정부 구조를 가지고 있다. 미국의 주(State)와 같은 란트(Land) 밑에는 일반적으로 크라이스(Kreis), 게마인데(Gemeinde)의 2계층제를 유지한다. 그러나 도시지역에는 란트 아래 크라이스 자유도시(Kreisfreie Stadt)의 단층제를 유지한다. 여기서 크라이스는 광역자치단체, 게마인데는 기초자치단체라고 할 수 있다. 이외에도 수도인 베를린이나 기타 함부르크, 브레멘 같은 도시는 란트(Land)와 같은 지위를 가지는 도시주(都市州)로서의 독립적인 지위를 가지고 있다.

5) 일 본

일본은 집권적 단일국가로서 가장 단순하고 통일된 형식의 2계층제의 자치구조를 가지고 있다. 중앙정부 밑에 광역자치단체로는 도 · 도 · 부 · 현(都 · 道 · 府 · 縣)이 있고, 그 아래 소속된 기초자치단체로는 시 · 정 · 촌(市 · 町 · 村)이 있다. 도쿄(東京)는 도(都)로서 우리나라의 특별시와 같은 지위를 가지고 있고, 오사카(大阪)와 교토(京都)는 부(府)이다. 홋카이도(北海道)는 도(道)이며, 기타 43개의 현(縣)이 있다. 일본의 광역자치단체는 1도(都) · 1도(道) · 2부(府) · 43현(縣) 체제를 구축하고 있다. 기초자치단체로는 시 · 정 · 촌이 있다. 시는 규모에 따라 지정시(50만 명 이상), 중핵시(30만 명 이상), 특례시(20만 명 이상), 일반시(5만 명 이상)로 구분된다.

6) 중 국

중국의 지방자치 계층은 성급(省級), 지급(地級), 현급(縣級), 향 · 진급(鄕 · 津級)의 4계층을 기본으로 하고 있고, 지역에 따라서 3계층도 존재한다.[2]

---

1) 프랑스 헌법 제72조 ① 공화국의 지방자치단체는 코뮌, 데파르트망(도), 레지옹(지역), 특별 지방자치단체 및 제74조에서 정하는 해외지방자치단체로 구성된다. 이외의 지방자치단체는 법률로 설치하며, 필요한 경우 이 항에서 명시한 1개 이상의 지방자치단체들을 대체하여 설치될 수 있다.

2) 중국은 일반적으로 4계층이지만, 베이징이나 상하이 같은 직할시의 경우는 3계층(베이징-구 · 현-향 · 진)이다.

최상위 계층은 성급(省級) 지방정부이다. 이는 4직할시(直轄市)·22성(省)·5자치구(自治區)·2특별행정구역(特別行政區域)으로 구성되어 있다. 4직할시는 베이징·텐진·충칭·상하이를 의미한다. 전국은 22개 성(省)과 5개의 자치구(自治區)로 구분하여 관리하고 있는데, 중국에서는 공식적으로는 타이완을 포함한 23개성을 자국 내의 지방정부로 보고 있다. 그러나 실질적으로 타이완(臺灣)을 제외한 22개의 성이 중국의 실질적 통치 영역 내에 존재하고 있다. 자치구는 내몽고자치구, 신강위구르자치구, 서장자치구, 광시장족 자치구, 영화회족자치구의 다섯 개가 있으며, 2개의 특별행정구역은 홍콩과 마카오를 의미한다. 2단계 계층은 지급(地級) 지방정부이다. 지급 지방정부는 성급 아래 단계의 자치계층이다. 자치주(自治州)·지급시((地級市)·지구(地區)가 있다. 자치주는 조선족이 모여 사는 연변자치주와 같이 소수 민족의 거주지를 중심으로 형성된다. 지급시는 광역대도시를 의미한다. 지급시는 보통 규모인 현급시보다 훨씬 규모가 큰 도시이다. 지구(地區)는 주로 자치구에 설치되어 있다. 내몽고 자치구의 경우는 지구(地區) 대신 맹(盟)이라는 명칭을 사용한다. 지급시는 그 아래에 3단계 자치계층인 시할구(市割區)나 현(縣), 현급시(縣級市)를 거느리고 있다.[3] 3단계 계층은 현급(縣級) 지방정부이다. 현급 지방정부로는 시할구(市割區)·현급시(縣級市)·현(縣)이 있다. 성(省)이나 자치구(自治區) 아래에는 현급시(縣級市)·현(縣)·자치현(自治縣)이 있고, 직할시 아래에는 시할구(市割區)·현급시(縣級市)·현(縣)이 있다. 시할구란 시 아래에 구분되어 존재하는 구라는 의미이다. 우리나라 특별시나 광역시의 구와 같은 의미라고 할 수 있다. 마지막 4단계 계층은 가도(街道)·향(鄕)·진(津)·민족향(民族鄕)인데, 3단계 계층인 시할구·현급시·현·자치현 아래에 소속되어 있다.

7) 한 국

한국은 기본적으로 광역자치단체-기초자치단체의 2계층구조로 편성되어 있으나, 1계층구조를 가진 경우도 있다. 예컨대, 2계층구조는 특별시-자치구, 광역시-자치구·군, 도-시·군의 경우이고, 1계층구조는 세종특별자치시, 제주특별자치도의 경우이다. 세종특별자치시는 기초자치단체가 없는 1계층제이며, 하부행정기관으로 읍·면·동이

3) 중국의 도시는 지급(地級)시와 현급(縣級)시의 두 가지 유형으로 구분된다. 지급시는 아래에 구(시할구)·현·현급시를 가지고 있는 광역 대도시이고, 현급시는 지급시에 소속된 일반시라고 할 수 있다.

있다. 제주특별자치도의 경우도 1계층제이다. 제주특별자치도에는 제주시·서귀포시가 있지만, 이 시는 행정시이므로 자치단체가 아니다.

표 10-1 여러 나라의 지방정부 계층구조

나 라	계 층	예
영국	1계층, 2계층	• 잉글랜드: 비도시카운티 – 비대도시구역(2계층), 대도시구역(1계층), 통합카운티(1계층), 대런던시 – 런던구·런던시(2계층) • 웨일스·스코틀랜드·북아일랜드: 통합카운티(1계층)
미국	2계층	• 카운티 – 시티·빌리지·버러·타운·타운십(2계층) • 대도시 – 버러(2계층)
프랑스	2계층, 3계층	• 레지옹 – 데파르트망 – 코뮌(3계층) • 파리는 2·3계층(파리레지옹 – 파리, 파리레지옹 – 데파르트망 – 코뮌)
독일	1계층, 2계층	• 크라이스 자치도시(1계층), 크라이스 – 게마인데(2계층)
일본	2계층	• 도·도·부·현 – 시·정·촌(2계층)
중국	3계층, 4계층	• 성급 – 지급 – 현급 – 향·진급(4계층) • 성급 – 현급 – 향·진급(3계층)
한국	1계층, 2계층	• 세종특별자치시, 제주특별자치도(1계층) • 특별시 – 자치구, 광역시 – 자치구·군, 도 – 시·군(2계층)

제 3 절 우리나라 지방자치단체의 구역과 계층

1. 지방행정제도의 역사

우리나라 지방제도는 삼국 시대로부터 거슬러 올라가 검토해 볼 수 있으나, 여기서는 신라가 고구려와 백제를 통합한 남북국 시대(통일신라 시대)부터 근·현대까지 발전되어온 지방제도를 중심으로 기술해 보고자 한다.

1) 남북국 시대(통일신라 시대): 9주 5소경

신라는 고구려와 백제를 통합하여 북쪽의 발해와 경계를 이루는 남북국 시대(통일신라 시대)의 주역이 되었다. 신라는 지증왕대 이래 그 영토 확장에 따라 주·군·현

(州·郡·縣)을 설치했고, 또 새로운 점령지로서 정치상, 군사상 중요한 곳에는 소경(小京)을 두었다. 주(州)는 9개를 두었는데 원래의 신라와 가야 지역에 3개 주, 백제 지역에 3개 주, 고구려 남부 지역에 3개 주를 설치하였다. 소경은 5개를 두었는데 김해지역에 금관경, 남원에 남원경, 청주에 서원경, 충주에 중원경, 원주에 북원경을 두었다(신문왕 7년 697년 정비). 9주 밑에는 군과 현을 두었는데 경덕왕 16년(757)에 이르러 117군, 239현으로 정비되었다. 9주 5소경은 현대적 의미로 보면 광역자치단체의 구역이고, 군·현은 기초자치단체의 구역이라고 볼 수 있다(내무부, 1979: 46).

2) 고려 시대: 5도 양계

우리나라에서 도(道)라는 명칭이 처음 사용된 것은 고려 성종 때부터였다. 995년(성종 14년) 당의 10도제를 모방하여 전국 10도제를 취하게 되었다. 그러나 이때의 도는 수장관(首長官)없이 중앙의 안찰사들이 수시로 순찰하고 돌아오는 정도였기 때문에 오늘의 도와는 성격을 약간 달리하는 것이었다(내무부, 1979: 27). 고려 시대 지방제도는 이후 몇 번의 개편 과정을 거쳐 중기 이후에 정비되었다. 11세기 초 현종 때에 이르러 5도제와 2계제도가 성립되어(五道兩界), 대체적으로 오늘날의 도와 유사한 체제를 구축하게 된다.

5도는 현 황해도 지역에 서해도(西海道), 강원도 서부와 경기 동북부 지역을 중심으로 한 교주도(交州道), 현재의 개성과 서울과 충주, 청주 지역을 중심으로 한 양광도(揚廣道), 전주와 나주를 중심으로 한 전라도(全羅道), 경주 상주, 진주 등이 중심이 된 경상도(慶尙道)가 설치되었다. 양계는 북계(北界)와 동계(東界)가 설치되었는데, 주로 여진족과 거란의 침입에 대비하기 위한 변방 지역을 관리하였다.

3) 조선 시대 초기: 8도제의 확립

조선 시대에는 전국을 8도제로 나누어 현재 지방 행정 구역의 기본 틀을 구성하는데 큰 영향을 미쳤다. 8도는 경기도, 충청도, 전라도, 경상도, 강원도, 황해도, 영안도[永安道, 뒤에 함경도(咸鏡道)], 평안도로 현재의 행정구역과 매우 유사하게 구분되고 있다. 각 도에는 관찰사가 파견되어 부·목·군·현(府·牧·郡·縣)을 총괄하였다.

4) 조선 시대 말기: 23부제와 13도제의 확립

1895년(고종 32년) 당시 김홍집 내각의 홍범(洪範) 14조에 따라 지방제도의 대대적인 개혁이 추진되었고, 1895년 5월 26일 기존의 8도제가 폐지되고, 23부제가 도입되었다. 8도제가 너무 행정구역을 광역화한 것의 문제점을 개선하고, 근대적이고 중앙집권적인 행정체제를 갖추고자, 한성부(漢城府), 인천부, 충주부, 홍주부, 공주부, 전주부, 남원부, 나주부, 제주부, 진주부, 동래부, 대구부, 안동부, 강릉부, 춘천부, 개성부, 해주부, 평양부, 의주부, 강계부, 함흥부, 갑산부, 경성부(鏡城府)의 23부로 재편한 것이었다.

그러나 이러한 23부제는 불과 1년 2개월의 짧은 기간만 시행되고, 1896년(고종 33년) 8월 4일 다시 13도제로 개편되었다. 13도제는 종래의 8도에 바탕을 두고 경기, 강원, 황해의 3개 도를 제외한 나머지 지역을 남북 양도로 분할하였다. 이에 따라 함경남북도, 평안남북도, 충청남북도, 전라남북도, 경상남북도와 같은 구분이 생겨나게 되었다.

5) 일제 시대: 13도 12부제

일제 시대에도 이러한 13도제는 그대로 유지되었으며, 면제가 도입되어 기초 행정단위로 부-군-면제가 정착되었다. 부는 한성부(漢城府)가 경성부(京城府)로 전환되었고, 평양부, 부산부, 대구부, 인천부, 목포부, 광주부, 전주부, 대전부, 군산부, 진주부, 마산부의 12개가 운영되었다. 대체적으로 일본과의 연계가 가능한 지역이거나 일본이 거주지역, 국내 곡물의 운송기지가 부로 승격되었다. 부는 해방 이후 대부분 시로 명칭을 바꾸었다. 일제 시대에 면이라는 명칭은 한일합방 이전부터 면・사・방(面・社・坊) 등으로 쓰였으나, 일제 시대(1910년)에 일선 행정조직으로 정비되어 구체화되었다. 1913년 12월 총독부 부령에 의해 대대적인 행정구역 개편이 이루어지고, 부・도・군・면・리・동(府・道・郡・面・里・洞)의 현대 행정 체계와 유사한 명칭이 정비되었다. 1930년 12월 총독부령으로 면이 분리되어 '읍・면제'가 실시되었다.

6) 해방과 근・현대: 1특별시, 6광역시, 1특별자치시, 8도, 1특별자치도

해방 이후 미군정이 실시되고 큰 변화는 없었으나, 1945년 경성부가 서울시로 바뀌었고, 1946년 전라남도 관할 하에 있던 제주도가 분리되어 남한 지역에 8개 도에서 9개 도가 되었다. 이후 1949년 서울시가 서울특별시로 명칭이 바뀌었고, 14개의 시가 출범

하였다.4)

1963년부터 부산시를 시작으로 직할시 제도가 도입되었다. 이후 대구, 인천, 광주, 대전이 직할시로 승격되었다. 직할시는 1995년 다시 광역시로 그 명칭이 변경되었고, 광역 행정구역으로 특별시, 광역시, 도 체제가 정비되었다. 1997년에는 울산시가 경상남도로부터 분리되어 광역시로 승격되었다. 이후 2006년 7월 제주특별자치도가 출범하고, 2012년 7월 세종특별자치시가 설립되었다. 2021년 현재 1특별시 · 6광역시 · 1특별자치시 · 8도 · 1특별자치도의 17개 광역 체제와, 75시 · 82군 · 69자치구의 226개의 기초 체제가 운영되고 있다([그림 10-1] 참조).

그림 10-1 우리나라의 행정계층 및 자치계층

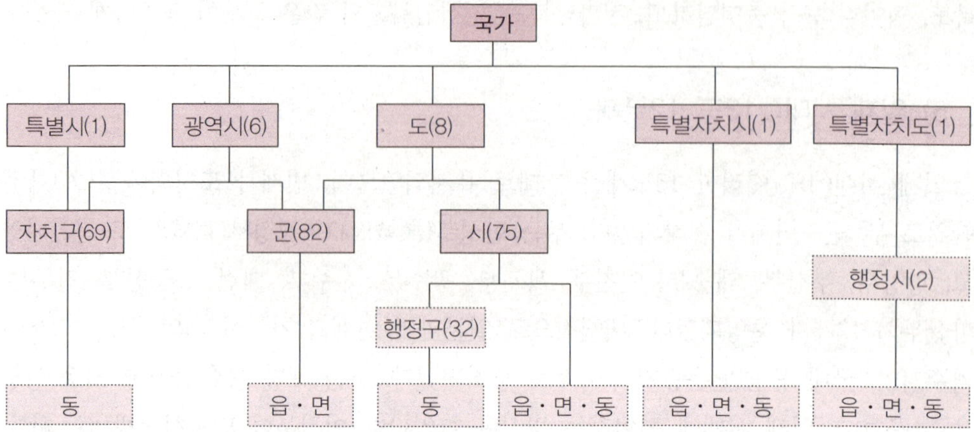

* 2021년 1월 현재: 광역자치단체 17, 기초자치단체 226, 총 243개.

4) 대한민국 정부 수립 이후인 1949년 남한 지역에 설치된 14개의 도시와 인구: 서울특별시(1,446,019), 경남 부산시(473,619), 경북 대구시(313,705), 경기 인천시(265,767), 전남 광주시(138,883), 충남 대전시(126,704), 전남 목포시(111,128), 전북 전주시(100,624), 경남 마산시(91,291), 경남 진주시(77,473), 전북 군산시(74,447), 충북 청주시(64,571), 강원 춘천시(54.539). 전북 이리시(46,674)(한국통계연감, 1952).

2. 현재의 지방자치구역과 계층

자치구역은 일단 행정구역을 토대로 형성된다. 그러나 모든 행정구역이 자치구역이 되는 것은 아니다. 행정구역 중에서도 상위 1, 2계층만 자치구역으로 설정된다. 또한 자치구역은 법인의 구역이며, 자치권을 행사하고 지방선거가 실시되는 등 행정구역과는 구분되는 정치적 성격을 지니고 있다. 여기서는 먼저 행정구역에 대해서 알아보고, 지방자치 구역과 계층을 검토해 보기로 한다.

1) 행정구역의 설치 기준

서울특별시는 대한민국의 수도로서 설치된 것이며, 광역시는 특별법에 의해 설립되며 뚜렷한 기준은 없다. 기초자치단체인 시·군·자치구는 지방자치법에 나름대로의 설치 기준을 제시하고 있는데 그 내용은 다음과 같다.

(1) 시

지방자치법상 시(市)가 되기 위해서는 일반적으로 대부분이 도시 형태를 갖추고 인구 5만 명 이상이 되어야 한다. 시에는 행정 단위로서 읍·면·동을 둘 수 있으며, 인구 50만 명 이상인 시에는 자치구가 아닌 구인 행정구를 둘 수 있다.

광역자치단체로 특별시, 광역시가 있고, 기초자치단체로는 특례시(인구 100만 명 이상), 일반시, 도·농 통합시가 있다. 제주특별자치도 내의 제주시와 서귀포시는 시의 형태를 유지하지만, 자치단체가 아닌 행정시이다.

그 밖에 시와 군을 통합한 지역이나, 인구 5만 명 이상의 도시 형태를 갖춘 지역이 있는 군, 인구 2만 명 이상의 도시 형태를 갖춘 2개 이상의 지역의 인구가 5만 명 이상인 군(이 경우에는 군의 인구가 15만 명 이상이어야 한다), 국가의 정책으로 도시가 형성되고 도의 출장소가 설치된 지역으로 인구가 3만 명 이상이고, 인구 15만 명 이상의 도·농 복합 형태의 시의 일부인 지역에 도·농복합 형태의 시를 설치할 수 있다(지방자치법 제10조 제2항).[5)]

도·농 통합시의 경우는 도시 형태를 갖춘 지역에는 동을, 그 밖의 지역에는 읍·면을 두되, 도·농 복합 형태의 시에 자치구가 아닌 구(행정구)를 둘 경우에는 당해 구

5) 2003년 6월 지방자치법 개정으로 당시 인구 31,340만 명이었던 충남계룡출장소가 2003년 9월 충남계룡시로서 승격할 수 있었다.

(區)에 읍·면·동을 둘 수 있다(지방자치법 제3조 제3항).

(2) 군

군(郡)을 설치하는 데 특별한 인구 기준은 없다. 군은 광역시나 도에 있는 농촌 중심 지역의 자치 및 행정 단위이며, 읍·면·리를 하부행정 단위로 가지고 있다. 따라서 도·농 통합형 광역시에는 자치구와 군이 동시에 존재할 수 있다.

광역시 내에 존재하는 군은 부산광역시 기장군, 대구광역시 달성군, 인천광역시 강화군과 옹진군, 울산광역시 울주군의 5개가 있다. 광역시 중 대전광역시와 광주광역시에는 군이 존재하지 않는다. 물론 서울특별시에도 군은 존재하지 않는다.

(3) 구

구(區)는 대도시의 구역 안에 존재하는데, 구 중에서는 자치구역인 구가 있고, 행정구역으로서의 구가 있다. 전자, 즉 자치구역인 구를 자치구(自治區)라고 하고, 단순한 행정구역상의 구는 행정구(行政區)라고 한다. 특별시와 광역시의 구는 자치구이고, 그렇지 않은 일반도시의 구는 행정구이다.

행정구는 특별시, 광역시 및 특별자치시가 아닌 인구 50만 명 이상의 시에 설치할 수 있다. 예를 들면, 서울시 종로구나 대전시 동구는 특별시나 광역시에 있는 구로서 자치구이지만, 경기도 수원시 팔달구, 충청북도 청주시 상당구나 전라북도 전주시의 완산구는 인구 50만 명 이상의 시에 행정의 편의상 설치한 행정구이다. 자치구는 지방의회(구의회)를 구성하고 지방자치단체장(구청장)을 선거로 뽑지만, 행정구에서는 자치단체가 아니므로 지방의회를 구성하지 않으며, 구청장도 시장이 임명한다.

(4) 읍·면·동·리

자치단체는 아니지만, 하부행정 단위로 읍·면·동·리(邑·面·洞·里)가 존재한다. 읍·면·동·리는 주로 자연촌락 혹은 면대면(face to face) 접촉이 가능한 지역의 최소 공동 단위를 중심으로 형성된다. 1952년 우리나라 최초의 지방의회가 구성될 때 읍·면은 자치단체의 구역이었으나 1961년 이후 읍·면 자치제는 폐지되었다.

읍(邑)의 설치 기준은 대부분이 도시의 형태를 갖추고 인구 2만 명 이상이 되어야 한다. 그러나 인구가 2만 명이 되지 않더라도, 군사무소 소재지의 면이나, 읍이 없는 도·농 복합 형태의 시에 있어서 그 면 중 1개면은 읍을 설치할 수 있다. 농촌지역의 행정 단위 중 읍보다 작은 부락은 면(面)으로, 자연 촌락은 리(里)로 구분한다. 일반적으로 동(洞)은 도시지역인 시(市)나 구(區)의 하부행정 단위이며, 읍·면(邑·面)은 군의 하부행정 단위이다. 그러나 도·농 복합시의 경우에는 읍·면·동이 동시에 존재한다. 읍·면에는 리(里)를, 동에는 통(統)을 둔다. 읍·면·동·리는 법인격을 갖춘 자치단체는 아니지만, 읍·면·동의 경우 주민센터를 중심으로 주민자치위원회를 구성하여 운영하고 있고, 리의 경우는 이장을 주민선거로 뽑는 등 부분적으로 근린자치(近隣自治) 기능을 수행하고 있다.

2) 행정구역과 계층

우리나라 자치구역과 계층은 행정구역과 계층을 토대로 결정되고 있으므로, 먼저 행정구역과 계층을 살펴보고 자치구역과 계층을 살펴보고자 한다. 행정계층 중 1, 2계층은 자치계층을 형성하고 있다. 행정 단위의 계층 구조는 기본적으로 3계층에서 4계층까

표 10-2 우리나라 행정계층과 자치계층

<table>
<tr><th colspan="2" rowspan="2">구 분</th><th colspan="4">행정계층과 자치계층</th><th rowspan="2">사 례</th></tr>
<tr><th colspan="2">행정 계층</th><th colspan="2">자치계층</th></tr>
<tr><td colspan="2">특별시(1)</td><td>3계층</td><td>시-구-동</td><td>2계층</td><td>특별시/구</td><td>서울특별시 종로구 인사동</td></tr>
<tr><td colspan="2" rowspan="3">광역시(6)</td><td rowspan="3">3계층</td><td>시-구-동</td><td rowspan="3">2계층</td><td>광역시/구</td><td>부산광역시 중구 중앙동</td></tr>
<tr><td>시-군-읍</td><td rowspan="2">광역시/군</td><td>부산광역시 기장군 기장읍</td></tr>
<tr><td>시-군-면</td><td>부산광역시 기장군 일광면</td></tr>
<tr><td colspan="2">특별자치시(1)</td><td>2계층</td><td>시-읍·면·동</td><td>1계층</td><td>자치시</td><td>세종특별자치시 조치원읍</td></tr>
<tr><td rowspan="10">도
(8)</td><td>행정구 있는
일반시</td><td>4계층</td><td>도-시-행정구-동</td><td rowspan="10">2계층</td><td rowspan="8">도/시</td><td>충북 청주시 상당구 중앙동</td></tr>
<tr><td>행정구 없는
일반시</td><td>3계층</td><td>도-시-동</td><td>강원도 강릉시 홍제동</td></tr>
<tr><td rowspan="3">행정구 있는
도·농 통합시</td><td rowspan="3">4계층</td><td>도-시-행정구-동</td><td>경북 포항시 남구 송도동</td></tr>
<tr><td>도-시-행정구-읍</td><td>경북 포항시 남구 구룡포읍</td></tr>
<tr><td>도-시-행정구-면</td><td>경북 포항시 남구 동해면</td></tr>
<tr><td rowspan="3">행정구 없는
도·농 통합시</td><td rowspan="3">3계층</td><td>도-시-동</td><td>전북 남원시 향교동</td></tr>
<tr><td>도-시-읍</td><td>전북 남원시 운봉읍</td></tr>
<tr><td>도-시-면</td><td>전북 남원시 대산면</td></tr>
<tr><td rowspan="2">농촌</td><td rowspan="2">3계층</td><td>도-군-읍</td><td rowspan="2">도/군</td><td>경북 고령군 고령읍</td></tr>
<tr><td>도-군-면</td><td>충북 청원군 양성면</td></tr>
<tr><td colspan="2">특별자치도(1)</td><td>3계층</td><td>도-시-읍·면·동</td><td>1계층</td><td>자치도</td><td>제주도 제주시 아라동</td></tr>
</table>

지 다양하게 존재하고 있다. 예를 들면, '서울시 종로구 인사동'과 같은 곳은 3계층, '경상북도 포항시 남구 동해면'과 같은 곳은 4계층구조를 형성하고 있다([표 10-2] 참조).

3) 자치구역과 계층

위에서 언급한 행정계층 중 상위 1계층과 2계층은 자치계층을 구성하고 있는데, 자치계층의 구조를 보면 특별시 · 광역시 · 도는 광역자치단체로 자치단체 제1계층을, 시 · 군 · 자치구는 기초자치단체로 자치단체 제2계층을 형성하고 있다. 광역자치단체라고 할 수 있는 세종특별자치와 제주특별자치도는 1계층이다. 특별시에는 자치구, 광역시에는 자치구, 도에는 시와 군이 기초자치단체로 소속되어 있다([그림 10-1] 참조).

제 4 절 지방자치의 구역 및 계층 개편

지방자치단체의 구역 및 계층의 재편론은 우리나라에서 행정 체제 개편이라는 명제 아래 논의되고 있는데, 엄밀하게 말하면 이는 지방자치 구역을 재편하는 것이므로 지방자치 체제 개편이라는 용어가 적합하다. 물론 자치구역은 행정구역의 1, 2계층과 일치하므로 자치구역이 재편되면 행정구역 역시 재편된다.

대체적으로 영국이나 일본이나 우리나라나 개편의 큰 흐름은 광역행정 체제를 구축하는 것이다. 즉, 구역 간 통 · 폐합과 계층 축소를 지향하는 방향으로 추진되고 있다. 여기서는 다양하게 제기되는 개편안을 수직적 통합론, 수평적 통합론, 기능 재편론의 세 가지로 나누어 검토해 보고자 한다.

1. 수직적 통합론

수직적 통합론은 상 · 하의 계층을 통합 축소하는 것으로 계층 축소론이라고 할 수 있다. 우리나라의 경우 2계층을 1계층으로 단일화하는 안이 제기되고 있는데, 이는 크게 광역자치단체 폐지론과 기초자치단체 폐지론으로 구분해 볼 수 있다.

1) 광역자치단체 폐지론

광역자치단체 폐지론은 현재 광역자치단체를 폐지하고 시·군·자치구를 통합 광역화하여 전국을 50~70여 개의 준광역자치단체로 만들고자 하는 안이다. 중간자치단체를 없애고 국가와 준광역단체가 직접 연계하여 공공사무를 처리한다.

이러한 주장의 근거는 다음과 같이 제시해 볼 수 있다.

첫째, 행정적 측면이다. 불필요한 행정계층의 구조조정을 통해 행정비용의 절감 및 능률성의 확보할 수 있다는 것이다. 도와 시·군 간의 사무 중복에 따른 광역-기초 간 갈등 및 비능률을 제거하며, 도와 시·군 간 사무의 중복 처리로 민원인의 규제 강화, 불편 초래, 중복 시간이 소요되는 폐단을 방지할 수 있다는 것이다. 둘째, 정치적 측면에서는 광역자치단체의 폐지가 자치의 역기능적 측면 해소에 도움을 줄 수 있다고 보는 것이다. 현재는 광역자치단체장의 권한이 상대적으로 비대해져서 중앙정부 정책과 갈등이 자주 생성되고, 특정 지역의 시장·도지사의 경우 바로 대권 주자화하는 등 지방자치의 왜곡을 초래하고 있다는 것이다. 또한 도를 폐지함으로써 도 단위 중심으로 형성된 지역주의 구도를 해소할 수 있다고 본다.

2) 기초자치단체 폐지·축소론

기초자치단체 폐지론은 기초자치단체를 폐지하고 현재의 광역자치단체 중심으로 지방자치를 실시하여 지방자치 규모의 광역화를 이루자는 것이다. 제주특별자치도는 기존의 4개 기초자치단체를 폐지하고 단일계층화하였으며, 두 개의 행정시(제주시, 서귀포시)로 재편하였다. 이는 기초자치단체를 폐지하고 광역자치단체 중심으로 재편한 전형적 사례라고 볼 수 있다.

이외에도 기초자치단체를 준자치단체로 격하시키고 광역자치단체 중심으로 자치단체를 운영하는 방안이 있다. 특히 특별시나 광역시 같은 대도시의 자치구를 중심으로 논의되는 안이다. 즉, 특별시나 광역시의 구청장을 임명하고 구의회만 구성하거나, 구의회 기능을 광역의원이 겸임하는 안과 구청장은 직선으로 선출하되 구의회를 폐지하거나, 구의회 기능을 광역의원이 겸임하는 안 등이 있다.

이러한 개편안의 근거는 대도시 구의 경우 구역을 구분하는 실익이 없으며, 통·폐합을 통해 지방자치 영역에서 규모의 경제를 실현할 수 있다는 것이다. 기초 계층 축소를 통해 광역 중심의 강력한 행정력으로 지방행정의 생산성을 극대화할 수 있다는 것이다. 이러한 견해에 반대하는 시각은 이러한 통·폐합이 기초자치단체를 무력화시켜 풀뿌리 민주주의 기본 정신을 해치게 된다는 것이다.

2. 수평적 통합론

광역-기초의 2계층제를 유지하면서, 행정 능률을 위해 생활권이 유사한 기초자치단체와 기초자치단체, 광역자치단체와 광역자치단체를 수평적으로 상호 통합하는 안이다. 우리나라는 1995년 대규모의 시·군 통합을 이루어낸 경험이 있고, 최근에는 마산·창원·진해, 청주·청원이 수평적 통합을 이루어낸 경험을 가지고 있다. 이러한 수평적 통합은 자치단체의 오랜 역사성 문화적 정체성을 크게 해치지 않는 범위 내에서 자치단체를 재구성함으로써, 지역 주민의 정서적 혼란을 예방하고, 자치역량의 강화할 수 있으며, 행정 능률을 꾀할 수 있다는 장점을 가지고 있다. 그러나 기초자치단체 수평적 통합의 경우 주민참여 기회가 감소된다는 점, 광역자치단체의 수평적 통합은 일정한 오랜 역사와 거대 정치 세력을 확보하고 있는 광역자치단체 간의 이해 대립으로 통합이 쉽지 않다는 점 등이 문제점으로 지적되기도 한다.

3. 기능 재편론

이는 기존의 광역-기초 2계층제를 유지하면서 기존 광역자치단체와 기초자치단체의 기능과 역할을 재조정하여 구조 재편의 효과를 얻고자 하는 안이다. 즉, 광역-기초의 수직적 기본 구도는 그대로 두고 상하 기능의 재구조화를 통해 지방자치 체제의 개편을 추구하는 입장이다.

1) 광역자치단체 중심의 기능 재편

이는 기존의 2계층은 유지하면서도 광역자치단체가 중심이 되어 지방자치의 핵심 기능을 수행하고 기초자치단체는 생활·문화 등의 제한된 업무만을 수행하는 방안이다. 광역자치단체를 해체하거나 기능을 약화시키는 것이 아니라 지금보다 훨씬 더 강한 권한을 부여하자는 견해이다.

특별지방행정기관의 기능을 광역자치단체에 이관하여 광역자치단체의 기능을 강화하고 재정적 · 인적 자치권을 중앙에서 광역자치단체로 대폭 이양해야 한다는 안, 광역자치단체는 나름대로의 오랜 역사성과 문화적 · 정치적 공동체로서의 성격을 지니고 있으므로 광역자치단체를 중심으로 스위스와 유사한 연방제 수준으로 강력한 분권화를 시도하자는 연방제 안 등이 있다(안성호, 2000). 광역자치단체가 중심이 되어야 하는 근거로는 교통 도로망의 발달로 광역개발이 일반화되어 있고, 지역 수준의 이해 갈등은 광역자치단체가 우선적으로 조정 가능하며, 국가와 기초 간의 강력한 조정 기능을 수행하여 실질적인 지역 발전의 동력을 확보할 수 있다는 것이다.

2) 기초자치단체 중심의 기능 재편

기존 광역자치단체를 유지하면서 광역-기초 간의 업무의 중첩성을 해소하기 위해 보충성의 원리에 의해 중복 기능을 과감히 기초자치단체로 이전하는 방안이다. 광역자치단체의 기초자치단체 감독권 등을 삭제하고, 광역자치단체는 광역적 연계 업무 및 최소의 조정 기능만을 담당하게 하는 안이다.

도를 존치 시킨 상태에서 시 · 군 기능을 강화하여 시 · 군으로 과감한 기능 이양(홍준현, 2000)을 하자는 견해나, 도 계층의 축소가 필요하지만 현실적인 어려움을 감안하여, 가능한 대안으로 도의 시 · 군 감독 기능을 폐지하고, 도와 시 · 군 간의 명확한 사무 구분, 시 · 군의 통합 광역화, 특정시 제도의 도입, 도에 특별지방행정기관의 일부 기능 도에 이양하는 안(심익섭, 2001)들이 제기되고 있다. 이러한 주장은 실질적 지방자치가 기초자치단체를 중심으로 전개됨으로써 지방자치의 사무배분 기본 원리 중의 하나인 보충성의 원리를 실현할 수 있고, 광역자치단체의 기능을 제한적 영역에 한정함으로써 기초자치단체를 중심으로 풀뿌리 민주주의를 실현할 수 있다고 보는 것이다.

4. 한국의 시 · 군 통합

지방자치단체의 계층을 축소하고 통 · 폐합하는 작업은 영국과 일본에서 대대적으로 전개되었다. 영국에서는 자치계층의 수를 1계층으로 단순화시키는 수직적 통합을 주로 추진했다. 한국의 자치단체 통합은 도 · 농 통합 특례법에 의거 1994~1995년에 걸쳐서 시와 군 지역을 중심으로 대규모 시 · 군 통합을 단행하였다. 1994년부터 시작하여 1998

년 여수시가 통합을 이루어냄으로써 총 40개의 도·농 통합시가 탄생하였다([표 10-3] 참조).

이후에도 2006년 제주특별자치도의 제주시와 북제주군은 제주시로, 서귀포시와 남제주군은 서귀포시로 수평적으로 통합하여 행정시를 만들었고, 다시 상위 자치단체인 제주도와 수직적으로 통합하였다. 이후에도 꾸준히 통합을 전개하여 마산·창원·진주가 합하여 통합창원시(2010년 7월 1일)로 출범하였고, 청주·청원이 합하여 통합청주시(2014년 7월 1일)를 출범시켰다.

표 10-3 우리나라 도·농 통합시 현황(1995~1998)

시 명칭		설치 이전 구역	시 명칭		설치 이전 구역
경기	평택시	송탄시, 평택시, 평택군	전남	나주시	나주시, 나주군
	남양주시	미금시, 남양주군		광양시	동광양시, 광양군
강원	춘천시	춘천시, 춘천군	경북	포항시	포항시, 영일군
	원주시	원주시, 원주군		경주시	경주시, 경주군
	강릉시	강릉시, 명주군		김천시	김천시, 금릉군
	삼척시	삼척시, 삼척군		안동시	안동시, 안동군
충북	충주시	충주시, 중원군		구미시	구미시, 선산군
	제천시	제천시, 제천군		영주시	영주시, 영풍군
충남	천안시	천안시, 천안군		영천시	영천시, 영천군
	공주시	공주시, 공주군		상주시	상주시, 상주군
	보령시	대천시, 보령군		문경시	점촌시, 문경군
	아산시	온양시, 아산군		경산시	경산시, 경산군
	서산시	서산시, 서산군	경남	창원시	창원시, 창원군 일부
전북	군산시	군산시, 옥구군		마산시	마산시, 창원군 일부
	익산시	이리시, 익산군		진주시	진주시, 진양군
	정읍시	정주시, 정읍군		통영시	충무시, 통영군
	남원시	남원시, 남원군		사천시	삼천포시, 사천군
	김제시	김제시, 김제군		김해시	김해시, 김해군
전남	순천시	순천시, 승주군		밀양시	밀양시, 밀양군
	여수시	여수시, 여천시, 여천군		거제시	장승포시, 거제군

* 1995.1.1. 34개(남양주시 외 33개) 도·농 통합시 설치, 1995.5.10. 5개(평택시·천안시·익산시·사천시·김해시) 도·농 통합시 설치, 1998.4.1. 1개(여수시) 도·농 통합시 설치로 총 40개의 도·농 통합시가 탄생하였다.
* 이후는 2006년에는 제주시와 북제주군, 서귀포시와 남제주군은 행정시로 통합되었고, 후에 제주도와 수직적 계층 단일화를 이루었다. 2010년 마산·창원·진해가 통합(통합 창원시)되었고, 2014년 청주·청원이 통합(통합 청주시)되었다.

본문요약

1. 지방자치단체의 구역 설정 기준

- 자치구역 설정 기준: 자연 공간, 지역 공동체, 주민참여 기회, 주민 편리성, 행정 능률성, 자치 능력
- 자치구역의 조정: 폐지, 통합, 신설, 경계의 변경, 분리

2. 여러 나라의 지방자치단체 계층구조

- 영국: 잉글랜드 일부 지역은 2계층이고, 전반적으로 1계층
- 미국: 전반적으로 2계층, 중간 계층 카운티 역할 미약
- 프랑스: 전반적으로 3계층, 파리지역은 2계층
- 독일: 전반적으로 2계층, 도시지역은 1계층
- 일본: 도시 · 농촌 지역 통일적으로 2계층
- 중국: 대체적으로 4계층, 직할시는 3계층
- 한국: 일반적으로 2계층, 세종특별자치시와 제주특별자치도는 1계층

3. 우리나라 지방자치단체의 구역과 계층

- 구역 설정 인구 기준: 시(5만 명 이상), 읍(2만 명 이상), 행정구(50만 명 이상의 시)
- 역사: 9주 5소경(통일신라), 5도 2계(고려), 8도제(조선 초기), 23부제-13도제(조선 후기), 13도 10부제(일제 시대), 1특별시 · 6광역시 · 1특별자치시 · 8도 · 1특별자치도(현재)
- 행정계층: 3~4계층
- 자치계층: 광역계층과 기초계층으로 2계층, 세종특별자치시와 제주특별자치도 1계층

4. 지방자치의 구역 · 계층 및 행정 체제 재편

- 수직적 통합론: 계층 축소론, 광역-기초의 2단계 계층을 준광역자치단체의 1단계로 축소하는 안
- 수평적 통합론: 광역-기초의 2단계를 유지하되 기초와 기초, 광역과 광역을 통합 광역화 하는 안
- 기능 재편론: 광역-기초의 2단계를 유지하면서 기능을 조정 · 보완하는 안

5. 한국의 시 · 군 통합

- 1995~1998년: 40개 도 · 농 통합시 탄생
- 2006년에는 제주시와 서귀포시 도에 통합, 2010년 통합창원시, 2014년 통합청주시 출범

Chapter 11

지방자치단체의 주민과 참여

주민은 지방자치단체의 인적 구성 요소이며, 지방자치단체의 행위 주체이다. 지방자치의 실질적 행위 주체로서 주민은 지역문제의 해결 과정에 적극 참여함으로써 스스로의 권익을 지킬 수 있다. 여기서는 지방자치 영역에서 주민의 본질과 지위를 먼저 검토하고, 주민이 실질적인 지역의 유권자로서 행동할 수 있는 주민참여의 방식에 관해 검토해 보기로 하겠다.

제 1 절 주민의 개념과 지위 · 의무

1. 주민의 개념

우리나라 지방자치법 제12조에는 "지방자치단체의 구역 안에 주소를 가진 자는 그 지방자치단체의 주민이 된다"라고 규정하고 있다. 주민의 자격 요건은 해당 지방자치단체의 구역 안에 주소를 가지고 있어야 한다. 주소란 민법상으로는 생활 근거가 되는 곳이지만, 지방자치법상의 주소는 주민등록상 등재되어 있는 거주지를 의미한다.[1] 지방자치법상 그 지역의 주민으로서 권리를 행사하고자 하는 경우에는 구역 안에 주민등록이 되어 있어야 하는 것이다.

주민(resident)과 시민(citizen)은 유사한 용어이지만 구분되어 쓰이기도 한다. 주민은 거주하는 사람이란 의미로서 제도적 · 법적 관념이지만, 시민은 근대 시민사회의 주권자로서 개인을 의미하는 정치적 관념이다. 지방자치 영역에서 주민과 시민은 동의어로 이해될 수 있지만, 여기서는 법률상의 용어인 주민이라는 용어를 주로 사용하기로 한다.

2. 주민의 지위

1) 지방의 주권자

전제봉건사회에서 주민은 통치의 대상이거나 주권자인 왕의 부속품에 지나지 않았다. 그러나 근대 시민사회에서 주민은 지역의 통치 주체이며, 모든 지역 권력의 중심인 지방의 주권자로서의 지위를 가지고 있다. 지방자치는 주민이 중심에 서고, 주민이 스스로 참여하여 그 책임과 의무를 다하는 주민 중심의 통치구조이다. 정치인이나 공직자는 이러한 주인의 이익을 대리하여 실천하는 대리인의 지위를 가진다.

2) 지방의 최고 의사결정기관

주민은 지방자치단체의 최고 의사결정기관이다. 모든 지역의 의사결정은 최종적으로 주민의 선택을 통해 이루어진다. 대의 민주주의 하에서 지역의 의사결정은 주민의 권력을 위임받은 대표기관인 지방의회나 지방자치단체장을 통해 간접적으로 이루어지기도 한다. 그러나 사안에 따라서는 주민발의, 주민투표, 주민소환과 같은 주민의 직접 참여방식에 의해 지역문제를 해결하기도 한다. 지방의회에서 이루어지는 의결도 주민의 대리인으로서 의결하는 것이기 때문에, 실질적으로 주민의 의사는 정책 판단의 결정적 요

1) 민법 제18조(주소): ① 생활의 근거가 되는 곳을 주소로 한다. ② 주소는 동시에 두 곳 이상 있을 수 있다. 민법 제19조(거소): 주소를 알 수 없으면 거소(居所)를 주소로 본다.

인이 된다. 지방자치법(2021.1)에는 주민은 주민생활에 영향을 미치는 지방자치단체의 정책결정 및 집행에 참여할 권리를 가진다는 주민참여의 원리를 명시하고 있다(지방자치법 제17조).

3) 지방 행정서비스의 수혜자

주권자로서 주민은 해당 지방자치단체의 행정서비스를 제공받을 권리를 지닌다. 이러한 행정서비스는 지역의 주민에게 골고루 균등하고, 편리하게 제공될 수 있어야 하며, 주민에게 도움이 되는 주민을 위한 품질 좋은 서비스이어야 한다. 즉, 주민은 소속 지방자치단체의 재산과 공공시설을 이용하며, 그 지방자치단체로부터 균등하게 행정의 혜택을 받을 권리를 가지는 것이다.

3. 주민의 의무

주민은 주민으로서 누리는 권리와 함께 주민으로서 감당해야 할 다양한 의무를 동시에 가지고 있다. 여기서는 주민의 의무로서 재정 분담의 의무, 공공복리에 적합하도록 행동해야 할 의무, 법규 준수의 의무 등을 서술하고자 한다. 이러한 의무의 이행 없이 권리만을 주장한다면 그러한 권리 주장은 설득력을 잃게 되는 것이다. 권리를 주장하려면 자신의 의무를 다해야 하고, 자신이 의무를 감당하려면 스스로 권리를 주장할 수 있어야 한다.

1) 재정 분담의 의무

주민은 법령이 정하는 바에 따라 그 소속 지방자치단체의 비용을 분담하는 의무를 진다. 즉, 지방재정의 토대가 되는 주민세, 재산세 등의 지방세를 성실히 납부함으로써 지방재정이 적정하게 운용될 수 있도록 하는 재정 분담의 의무를 가진다. 지방자치단체에서 쓰는 비용은 누군가가 자기 소득의 일부를 세금으로 낸 비용으로 충당하는 것이다. 자기도 재정에 기여할 수 있을 때 지방자치단체에 대해 다양한 권리를 주장할 수 있는 것이다.

2) 공공복리에 적합하도록 행동해야 할 의무

지역 주민은 주민의 공공복리에 적합하도록 행동할 의무가 있다. 도로를 개설하는데 특별한 이유 없이 점유하여 주민들을 사용할 수 없게 한다든지, 정해진 쓰레기 봉투를 사용하지 않고 아무 곳이나 마구 버린다든지, 공공시설물을 이유없이 파괴하는 것들은 공공복리에 적합한 행동이라고 볼 수 없을 것이다. 주민이 공공복리에 적합한 행동을 하지 않을 경우, 법과 절차에 따라 의무이행을 강제적으로 요구할 수도 있다.

3) 법규 준수의 의무

지역 주민은 헌법 및 기타의 법률 체계의 법규를 준수할 기본 의무와 함께 지방의 법규인 조례와 규칙을 준수해야 할 의무를 가지고 있다. 조례와 규칙은 그 지역 주민에 한정하여 적용되는 법령이지만, 그 지역에 거주하는 거주자 및 그 지역의 시설물을 사용하고자 하는 자들에게도 적용된다.

제 2 절 주민참여의 개념과 유형

주민참여(citizen participation)란 지역사회의 일반 주민이 지방자치단체의 공무원이나 그 자치단체의 운영 혹은 정책에 영향을 미치기 위해 관여하는 과정과 결과라고 정의해 볼 수 있을 것이다. 주민참여의 형태는 다음과 같은 여러 유형이 존재한다.

1. 제도적 참여와 비제도적 참여

참여의 형식이 법적으로 제도화·정형화되어 있는가에 따라 제도적 참여와 비제도적 참여로 구분해 볼 수 있다.

1) 제도적 참여

제도적 참여는 주민이 기존의 법률과 제도에서 보장된 정형화된 절차를 통해 참여하는 방법이다. 가장 대표적인 제도적 참여 방식은 선거를 통한 참여이다. 선거에서 주민이 행사하는 한 표는 공직자를 선택하기도 하지만, 바람직한 정책을 선택하기도 한다. 이외에도 진정이나 청원을 통한 참여, 간담회 · 평가회 · 공청회를 통한 참여, 주민발안, 주민투표, 주민소환, 주민소송 등의 다양한 절차와 방법을 통해 참여할 수도 있다.

2) 비제도적 참여

비제도적 참여는 여론과 대중매체를 통한 참여, 시위나 집단행동을 통한 참여 등과 같이 일정한 형식이 없이 시도되는 참여의 형식이다. 이러한 비제도적 참여는 제도적 참여 방식이 소화해 내지 못하는 주민의 욕구를 분출할 수 있도록 해주는데, 이러한 비제도적 참여도 중요한 주민의 참여의 유형으로 존재한다.

2. 동원적 참여, 상호 관계적 참여, 자발적 참여

1) 동원적 참여

동원적 참여란 행정기관이 주도하여 행정 참여를 유도하는 경우 관(官) 중심의 참여 방식을 의미한다. 행정기관이 기획하고 예산을 제시하여 주민들의 견해를 듣고 참여를 유도하는 것이다. 관에서 주도하는 공청회, 위원회, 반상회 등과 같이 행정관청의 비용과 예산으로 주민을 동원하거나 초청하여 실시되는 참여의 방식이다. 여기서 이루어지는 참여는 관의 필요에 의해서 혹은 정책의 홍보나 정당화를 위해서 이루어지는 권위주의 시대의 참여 방식으로 진정한 의미의 주민참여라고 볼 수 없다.

2) 상호 관계적 참여

상호 관계적 참여란 행정기관과 민간이 공동으로 참여하는 민 · 관 관계망(network)을 통한 동반자적 참여유형이다. 이러한 유형에서는 민과 관이 공동의 행위 주체가 된다. 예를 들면, 행정관청은 기초적인 시안을 마련하고, 최종 결정은 주민들에 의해서 이루어지도록 하거나, 주민들이 시안을 마련하여 행정관청이 최종 결정하게 할 수도 있다. 또한 지역 문화축제와 같이 민간이 기획 주도하고 관청이 재정 및 행사 인력을 지원하는 경우도 있을 수 있다.

3) 자발적 참여

자발적 참여란 일반 시민들이 참여의 주체가 되는 민(民) 중심의 참여 방식이다. 이는 일반 시민이 자체적으로 시정에 참여하는 형식으로 주민참여의 가장 발전된 형태라고 볼 수 있을 것이다. 시민단체, 민간단체의 시정감시단, 시민 연구모임 등 비정부조직(NGO)을 중심으로 이루어진다. 이외에도 정당, 이익단체, 언론 등을 통해 자발적으로 참여할 수 있다. 활성화된 시민의 자발적 참여 태도는 사회 발전을 위한 토대를 형성한다. 사회적 자본론(social capital) 이론에 의하면, 시민사회의 성숙과 발전은 경제적·정치적 발전에 못지않은 지역사회 발전의 핵심 요소로 평가되고 있다.

3. 통제적 참여와 협력적 참여

주민이 참여하는 목적에 따라 권력자의 감시·견제를 위한 통제 목적의 참여인가, 공공서비스의 공동 공급자로서 동반자로서, 협력적 참여인가에 따라 통제적 참여와 협력적 참여의 두 가지 유형으로 구분해 볼 수 있다.

1) 통제적 참여

가장 전통적인 참여 방식으로 권력적 참여, 감시·견제적 참여라고 부를 수 있다. 공권력이 일방적으로 국민이나 주민을 대상으로 행해지던 전통적·권위적 통치 방식에 대응하기 위한 참여 방식이다. 이러한 통제적 참여는 지배 권력은 견제되지 않으면 남용되고 부패한다는 권력에 대한 불신에서 시작된다. 즉, 시민의 적극적 참여와 통제를 통해 주민의 이익을 적극적으로 보호할 수 있다고 보는 것이다. 이러한 주민의 통제는 선거를 통한 공직자의 선출, 주민소환, 주민투표, 주민감사청구, 주민발의, 주민청구권 행사, 주민소송제 등과 같은 다양한 방식으로 수행된다.

2) 협력적 참여

협력적 참여는 공공서비스의 공동 공급을 목적으로 하는 공공·민간의 공동 참여의 방식이다. 이를 공동생산(共同生産)적 참여 혹은 공생산(co-production)적 참여라고 부르기도 한다.

전통적으로는 주민에 대한 공공재의 공급에 있어서는 공급자와 소비자가 구분되어 왔다. 공공부문은 주민 서비스를 생산 공급하는 역할을 주로 하였고, 주민은 그러한 서비스를 소비하는 소비자로서의 역할을 주로 하였다. 그러나 이러한 일방적인 주민 서비스의 제공과 소비는 과도한 재정적 부담, 서비스의 질의 저하 및 비능률 등의 문제점을 초래하게 되었다. 따라서 이러한 일방적인 공급 · 소비 체계를 개선하여, 공급자와 소비자가 동시에 참여하는 협력적 참여 방식이 고려되기 시작한 것이다. 이러한 참여 방식은 국가 중심의 전통적 관리 방식과 대조되는 새로운 관리 시스템이라는 의미로 뉴거버넌스(new governance)라 부르기도 한다. 민간 자본에 의한 민자 고속도로 건설, 공공과 민간이 공동으로 투자하는 민 · 관 혼합기업의 운영, 주민자율방범대, 주민소방대, 교통봉사대 등의 활동 등이 그 예가 될 수 있다. 이외에도 자문기관의 참여와 조언 등도 협력적 참여의 유형에 포함시킬 수 있다.

4. 간접 참여와 직접 참여

참여의 형태에 의한 분류로 주민 개개인이나 집단이 직접적으로 참여하는가, 그렇지 않으면 의회나 기타 간접 수단을 통해 참여하는가에 따라 참여 방식을 따라 구분해 볼 수도 있다. 자치단체가 소규모이거나 오랜 전통이 있는 나라일수록 직접 참여의 형식이 다양하게 마련되어 있다.

1) 간접 참여

이는 간접 민주정치가 제도화되어 있는 현실에서 가장 기본적인 참여의 형태라고 볼 수 있다. 일단 선거를 통해 권한을 위임하고 자신의 의사를 대변한다고 보는 단체장이나, 의회의원에게 의사결정권을 위임하는 방식이다.

2) 직접 참여

간접 참여에 의한 간접 민주주의 방식을 보완하고자 하는 제도이다. 선거를 통해 주권을 위임하여 임기를 보장하는 경우 안정적 공직활동을 할 수 있다는 장점도 있지만, 그 임기 중의 권한 남용, 선거 과정에서 선택의 오류가 존재하는 경우 임기 동안 피해를 감수해야 하는 어려움 등이 존재하므로, 이러한 한계를 보완하기 위해 보완적 형식으로 도입하는 참여 방식이다.

제 3 절 주민자치센터와 주민자치회

1. 주민자치센터와 주민자치위원회

우리나라 최초 지방자치법(1949)에는 시 · 읍 · 면이 기초자치단체였으나 1961년 5 · 16 군사정변 이후부터 기초자치단체는 시 · 군으로 대체되었다. 이후 1988년 지방자치법에는 자치구가 기초자치단체에 포함되어 시 · 군 · 자치구가 기초자치단체로 지정되었다. 이후 읍 · 면 · 동은 자치단체가 아닌 행정조직으로서만 존재하게 되었다.

그러나 읍 · 면 · 동은 주민의 일상생활과 직접 연계되어 있는 생활 단위 조직이며, 풀뿌리 민주주의의 기초가 되는 근린 자치 조직이라고 할 수 있다. 주민자치센터는 원래 지방자치의 뿌리인 읍 · 면 · 동의 자치기능을 활성화하고, 주민참여와 주민권익 실현이라는 지방자치의 기본 정신을 실현하기 위해 만들어진 조직이다.

이러한 읍 · 면 · 동 단위의 주민자치센터에는 주민 대표로 구성되는 주민자치위원회를 구성하고, 주민의 의사와 여론을 형성하여 전달함으로써 진정한 의미의 풀뿌리 민주주의의 이념을 실현할 수 있도록 하고자 했던 것이다. 그러나 실질적으로 주민자치센터의 주민자치위원회는 체육 · 문화 · 여가 등 주민을 위한 문화 · 복지 공간 기능이 중심되어 운영되고 있다. 주민자치위원회 위원의 선발 과정도 위촉 형식이라 주민 대표성을 띠고 있다고 보기도 어렵다. 주민자치위원을 공개 응모를 하더라도 주민의 관심도 참여도 적다. 주민자치위원회는 형식적으로 운영되고 있고, 그저 소극적 의미에서 읍 · 면 · 동 자문 기구 역할에만 머물고 있는 한계가 노정되었다.

2. 주민자치회

읍 · 면 · 동 주민자치회는 주민센터에 설치된 기존 주민자치위원회와 비교하여 상대적으로 주민의 대표성과 자율성을 강화한 조직이다. 그동안 주민자치센터에 구성된 주민자치위원회는 행정관청에서 구성한 관 주도의 자문 조직의 기능을 하고 있었다. 주민자치회는 풀뿌리 민주주의 실현을 위한 주민 주도의 근린 자치조직이다. 주민자치회는 읍·면·동별 해당 행정구역 주민으로 구성되지만, 필요한 경우 마을 등 생활권을 기반으로 하는 지역 내 주민자치회 분회를 설치할 수 있다. 읍·면·동 주민자치회는 근린 생활자치의 영역에서 주민의 이익을 반영할 수 있도록 구성한다. 지방자치단체장은 주민자치회에서 선정한 위원을 위촉할 수 있다. 주민자치회 구성원은 명예직이고, 정치에 관여하지 못한다.

주민자치회의의 주요 업무는 주민자치회 구역 내의 주민 화합 및 발전, 공동체 형성 등을 위한 사항, 읍·면·동의 행정기능 중 주민 생활과 밀접한 사무의 협의에 관한 사항, 지방자치단체가 위탁하는 사무의 처리에 관한 사항, 지역 발전과 주민의 복리 증진에 관한 사항, 기타 조례나 규칙으로 위탁한 사항 들을 처리할 수 있다. 이러한 업무를 수행하는 과정에서 지방자치단체는 행정적, 재정적 지원을 할 수 있다. 주민자치회는 지역 발전, 공동체 형성 및 주민의 복리 증진 등을 위하여 다른 주민자치회와 연계하여 주민자치협의체를 구성할 수 있다.

제 4 절 주민의 직접 참여

현대 민주주의는 기본적으로 간접 참여 방식인 대의제 민주주의를 기본 축으로 형성되고 있다.

이러한 간접 민주주의의 방식은 현실적으로 불가피하기는 하지만, 일정 기간 동안 주민 권력이 정치 엘리트에게 절대적으로 위임 이양됨으로써, 공직에 취임한 이후 일정 기간 동안에는 주민주권이 제약되는 경우도 존재한다. 따라서 이러한 간접 민주주의의 문제점을 보완하고자 다양한 주민 직접 참여제도가 도입되고 있다.

여기서는 주민의 직접 참여 제도를 크게 주민발의(住民發議, initiation), 주민투표(住民投票, referendum), 주민소환(住民召還, recall), 주민소송(住民訴訟, suit), 주민청원(住民請願, petition)으로 구분해 보고자 한다.[2)]

주민발의는 주민이 능동적이고 적극적으로 정치사회에 관여하여 단체장이나 의회의원의 권한을 일부를 제약하거나 행사하는 제도이다. 우리나라의 경우, 주민의 조례 제정 및 개·폐 청구권, 주민감사청구권이 있다. 주민투표는 주민이 직접 지역의 중요 사항에 대해서 결정권을 행사하는 제도로서 의회의 의결 기능을 보완하는 제도라고 할 수 있다. 주민소환은 선출직 공직자를 임기 중에 소환하여 파면시키는 제도이고, 주민소송은 공직자의 불법 부당한 행위로 인하여 주민에게 끼친 손해를 사법심사를 통해서 배상하게 하는 제도이며, 주민청원은 진정이나 의회청원을 통해 주민의 요구 사항을 직접 처리할 수 있도록 하는 제도이다.

1. 주민발의제

1) 주민의 조례 제정 및 개·폐 청구권

조례는 지방자치단체에서 지방의회의 의결을 통해서 제정되는 자치입법의 한 형태로서 주민에게 일정한 규제력을 행사하는 일종의 법규라고 할 수 있다. 종래에는 이러한 조례의 제정 및 개정 폐지에 관련된 사항은 지방의회의 고유 권한이었다.

그러나 1999년 8월, 주민의 조례 제정 및 개·폐 청구권이 신설됨으로써 주민도 직접적인 자치법규 제정 및 개폐에 영향력을 미칠 수 있게 되었다. 과거에는 지방자치단체장에게 이러한 조례의 제정 및 개폐 청구서를 먼저 제출하도록 되어 있었으나, 2020년 지방자치법 개정으로 조례의 최종 의결권을 가지고 있는 지방의회에 청구서를 직접 제출할 수 있도록 하였다.

청구 시 법령에 위반하는 사항, 지방세·사용료·수수료·부담금의 부과·징수·감면에 관한 사항, 행정기구의 설치·변경에 관한 사항, 공공시설의 설치를 반대하는 사항은 청구 대상에서 제외된다. 조례의 제정 개·폐의 최종 결정은 의회의 의결을 거치도록 되어 있다.

---

2) 스위스와 같이 소규모의 자치단체인 경우 주민총회(town meeting)을 실시하는 나라도 있으나 여기서는 다루지 않았다.

참고 11-1 주민발의 조례 제정 사례

[사례 1]: 성남시 시립병원 설치 조례

성남시는 2003년 인하병원과 성남병원이 잇달아 폐업했다. 성남시에 종합병원이 하나도 없게 되자 성남시민들은 직접 시립병원의 설립에 나섰다. 성남시민들은 18,525명의 서명을 받아 '성남시시립병원설치조례'를 의회에 제출했다. 조례안을 3년 간 3번이나 제출한 끝에 2006년 3월 조례가 통과되었다. 이로 인해 성남시는 시유지 1만 평에 500병상 규모의 종합병원을 2011년 개원을 목표로 지을 수 있게 되었다(경향신문, 2006.11.21).

[사례 2]: 서울광장 사용신고제에 관한 조례

2009년 서울 시청 앞에 있는 서울광장 사용을 허가제에서 신고제로 바꾸자는 조례 개정 청구안에 서울 시민 8만 명이 서명했고, 이듬해 2010년 9월 서울시 의회는 이 조례안을 의결했다. 그런데 당시 서울특별시 시장(오세훈)은 개정 조례의 공포를 거부하고 대법원에 무효 확인 소송을 제기했다. 다른 한편 당시 시장은 2011년 8월에 실시된 '친환경 무료급식 추진 조례안'의 찬성 여부를 묻는 주민투표를 실시하였고, 투표율 미달로 주민투표가 무산되자 시장직을 사퇴하였다. 2011년 10월 26일 보궐선거가 실시되었고, 새로운 시장(박원순)이 당선되었다. 이후 2011년 12월 서울시에서 서울광장 사용신고제 무효 확인 소송을 취소하여 논쟁은 종결되었다.

2) 주민의 규칙의 제정 및 개·폐에 관한 의견 제출권

그동안은 조례에 한해 주민발안권이 인정되었으나, 개정 지방자치법(2021.1)에는 조례뿐만 아니라 규칙이나 행정규칙(훈령, 예규, 고시)에도 주민의 직접 청구권을 인정하게 되었다. 주민은 규칙제정 개·폐의 의견을 지방자치단체장에게 제출할 수 있고, 단체장은 그 의견이 제출된 날로부터 30일 이내에 검토 결과를 통보해야 한다(지방자치법 제20조).

3) 주민감사청구제

우리나라에서는 지방자치법에는 일반 주민이 전문적 지식을 요하는 직접 감사를 수행하기는 어렵기 때문에 상급 기관이나 감사 전문기관에 감사를 청구하도록 하도록 청구제로서 주민감사청구제(citizen audit)를 운영하고 있다. 이러한 주민감사청구제는 주민의 힘으로 위법 부당한 행위를 직접 시정하고자 하는 것으로 주민발의의 한 유형이라고 할 수 있다.

감사청구 연령은 18세 이상이고, 청구 가능인 수는 광역자치단체인 시 · 도는 300명, 50만 명 이상 대도시는 200명, 시 · 군 · 구는 150명 이내에서 조례로 정하는 수로 한다. 감사청구 가능 기간은 원래 2년이었으나, 지방공무원법상 징계 시효와 동일하게 3년으로 조정하였다(지방자치법 제17조).

감사청구의 대상에서 제외되는 사항은 수사 또는 재판에 관여하게 되는 사항, 개인의 사생활을 침해할 우려가 있는 사항, 다른 기관에서 감사하였거나 감사 중인 사항이다. 그러나 감사 중인 사항이라도 새로운 사항이 발견되거나 중요사항이 누락된 경우, 주민소송의 대상이 되는 경우는 감사신청이 가능하다. 주무부장관 또는 시 · 도지사는 감사청구를 받은 날로부터 60일 이내에 청구된 사항에 대하여 감사를 종료하여야 한다.

참고 11-2 주민감사청구 및 주민소송 사례

민주노동당 성북구의회는 2006년 2월 구의회 의장단이 업무추진비 수천만 원을 부적절하게 사용했다는 의혹을 가지고 주민감사청구를 했다. 감사 결과 2004~2005년 의원들이 업무추진비로 단란주점을 25차례 드나들고 선물을 구입해 의원 · 공무원에게 돌렸으며 국내 · 외 연수를 명분으로 사실상 관광을 다녀온 사실 등이 확인되었다.

그러나 서울시는 예산 집행을 철저히 하도록 교육하고 의정활동 지원 업무를 맡은 하위직 공무원 5명을 문책하는 선에서 그쳤다. 이에 박씨가 감사청구인 자격으로 부당하게 쓰인 업무추진비를 시민들에게 돌려달라고 주민소송을 제기하였다(한겨레, 2006.9.12).

2. 주민투표제

주민투표(住民投票, referendum)는 지역의 주요 안건을 해결하는 제도로서 지방자치단체의 중요한 사항을 결정할 때, 주민 전체의 의사를 물어 결정하는 제도이다.

2004년 1월 주민투표법이 제정되어 본격적인 주민투표제도가 정착되었다. 이전 지방자치법에도 주민투표 조항은 존재하고 있었다. 지방자치단체의 장은 지방자치단체의 폐지, 분리, 합병 또는 주민에게 과도한 부담을 주거나 중대한 영향을 미치는 지방자치단체의 주요 결정 사항 등에 대하여 주민투표에 부칠 수 있었던 것이다. 이를 근거로 1995년 주민투표를 통해 광범한 영역의 시 · 군 통합을 이루어냈다. 이후 구체적인 주민투표법의 필요성이 제기되었고, 정치권의 합의를 거쳐 2004년 1월 29일 주민투표법이 공포되었다. 주민투표의 대상은 주민에게 과도한 부담을 주거나 중대한 영향을 미치는 지방자치단체의 주요 결정 사항으로서 그 지방자치단체의 조례로 정하는 사항으로 정하고 있다(주민투표법 제7조 제1항).

주민투표는 단체장의 직권에 의해 실시할 수도 있고, 지방의회의 청구에 의해서 실시할 수도 있고, 주민의 직접 청구를 통해 실시할 수 있다. 주민투표에 부쳐진 사항은 주민투표권자 총수 3분의 1 이상의 투표와 유효 투표수 과반수의 득표로 확정된다(주민투표법 제24조).

참고 11-3 주민투표 사례

[사례 1]: 제주특별자치도 자치계층 및 행정구역 개편안 결정

제주특별자치도의 출범을 준비하기 위한 제주도의 특성에 맞는 행정구조를 구축하기 위해 시·군을 통합하고 기초자치단체를 폐지하는 혁신안과 점진적 개선안이 주민투표에 부쳐졌다. 2005년 7월 27일 주민투표가 실시되었는데, 36.7%의 투표율을 기록하였다. 주민의 57%가 혁신안을 지지했고, 43%가 점진적 개선안을 지지하여, 기초자치단체를 폐지하고 제주도를 단일 계층화하는 혁신안이 통과되었다. 이로서 북제주군과 제주시가 제주시로, 남제주군과 서귀포시를 통합한 서귀포시의 2개 행정시가 출범하였다.

[사례 2]: 중·저준위 방사선 폐기물 처리장 유치 주민투표

안면도, 부안 등을 떠돌며 20여 년 간 입지처를 찾지 못했던 방사선 폐기물 처리장의 입지 선정문제가 2005년 11월 12일 전북 군산, 경북의 경주, 영덕, 포항의 네 지역에서 실시된 주민투표에 의해 결정되었다. 이들 네 지역은 2005년 8월 방폐장 유치 신청을 하였고, 주무부처인 산업자원부의 주민투표 실시 요구에 따라 주민투표를 발의 실시하게 되었다.

지역은 유치를 위한 치열한 득표전을 벌였고 2005년 11월 2일 주민투표가 실시되었다. 총 60.5%의 투표율을 보였으며, 경북 경주시가 주민의 89.5%가 찬성하여 가장 높은 주민 지지율을 보였다. 이어 군산시가 84.4%, 영덕 79.3%, 포항 67.5%의 찬성률을 확보하였다. 이에 따라 경주시가 유치지역으로 확정되었다.

3. 주민소환제

주민소환제(recall)는 주민들이 공직자들을 임기 중간 혹은 재직 중에 불신임하여 그만두게 하는 제도로서 가장 적극적이고 강력한 참여의 형태라고 볼 수 있다. 우리나라에는 2006년 5월 24일 '주민소환에 관한 법률'이 제정 도입되어 1년 후인 2007년 5월 25일부터 시행하게 되었다. 주민소환제는 주민에 의한 공직자의 직접 해임권의 행사라는 특징을 가지고 있으며, 주민소환의 대상은 원칙적으로 선출직 공무원(비례대표 제외)에 한하여 인정된다.

주민소환은 최종적으로 주민투표로 결정되므로, 주민소환은 주민투표와 연계되어 있다. 그러나 주민소환제는 인적 대상에 대한 처리로서 일반적 안건에 관한 주민 결정제도인 주민투표제와는 구분된다.[3] 주민소환제는 대의 민주주의의 한계를 보완하고 풀뿌리 민주주의 실현에 도움을 줄 수 있다는 긍정적 취지에도 불구하고 정치적으로 남용되거나 소집단의 이기심을 위하여 남용될 수 있는 가능성이 있어 소환 투표 실시 시기 등에 제한을 두고 있다. 주민소환제의 정치적 남용을 방지하기 위해 선출직 공직자 임기 개시일로부터 1년이 경과하지 아니한 때, 임기만료 1년 미만일 때, 주민소환투표가 끝난 뒤 1년이 지나지 않았을 때에는 주민소환투표 실시를 청구할 수 없다. 투표 결과 투표권자 3분의 1 이상의 투표와 유효투표 총수 과반수 찬성으로 확정되면 선출직 공직자는 그 결과가 공표된 시점부터 그 직을 상실한다.

참고 11-4 주민소환 사례

[사례 1]: 미국 캘리포니아 주 주지사 소환

캘리포니아 주정부는 2002년 예산의 미통과로 11만 명의 초등학교 신입생들의 9월 초 입학이 연기되기도 하였고, 주정부의 신용등급은 미국 주정부 중 최하위 수준을 보여주고 있었다. 이에 주민들의 불편과 불만이 누적되었고 주지사의 인기는 최악이었다.

2003년 8월 캘리포니아 주는 심각한 재정적자에 허덕이던 당시 그린 데이비스(민주당)지사를 주민소환으로 해직시키고 보궐선거를 통해 아놀드 슈왈제네거(공화당)를 주지사로 선출하였다.

[사례 2]: 경기도 하남시 주민소환투표 실시

2007년 12월 12일 경기도 하남시에서 광역 화장장을 추진했던 시장과 시의원(3명)에 대한

---

3) 일본의 주민소환제는 크게 두 가지가 있다. 첫째는 의회의 해산 청구제도이다. 주민에게 의회의 해산을 청구할 권리를 인정하여 의회를 견제하고 그 공정한 운영을 담보하도록 하고 있다. 둘째는 해직의 청구이다. 공무원의 선임 파면은 국민의 고유의 권리인 점에 기인하여 주민이 직접·간접으로 선임한 지방공공단체의 공무원에 대한 해직 청구제도를 설정하고 있다. 의원 및 단체장은 공선된 공직자이기 때문에 해직 청구가 이루어지면, 이를 주민투표에 부치고 과반수의 동의가 있으면 그 직을 잃게 된다.

주민소환투표가 실시되었다. 2006년 10월 시장이 경기도 광역 화장장을 유치하려고 하자 이에 반대하는 시민들이 주민소환법에 따라 주민소환투표를 청구한 것이다. 투표 결과 시장은 투표인 수의 3분의 1 이상이 투표에 참석하지 않아 소환되지 않았다. 그러나 소환 대상이었던 시의원 3명 중 2명은 유권자 3분 1이상이 투표하고 투표인의 과반수가 찬성하게 되어 의원직을 상실하였다.

4. 주민소송제

우리나라 초기 제정 지방자치법에는 주민소송제와 유사한 제도가 존재했었다(1949년 지방자치법 제153조와 제154조).[4] 그러나 이러한 조항은 1988년 실효와 사례가 없다는 이유로 폐지되었다. 이후 2005년 1월 지방자치법 개정으로 주민소송제가 도입되었고, 2006년 1월부터 제도가 시행되었다. 주민소송(citizen suit)은 사법적 방법에 의한 주민의 직접 참여제도이다. 주민들에게 손해를 입힌 단체장이나 공직자에게 그 손해를 집단적으로 배상하도록 하는 제도이다. 행정소송법상 행정소송은 항고소송, 당사자소송, 민중소송, 기관소송의 네 가지로 구분되는데, 주민소송은 이 중 민중소송에 해당하는 경우이다.

유사한 예로 미국의 납세자 소송제, 일본의 주민소송제가 있다. 미국의 납세자 소송은 1인 또는 복수의 납세자가 자신들을 포함한 납세자 전체의 이익을 위하여 행하는 집단소송이다. 재무회계 관련 사항뿐만 아니라 위법한 재무 및 재정행위에 대해 포괄적인 소송권이 인정되고 있다. 일본의 주민소송제는 이러한 납세자 소송제를 기초로 제정되었지만, 소송 대상을 재무회계상의 위법행위에 한정하고 있다.

주민소송의 대상은 주민감사청구 후 감사기관이 60일이 지나도 감사를 끝내지 않았을 때, 감사 결과에 관한 조치를 지방자치단체의 장이 이행하지 않은 경우, 지방자치단체장의 조치에 불복하는 경우 제기할 수 있다(지방자치법 제22조 제1항). 해당 행위를

---

4) 1949년 지방자치법 제153조에는 "지방자치단체의 조례 또는 그 장의 명령이나 처분이 헌법이나 법률에 위반된다고 인정될 때에는 주민 100인 이상의 연서로써 이유를 구하여, 도와 서울특별시에서는 대통령, 시·읍·면에서는 제1차로 도지사, 제2차로 대통령에게 소청할 수 있다. 도지사 또는 대통령이 전항의 소청을 받은 때에는 그 날부터 60일 이내에 이를 결정하고 그 결정을 공고하는 동시에 관계인에게 서면으로 통지하여야 한다. 제154조 전항에 대한 결정에 대하여 이의가 있을 때에는 결정통지서를 받은 날로부터 10일 이내에 대법원에 출소할 수 있다. 대법원에 출소하지 않는 경우 그 결정은 확정된다"고 규정하고 있었다.

하면 회복하기 곤란한 손해를 발생시킬 우려가 있는 경우에 그 행위의 전부나 일부를 중지할 것을 요구하는 소송, 행정처분인 해당행위를 취소 또는 변경 요구하거나 그 행위의 효력 유·무 또는 존재 여부를 확인하는 소송, 게을리한 사실의 위법 확인을 요구하는 소송, 해당 지방자치단체장 및 직원·지방의회의원·해당 행위와 관련이 있는 상대방에게 손해배상청구 또는 부당이득 반환 청구할 것을 요구하는 소송을 할 수 있다(지방자치법 제22조 제2항).

참고 11-5 행정소송법의 행정소송

행정소송법상 행정소송은 크게 네 가지 유형이 있다. 개인의 이해를 실현하기 위한 소송(주관적 소송)인 항고소송과 당사자소송, 공익이라는 관점에서 형성되는 소송(객관적 소송)인 민중소송과 기관소송이 그것이다(행정소송법 제3조).

1. 항고소송(抗告訴訟)

항고소송은 행정청의 처분 등이나 부작위에 대하여 제기하는 소송이다. 행정처분의 취소소송, 무효 등의 확인소송, 부작위 위법 확인소송이 있다. 2007년 새로 개정된 행정소송법 안에는 의무이행소송, 예방적 금지소송을 추가함으로써 그동안 법정 외 소송으로 논의되어 온 내용을 법정소송으로 변경시켰다. 경찰청의 운전면허정지 처분이 부당하다고 생각하는 경우 제기하는 면허정지취소소송이 대표적인 예라고 할 수 있다.

2. 당사자소송(當事者訴訟)

당사자소송이란 행정청의 처분 등을 원인으로 하는 법률 관계에 관한 소송, 그 밖에 공법상의 법률 관계에 관한 소송으로서, 그 법률 관계의 한쪽 당사자를 피고로 하는 소송, 당사자소송은 처분 등을 원인으로 하는 법률 관계 및 공법상의 법률 관계를 대상으로 하는데, 대등한 당사자 간에 행해진다는 점에서 민사소송과 유사하다.

3. 민중소송(民衆訴訟)

국가 또는 공공단체의 기관이 법률에 위반되는 행위를 한 때에 직접 자기의 법률상 이익과 관계없이 그 시정을 구하기 위하여 제기하는 소송, 공직선거법상의 선거 효력에 관한 소송, 국민투표 효력에 관한 민중소송, 지방자치법상 주민소송 등이 그 것이다.

4. 기관소송(機關訴訟)

국가 또는 공공단체의 기관 상호 간에 있어서 권한의 존부 또는 그 행사에 관한 다툼이 있을 때에는 이에 대하여 제기하는 소송, 단일한 법 주체 내부에서 기관 내 부처 간의 다툼을 다룬다. 국가기관 상호 간에 이루어지는 소송, 국가와 지방자치단체 간의 분쟁에 관한 소송은 헌법재판소에서 다룬다. 서울특별시와 강남구 간의 재산세 및 관세에 관한 분쟁은 기관 내 부처 간의 다툼으로 기관소송의 대상이 된다.

5. 주민청원제

의회는 주민의 불이익이나 요구 사항에 대한 청원을 접수 처리할 수 있다. 지방의회에 청원을 하고자 하는 사람은 개별 혹은 집단적으로 지방의회 의원의 소개를 얻어 청원서를 제출할 수 있으며 지방의회의 의장은 청원서를 접수한 때에는 이를 소관 위원회 또는 본회의에 회부하여 심사를 해야 한다(지방자치법 제73조, 제75조). 청원이 본회의에 부의할 필요가 없다고 판단되었을 경우 의장은 이를 청원인에게 통지해야 하며, 지방의회가 채택한 청원으로 지방자치단체의 장이 처리함이 타당하다고 인정되는 청원은 의견서를 첨부하여 지방자치단체의 장에게 이송한다. 지방자치단체장은 의회에서 이송된 청원을 처리하고, 그 결과를 지방의회에 보고해야 한다(지방자치법 제76조).

본문요약

1. 주민의 개념과 지위 · 의무

- 주민의 개념: 지방자치단체의 구역 안에 주소를 가진 자로서, 실질적으로 해당 구역 내에 주민등록이 되어 있는 자를 의미
- 주민의 지위: 지방의 주권자, 지방의 최고 의사결정기관, 지방 행정서비스의 수혜자
- 주민의 의무: 재정 분담, 공공복리에 적합한 행동, 법규 준수

2. 주민참여의 유형

- 제도적 참여와 비제도적 참여
- 동원적 참여, 상호 관계적 참여, 자발적 참여
- 통제적 참여, 협력적 참여
- 직접 참여와 간접 참여

3. 주민의 직접 참여

- 주민발의: 주민의 조례 제정 및 개 · 폐 청구권, 규칙제정 및 개 · 폐에 관한 의견 제출권, 주민감사청구제
- 주민투표
- 주민소환
- 주민소송
- 주민청원

Chapter 12

지방자치단체의 자치권과 국가통제

국가의 권력을 3권, 즉 입법, 사법, 행정권의 세 영역으로 구분할 수 있다면, 지방자치단체의 권력도 역시 자치입법, 자치사법, 자치행정의 3권으로 구분해 볼 수 있다. 이러한 지방자치단체의 자치권은 국가의 자치권에 비해 범위나 영역에 있어서 제한적이다.

여기서는 이러한 지방자치단체 자치권의 개념을 먼저 살펴보고, 이러한 자치권에 대한 국가의 통제 내용을 검토하기로 한다.

제 1 절 자치권의 개념과 본질

지방자치단체의 자치권은 지방자치단체가 가지는 고유의 통치권이라고 볼 수 있다. 여기서는 지방자치단체 자치권의 본질을 자연권적 고유권이라고 보는 시각과, 국가에서 부여한 권리라고 보는 두 가지의 과점을 검토해보기로 한다.

1. 자연권으로서 자치권

지방자치단체의 자치권을 개인의 기본권과 비교하여, 지방의 기본권으로 이해하는 입장이다. 이러한 주장을 고유권(固有權)설이라고 부르기도 한다. 지방자치단체의 자치권을 인간의 자연권과 마찬가지로 본래적으로 주어지는 고유한 권리이다. 따라서 지역주민이 누리는 자치권은 자연이 부여한 혹은 하늘이 부여해 준 천부적 권리로 본다. 중세 유럽 대륙의 지방에서 향유했던 봉권적 특권, 자치도시의 지방권, 오늘날 연방국가의 주 등이 누리고 있는 준주권적 권능은 이러한 고유권으로서 자치권을 행사하는 것이다.

2. 국가 권력으로서 자치권

지방자치단체의 자치권을 국가가 부여해 준 권리라고 보는 시각이다. 이러한 입장은 현대의 통설로 자리 잡아 가고 있다. 국권설(國權說), 전래권설(傳來權說), 수탁설(受託說)이라고 부르기도 한다. 수탁설은 다시 순수탁설과, 제도적 보장설로 나누어 볼 수 있다. 순수탁설은 자치단체의 자치권은 국가로부터 수여된 권력으로 보아, 원칙적으로 자치단체의 모든 권한은 국가에 속한다고 보는 학설이다. 지방정부의 권력은 주정부로부터 비롯된다는 원칙을 선언한 딜런의 원칙(Dillon's Rule)은 이러한 수탁설과 같은 연장 선상에 있다고 할 것이다. 제도적 보장설은 순수탁설과 같이 자치권은 국가의 통치권에서 나온다는 입장을 지지한다. 그러나 이 경우, 국가가 자의적으로 지방자치단체를 폐지하거나 통제할 수 있는 근거가 될 것이다. 따라서 이러한 입장에 반대하고 안정적 자치권을 확보할 수 있도록 한 학설이 제도적 보장설이다. 즉, 지방자치제도는 헌법에 지방자치의 규정을 둠으로써 보장된다고 본다. 따라서 지방자치는 법률에 의하여 파기될 수 없으며 지방자치단체를 폐지, 해산하는 것도 원칙적으로 헌법 위반이 된다.

참고 12-1 딜런의 원칙과 울트라 바이리스의 원칙

지방정부의 자치권에 대한 몇 가지 원칙 중 주로 언급되는 원칙으로는 딜런의 원칙과 울트라 바이리스(월권행위 무효)의 원칙이 있다.

1. 딜런의 원칙

딜론의 원칙((Dillon's Rule)은 미국의 주정부와 지방정부 간의 권력 관계를 설정한 원칙으로, 핵심적인 내용은 지방정부의 권력은 주(州)헌법으로부터 나온다는 것을 선언한 것이다.

이 원칙은 미국 아이오와(Iowa) 주 법원의 판사인 딜런(John F. Dillon)에 의해 1868년 최초로 정립되었다. 이 원칙으로 통해 지방자치단체에 대한 주정부 우위의 원칙이 확립되었으며, 이후 특정 지방정부의 권력의 적법성에 관해 의심이 생길 때 법원은 늘 딜런의 법칙에 따라 주정부에게 이롭게 판결해 왔다. 그 내용은 다음과 같다.

(1) 지방자치의 관습법적 권리(common-law right)는 인정되지 않는다.
(2) 지방자치단체는 주정부의 창조물(creature of the state)이다. 지방자치단체의 창조와 폐지는 주의 재량권이다.
(3) 지방에서의 권력은 수여받은 범위 내에서 행사한다(powers expressly granted).
(4) 지방은 주 입법부의 의지를 실천하는 단순한 대리인(mere tenants at the will of the legislature)이다.

Source: Deil S. Write, *Understanding Intergovernmental Relations 3rd ed.*(Pacific Grove, California: Book/Cole Publishing Company, 1988), p.40.

2. 울트라 바이리스스의 원칙

울트라 바이리스 원칙(Ultral Vires Rule)은 월권행위 무효의 원칙, 혹은 위법 무효의 법리라고 부르기도 한다. 지방정부의 입법권의 제약을 설정한 원칙으로 딜런의 원칙과 함께 지방정부의 권한에 관한 중요한 양대 원칙으로 자리 잡고 있다. 울트라 바이리스(Ultra Vires)는 권력의 남용(beyond the power)이란 의미의 라틴어인데, 지방자치단체의 권한은 상위법이나 기타의 법령을 위반해서 행사될 경우 무효라는 것을 선언한 원칙이다.

Source: J. F. Zimmerman, *State-Local Relations: a Partnership Approach*(Westport, Connecticut: Praeger Pulbishers, 1995), p.17.

제 2 절 자치권의 종류

국가의 주요 권력은 기본적으로 입법권, 사법권, 행정권으로 구성된다. 입법권은 사회의 규범인 법을 제정하는 권력이고, 사법권은 만들어진 법을 지키고 유지하는 권력이며, 행정권은 이러한 법을 집행하는 권력이다. 이러한 국가조직의 권력구조를 지방자치단체의 권력구조에도 그대로 적용시켜볼 수 있다. 자치단체의 자치권도 자치입법권, 자치사법권, 자치행정권의 세 가지로 나누어 설명될 수 있다. 여기서는 자치행정권을 자치행정권과 자치재정권으로 구분하고, 지방자치단체의 자치권을 네가지 유형으로 설명하기로 한다.

1. 자치입법권

지방자치단체가 스스로 강제력 있는 법령을 제정하는 권한을 자치입법권(自治立法權)이라고 한다. 구체적으로는, 자치법규(自治法規)인 조례(條例)와 규칙(規則)을 제정하는 권한을 말한다.

1) 조례제정권

조례(條例)란 지방자치단체가 법령의 범위 안에서 그 권한에 속하는 사무에 관하여 지방의회의 의결로 제정하는 법이다. 조례는 일본과 우리나라에서 쓰이는 용어이며, 미국은 지방법(local law, local code)이라는 개념을, 영국은 보조법(bylaw)이라는 표현을 주로 쓴다. 조례는 상위법이나 상위 자치단체의 조례를 위반하여 제정될 수는 없고, 주민의 권리 제한 또는 의무 부과에 관한 사항이나 벌칙을 정할 때는 법률의 위임이 있어야한다.

2) 규칙제정권

규칙(規則)이란 지방자치단체의 장이 법령 또는 조례가 위임한 범위 안에서 그 권한에 속하는 사무에 관하여 제정하는 자치법규를 말한다. 규칙은 자치단체장이 규정하는 행정입법으로 의회의 의결을 요구하는 의회입법과 구분된다. 물론, 규칙도 조례와 마찬가지로 상위 법령이나 조례, 상위 자치단체의 규칙을 위반해서는 아니 된다.

2. 자치사법권

우리나라에는 공식적으로 지방자치단체가 사법권을 가지고 있지 않다. 사법부의 재판은 모두 중앙정부의 업무이다. 나라에 따라서는 지방자치단체가 사법적 권능을 가지기도 한다, 미국의 경우는 카운티나 시 혹은 구역에 자체 법원을 가지거나, 카운티나 시의 재판관(judge)들을 주민이 선거로 선출하기도 한다. 배심원제도를 두고 합의제로 판결을 하고 있으며, 배심원이 대부분 지역 주민들에 의해 구성된다. 따라서 카운티나 시의 경우 주민들에 의한 나름대로의 사법권이 행사되고 있다고 볼 수 있다. 또한 사법권과 연관된 검찰 및 경찰 기능도 자치적 형태로 운영되고 있다. 주의 검찰총장(Attony General)은 선거로 선출되고, 지방정부의 경우 검찰총장이나 카운티의 치안관(Sherrif, 카운티 경찰책임자)은 대부분 선거에 의해 선출된다.

우리나라는 형식적 의미에서 자치사법권은 없다. 자치법원이 없기 때문이다. 그러나 지방 단위에서 시행되는 실질적 의미의 사법권은 부분적으로 존재한다. 예를 들면, 행정심판법에 의해 광역자치단체장은 시·군·구에서 제기한 행정심판의 재결청(裁決廳)이 된다. 광역자치단체장의 심판 및 결정은 형식적 의미에서는 행정권에 의해서 이루어지는 행정 기능에 속하지만, 실질적 의미에서는 법적 강제력 있는 판단 행위라는 면에서 사법적 기능을 수행하고 있다고 볼 수 있다. 이외에도 지방자치법에는 조례를 위반한 행위에 대하여 1천만 원 이하의 과태료를 부과할 수 있는데, 이러한 행정벌(행정질서벌)의 부과 행위는 실질적으로는 사법부의 재판에 의한 판결과 같은 성격을 가지고 있다고 할 수 있다.

행정심판제도는 행정기능 자체에서 수행되는 약식 판결 형식으로 진행되는 것으로 형식적인 의미에서 자치사법권이라고 보기는 어렵지만, 실질적 의미에서 보면 재판과 판결이라는 재판 기능을 수행한다고 볼 수 있다. 따라서 부당 불법한 행정청의 처분에 대해서 시·군·자치구의 경우는 광역자치단체장(시·도지사)에게, 시·도의 경우는 주무부장관에게 행정심판을 청구할 수 있는 구제장치가 마련되어 있다. 중앙행정기관이 재결청이 되는 경우는 국무총리 산하의 행정심판위원회가 담당한다. 시·도지사나 주무부장관의 행정심판에 절차상의 흠(하자) 있는 경우에는 행정소송을 통해 구제할 수 있다.

참고 12-2 행정심판

행정기관과 주민 사이의 분쟁을 복잡한 사법 절차를 거치지 않고 행정부 내의 판단으로 처리하는 심판제도를 말한다. 변호사 비용이 들지 않고 신속, 간편하게 처리할 수 있는 장점이 있다.

1. 행정심판의 대상

행정심판의 대상은 행정청의 위법 부당한 처분의 취소 또는 변경을 청구하는 취소심판, 행정청의 처분의 효력 유무 또는 존재 여부에 대한 확인을 하는 무효 등의 확인 심판, 행정청의 위법 또는 부당한 거부처분이나 부작위에 대하여 일정한 처분을 하도록 하는 의무이행 심판이 있다.

2. 심판기관과 청구

심판기관(재결청)은 직근 상급 행정기관이 된다. 그러나 국무총리·행정각부 장관·대통령 직속기관의 장은 직근 상급 기관이 대통령이 된다. 이 경우, 대통령이 행정심판을 처리하기 어려우므로 행정청 자신이 심판기관이 될 수밖에 없다. 이렇게 중앙행정기관이 재결청이 되는 심판청구사건은 국무총리 산하의 행정심판위원회가 담당한다.

자치단체인 서울시·광역시·도지사·교육감의 처분이나 부작위에 대해서는 소관 감독행정기관이 재결청이 되고, 구청장·시장·군수·교육장 등의 처분 부작위에 대해서는 특별시장·광역시장·도지사·교육감이 재결청이 된다. 심판청구는 처분이 있음을 안 날로부터 90일 이내, 처분이 있은 날로부터 180일 이내 제기하여야 한다. 행정심판의 결과에 불복하는 경우는 법원에 행정소송을 제기할 수 있다.

3. 자치행정권

자치행정권을 좁은 의미의 조직관리권으로 보는 견해도 있지만 여기서는 자치행정권의 범위를 자치사무권, 자치조직권, 자치인사권으로 구분하기로 한다.

1) 자치사무권

지방자치단체는 지방의 고유사무에 대해서는 스스로의 권한과 책임 하에 처리해 나갈 수 있는 자치사무의 처리 및 집행에 관한 권한을 가지고 있다. 이러한 자치사무에 대한 기획, 정책대안의 모색, 의사결정 및 집행에 관한 모든 권한을 자치사무권이라고 할 수 있다.

자치사무는 본래적인 지방적 사무로서, 지방에서 제기되는 제반 문제를 해결하기 위한 사무이다. 우리나라의 경우, 자치사무의 구체적인 내용은 지방자치법 제13조에 상세히 나열·예시하고 있다.

2) 자치조직권

지방자치단체가 자기의 조직을 자주적으로 정하는 권능을 말한다. 그것은 자치행정을 실시하기 위한 행정조직을 스스로 결정하는 권능이다. 자치조직권은 자치기구의 조직구조를 지방에 필요한 적합 구조로 형성시킬 수 있다. 농촌에는 농업에 관한 부처를 강화할 필요가 있고, 관광지역은 관광에 관한 조직을 확대할 수 있다. 이러한 자치조직권은 법률에 정하는 범위 내에서 개편 조직할 수 있게 된다. 특히 전체 인건비의 범위 내에서 자율적으로 조직을 재구조화할 수 있는 기준인건비제[1]를 도입하였다. 이를 통해 지방자치단체의 조직 자율성은 한층 강화되었다고 볼 수 있다.

3) 자치인사권

또한 자치단체장은 법률에 의해 주어진 범위 내에서 부시장, 부지사, 부군수, 부구청장 등의 임면권(任免權)과 기타 공무원에 관한 인사권을 가진다. 지방자치단체에는 임용권자별로 인사위원회를 두어 제반 인사에 관한 사항을 결정 혹은 통제할 수 있다. 또한 공무원의 징계, 기타 그 의사에 반하는 불이익 처분에 대한 소청을 심사 결정하기 위하여 시・도 지방공무원 소청심사위원회를 두기도 한다.

4. 자치재정권

자치재정권이란 지방자치단체가 자기사무를 수행하는 데 필요한 경비를 충당하기 위하여 중앙정부의 간섭을 받지 않고, 자주적으로 그 재원을 조달하고 지출할 수 있는 권리를 말한다. 자치재정권은 자치행정권의 한 영역이라고도 볼 수도 있으나, 여기서는 지방재정의 상태가 지방자치의 성패를 가르는 중요한 변수로 보아 따로 분리하여 서술한다.

자치재정권은 지방재정의 수입과 지출을 관리하고, 예산을 편성・집행・관리할 수 있는 자율적 권한을 의미한다. 이와 같이 지방자치단체가 필요로 하는 재원을 스스로

---

1) 기존의 총액인건비제도는 기준인건비제(2014년 3월)로 변화되었다. 총액인건비제는 자치단체의 총액인건비를 기준으로 하여 행정기구와 정원 규모를 지방자치단체에서 자율적으로 운영할 수 있도록 한 제도이다. 그러나 이러한 제도가 지방자치단체의 자율권을 침해한다고 2014년 지방자치단체의 재정 여건을 보다 탄력적으로 적용할 수 있는 기준인건비제도를 도입하게 된 것이다.

확보하고, 그 자유로운 판단과 결정에 의하여 그것을 사용할 수 있는 자치재정권이야말로 지방자치의 실질을 보장하기 위한 핵심적 요건으로 간주되고 있다. 자치재정권은 단순한 예산의 재무적 수입 지출만을 다루는 것이 아니라, 자치재정을 통한 지역경제 안정, 소득 재분배와 같은 경제정책을 기획할 수 있는 기능을 포함한다.

제 3 절 자치권의 국가통제와 대응

지방자치단체의 구역은 국가의 한 부분이기 때문에 전체 사회의 구성 요소로서의 지역사회의 시정 방향이 국가 이익이나 발전 목표에 부합할 수 있어야 할 것이다. 그러나 지방의 이익과 국가 전체의 이익이 반드시 일치하는 것은 아니기 때문에 갈등이 발생할 소지가 있으며 이 경우 국가 통합을 해치지 않고, 지방자치단체의 자율권을 보장하는 범위 내에서 적절한 조정이 필요하다.

여기서는 자치권의 영역을 중심으로 국가의 지방자치단체의 자치권에 대한 통제를 살펴보기로 한다. 구체적으로는 자치입법권에 대한 통제, 자치사법권에 대한 통제, 자치행정권에 관한 통제, 자치재정권에 관한 통제로 나누어 보고자 한다. 한국의 경우, 형식적 의미의 자치사법권은 아직 존재하지 않으므로, 여기서는 자치입법권과 자치행정권, 자치재정권에 대한 통제를 중심으로 검토해 보기로 한다.

전통적으로 한국의 국가와 자치단체 관계는 국가가 상위 조직으로서 자치단체를 통제 관리 · 감독하는 차원에서 다루어졌다. 그러나 민주화가 진전되고 자치 분권이 강조되면서 국가와 지방자치단체의 관계는 평등한 상호 협력적 관계를 지향하고 있다.[2)]

---

2) 2020년 개정된 지방자치법에서는 기존의 '제9장 국가의 지도와 감독'을 '제9장 국가와 지방자치단체의 관계'로 바꾸었다. 상징적이지만 국가와 지방의 상호 관계 대응한 협력 관계로 새롭게 규정한 것이라고 할 수 있다.

1. 자치입법권의 통제

1) 지방의회 의결에 대한 재의 요구와 직접 제소

국가는 직접적으로 지방의회를 직접 통제할 수 있는 권한이 있다. 즉, 지방의회의 의결이 법령에 위반되거나 공익을 현저히 해한다고 판단되는 경우에도 지방자치단체장이 의회에 재의를 요구하지 않는 경우에 이러한 재의를 요구하거나 직접 제소권을 발동시킬 수 있다.

광역자치단체(시 · 도)에 대하여는 행정안전부장관이, 기초자치단체(시 · 군 및 자치구)에 대하여는 시 · 도지사가 재의(再議)를 요구하게 할 수 있고, 재의의 요구를 받은 지방자치단체의 장은 지방의회에 이유를 붙여 재의를 요구하여야 한다.

재의를 요구받은 의회가 과반수 출석과 출석의원 3분의 2 이상의 찬성으로 재의결한 경우 일반적으로 그 안은 확정된다. 그러나 행정안전부장관 또는 특별시 · 광역시 · 도지사가 판단하여 재의결된 사항이 법령에 위반된다고 판단됨에도 당해 지방자치단체의 장이 소를 제기하지 아니하는 때에는 당해 지방자치단체의 장에게 제소를 지시하거나 직접 제소 및 집행정지결정을 신청할 수 있다. 위의 규정에 의한 제소의 지시는 20일의 경과한 날부터 7일 이내에 하고, 당해 지방자치단체의 장은 제소지시를 받은 날부터 7일 이내에 제소하여야 한다. 제소 지시를 받고도 제소를 하지 않으면, 행정안전부장관 또는 특별시 · 광역시 · 도지사는 위의 기간이 경과한 날부터 7일 이내에 직접 제소할 수 있다.

기초의회에서 법령에 위반한 의결이나 재의결을 하였음에도 광역자치단체에서 감독권을 발동하지 않을 경우, 행정안전부장관은 시 · 도지사에 감독을 명하고 이러한 지시를 적절히 이행하지 않는 경우, 기초자치단체에 대해 직접적인 감독 통제권을 행사할 수 있다(지방자치법 제192조).

2) 상위법이나 조례에 위배되는 자치입법 금지

헌법 제117조에는 "지방자치단체는 주민의 복리에 관한 사무를 처리하고 재산을 관리하며 법령의 범위 안에서 자치에 관한 규정을 제정할 수 있다"고 규정하고 있다. 이에 의하면 자치입법은 법령의 범위를 벗어나서는 제정될 수 없다고 본다. 이러한 맥락에서 조례와 규칙은 법령의 범위 안에서, 상위법이나 상위 조례를 위배하지 않는 범위 내에서 제정될 수 있다. 특히 주민의 권리 제한 또는 의무 부과에 관한 사항이나 벌칙을 정할 때에는, 법률의 위임이 있어야 한다(지방자치법 제28조). 상위법을 무시한 조례의 제정은 무효라는 위법무효의 원칙(Ultra Vires)을 확인해 주는 조항이라고 할 수 있다.

2. 자치행정권의 통제

중앙정부나 중앙행정기관의 장은 지방자치단체의 사무에 관하여 조언, 권고 등의 관여를 할 수 있으며, 재정 및 기술 지원을 할 수 있다. 이외에도 국가적 통합을 위한 다양한 지방통제제도를 유지하고 있다.

1) 국가사무 또는 광역자치단체 사무 처리의 지도 · 감독

국가의 위임사무가 제대로 처리되고 있는지에 관하여 국가나 상급 단체가 지도 · 감독할 수 있다. 광역자치단체(특별시 · 광역시 · 도)는 주무부장관이 지도 · 감독의 주체가 되고, 기초자치단체(시 · 군 · 자치구)는 1차로는 광역자치단체장이, 2차로는 주무부장관이 지도 · 감독한다.

2) 위법 · 부당한 명령 · 처분의 시정 명령

지방자치단체의 사무에 관한 그 장의 명령이나 처분이 법령에 위반되거나 현저히 부당하여 공익을 해한다고 인정될 때에는 광역자치단체는 주무부장관이, 기초자치단체에 대하여는 광역단체장이 기간을 정하여 서면으로 시정을 명하고 그 기간 내에 이행하지 아니할 때에는 이를 취소하거나 정지시킬 수 있다. 광역단체장이 기초단체장에게 시정명령이나 취소 · 정지 처분을 하지 않을 경우, 주무부장관은 광역단체장에게 기초자치단체에 대해 시정 명령을 하도록 명할 수 있다. 국가나 상위 자치단체가 자치사무에 관한 명령이나 취소 · 정지 처분을 하는 경우는 법령에 위반 하는 것에 한한다. 지방자치단체의 장은 이러한 명령이나 처분의 취소 및 정지에 이의가 있으면, 15일 이내에 대법원에 소를 제기할 수 있다. 광역단체장이 기초자치단체장에 대한 감독권을 행사하지 않을 경우 행정안전부장관이 직접 감독권을 행사할 수 있다.

3) 지방자치단체의 장에 대한 직무이행명령

지방자치단체의 장이 법령의 규정에 의하여 그 의무에 속하는 국가 위임사무 또는 시·도 위임사무의 관리 및 집행을 명백히 게을리하고 있다고 인정되는 때에는 광역자치단체(시·도)에 대하여는 주무부장관이, 기초자치단체(시·군·자치구)에 대하여는 시·도지사가 기간을 정하여 서면으로 그 이행할 사항을 명령할 수 있다. 주무부장관 또는 시·도지사는 당해 지방자치단체의 장이 위의 기간 내에 이를 이행하지 아니할 때에는 당해 지방자치단체의 비용 부담으로 대집행하거나 행정·재정상 필요한 조치를 할 수 있다. 이 경우, 행정 대집행에 관하여는 행정대집행법을 준용한다. 이 경우, 시·도에서 통제권을 행사하지 않을 때, 행정안전부장관은 시·도지사에게 감독을 명하고 이행하지 않을 경우 직접 감독 통제권을 행사할 수 있다.

4) 지방자치단체의 자치사무에 대한 감사

행정안전부장관 또는 시·도지사는 지방자치단체의 자치사무에 관하여 보고를 받거나 서류·장부 또는 회계를 감사할 수 있다. 이 경우, 감사는 법령 위반 사항에 한하여 실시한다.

5) 자치조직 및 인사권에 대한 통제

자치조직 및 인사권에는 행정안전부에서 직급이나 정원, 조직 등에 많은 제약을 두고 있다. 특히 '지방자치법 시행령'이나, '지방자치단체의 행정기구와 정원 기준 등에 관한 규정'에서 보면, 행정안전부가 구체적인 부단체장의 직급·자격 등을 규정하고 있고, 실·국·과 등의 수와 조직 명칭 및 해당 직급까지 상세한 임명 기준을 제시하고 있다. 이러한 제도는 지방자치단체의 무분별한 선심성 보직 관리와 예산지출, 자치단체장의 인사권 남용을 방지하기 위한 방어 장치로서 기능을 수행하기도 한다. 최근에는 이러한 엄격한 통제 기준을 완화한 기준인건비제를 도입하여 자치조직권의 자율성을 확대하였다.

3. 자치재정권의 통제

지방자치단체는 재정이 매우 취약하므로, 중앙정부의 지원 없이는 제대로 운영할 수 없는 경우가 많다. 재정 지원은 지방교부세법이나 국고보조금 등을 통해 이루어지고 있으며, 대부분의 지방자치단체는 재정적으로 중앙정부에 예속된다. 따라서 재정적 종속 상태에서 벗어나지 못하고 있는 지방자치단체는 중앙정부의 지시와 정책적 통제에서 벗어나기 힘들다.

4. 지방자치단체의 대응과 분쟁조정

우리나라 국가와 지방정부의 관계를 검토해 보면 국가가 지방자치단체를 통제·감독할 수 있는 권한이 상대적으로 강한 편이다. 국가는 지방자치단체를 감독하거나 통제할 수 있고, 직무이행명령를 하달할 수 있고, 지방자치단체의 업무에 관해 법원에 소를 제기할 수 있다. 광역자치단체도 이와 유사하게 기초자치단체를 지휘·감독할 수 있다. 그러나 이러한 지도·감독 및 통제권에 지방자치단체가 아무런 대응을 할 수 없다면, 실질적으로 지방자치는 무력해질 수 있다. 따라서 우리나라는 이러한 국가의 지도감독권에 대해 지방자치단체가 할 수 있는 몇 가지 대응 방법을 마련하고 있다.

첫째는 국가와 지방 간의 분쟁이 발생했을 때 행정부 자체 내에서 조정하는 방법이다. 국무총리 소속 하에 설치되어 있는 '행정협의조정위원회'는 중앙행정기관과 지방자치단체 간 분쟁을 조정하는 기구이다(지방자치법 제187조). 둘째는 대법원에 소를 제기하는 방법이다. 국가나 상위 자치단체의 직무이행명령이나, 위법·부당한 명령·처분의 시정 명령이 부당하다고 생각되는 경우, 자치단체장은 이를 접수한 날로부터 15일 이내에 대법원에 소를 제기할 수 있다. 또한 직무이행명령에 이의가 있을 경우 소를 제기함과 동시에 이행 명령의 집행을 정지하게 하는 집행정지 결정을 신청할 수 있다. 셋째는 헌법재판소의 심판을 청구하는 방법이다. 헌법 제11조 제1항, 헌법재판소법 제2조 제4항에는 국가와 지방자치단체 간의 권한 쟁의를 헌법재판소의 심판 사항으로 규정하고 있다. 권한 쟁의 심판은 그 사유가 있음을 안 날로부터 60일 이내에, 그 사유가 있은 날로부터 180일 이내에 청구해야 한다. 넷째는 행정소송에 의한 방법이다. 행정소송법 제4조에 의거 행정기관은 감독청의 행정행위 취소 및 무효 확인소송을 제기할 수 있다.

본문요약

1. 자치권의 개념과 본질

- 자연권으로서 자치권: 자치권은 자치단체의 자연권적 기본권, 고유권설
- 국가 권력으로서 자치권: 자치권은 국가가 부여해 준 권리, 국권설(수탁설, 전래권설), 제도적 보장설

2. 자치권의 종류

- 자치입법권: 조례 및 규칙제정권
- 자치사법권: 형식적 의미의 사법권 존재하지 않지만, 행정심판권, 행정벌 부과 등과 같은 실질적 의미 행정사법권은 존재
- 자치행정권: 자치사무권, 자치조직권, 자치인사권, 자치재정 및 재무권
- 자치재정권: 자치재정 및 재무권

3. 자치권의 국가통제와 대응

- 자치입법권의 통제: 의회의결에 대한 재의 요구, 직접 제소, 위법무효소송 제기, 상위 위법이나 조례를 위반하는 조례안은 무효
- 자치행정권의 통제: 자치사무권, 자치조직 및 인사권
- 자치재정권: 재정 및 재무권의 통제
- 자치단체의 대응: 행정협의조정위원회의 조정, 대법원에 소 제기, 헌법재판소 심판청구, 행정소송

Chapter 13

지방자치단체의 사무

우리나라의 공공부문에 존재하는 사무는 크게 국가사무와 지방사무로 나누어 볼 수 있다. 국가사무는 중앙정부가 중심이 되어 처리하는 사무이고, 지방사무는 지방자치단체에서 처리하는 사무이다. 지방자치단체가 처리하는 지방사무는 다시 그 사무의 특성에 따라 두 가지 형태로 분류해 볼 수 있다. 지방고유의 사무라고 볼 수 있는 자치사무(혹은 고유사무)와 원래 국가의 사무 중 지방적 특성을 가지고 있는 사무인 위임사무가 그것이다. 위임사무는 다시 개별 법령에 의해 지방자치단체에 위임된 단체위임사무와,

그림 13-1 우리나라 공공분야 사무의 분류 체계

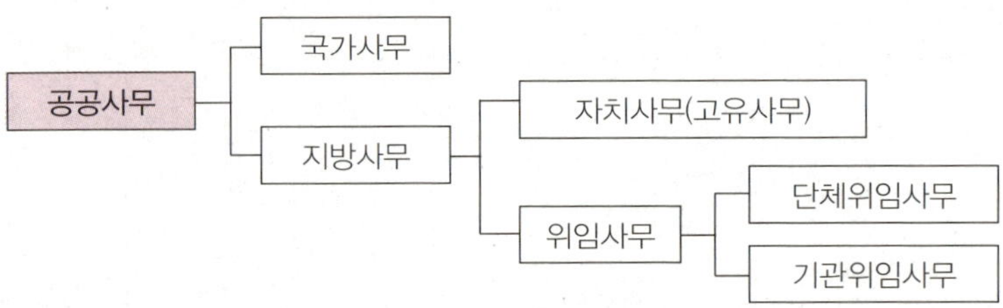

집행기관인 자치단체장에게 위임해서 처리하는 기관위임사무가 있다. 이러한 공공사무의 내용을 분류해 보면 [그림 13-1]과 같다.

제 1 절 국가사무

국가사무란 국가 전체의 이해관계가 걸린 업무로, 국가(중앙정부)가 직접 처리하는 사무이다. 중앙정부의 사무, 중앙행정기관의 사무라고 부를 수도 있다. 지방자치단체는 국가사무에 관여하지 못하며, 소요되는 경비는 국가가 전액 부담하고, 이 업무는 국정감사의 대상이 된다. 법령에 국가, 정부, 중앙행정기관의 장 등이 행위의 주체로 규정되어 있다.[1] 지방자치법에는 지방자치단체가 처리할 수 없는 국가사무로 다음과 같은 내용을 예시하고 있다.

[지방자치단체가 처리할 수 없는 국가사무] (지방자치법 제15조)

1. 외교, 국방, 사법(司法), 국세 등 국가의 존립에 필요한 사무
2. 물가정책, 금융정책, 수출입정책 등 전국적으로 통일적 처리를 요하는 사무
3. 농산물 · 임산물 · 축산물 · 수산물 및 양곡의 수급 조절과 수출입 등 전국적 규모의 사무
4. 국가종합경제개발계획, 국가하천, 국유림, 국토종합개발계획, 지정항만, 고속국도 · 일반국도, 국립공원 등 전국적 규모 또는 이와 비슷한 규모의 사무
5. 근로 기준, 측량 단위 등 전국적으로 기준을 통일하고 조정하여야 할 필요가 있는 사무
6. 우편, 철도 등 전국적 규모나 이와 비슷한 규모의 사무
7. 고도의 기술을 요하는 검사 · 시험 · 연구, 항공관리, 기상행정, 원자력 개발 등 지방자치단체의 기술과 재정 능력으로 감당하기 어려운 사무

---

1) 예: 국가는 환경보전계획을 수립하여야 한다. 정부는 보고서를 국회에 제출해야 한다. 문화체육관광부장관은 중요 민속자료를 지정할 수 있다.

제 2 절 지방사무

지방자치단체가 처리하는 사무를 지방사무라고 한다. 지방사무는 자치사무와 위임사무로 구분되며, 위임사무는 다시 단체위임사무와 기관위임사무로 구분될 수 있다. 여기서는 자치사무, 단체위임사무, 기관위임사무의 세 가지 유형을 검토해 보기로 한다.

1. 자치사무(고유사무)

자치사무(自治事務)란 지방자치단체의 존립 목적에 속하는 공공사무를 말하며, 이러한 사무는 지방자치단체의 본래적인 사무라는 뜻으로 고유사무(固有事務)라고도 한다. 자치사무는 지방자치단체의 고유사무이므로, 원칙적으로 지방자치단체의 재정 부담으로 이루어지는 사무이다. 지방의회가 관여하게 되고 중앙정부에게는 사후감독 및 합법성 감독만이 허용되고 있다. 지방자치단체장이 행위 주체로 열거된다.[2)]

우리나라의 경우, 자치사무는 지방자치법 제13조에 예시되어 있는데, 이러한 자치사무는 다시 광역자치단체의 사무와 기초자치단체의 사무로 상세하게 구분하여 열거 예시되고 있다(지방자치법 시행령 제8조). 예를 들면, '주민복지에 관한 사업'의 경우, 광역자치단체는 복지계획을 수립하거나, 기초자치단체 간의 복지 업무의 조정 및 지원 업무를 수행하게 되고, 기초자치단체의 경우는 복지 관련 계획수립뿐만 아니라, 주민복지시설 운영, 주민복지상담, 보건사업 실시 등의 업무를 담당하게 된다. 지방자치법 예시된 자치사무는 다음과 같다.

[지방자치법에 예시되어 있는 지방자치단체 사무] (지방자치법 제13조)

1. 지방자치단체의 구역, 조직, 행정관리 등
   가. 관할 구역 행정구역의 명칭 · 위치 및 구역의 조정
   나. 조례 · 규칙의 제정 · 개정 · 폐지 및 그 운영 · 관리
   다. 산하(傘下) 행정기관의 조직관리

2) 예: 도는 국토의 건설을 위하여 도계획을 작성해야 한다. 시 · 도지사, 시장 · 군수 · 구청장은 도시계획법에 의하여 공업단지를 지정하여야 한다.

라. 산하 행정기관 및 단체의 지도·감독

마. 소속 공무원의 인사·후생복지 및 교육

바. 지방세 및 지방세 외 수입의 부과 및 징수

사. 예산의 편성·집행 및 회계감사와 재산관리

아. 행정장비관리, 행정전산화 및 행정관리개선

자. 공유재산(公有財產) 관리

차. 주민등록 관리

카. 지방자치단체에 필요한 각종 조사 및 통계의 작성

2. 주민의 복지 증진

가. 주민복지에 관한 사업

나. 사회복지시설의 설치·운영 및 관리

다. 생활이 어려운 사람의 보호 및 지원

라. 노인·아동·장애인·청소년 및 여성의 보호와 복지 증진

마. 공공보건의료기관의 설립·운영

바. 감염병과 그 밖의 질병의 예방과 방역

사. 묘지·화장장(火葬場) 및 봉안당의 운영·관리

아. 공중접객업소의 위생을 개선하기 위한 지도

자. 청소, 생활폐기물의 수거 및 처리

차. 지방공기업의 설치 및 운영

3. 농림·수산·상공업 등 산업 진흥

가. 못·늪지·보(洑) 등 농업용수시설의 설치 및 관리

나. 농산물·임산물·축산물·수산물의 생산 및 유통 지원

다. 농업자재의 관리

라. 복합영농의 운영·지도

마. 농업 외 소득사업의 육성·지도

바. 농가 부업의 장려

사. 공유림 관리

아. 소규모 축산 개발사업 및 낙농 진흥사업

자. 가축 전염병 예방

차. 지역산업의 육성·지원

카. 소비자 보호 및 저축 장려

타. 중소기업의 육성

파. 지역특화산업의 개발과 육성 · 지원

하. 우수지역특산품 개발과 관광민예품 개발

4. 지역 개발과 자연환경보전 및 생활환경시설의 설치 · 관리

가. 지역개발사업

나. 지방 토목 · 건설사업의 시행

다. 도시 · 군계획사업의 시행

라. 지방도(地方道), 시도(市道) · 군도(郡道) · 구도(區道)의 신설 · 개선 · 보수 및 유지

마. 주거생활환경 개선의 장려 및 지원

바. 농어촌주택 개량 및 취락구조 개선

사. 자연보호활동

아. 지방하천 및 소하천의 관리

자. 상수도 · 하수도의 설치 및 관리

차. 소규모급수시설의 설치 및 관리

카. 도립공원, 광역시립공원, 군립공원, 시립공원 및 구립공원 등의 지정 및 관리

타. 도시공원 및 공원시설, 녹지, 유원지 등과 그 휴양시설의 설치 및 관리

파. 관광지, 관광단지 및 관광시설의 설치 및 관리

하. 지방 궤도사업의 경영

거. 주차장 · 교통표지 등 교통편의시설의 설치 및 관리

너. 재해대책의 수립 및 집행

더. 지역경제의 육성 및 지원

5. 교육 · 체육 · 문화 · 예술의 진흥

가. 어린이집 · 유치원 · 초등학교 · 중학교 · 고등학교 및 이에 준하는 각종 학교의 설치 · 운영 · 지도

나. 도서관 · 운동장 · 광장 · 체육관 · 박물관 · 공연장 · 미술관 · 음악당 등 공공교육 · 체육 · 문화시설의 설치 및 관리

다. 지방문화재의 지정 · 등록 · 보존 및 관리

라. 지방문화 · 예술의 진흥

마. 지방문화 · 예술단체의 육성

6. 지역민방위 및 지방소방

가. 지역 및 직장 민방위조직(의용소방대를 포함한다)의 편성과 운영 및 지도 · 감독

나. 지역의 화재예방 · 경계 · 진압 · 조사 및 구조 · 구급

7. 국제교류 및 협력

가. 국제기구 · 행사 · 대회의 유치 · 지원

나. 외국 지방자치단체와의 교류 · 협력

2. 단체위임사무

단체위임사무(團體委任事務)란 법령에 의해 국가 또는 상급 지방자치단체로부터 해당 지방자치단체에 처리가 위임된 사무를 말한다. 법령에 의하여 지방자치단체에 속하는 사무이며, 조례의 형식으로 존재한다.

단체위임사무는 전염병 예방과 같이 지방적 이해관계와 전국적 이해관계를 동시에 가지는 사무로서, 경비는 지방자치단체와 국가가 분담해서 부담한다. 따라서 지방의회의 부분적 관여가 가능하고 중앙정부에게는 사후 감독, 합법성 및 합목적성 감독이 허용된다. 지방자치단체에 위임된 이상 외형상으로는 자치사무와 같이 처리되어 기능상 자치사무와 단체위임사무의 구분은 큰 의미가 없다. 그러나 법령상 규제가 가해지는 범위가 넓다든지, 경비의 일부를 국고에서 부담하게 되어 있다든지, 국가의 감독이 비교적 크다든지 정도의 차이가 존재한다. 법령의 형식은 '국가 또는 상급 지방자치단체가 … 지방자치단체에게 위임한다', '광역시 · 도 · 시 · 군에 ○○소(위원회, 원)를 둔다', '○○부, 시 · 도지사, 시장 · 군수가 ○○○를 시행한다'의 형식으로 구성된다.[3] 단체위임사무의 내용을 예시하면 다음과 같다.

[단체위임사무의 예시]

1. 예방접종에 관한 사무(전염병 예방법)
2. 시와 군의 국세 징수사무(국세징수법 제8조)

---

3) 예: 국도의 수선 및 유지에 관한 업무는 도지사로 하여금 이를 수행하게 할 수 있다. 시장 · 군수 · 구청장은 법정 전염병에 대한 정기예방 접종을 시행해야 한다.

3. 시 · 군의 도세 징수사무(지방세법 제63조)
4. 시 · 도의 하천 보수 · 유지 사무(하천법 제16조)와 국유하천 점용료 또는 사용료의 징수사무(하천법 제33조)
5. 시 · 군의 재해구호사무(재해구호법 제11조)
6. 도의 국도 유지, 수선사업(도로법 제24조)와 국도 점용료의 징수사무(도로법 제43조)
7. 서울특별시와 직할시의 관할 구역 내에 있는 국도의 관리사무(도로법 제43조)
8. 보건소의 운영(보건소법)
9. 농촌지도소의 운영(농촌진흥법)
10. 생활보호사무(생활보호법)

3. 기관위임사무

기관위임사무(機關委任事務)란 국가 또는 상급 자치단체가 법령 등에 의하여 집행기관(지방자치단체의 장)에게 그 처리를 위임한 사무를 말한다. 전국적인 이해관계가 있는 사무 또는 원래 국가기관에서 처리하여야 할 사무를, 사무 처리의 편의성과 능률성 또는 국민의 편리 등의 이유에서 지방자치단체의 장에게 위임하여 처리하는 사무를 말한다. 규칙의 형식으로 존재한다.

기관위임사무는 성질상 지방적 이해관계보다 전국적 이해관계가 더 큰 사무로서, 국가 또는 시 · 도로부터 각급 지방자치단체의 집행기관에 위임된 사무를 말한다. 업무수행의 주체는 지방자치단체가 아니라 그 집행기관이기 때문에 지방의회는 필요한 경비 부담에 관한 사항을 제외하고는 원칙적으로 그 사무 처리에 간여할 수 없다. 이러한 기관위임사무는 원래 국가가 자기의 일선 기관을 설치하고 처리하여야 할 국가사무를 지방자치단체의 집행기관에 위임하여 처리하는 것이기 때문에, 위임받은 지방자치단체의 집행기관은 중앙정부의 하급 기관과 동일한 지위에서 그 사무를 처리하게 된다. 따라서 기관위임사무의 처리 과정에서 지방자치단체가 중앙정부 상위 자치단체의 지휘를 받음으로써 지방의 자율성이 침해되어 지방분권을 저해하는 요소로 비판받기도 한다.

이러한 기관위임사무의 처리에 소요되는 경비는 그 전액을 국고에서 부담하는 것을 원칙으로 하며, 국가는 기관위임사무에 대하여는 합법성의 감독뿐만 아니라 합목적성의 감독 그리고, 교정적 감독뿐만 아니라 예방적 감독도 가능하다. 법령의 형식은 '○○장관은(혹은 ○○기관은) ○○○을 시·도지사에게 위임한다, ○○장관은(혹은 ○○기관은) ○○○에게 ○○○○을 하게 할 수 있다' 등의 형식으로 개별 법률에서 'A가 B에게 위임할 수 있다'는 근거 조항을 둔 사무이다.[4] 사무 내용을 예시하면 다음과 같다.

[기관위임사무의 예시]

1. 가족관계 등록사무
2. 주민등록사무
3. 병사사무
4. 대통령, 국회의원의 선거에 관한 사무
5. 국민투표에 관한 사무
6. 지적사무
7. 국세조사
8. 산업통계에 관한 사무
9. 국채, 국민저축사무
10. 기부금품 통제사무
11. 경비계획·경비통제사무
12. 농지개발사무
13. 상공진흥사무
14. 수산진흥사무
15. 공유수면 매립사무

4) 예: 문화체육관광부장관은 정기간행물의 등록에 관한 업무를 서울특별시장, 광역시장 또는 도지사에게 위임할 수 있다. 주민등록사무는 시장, 군수, 구청장이 관장한다.

표 13-1 국가사무와 지방사무의 유형별 비교

기 준 \ 사무유형	국가사무	지방사무		
		자치사무	단체위임사무	기관위임사무
법령 기준	개별법	지방자치법 제9조 제1항, 제2항	지방자치법 제9조 제1항	지방자치법 제102조, 제103조
사무의 성질	국가적 사무	• 지방자치단체의 권한과 책임 하에 이루어지는 사무 • 지방의 고유사무	• 법령에 개별적 위임에 의해 지방자치단체에 위임된 사무 • 국가적 이해와 지방적 이해가 동시에 걸린 사무	• 법령의 규정에 의해 지방자치단체장에 처리를 위임한 사무 • 지방적 이해가 없고 전국적 통일이 필요한 사무
사무의 예시	외교, 국방, 금융, 국가기획	• 가로등 설치관리 • 상 · 하수도 사업 • 주민복지 • 지역경제 활성화	• 예방접종 • 보건소 설치 운영	• 가족관계 등록 • 주민등록사무 • 선거 관련 사무
형식	법령	조례 · 규칙	조례	규칙
지방의회 관여	관여 불가	완전 관여	부분적 관여	관여 불가
경비 부담	국가 전액	지방자치단체 전액	일부 또는 전부 국고 보조	전액 국고 보조

제 3 절 국가와 지방자치단체의 사무배분

국가의 공공사무는 중앙정부와 지방정부에 의하여 각각 분담되어 수행된다. 국가의 공공사무를 처리하는 데 중앙정부와 지방정부는 국가의 권력과 권한을 나누어 관리한다. 이 과정 속에서 국가와 지방자치단체는 전체의 사무를 효율적으로 나누고, 상호 분담하며 협조 체제를 유지하여야 한다.

이러한 국가 공공사무의 분담 체제를 사무배분이라 하는데, 중앙과 지방의 적절한 사무배분은 국가의 권력배분이라는 정치적 측면과 적정한 업무의 배분을 통한 사무의 능률이라는 행정적 측면이 있다.

1. 사무배분의 유형

각 국가가 중앙정부와 각급 지방자치단체 간에 사무를 배분하는 방식은 대체로 개별적 위탁 방식, 종합적 위탁 방식, 절충적 위탁 방식으로 유형화할 수 있다.

1) 개별적 위탁 방식

개별적 위탁 방식이란 일반적인 지방자치법 외에 개별법의 제정을 통하여 지방자치단체의 담당사무를 지정하는 방식을 말하는데, 영국, 호주, 캐나다, 스웨덴, 덴마크 등의 국가가 이러한 방식을 취하고 있다. 즉, 각 자치단체의 능력에 따라 필요할 때마다 지방자치단체별 사무분야별로 국가에서 특별법을 통해 개별적으로 위탁하는 형태를 취한다.

2) 종합적 위탁 방식

개별적 위탁 방식과는 달리 지방자치단체의 사무 내용을 가장 넓게 종합적으로 규정하고 있는 방식이다. 지방자치단체는 특별히 금지된 사항이나 중앙정부의 사무로 규정된 사무 외에는 주민의 일반적인 이익을 위하여 어떠한 사무라도 처리할 수 있도록 광범위한 권한의 위탁을 규정하고 있다. 포괄적 위탁(수권) 방식이라고도 하며, 프랑스, 독일 등이 그 예라고 볼 수 있다.

3) 절충적 위탁 방식

개별적 위탁 방식과 종합적 위탁 방식을 절충하여 일반법에서 각급 자치단체에 종합적으로 적용되는 사무배분 기준을 제시하되, 구체적으로 사무 종목을 예시 또는 열거하는 방식이다. 일본, 우리나라가 그 예이다. 이를 예시적 열거주의 방식이라고 부르기도 한다.

2. 우리나라 사무배분의 원칙과 기준

우리나라에서 채택하고 있는 사무배분의 기본 원칙은 중복 배제의 원칙과 보충성의

원칙, 포괄적 배분의 원칙이다.[5)]

1) 사무배분의 원칙

(1) 중복 배제의 원칙

사무배분의 기본 원칙으로 먼저 생각할 수 있는 것은 중복 배제의 원칙이다. 국가와 지방자치단체 간, 지방자치단체와 지방자치단체 간 사무를 배분할 때, 업무가 상호 중복되거나 경합하지 않도록 배분해야 한다는 것이다. 이는 조직 간 업무를 서로 경합하지 않도록 배분한다는 면에서 경합 배제의 원칙 혹은 비경합의 원칙이라고 부를 수 있다.

기관 간 사무가 중복되면 업무의 중첩으로 비용의 낭비와 비효율이 발생할 뿐만 아니라, 권한과 책임 소재를 두고 기관 상호 간 분쟁이 일어날 수도 있다. 기관 간 사무의 경계를 명확히 함으로써, 국가와 지방자치단체, 지방자치단체 상호 간의 갈등을 줄이고, 주민의 편익 증진, 행정의 능률성 확보에 기여할 수 있는 것이다.[6)]

(2) 보충성의 원칙

사무배분에 있어 다음으로 고려할 점은 보충성의 원칙이다. 기관 간 사무의 중복성을 배제한 상태에서, 누구에게 우선적으로 사무배분을 할 것인가의 기준을 제시하는 원칙이다. 국가나 지방자치단체 간, 혹은 지방자치단체 상호 간에는 사무의 권한을 서로 가져가거나 혹은 회피하려고 경쟁하거나 갈등하는 경우가 있을 수 있다. 결과적으로 중복 배제의 원칙에 의해 한쪽이 사무를 가져가면 다른 한쪽은 포기할 수밖에 없다. 또한 같은 맥락에서 한쪽이 포기하면 다른 한쪽에서 떠맡을 수밖에 없다.

이렇듯 사무배분의 기관 간 경합이 일어나는 경우, 활용할 수 있는 배분 기준이 보충성의 원칙이다. 보충성의 원칙에 의하면, 주민생활과 밀접한 연관이 있는 지방적 사무는 기초자치단체에서 우선적으로 처리하고, 광역자치단체와 국가는 다음 단계에서 보완적으로 그 사무를 담당한다. 예컨대, 지방적 사무가 조직 간 중복되거나 경합할 경우, 먼저 시 · 군 · 구에 할당하고, 시 · 군 · 구가 처리하는 것이 합리적이지 못한 사무는 다음 단계로 광역자치단체가 관장하며, 지방자치단체 차원에서의 담당하기 어려운 사무

---

5) '지방자치법' 제11조 '사무배분의 기본 원칙'과 '지방자치분권 및 지방행정체제개편에 관한 특별법' 제9조 '사무배분의 원칙' 조항에 같은 내용이 규정되어 있다.

6) 사무의 중복 처리가 업무의 보완 기능을 수행하여 행정의 안정성을 높여준다고 하는 이른바 가외성(加外性, redundancy)의 가치를 주장할 수도 있다. 하지만, 사무의 중복 배제를 통해 비용을 줄이고, 조직 간 갈등의 소지를 제거하여 행정 능률을 확보하려는 노력이 우선적으로 필요하다.

는 마지막으로 국가(중앙정부)가 처리한다는 것이다. 기초자치단체에서 우선적으로 처리하며, 상위 기관은 순차적 보완적으로 담당한다라는 의미에서 보충성의 원칙을 보완성의 원칙이라고 부를 수도 있다.

(3) 포괄적 배분의 원칙

포괄적 배분의 원칙은 지방자치단체가 스스로의 권한과 책임 하에 지방사무를 처리할 수 있도록 지방자치단체에게 종합적이고 포괄적으로 사무를 배분해야 한다는 원칙이다. 자기 책임의 원칙, 종합적 배분의 원칙이라고 부를 수도 있다. 자기 책임을 질 수 있도록 포괄적으로 배분해야 한다는 의미는, 지방자치단체가 실질적 권한은 거의 갖지 못한 상태에서 명목상의 권한만 갖게 되거나, 권한은 없고 책임만을 부여받는 불합리한 경우가 발생하는 경우를 방지하기 위한 것이다.[7]

2) 지방자치단체 종류별 사무배분의 기준

우리나라 지방자치법상 제시되고 있는 지방자치단체 종류별 사무의 배분 기준은 다음과 같다.

[지방자치단체 종류별 사무배분 기준] (지방자치법 제14조 제1항)

1. 광역자치단체(시 · 도)
   가. 행정처리 결과가 2개 이상의 시 · 군 및 자치구에 미치는 광역적 사무
   나. 시 · 도 단위로 동일한 기준에 따라 처리되어야 할 성질의 사무
   다. 지역적 특성을 살리면서 시 · 도 단위로 통일성을 유지할 필요가 있는 사무
   라. 국가와 시 · 군 및 자치구 간의 연락 · 조정 등의 사무
   마. 시 · 군 및 자치구가 독자적으로 처리하기에 어려운 사무
   바. 2개 이상의 시 · 군 및 자치구가 공동으로 설치하는 것이 적당하다고 인정되는 규모의 시설을 설치하고 관리하는 사무
2. 기초자치단체(시 · 군 및 자치구)

---

7) 지방자치법 제11조(사무배분의 원칙) 제3항: 국가가 지방자치단체에 사무를 배분하거나 지방자치단체가 사무를 다른 지방자치단체에 재배분할 때에는 사무를 배분받거나 재배분받는 지방자치단체가 그 사무를 자기의 책임 하에 종합적으로 처리할 수 있도록, 관련 사무를 포괄적으로 배분하여야 한다.

광역자치단체가 처리하는 것으로 되어 있는 사무를 제외한 사무. 다만, 인구 50만 명 이상의 시에 대하여는 도가 처리하는 사무의 일부를 직접 처리하게 할 수 있다.

제 4 절 특별 지방행정기관과의 사무 조정

1. 특별 지방행정기관의 개념

지방적 사무는 원칙적으로 지방자치단체의 사무이다. 그러나 지역 주민은 국가의 국민으로서 지위를 동시에 가지고 있다. 따라서 병역, 환경, 국세 등의 사무와 같이 지역민을 대상으로 하는 사무이지만 국가적인 차원에서 다루어야 할 사무가 존재한다. 이렇게 지역적이면서 국가적인 사무는 국가적 통일성과 신속성을 요하기 때문에, 국가기관이 지방에 상주하면서 직접 처리하게 된다.

이렇게 지방에 소재하면서 지방적 사무를 처리하는 국가(중앙정부)의 행정기관을 '특별 지방행정기관'이라고 한다. 지방경찰청, 지방병무청, 지방국세청, 지방환경청, 지방중소기업청, 지방식품의약품안전청, 지방국도관리청 등이 특별 지방행정기관의 예라고 할 수 있다.[8)]

특별 지방행정기관은 중앙행정기관의 지부로서의 성격을 가지고 있기 때문에, 예산이나 인사권이 전적으로 중앙행정기관에 소속되어 있다. 따라서 지방에 소재하고 있지만, 지방자치단체장이나 의회의 통제를 받지 아니한다. 여기에 근무하는 공무원 역시 지방공무원이 아닌 국가공무원으로서지위를 가지고 있다.

2. 사무 중복과 조정

특별 지방행정기관과 지방자치단체 간의 업무 구분이 모호하거나 중첩되어 있는 경우가 있을 수 있다. 예컨대, 자동차 도로의 경우, 고속도로는 국가공기업인 한국도로공

8) '정부조직법' 제3조: 중앙행정기관은 소관 사무를 수행하게 하기 위하여 필요한 때에는, 특히 법률로 정한 경우를 제외하고는 대통령령이 정하는 바에 의하여 지방행정기관을 둘 수 있다.

사가, 일반국도는 특별 지방행정기관인 지방국토관리청이, 지방도는 광역자치단체와 기초자치단체가 각각 관리한다. 자동차를 타고 한 시간 달리는 거리에 이렇게 많은 정부기관이 각각 관여한다는 것은 매우 비능률적일 수 있다. 또한 지역 산업진흥 업무와 특별 지방행정기관인 지방중소기업청의 업무, 지방 환경 업무와 지방 환경청의 업무 대상과 영역이 중복되어 투자되기도 한다.

최근 지방분권과 지방자치권의 확대가 강조됨으로써 특별 지방행정기관이 담당하는 지방적 업무를 해당 지방자치단체에 이관해야 한다는 주장이 제기되고 있다. 국가적으로 공통된 업무 관리나 규제가 필요한 업무 이외에, 지방에서 처리 가능한 업무는 지방자치단체에 돌려주려는 노력이 요구된다고 보는 것이다.

본문요약

1. 공공사무

- 국가사무: 외교, 국방, 금융, 국가기획 등
- 지방사무: 자치사무, 위임사무(단체위임사무, 기관위임사무)

2. 지방사무

- 자치사무: 지방자치단체의 고유사무, 지방자치단체의 재정으로 운영
- 단체위임사무: 국가와 지방의 공통 이익, 국가의 보조 혹은 공동 부담으로 지방자치단체에서 처리
- 기관위임사무: 국가사무를 지방자치단체의 장에게 위임하여 처리, 전액 국고 보조

3. 국가와 지방의 사무배분

- 사무배분의 원칙: 중복 배제의 원칙(비경합의 원칙), 보충성의 원칙(보완성의 원칙), 포괄적 배분의 원칙(자기 책임의 원칙)
- 지방자치단체 종류별 사무배분의 기준: 광역사무와 기초사무의 구분

4. 특별 지방행정기관: 지방에 소재하면서 지방적 사무를 처리하는 국가의 행정기관

[보충학습]

일본의 지방사무 재편: 자치사무와 법정수탁사무

과거 일본의 지방사무는 공공사무(공공서비스), 행정사무(규제와 통제사무), 단체위임사무, 그리고 기관위임사무로 구성되어 있었다. 여기서 공공사무와 행정사무는 지방자치단체의 고유사무인 자치사무이며, 단체위임사무는 국가나 상위 자치단체가 지방자치단체에 위임하여 처리하는 사무이며, 기관위임사무는 국가나 상위 자치단체가 단체장에게 위임하여 처리는 국가적 사무이다.

이 중 기관위임사무는 국가의 사무를 지방자치단체장에게 위임하여 처리하는 사무로 국가의 지휘·감독 아래 놓여 있는 사무이다. 이러한 기관위임사무의 과다로 인해 중앙의 지방통제가 과다하게 이루어지고 지방의 자율권이 훼손되는 점이 지적되었고, 이러한 문제점을 해결하기 위해 1999년 지방분권일괄법을 제정하여 기관위임사무를 전면적으로 폐지하기에 이르렀다.

1. 일본 지방자치단체의 전통적 사무 구분

1) 지방사무: 공공사무, 단체위임사무, 행정사무

(1) 공공사무: 지방 고유의 공공서비스 사무

(2) 단체위임사무: 국가가 다른 자치단체로부터 처리의 위임을 받은 사무

(3) 행정사무: 지방에서 규제와 통제의 공권력을 토대로 한 사무

2) 기관위임사무: 국가가 지방자치단체장에게 위임하여 처리하는 사무로 국가의 지휘와 통제 아래 놓여 있는 사무

2. 1999년 분권 개혁을 통한 사무재편

1999년 지방분권일괄법의 제정에 따라 기관위임사무를 폐지하고, 자치사무와 법정수탁사무로 재편, 조정하여 지방자치단체의 자율권을 확대함.

1) 자치사무

• 자치사무란 지방자치단체가 자율적으로 처리하는 사무로 종래의 공공사무, 단체위

임사무, 행정사무를 자치사무로 함.

- 종래 국가사무였던 기관위임사무의 일부도 자치사무로 전환하여 지방자치단체의 권한에 속하도록 함.

2) 법정수탁사무

(1) 종전의 국가에 의한 기관위임사무 중 자치사무로 전환되지 않은 잔여 사무를 법정수탁사무로 변경시킴.

(2) 목적: 국가 혹은 중앙정부의 지휘·감독 폐지하여 국가의 과도한 지방 개입을 제한하고 국가와 지방자치단체의 대등한 관계를 유지할 수 있도록 함.

(3) 종전의 기관위임사무와의 구분점

- 법정수탁사무는 국가사무를 처리한다는 면에서 종래의 기관위임사무와 성격은 비슷하지만, 지방자치단체가 전적인 권한과 책임을 가지고 처리한다는 면에서 국가의 지휘·감독을 받아 처리하는 기관위임사무와 구분됨.
- 기관위임사무는 조례를 제정할 수 없었지만, 법정수탁사무는 국가가 관계되는 사무라도 지방자치단체의 사무이므로 조례로 제정 가능함.

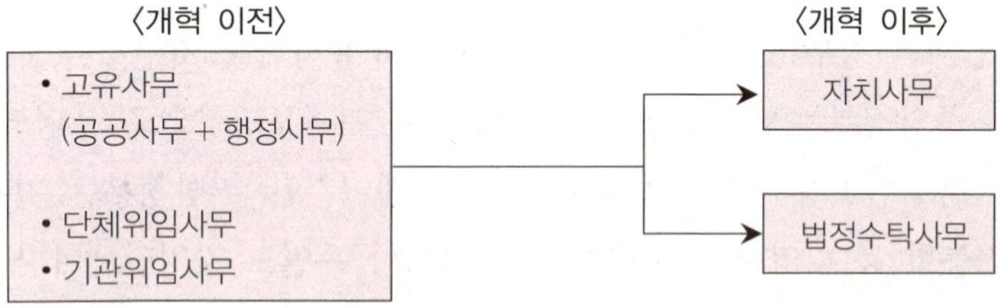

Chapter 14

지방자치단체의 기관 구성

지방자치단체의 경우는 대체적으로 중앙정부와 유사한 통치구조를 가지고 있다. 그러나 일본은 중앙정부는 기관통합형, 지방정부는 기관분리형으로 운영되는 경우도 있다. 미국의 경우, 연방정부나 주정부는 기관분리형이지만, 지방정부는 기관분리형과 기관통합형, 절충형 등 다양하게 존재한다. 영국이나 독일도 자치단체마다 기관 구성 형태는 각각 다르다.

우리나라는 지금까지 단체장과 의회의 기관분리형 구조를 통일적으로 유지해 왔다. 그러나 지방자치법 개정(2021.1.12)으로 주민투표를 통해, 이제는 다양한 자치기관 구조를 선택할 수 있게 되었다. 여기서 다양한 여러 나라의 자치기관 구조를 소개해 보기로 한다.

제 1 절 기관 구성의 형태

지방자치단체의 기관 구성 형태는 다양한 형식으로 존재한다. 기관 구성의 형태를 분류하는 기준은 다양하게 존재할 수 있다. 여기서는 단체장 선거 방식에 의한 분류, 기관 구성 형태에 의한 분류, 단체장과 의회의 주도권에 관한 분류의 기준을 소개해 보기로 한다.

1. 직선형, 간선형, 임명형

먼저, 지방자치단체의 장을 선임하는 방법에 따라 직선형, 간선형, 임명형으로 구분해 볼 수 있다. 지방의회의 의원 선거는 주민 직선으로 이루어지지만, 단체장의 경우는 주민 직선, 의회 간선, 중앙 임명 등의 다양한 형태로 존재한다.

미국의 대부분 주나 독일의 남부 주, 일본, 한국 등에서 단체장은 주민 직선에 의해 선출한다. 주민 직선에 의해 선출되는 시장은 의회에 의해 간선으로 선출되는 시장에 비해 상대적으로 강한 권한을 가지고 있다. 프랑스에서는 주민 직선으로 뽑인 단체장이 의회의장을 겸임하기도 한다. 영국이나 독일의 일부 주에서는 지방의회에서 선출한 의회의장이 단체장을 겸임한다. 내각제 형태의 자치기관 구조이다. 이는 의회에서 단체장을 선출하는 것으로, 단체장 간선제라고 할 수 있다. 우리나라는 1950년대 초기 읍 · 면 · 동의 단체장은 지방의회에서 선출하는 간선제였다.

이외에도 단체장을 임명하기도 한다. 우리나라에서 1950년대 서울시장 · 도지사와 같은 광역단체장은 임명제였다. 이 시기에 기초단체장인 읍 · 면 · 동장은 의회에서 간선으로 뽑기도 하고, 후반부에서는 주민 직선으로 뽑기도 했다. 1950년대 후반에는 임명제로 운영하기도 하였다.

2. 기관통합형, 기관분리형

지방자치단체의 자치기관은 의결기관과 집행기관의 권력 관계를 어떻게 설정하는가에 따라 기관통합형과 기관분리형으로 구분해볼 수 있다.

기관통합형은 의회의 구성원과 집행부의 구성원이 동일한 집단인 경우이다. 의회의원들이 집행부의 집행 기능을 동시에 담당하는 경우이다. 지방의회 의장이나 위원회의 대표가 시장이 되며, 의회 상임위원장들이 집행부의 국·과장 역할을 하거나 그들을 통솔한다. 행정의 신속성과 능률성을 확보할 수 있으나 권한의 중복으로 인한 권력 남용의 가능성, 전문성의 결여 등의 문제점이 있을 수 있다. 기관분리형은 미국의 대통령제와 같이 의회와 집행기관이 각각 분리되어 상호 독자적인 권한을 가지고 있는 기관 구성 체제이다. 의결 기능과 집행 기능의 분리로 권력 남용에 대한 견제가 가능하지만 업무 처리의 신속성과 능률성에 제한이 가해질 수 있다. 일본의 경우, 중앙정부는 기관통합형(내각제)이지만, 지방정부는 기관대립형으로 운영되고 있다. 한국의 경우, 기본적으로 기관대립형으로 구성되어 있지만, 지방자치법 개정으로 주민의 선택에 따라 이제는 다양한 형태의 자치기관을 주민이 선택하여 운영할 수 있게 되었다.[1)]

3. 의회 우위형, 단체장 우위형

단체장과 의회 중 누가 주도적인 권한을 행사하는 가에 따라 기관 구성 형태를 구분해 볼 수 있다. 대체적으로 서구 유럽에서는 의회가 우위에 있는 경우가 많으나, 한국이나 일본은 집행기관이 우위인 경우가 많다. 지방자치단체장 중심형은 강시장형 혹은 약의회형이라고도 하며, 의회가 중심인 지방의회 중심형의 경우는 강의회형, 약시장형으로 부를 수 있다.

제 2 절 외국의 기관 구성

외국 지방자치단체의 기관은 매우 다양하고 복잡한 형태를 가지고 있다. 여기서는 미국, 영국, 프랑스, 독일, 일본, 중국의 지방자치기관 구성 형태를 비교·검토해 보고자 한다.

1) 한국의 경우, 일반적으로 기관대립형을 채택하고 있지만, 지방자치법 개정을 통해 주민이 원하는 자치기관 형태를 선택할 수 있도록 가능성을 열어두었다. 주민투표를 통해 주민이 합의하면 기관대립형뿐만 아니라 기관통합형, 위원회형 등도 선택 가능하게 된 것이다.

1. 미국의 기관 구성

미국은 각 주마다 각 지방자치단체마다 다양한 형식의 기관 구성 형태를 가지고 있다. 여기서는 크게 다음의 네 가지 형태를 소개해 보기로 한다(황아란, 1997: 28)([그림 14-1] 참조).

네 가지 형태는 강시장형, 약시장형, 의회-시지배인형, 위원회형으로 나눌 수 있다.

첫째, 강시장형은 시민에 의해 선출된 시장과 의원들이 각각 집행기관과 의결기관을 나누어 맡아 양 기관이 시민에게 각각 책임을 지는 전형적인 기관 구성 형태이다. 자치단체장이 강력한 책임과 통제권을 부여받고, 인사권, 예산안 제출권, 의회의결 거부권 등을 행사하며, 강력한 리더쉽을 행사한다. 대부분의 대도시와 일부 소도시에서 이러한 기관 구성 형태를 취하고 있다. 둘째, 약시장형은 시장의 권한이 의회나 다른 여러 선출직 공직자들에게 분배되어 시장의 권한에 많은 제약이 가해진 경우이다. 의회가 인사권과 행정 운영에 대한 감독권을 가지고 있고, 검찰관, 재정관, 평가관 등이 따로 선출되어 권한이 분산되어 있다. 이 경우는 소도시를 중심으로 발달되어 있다.

셋째, 의회-시지배인형은 의회가 중심이 되어 지방자치단체를 이끌어 가는 의회 중심적인 기관이다. 그러나 순수한 의회 중심주의가 아니라, 의회가 중심이 되고 집행기관의 전문성을 살리기 위해 시지배인(manager)을 따로 선입하여 집행 기능을 위임하

그림 14-1 미국 지방정부의 기관 구성 형태

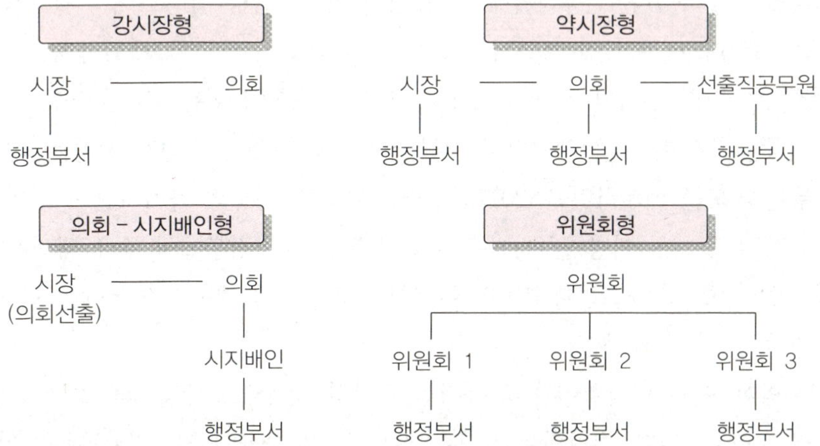

는 형태이다. 의회-시지배인의 경우, 대체적으로 시장은 의회에서 선출하기도 하는데 이는 명목적인 기능만을 수행한다. 한편 의회는 정책결정 기능을 담당할 뿐만 아니라 전문행정가인 시지배인의 선임을 통해 행정을 책임지고 수행하도록 한다. 넷째, 위원회형은 순수 기관통합형의 구성 형태로 행정과 입법의 권한이 하나의 기관인 위원회에 위임되어 있는 구조이다. 위원은 주민들의 직선에 의해 선출되고, 위원장은 위원 중에서 선출된다. 위원들은 집행부의 공무원들을 통솔한다. 미국의 대부분의 카운티(County)는 각 구역에서 선출된 몇 몇의 위원(superviser)들이 위원회를 구성하여 카운티의 의사결정과 집행 기능을 담당한다. 이러한 조직 구성 형태를 이사회형이라고 부르기도 한다.

2. 영국의 기관 구성

영국 지방자치단체(지방정부)의 기관 구성은 전통적으로는 내각제형의 기관통합형의 형태를 띠고 있었다. 즉, 지방의회가 의결기관이면서, 집행기관의 기능을 동시에 담당한다. 지방의회는 상임위원회를 중심으로 집행기관 소속의 각 국장을 지휘한다. 지방의회가 주도권을 갖고서 집행기관보다 우위에 서는 특징을 지니게 되는 것이다. 시장은 지방의회 의장이 겸임하며 명목적으로 자치단체를 대표하는 기능을 한다. 행정의 전문성 강화를 위해 시관리자인 수석행정관(chief executive)을 두기도 하였다(황아란, 1997: 85). 그러나 2000년 지방정부법의 개정 이후부터는 자치기관을 다양하게 구성할 수 있도록 하였다. 이에 따라 2000년 출범한 대런던시(GLA)는 영국 역사상 최초로 직선제 시장을 선출하였다. 전통적인 의회 중심의 기관통합형 집행부 구조를 버리고, 시장과 시의회를 따로 주민 직선으로 구성하는 기관대립형 구조를 채택하게 된 것이다. 이후 전통적인 의회 중심의 기관 이외에도, 시장이 중심이 되는 기관대립형 구조를 채택하는 지방정부도 여러 곳 생겨나기 시작했다. 2007년에는 직선제 시장 아래에 시지배인을 두는 제도를 폐지하였고, 2011년부터는 위원회 형태의 자치기관 구조를 채택하기도 하였다. 위원회형 지방자치기관은 규모가 작은 지방정부에서 주로 채택하였다(임승빈 외, 2019: 92-97; 장은혜, 2018). 이러한 결과를 종합해보면 영국에는 현재 세 가지의 지방자치기관 형태가 운영된다고 볼 수 있다.

첫째는 의회-지방 내각형이다. 전통적인 지방정부 형태로 내각제와 같은 유형의 정부 형태라고 할 수 있다. 지방의회의 다수당이 의회의 대표자 지도자가 되며, 지방정부의 내각을 구성한다. 이 지방정부 내각이 집행 기능을 수행한다. 가장 전형적인 내각제 형태의 기관통합형 자치기관 구조라고 할 수 있다. 둘째는 직선제 시장형이다. 대통령제와 마찬가지로 시장을 직선으로 뽑고 의회를 따로 운영하는 형태이다. 다수는 아니지만 이런 제도를 채택하는 곳도 늘어나고 있다. 런던광역시는 시장을 주민 직선으로 뽑는 제도를 채택하고 있다. 직선제 시장제도를 유지하면서 시지배인을 선임하는 형태는 2000년에 도입되었다가 2007년에 폐지되었다. 셋째는 위원회형이다. 2011년 도입되었다. 적은 규모의 지방자치단체에 도입할 수 있는 자치기관 구성 형태라고 할 수 있다.

3. 독일의 기관 구성

독일은 영국과 프랑스와 달리 연방국가이다. 연방국가 밑에 16개의 주(Land)가 있는데 이 중 베를린(Berlin), 함부르크(Hamburg), 브레멘(Bremen)은 도시 주이고 나머지는 일반 주이다. 독일은 제2차 세계대전 이후 연합국의 분할 통치를 받았는데, 이후 지역의 통치를 담당한 국가와 유사한 지방자치제도를 채택하게 된다. 따라서 독일은 지방정부의 기관구조가 주마다 지역마다 매우 다양한 형태로 존재하고 있다. 여기서는 크게 네 가지 유형을 소개하기로 한다(황아란, 1997: 161-164; 임승빈 외, 2019: 215-218).

첫째는 북독일 의회형이다. 북독일 의회형은 영국의 점령지역으로 그 영향을 받은 니더작센 주와 노르트라인-베스트팔렌 주에서 발견되는 기관 구성 형태이다. 이는 주민의 선거에 의해 구성된 의회가 지배적 역할을 담당하는 것을 특징으로 할 수 있는데, 의회는 의장인 시장(Burgermeister)을 선출할 뿐만 아니라 행정의 책임자인 시지배인을 선임한다. 전통적으로는 의회의장이 겸하고 있는 시장은 상징적인 존재로 시를 대표하는 의전적인 업무만 수행하도록 되어 있었다. 시지배인은 정치적으로 의회에 종속되어 있으나 임기가 보장되어 있었고 실질적 권한을 행사하였다. 그러나 1994년에 법개정으로 시지배인제를 폐지하고 시장에게 지방행정의 최고 책임자 지위를 부여하도록 하였다. 시장에게 시장의 역할을 강화하여 집행에 관한 권한과 책임을 부여한 것이다(임승빈 외, 2019: 216).

둘째는 위원회(이사회)형이다. 헤센과 슐레스비히-홀스타인의 자치시 등에서 도입되어 있는 위원회형은 합의제 자치기관이다. 의회에서 선출하는 시장 및 이사회 위원들이 합의제 행정기구를 구성하여 의회에서 의결한 사항을 집행한다. 위원회형은 의결기관인 의회뿐만 아니라 집행기관도 합의제로 운영된다는 면에서 시장-의회형과 다르다. 위원회는 시장, 부시장, 명예직 위원 등으로 구성된다(임승빈 외, 2019: 217).

셋째는 시장 중심형이다. 시장 중심형은 프랑스의 영향을 받은 슐레스비히-홀스타인 주와 자를란트 주 등 라인강 유역 지역에서 발견되는데, 주민에 의해 구성된 의회에서 시장과 부시장단을 선임하는 형태이다. 시장은 행정사무의 수행 및 의회의 결정에 대한 집행 책임을 지고 있을 뿐만 아니라, 의회 내에서 투표권을 지니는 의장을 겸직함으로써, 시의회와 행정기관을 통솔하는 강력한 지위를 지니고 있다. 지방의회에서 선출된 지방의회 의장이 단체장을 겸임한다는 면에서 프랑스의 지방정부 구성 형태와 유사하다. 남독일 의회형과도 유사한 면이 있지만, 남독일 의회형은 시장을 주민 직선으로 뽑고, 그 직선 시장이 지방의회의 대표자가 되는 경우이다. 시장 중심형은 의회에서 선출하는 간선시장이다. 독일의 시장 중심형의 경우는 지방의회에서 시장을 선출하지만, 지방의회로부터 독립된 고유한 권한을 상당히 가지고 있다.

넷째는 마지막으로 남독일 의회형이다. 남독일 의회형은 미국의 영향을 받은 남부지방의 바덴-뷔르템베르크 주, 바이에른 주와 1994년 이후 라인란트-팔트 주, 그리고 통독 이후 1993년부터 동독의 5개 주에서 도입되고 있다. 남독일 의회형은 주민이 직접 시장과 의회의원을 선출하며, 주민 직선 시장이 의회의 의장직을 겸직한다. 남독일 의회형의 기관 구성은 시장이 주민에 의해 직접 선출됨으로써 독립기관으로서 고유 권한을 지니게 된다. 시장이 지방의회의 수장인 동시에 지방행정기관의 수장 역할을 수행한다는 면에서 시장형과 유사하다. 남독일 의회형은 주에 따라 의회의장을 의회 내에서 따로 뽑기도 한다.

4. 프랑스, 스위스, 일본의 기관 구성

1) 프랑스의 기관 구성

프랑스는 주민의 직접 선거에 의해 지방의회를 구성하고 지방의원들 가운데서 단체장과 여러 명의 부단체장을 선출한다. 주민의 직접 선거에 의해 선출되어 구성되는 의회가 의결기관인 동시에 집행기관으로서의 역할을 수행한다. 이런 측면에서 보면 프랑스의 기관 구성은 영국의 전통적인 의회중심의 기관통합형과 유사하지만 단체장의 권한과 역할이 매우 강하다는 면에서 구분해볼 수 있다. 프랑스 시장은 시의회 다수당의 대표이자 지방의회 의장이며, 단체장의 역할을 동시에 수행하는 최고의 행정책임자가 된다.

2) 스위스의 기관 구성

스위스는 연방제 국가로 캉통(canton)을 중심으로 주민총회형 지방자치제도가 발달되어 있는 나라이다. 주민총회형은 전체 주민이 의회의 기능을 대신하는 것이다. 주요 의사결정은 주민총회에서 직접 참여의 방식으로 결정된다. 스위스나 미국 뉴잉글랜드 지역의 타운에서 주로 발견되는 구성 형태이다. 그러나 주민이 많은 대도시의 경우, 이러한 방식은 실질적으로 적용하기 어렵다는 문제가 있다.

3) 일본의 기관 구성

일본은 중앙정부와 지방정부의 통치구조가 다르다. 중앙정부는 내각제와 같은 기관통합형으로 구성되어 있지만, 지방자치단체는 대통령제와 유사한 기관대립형으로 구성되어 있다. 일본의 지방자치단체는 지방공공단체라고 부른다. 광역자치단체인 도·도·부·현(都·道·府·縣)의 단체장은 지사라 부르고, 시·정·촌(市·町·村)의 단체장은 시장, 정장, 촌장이라고 부른다. 일본의 집행기관은 일반 행정과 교육, 경찰, 선거, 감사의 기능이 각각 독자적인 집행 기능으로 분리되어 있는 다원적 분포라는 특징을 가지고 있다.

제 3 절 우리나라 지방자치단체의 기관 구성

우리나라의 경우, 그동안 지방의원 선출 방식은 주민 직선으로 이루어졌다. 그러나 지방자치단체장의 선임 방식은 의회 간선제, 임명제, 직선제 등의 다양한 방식이 변화되어 왔다.

우리나라 지방자치기관은 대통령제와 유사한 구조로 형성되어 있다. 따라서 지방의회의 권한보다는 집행부의 권한이 강한 형태로 구성되어 있다. 이른바 강시장-약의회형의 기관 구성 형태라고 볼 수 있는 것이다.

이외에도 우리나라 자치조직은 일반 행정조직과 교육자치조직, 그리고 경찰자치조직으로 다원화되어 있다. 교육행정이 일반 행정조직과 분리되어야 할 것인가에 대해서는 많은 논란이 있지만, 현재 교육의 정치적 독립성을 보장해야 한다는 명목으로 교육행정 조직은 분리된 자치조직으로 결성되어 있다. 교육자치조직이나 경찰자치조직은 광역자치단체에 설치된다([그림 14-2] 참조).

우리나라는 지금까지 기관리분리형의 통일된 기관구조를 유지해 왔으나 지방자치법 개정(2021.1.12)으로 앞으로는 주민들이 다양한 기관구조를 선택할 수 있게 되었다.

그림 14-2 우리나라 자치단체 기관 구성

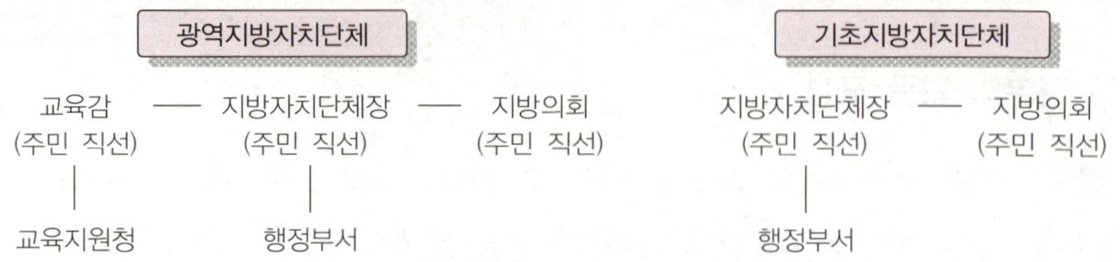

* 교육자치와 경찰자치는 광역자치단체(특별시, 광역시, 도) 단위로 실시.

본문요약

1. 기관 구성의 분류 기준

- 직선형, 간선형, 임명형
- 기관통합형, 기관분리형
- 의회 우위형, 단체장 우위형

2. 외국 사례

- 미국: 강시장형, 약시장형, 의회-시지배인형, 위원회형
- 영국: 전통적으로 내각제형이나 2000년 이후 기관의 다양화를 채택함.
- 독일: 북독일 의회형, 이사회형, 시장 중심형, 남독일 의회형
- 프랑스: 의회가 의결기관인 동시에 집행기관, 단체장은 실질적 권한
- 스위스: 주민총회가 의회의 역할
- 일본: 지방자치단체장과 지방의회의 분리형

3. 한 국

- 단체장 직선형, 기관분리형, 강시장-약의회, 집행기관 우위형
- 2021년 지방자치법 개정으로 주민투표를 통한 다양한 기관 구성 선택 가능

Chapter 15

지방의회

지방의회는 의결기관으로서 지방자치단체장과 함께 지방자치단체 자치기관의 핵심적 기능을 수행한다. 여기서는 지방의회를 중심으로 지방의회의 지위와 권한, 역할 및 조직구조 운영 등의 사항을 검토해 보기로 한다.

한국의 지방의회는 광역자치단체에 설치되는 광역의회와 기초자치단체에 설치되는 기초의회의 두 가지 종류로 나눌 수 있다. 서울특별시 · 광역시 · 특별자치시 · 도 · 특별자치도에 설치되는 의회는 광역자치단체의회 혹은 광역의회이며, 시 · 군 · 자치구에 설치되는 의회는 기초자치단체의회 혹은 기초의회라고 부른다.

제 1 절 지방의회의 지위

여기서는 지방의회의 지위를 주민의 대표기관, 의결기관, 입법기관, 집행부의 감시 · 견제기관으로서의 지위로 나누어 검토하기로 한다.

1. 주민의 대표기관

지방의회는 주민들에 의해 선출된 의원들로 구성된다. 주민은 지방의 주권자이지만, 주민이 직접 통치행위에 참여하기는 어렵고, 간접 민주제인 대의제를 통해 자신의 의사를 대변하게 된다. 따라서 지방의회는 소수의 의원들로 구성되지만, 실질적으로 그들은 개인이라기보다는 주민의 이익을 대변하는 주민의 대표기관으로서 지위를 가지게 된다.

2. 최종적인 의사결정기관

지방의회는 지역의 최종적 의사결정기관이다. 지역의 예산 및 정책, 주민, 조례 제정 등 지방에 관련된 전반적인 사항은 지방의회의 최종적인 심의와 의결 과정을 거쳐 수행된다. 예컨대, 지방의회의 의결을 거치지 않은 예산안은 집행될 수 없다.

3. 자치법규의 입법기관

지방의회는 지방의 자치법규인 조례를 제정할 수 있는 입법기관이다. 국가에서는 국회가 입법기관으로서의 역할을 하지만, 지방에서는 지방의회가 그 역할을 한다. 지방의회는 조례 이외에도 예산결산, 중요 안건 등을 의결할 수 있다. 이러한 입법 기능은 넓은 의미의 의결 기능에 속하기도 한다.

4. 집행부의 감시 · 견제기관

지방의회는 집행기관의 감시 · 견제기관으로서의 지위를 갖는다. 집행기관이 인사 · 재정권을 가지고 독점적인 권력을 행사할 경우 이를 견제 조정하는 역할을 수행한다. 구체적으로는 의안의 심의, 서류 제출 요구 및 출석답변 요구권, 행정사무감사 및 조사권 등을 통해 집행기관을 감시 · 견제한다.

참고 15-1 지방의회가 행정기관이라고요?

일부 행정법학자들 중에는 지방의회가 행정기관의 지위를 가지고 있다고 주장을 하는 사람들이 있다. 필자로서는 이러한 시각이 매우 생소하게만 느껴진다. 그러한 주장의 예를 들어보기로 한다.

"지방자치단체는 집행부의 한 구성 부분인데, 지방의회는 바로 이러한 지방자치단체의 한 구성 부분인 것이고, 체계상 지방자치단체는 합의제 의결기관으로서 지방행정권에 귀속되는 것이며…"(홍정선, 2007: 118).

"조례제정권을 가지는 지방의회는 그 한도에서 입법기관의 지위에 있는 것은 물론이다. 그럼에도 불구하고 지방의회는 본질적으로 행정기관으로서의 성질을 가진다고 본다… 지방자치의 고유권설을 취하지 않는 한 지방자치도 지방행정의 하나의 실현 형태에 그치는 것이고, 지방자치단체도 행정권의 일부를 구성하는 것이라고 할 것이므로, 이러한 지방행정의 실현제도로서의 지방자치의 기관인 지방의회는 당연히 행정기관으로서의 성질을 가지는 것으로 봐야 할 것이기 때문이다"(김동희, 2007: 97).

"지방의회가 행정기관인가 아니면 입법기관인가에 대한 논의가 있으나 지방의회는 전체로서 집행부의 한 구성 부분으로서 합의제 행정기관으로서 지위를 갖는다고 보아야 할 것이다"(강현화, 2005: 134).

이들은 지방의회의 자치입법 기능을 인정하면서도 본질적으로 지방의회의 기능은 행정기관에 속하는 것으로 본다. 따라서 조례 제정과 같은 자치입법 기능도 근본적으로는 행정 기능의 일부라고 보고 있다.

물론 모든 행정법학자가 지방의회를 행정기관이라고 보는 것은 아니다. 지방의회를 행정기관이라고 보는 견해의 문제점을 지적하고 다른 견해를 제시하고 있는 아래 글을 검토하기로 한다.

"헌법 제117조 제1항은 지방의회로 하여금 입법권을 분점하게 함으로써 국회의 입법 독점과 입법권 남용을 억제하고 입법권의 분권화와 입법적 다양성을 보장하려는 것이므로, 지방의회를 행정기관이라고 보는 것은 헌법적 입법권의 분권화 취지에 맞지 않는 해석이라고 본다"(이기우, 2007: 233).

"지방자치단체의 자치입법권은 지방의회에 있다고 말할 수 있다. 법률의 의결권이 국회에 있는 식으로 조례의 제정 및 개폐에 대한 의결권이 지방의회에 있기 때문이다… 독일에서는 조례 제정권 같은 자치입법권을 행정권의 일부로 보는 경향이 유력하다. 지방의회를 입법기관으로 보지 않고 행정기관으로 보려는 견해는 그와 같은 독일학계의 영향을 받은 것으로 볼 수 있다… 독일의 사정은 여하 간에 지방의회의 입법기관성을 부인하고 행정기관으로서 지위만을 인정하는 견해에 대해서는 찬성하기 어렵다… 아울러 아직도 주민 100인 내외의 기초자치단체가 있는 독일의 지방자치단체의 지방의회의 법적 성격내지 지위에 관한 논의를 우리의 그것에 그대로 대입시키는 데에도 문제가 있다고 생각한다"(김남진, 2005: 133-134).

필자는 지방의회가 본질적으로 행정기관이 아닌 입법기관이라는 후자의 의견에 동의한다.

먼저, 민주주의 정치원리인 권력분립의 차원에서 보더라도 지방의회를 행정기관이라고 할 수 없다. 지방의회는 권력분립의 원리에 따라 형성된 주민의 대표기관으로, 다양한 의결 기능을 통해 자치입법기관, 집행부 감시·견제기관으로서의 기능을 수행한다. 따라서 행정기관을 감시 견제하는 기능을 가지고 있는 지방의회를 행정기관이라고 보는 것은 권력분립의 기본원칙상 인정하기 어렵다.

또한 지방자치단체가 일부 국가 행정기관의 기능을 수행하기는 하지만 이 경우 국가행정 기능은 지방자치단체장을 중심으로 한 집행부에 의하여 처리된다. 단체장을 중심으로 한 지방집행부가 국가위임사무를 처리한다고 해서, 감시·견제기관인 지방의회까지 행정기관이라고 보는 것은 타당하지 않다. 더구나 지방의회는 국가사무에는 관여하지 않는다. 지방의회는 원칙적으로 지방적 사무에 대해서만 관여할 수 있다.

지방의회의 의결이나 조례가 행정소송의 대상이 되었던 사례를 통해(대법 1994.10.11 자99두23) 지방의회의 행정기관적 성격을 주장하기도 한다(김동희, 2007: 97). 그러나 지방의회가 지방사무에 관여하여 조례를 제정한다고 하여 행정처분을 수행하는 행정기관이라고 한다면 국가사무에 대해 법률을 제정하는 국회도 동일한 맥락에서 행정기관이라고 해야 할 것이다. 지방의회의 결정에 대해 행정소송이 제기되는 것은 현재 지방의회 의결에 대한 소송을 관장하는 마땅한 제도적 대안이 없기 때문이라고 생각된다.

지방의회는 정당활동과 주민의 직접 선거를 통해 선출된 지방의원으로 구성된다. 때로는 단체장과 대립하고 또는 협조하면서 시민의 이익을 대변하는 정치적 기능을 주로 수행한다. 뉴욕이나 도쿄, 서울시 의회는 1,000만 명이 넘는 시민의 이익을 대변한다. 영국의 스코틀랜드 의회는 외교, 국방을 제외한 대부분의 영역에서 독자적 입법 기능을 수행한다. 지방의회를 행정기관이라고 주장하는 학자들은 독일의 한 학자의 글을 인용하고 있다(Schumit-Jortizig). 독일에 존재하는 인구 100명 이하의 지방자치단체에 존재하는 소규모 의회에 대한 설명의 틀을 그대로 한국에 적용하는 것을 적절하지 않다고 생각된다.

제 2 절 지방의회의 권한

지방의회의 권한 부여 방식은 열거주의(列擧主義)와 포괄주의(包括主義)로 구분해 볼 수 있는데, 열거주의는 지방의회의 대표적 권한을 열거하는 것이며, 포괄주의는 세세한 항목을 나열하지 않고 지방에 관한 사무를 처리할 수 있다고 일반적으로 위임하는 것이다. 우리나라는 열거주의를 채택하고 있다.

여기서는 지방의회의 권한을 의회 내부의 고유 권한, 집행부의 감시·견제기관으로서의 권한, 그리고 기타 권한으로 구분하여 검토해 보고자 한다.

1. 의회 내부의 고유 권한

지방의회 내부의 고유 권한 중 대표적인 것은 의결기관으로서의 권한이다. 의결권, 선거권, 자율권, 발언권, 의안발의 및 처리권 등이 있다. 이러한 권한은 넓은 의미의 의결권에 포함된다고 볼 수 있는데, 여기서는 세분하여 검토해 보았다.

1) 의결권

의결기관으로서 지방의회는 지방의 주요 안건을 심의 결정하는데, 우리나라 지방자치법에 열거된 의결권 행사의 내용은 다음과 같다(지방자치법 제47조).

(1) 조례의 제정 · 개정 및 폐지
(2) 예산의 심의 및 확정
(3) 결산의 승인
(4) 법령에 규정된 것을 제외한 사용료 · 수수료 · 분담금 · 지방세 또는 가입금의 부과와 징수
(5) 기금의 설치와 운용
(6) 대통령령으로 정하는 중요 재산의 취득과 처분
(7) 대통령령으로 정하는 공공시설의 설치와 처분
(8) 법령과 조례에 규정된 것을 제외한 예산외 의무 부담이나 권리의 포기
(9) 청원의 수리와 처리
(10) 외국 지방자치단체와의 교류 · 협력
(11) 기타 법령에 따라 그 권한에 속하는 사항

2) 선거권 및 피선거권

지방의원은 의장, 부의장, 상임위원장, 임시의장 등을 선출하는 권리를 가지며, 동시에 이러한 직에 선출될 수 있는 권리인 피선거권을 가진다. 과거에는 지방의회에서 간선으로 단체장을 선출하기도 하였으나(우리나라 1952년 기초단체장 지방선거), 현재 그러한 제도는 존재하지 않는다.

3) 자율권

지방의회는 이외에도 내부 운영에 관한 규칙을 제정하거나 내부조직을 자주적으로 관리할 수 있는 권한을 가지고 있다. 이러한 권한으로는 회의규칙제정, 의회의 개폐 및 회기 결정, 질서 유지, 의원 자격 심사 및 징계 의결, 의장 · 부의장의 불신임 의결 등에 관한 사항들이다. 이러한 사항은 지방의회 내에서 자율적으로 결정된다.

4) 발언권

지방의회 의원은 지방의회에 출석하여 질의, 토론, 의사진행 발언이나, 구동 동의를 위한 발언 등을 할 수 있다. 물론 이러한 발언은 타인을 모욕하거나 사생활에 관한 내용은 제한된다. 국회의원은 "국회에서 직무상 행한 발언과 표결에 대해 국회 외에서 책임을 지지 않는다"(헌법 제45조)는 규정에 의해 면책 특권을 가지지만, 지방의회 의원의 경우 이러한 면책 특권은 없다. 따라서 경우에 따라 자신의 발언에 대해 민 · 형사상 책임을 피할 수 없으므로 직무상의 발언이라고 하더라도 신중을 기해야 한다.

5) 의안의 발의 및 처리권

지방의회는 위에서 열거된 안건 기타 지방 업무에 대한 여러 가지 안건(의안)을 발의할 수 있다. 발의된 의안은 지방의회에서 토론, 심의되고 처리된다. 또한 의회의원은 심의된 안건에 대해, 기타 여러 가지 의안에 대해 찬성 · 반대 또는 기권 등의 의사표시를 행할 수 있는데, 이를 표결권이라고 한다. 의회에서의 표결은 지방의원만이 참여할 수 있는 것으로, 지방의원의 고유 권한이라고 할 수 있다.

2. 집행기관의 감시 · 견제기관으로서 권한

1) 행정사무 감사권

지방의회는 행정사무를 감사할 수 있는 권한을 가지고 있다. 즉, 매년 1회 당해 지방자치단체의 사무에 대하여, 시 · 도의 경우 14일, 시, 군, 자치구에서는 9일의 각 범위 내에서 감사를 실시한다. 그러나 지방자치단체 및 그 장이 위임받아 처리하는 국가사무는 지방의회의 행정사무 감사 대상에서 제외된다. 또한 광역자치단체의 사무 중 국회가 감사하기로 한 사무, 기초자치단체 사무 중 광역의회가 직접 감사하기로 한 사무는 해당 의회의 행정사무 감사 대상이 아니다. 국회의 지방자치단체 감사는 광역자체단체에 한한다. 그리고 그 고유 업무에 관하여 지방의회가 감사 업무를 하고자 할 때는 양보하여야 한다(국정감사 및 조사에 관한 법률 제7조 제2항).

행정사무 감사를 위해 필요한 때에는 현지 확인을 하거나 서류 제출을 요구할 수 있으며, 지방자치단체의 장 또는 관계 공무원이나 그 사무에 관계되는 자를 출석하게 하여 증인으로서 선서한 후 증언하게 하거나 참고인으로서 의견의 진술을 요구할 수 있다(국정감사 및 조사에 관한 법률 제36조 제4항). 이 경우, 관계자의 증언에서 거짓 증언을 한 자에 대해서는 고발할 수 있으며, 출석 요구를 받은 증인이 정당한 이유 없이 출석하기로 아니하거나, 선서 또는 증언을 거부하는 때에는 500만 원 이하의 과태료를 부과할 수 있다(지방자치법 제49조 제5항).

2) 행정사무 조사권

행정사무의 감사는 정기적으로 이루어지는데 비해, 행정사무의 조사는 일정한 사안이 발생했을 때 의원들의 발의로 수시로 이루어질 수 있다. 지방의회는 지방자치단체의 사무 중 특정 사안에 관하여 본회의 의결로 본회의 또는 위원회로 하여금 조사하게 할 수 있다.

조사를 발의하고자 하는 경우, 이유를 명시한 서면으로 하여야 하며, 재적의원 3분의 1 이상의 연서가 있어야 하며(지방자치법 제49조 제2항), 조사를 실시하는 경우 행정감사와 마찬가지로 관계자를 출석시켜 증언을 청취할 수 있으며, 허위 증언한 자는 고발하고, 이유 없이 출석을 아니하거나 증언을 거부할 때는 500만 원 이하의 과태료를 부과할 수 있다.

3) 주민 청원의 심사 및 처리권

지방의회는 주민의 어려움을 해결해 주는 주민의 청원의 심사 및 처리기관으로서 기능을 가지고 있다. 지방의회는 주민이 청원한 청원 사항을 위원회별로 심사하여 타당하다고 판단되는 사항을 지방자치단체장에게 통고하여 처리하도록 권고할 수 있다.

지방의회에 청원하고자 하는 경우, 청원인은 해당 지방의회 의원의 소개를 얻어 청원서를 제출하여야 한다. 따라서 청원하고자 하는 업무의 범위가 어디인가에 따라 광역의회 의원의 협조를 받을 것인가, 기초의원의 협조를 받을 것인가를 선택하여야 한다. 지방의회 의장은 청원서를 접수한 때에는 이를 소관 위원회에 또는 본회의에 회부하여 심사하게 한다. 이때 청원을 소개한 의원은 소관 위원회 또는 본회의의 요구가 있을 때에는 청원의 취지를 설명하여야 한다. 이 경우, 모든 청원을 다 처리해야 하는 것은 아니다. 해당 위원회가 청원서를 심사하여 본회의에 부의할 필요가 없다고 결정한 때에는, 그 처리 결과를 의장에게 보고하고 청원인에게 이를 통지하면 된다.

지방의회가 청원한 내용이 타당하다고 인정한 청원은 의견서를 첨부하여 지방자치단체의 장에게 이송한다. 이 경우, 지방자치단체의 장은 이 청원을 처리하고 그 결과를 지체 없이 지방의회에 보고하여야 한다.

4) 동의 및 승인권

일반적으로 집행기관의 집행행위에 대해서는 의회의 의결을 요구하지 않지만, 중요한 안건에 대해서는 집행의 전제 절차로 의회의 동의를 얻어야 한다(보증채무부담행위, 채권의 채무 면제 효력 변경 행위). 또한 지방의회는 지방자치단체장의 선결처분에 대한 승인권이 있는데, 지방자치단체장의 선결처분이 지방의회의 승인을 받지 못하면 그 처분은 그때부터 효력을 상실한다.

3. 기타 권한

1) 의견 제출권

지방의회는 자치단체나 외부기관에 주민의 의견을 수렴 · 제출하고, 결의안이나 건의안을 채택하여 이송할 수 있다. 이러한 건의안이 강제성은 없다 할지라도 주민의 대표기관이 채택한 건의안은 주민의 의견이라는 상징적인 효력을 지니게 된다.

2) 서류제출 요구권

본회의 또는 위원회는 그 의결로 안건의 심의와 직접 관련된 서류의 제출을 당해 지방자치단체의 장에 대하여 요구할 수 있는데, 이 경우 의장에게 보고하여야 한다. 이는 의원 개개인의 자료 제출 요구가 주는 부작용을 사전에 방지하기 위한 조항으로 보인다.

3) 보고 요구와 질의 응답권

의회는 지방자치단체장 또는 관계 공무원에게 지방의회에 출석하여 행정사무 처리 상황에 대한 보고를 하도록 요구하거나, 그 내용에 대해 질의 응답할 수 있다. 지방자치단체의 장 또는 관계 공무원은 지방의회나 그 위원회의 요구가 있을 때는 출석, 답변하여야 하며, 특별한 사유가 있는 경우에는 지방자치단체의 장은 관계 공무원으로 하여금 출석 답변하게 할 수 있다. 지방의원은 기타 임시회 소집 요구, 의원의 자격심사 요구, 의원 징계 요구 등을 할 수 있다.

참고 15-2 지방의회 역량 강화를 위한 지방자치법 개정안(2021.1) 주요 내용

- 지방의회의 정책 지원 전문인력 확보(제41조): 지방의회 의원의 의정활동을 지원하기 위해 의회 의원 정수의 2분의 1 범위 내에서 정책지원 전문인력을 둘 수 있다.
- 지방의회 인사권 독립(제103조): 지금까지 지방의회 사무기관에 대해서 의회의장의 추천에 의해 지방자치단체장이 인사권을 행사했으나, 법 개정으로 지방의회 의장이 지방의회의 사무직원에 대한 지휘·감독 및 인사권을 가지게 되었다.
- 지방의회 운영의 자율권 강화(제40조, 제42조, 제53조, 제54조): 의정수당 이외에 의정활동비와 여비의 경우는 의정비심의위원회의 결정대상에서 제외하도록 했고(제40조), 회기 중이 아니더라도 지방의원의 직무로 인한 신체적 사고나 질병에 관해서 보상이 가능할 수 있도록 하였다(제42조). 정례회 운영에 관한 사항은 지방자치단체의 조례로 정할 수 있도록 자율권을 부여하였고(제53조 제2항), 임시회 소집의 지방의원 3분의 1 이상의 요구 조항을 삭제하고 임시 소집 의원 인원 수는 지방자치단체의 조례에 자율적으로 정하도록 하였다(제54조 제3항). 통·폐합 등으로 새로운 지방자치단체가 설립된 경우, 사무기관에서 해당 지방자치단체가 설치되는 날 임시회를 소집할 수 있도록 하였다(제54조 제2항).
- 의안 발의의 경우도 종래는 지방자치단체장이나 재적의원 5분의 1 이상 또는 의원 수 10명 이상이 발의할 수 있도록 하였으나, 법 개정으로 의원 수의 제한 규정을 삭제하고, 의안 발의에 필요한 의원 수는 조례로 정하도록 하였다(제76조 제1항).
- 지방의회 윤리규정을 강화하고(제65조, 제66조), 지방의원 겸직 금지 관련 규정을 명확화하였다(제43조).
- 지방의원의 지방자치단체와 영리 거래 금지 조항 정비(제44조): 지방의회 의원은 해당 지방자치단체나 지방자치단체의 출자·출연한 기관이나 단체, 사무 위탁 기관, 지방자치단체로부터 운영비 사업비를 지원받고 있는 기관이나 단체, 지방자치단체장의 인가를 받아 설립·

운영되는 조합과 영리 거래를 해서는 안 된다. 또한 소관 상임위원회의 직무와 관련된 영리 거래도 할 수 없다.

- 지방의회 표결방법 규정(제74조): 기록 표결을 원칙으로 하지만, 의장, 부의장 선거, 불신임, 의원 징계 자격상실 등 인사에 관한 사항, 재의 요구 의결은 무기명 투표로 하기로 하였다.

제 3 절 지방의회의 조직과 기능

지방의회의 인적 구성을 토대로 의장과 부의장, 위원회, 지방의회 의원, 사무기구로 구분하여 지방의회의 조직과 기능을 검토해 보고자 한다.

1. 의장과 부의장

의장과 부의장은 지방의회 의원 중에서 선출된다. 광역의회는 의장 1인과 부의장 2인을, 기초의회의 경우는 의장과 부의장 각 1인을 무기명 투표로 선출한다. 의장과 부의장의 임기는 각 2년이며, 자치단체장의 임기 중 의장단이 1회 교체된다.

지방의회 의장은 의회를 대표하고, 의사를 정리하며, 회의장 내의 질서를 유지하고 의회의 사무를 감독한다. 의장 유고 시에는 부의장이 의장의 직무를 대리하며, 의장·부의장이 동시에 유고 시에는 임시의장을 선출하여 의장의 직무를 대리한다.

지방의회의 의장 또는 부의장이 법령을 위반하거나 정당한 이유 없이 직무를 수행하지 아니한 때에는 지방의회는 불신임을 의결할 수 있다. 불신임 의결은 재적의원 4분의 1 이상의 발의와 재적의원 과반수 찬성으로 행한다. 불신임 의결이 있는 때에 의장 또는 부의장은 그 직에서 해임된다.

2. 위원회

지방의회는 위원회를 둘 수 있으며, 소관에 속하는 의안과 청원 등 지방의회가 위임한 특정한 안건을 심사한다. 지방의회의 종류는 상임위원회와 특별위원회의 2종으로 구분되는데, 상임위원회는 일반적인 의회의 소관 업무를 처리하고, 특별위원회는 특정한 안건을 일시적으로 심사·처리한다. 위원회는 담당하는 영역의 의안과 청원, 지방의회가 위임한 특정한 안건을 심사한다.

위원회의 수는 해당 지방의회의 조례로 정하는데, 공통적인 상임위원회는 의회의 의사 일정과 운영을 담당하는 운영위원회가 있고, 일반적으로 내무위원회, 경제·산업위원회, 건설도시위원회, 교육·사회위원회 등이 설치된다.[1]

지역마다 특수성에 따라 혹은 특별 임무를 수행하기 위한 특별위원회를 설치할 수 있고, 의원의 윤리심사 및 징계에 관한 사항을 심사하기 위하여 윤리특별위원회를 둘 수 있다. 이외에도 위원장과 위원의 자치입법 활동을 지원하기 위한 전문위원을 둘 수 있다.

위원회는 본 회의의 의결이 있거나, 의장 또는 위원장이 필요하다고 인정할 때, 재적위원 3분의 1 이상이 요구할 때 개회한다. 폐회 중에 지방자치단체의 장은 의장 또는 위원장에게 이유서를 붙여 위원회의 개회를 요구할 수 있다.

3. 지방의회 의원

1) 지방의회 의원의 종류 및 임기

우리나라 지방의회 의원은 주민의 직접·평등·보통 비밀선거로 선출된다. 지방의원은 광역의회 의원과, 기초의회 의원으로 구분된다. 또한 직접 선거에 의해 선출되는 지역구 의원과 비례대표에 의해 선출되는 비례대표 의원으로 구분된다. 지방의회 의원의 임기는 4년이며, 단체장과 달리 연임 제한 규정은 없다. 또한 프랑스나 영국과 달리 기초자치단체 의회의 의원이 광역자치단체 의회의 의원을 겸직할 수도 없다. 기초지방의회의 최소 구성인원 수는 7인이다(공직선거법 제23조 제2항).

1) 이전에는 기초의회의 상임위원회의 수를 제한하였다. 즉 시·도는 조례로 할 수 있었으나, 시·군·구는 지방자치법 시행령으로 상임위원회 수를 정하도록 되어 있었다. 2005년 지방자치법 개정으로 시·군·구 상임위원회 설치 제한을 삭제하여 시·도와 같이 조례로 규정하도록 하여 자율권을 확대하였다.

2) 지방의원의 의무와 금지사항

지방의원은 권리만 누리는 것이 아니라 반드시 일정한 의무도 동시에 수행할 수 있어야 한다(지방자치법 제44조).

(1) 공익 우선과 양심에 따른 직무 수행의 의무

지방의원은 공공의 이익을 우선, 양심에 따라 직무를 성실히 수행해야 한다. 지방의원은 주민으로부터 권력을 이양받은 주민 대표기관이므로 공익을 우선하고 양심에 따라 직무를 수행해야 한다.

(2) 청렴 및 품위 유지의 의무

지방의원은 의원으로서 청렴과 품위를 유지하여야 한다. 부패한 청탁 불개입과 함께, 주민의 대표기관으로서 성실성과 품위를 유지할 것을 요구하고 있다.

(3) 지위 남용 금지

지방의원은 그 지위를 남용하여 지방자치단체, 공공단체 또는 기업체와 계약이나 그 처분에 의하여 재산상의 권리·이익 또는 직위를 취득하거나 타인을 위하여 그 취득을 알선하여서는 아니 된다.

(4) 지방자치단체와 영리 행위 금지

지방의회 의원은 당해 지방자치단체 및 공공단체와 영리를 목적으로 하는 거래를 할 수 없다. 또한 소관 상임위원회의 직무와 관련된 영리행위 역시 할 수 없다.

(5) 이해관계 있는 안건 참여 금지

지방의회의 의장이나 의원은 본인·배우자·직계존비속(直系尊卑屬) 또는 형제·자매와 직접 이해관계가 있는 안건에 관하여는 의사에 참여할 수 없다. 다만, 의회의 동의가 있는 때에는 의회에 출석하여 발언할 수 있다.

(6) 모욕 및 사생활에 관한 발언 금지

지방의회 의원은 본회의 또는 위원회에서 타인을 모욕하거나 타인의 사생활에 대한 발언을 하여서는 아니 된다. 본회의 또는 위원회에서 모욕을 당한 의원은 모욕을 당한 의원에 대하여 지방의회에 그 징계를 요구할 수 있다.

(7) 의사 진행 및 발언 방해 금지

지방의회의 의원은 회의 중에 폭력을 행사하거나 소란한 행위를 하여 타인의 발언을 방해할 수 없으며, 의장 또는 위원장의 허가 없이 연단이나 단상에 올라가서는 아니 된다.

(8) 의회 출석의 의무

지방의회 의원은 정기회 및 임시회에 성실히 출석할 의무가 있다. 정기회와 임시회에 출석하여 지역구민의 의사를 반영하고, 자치단체 전반에 관한 운영에 감시와 견제의 역할을 수행해야 한다.

(9) 회의 중 법과 규칙의 준수의무

이외에도 지방의회 의원은 회의 중에 법과 규칙을 준수해야 하며, 의장 및 기타 운영자의 통제에 따라야 한다.

3) 지방의원의 겸직 금지

지방의회 의원은 다음 직책을 겸할 수 없다. 기타 겸직 사항은 공개해야 하며, 지방의회 의장은 겸직 금지를 권고할 수 있다(지방자치법 제43조).

(1) 국회의원, 다른 지방의회의 의원
(2) 헌법재판소 재판관, 각급 선거관리위원회 위원
(3) 국가공무원 및 지방공무원
(4) '공공기관의 운영에 관한 법률' 제4조에 따른 공공기관(한국방송공사, 한국교육방송공사, 한국은행을 포함한다)의 임·직원
(5) 지방자치단체가 운영하는 지방공사와 지방공단의 임·직원
(6) 농업협동조합·수산업협동조합·산림조합·엽연초생산협동조합·신용협동조합·새마을금고의 임직원과 이들 조합·금고의 중앙회장이나 연합회장
(7) 사립대학교의 교원은 지방의원의 겸직이 가능하다. 그러나 지방의원으로 당선되면 임기 중 휴직하여야 한다.

4. 사무기구

지방의회 사무기구는 사무처, 사무국, 사무과가 있다. 광역자치단체 의회에는 의회 사무처를 둘 수 있으며, 사무처에는 사무처장과 직원을 둔다. 기초자치단체 의회에는 사무국 또는 사무과를 둘 수 있다. 의회 사무기구의 인사권은 지방의회 의장에게 있다(지방자치법 제103조).[2)]

제 4 절 지방의회의 운영

1. 회의 개최 및 진행

1) 회의 개최

지방의회 회의는 매년 2회 정기적으로 열리는 정례회와, 조례로 정하는 수 이상의 재적의원이 요구하면 열리는 임시회가 있다. 초기에는 정기회를 1회 개최하였지만, 1999년 8월 지방자치법이 개정됨에 따라 정기회는 전반기 · 후반기 2회 열리는 정례회로 조정되었다. 1차 정례회는 매년 6월 · 7월중(총선거 실시되는 해는 9월 · 10월 중), 2차 정례회는 11월 · 12월 중 열리는데, 1차 정례회는 결산 승인, 2차 정례회는 예산안의 의결을 주요 의제로 하며, 기타 부의된 안건을 처리한다.

지방의회의 개회 · 휴회 · 폐회와 회기는 지방의회가 의결로 정하도록 하였으며, 연간 회의 총일 수와 정례회 및 임시회의 회기는 해당 지방자치단체의 조례로 정하도록 하였다.[3)]

---

2) 2021년 1월 지방자치법 개정으로 사무기관의 직원 인사권이 지방자치단체장에서 지방의회 의장으로 이전되었다.

3) 2006년 4월 개정 이전 지방자치법에는 지방의회 회기 일수를 제한하여 정기회는 광역의회 40일 이내, 기초의회 35일 이내로 하고 임시회 회기는 15일로 하였다. 또한 연간 총회의 일수는 정기회 임시회를 포함 광역의회는 120일, 기초의회는 80일을 초과하지 못하도록 제한하였다. 그러나 이러한 제한이 지방의회의 자율성을 해친다하여 삭제하였고, 지방자치단체에서 자체적으로 결정하도록 하였다.

2) 회의 진행의 기본 원칙

(1) 발언 자유의 원칙

자유로운 발언을 보장하는 것이 의회민주주의의 기본 요체이므로 자유롭게 발언할 수 있다. 그러나 상대방을 모욕하는 발언이나, 개인의 사생활에 관한 발언은 할 수 없도록 금지되어 있다.

(2) 회의 공개의 원칙

지방의회에서 논의되는 사항은 그 지역 주민들에게 공개되어야 하는 것이 기본 원칙이다. 주민은 방청의 자유가 있으며, 언론은 그 내용을 보도할 자유가 있다. 또한 회의록은 공포되어야 한다. 다만, 의원 3인 이상의 발의로 출석 인원 3분의 2가 찬성하거나, 의장이 사회의 안녕 질서의 유지를 위해 필요하다고 인정할 때는 비공개로 할 수 있다. 또한 회의록도 공개가 원칙이지만 비밀을 요한다고 의장이 인정하거나 지방의회에서 의결한 사항은 공개하지 아니할 수 있다.

(3) 회기 계속의 원칙

지방의회에 제출된 의안은 회기 중에 의결되지 못한 이유로 폐기되지 아니한다. 다만 지방의회의 임기가 만료되는 경우에는 그러하지 아니하다.

(4) 일사부재의(一事不再議)의 원칙

지방의회에서 부결된 의안은 같은 회기 중에 다시 발의 또는 제출할 수 없다. 이는 한번 부결된 의안을 계속 제출하면, 전체적인 의사 진행에 혼란을 불러올 수 있기 때문이다.

(5) 1일 1차 회의 원칙

당일의 회의가 개의되면 당일 회의는 24 : 00시 이전에 종료된다. 당일 의사 일정에 기재된 안건의 심의 도중 24 : 00시가 되면 일단 산회를 선포하고 0시 이후 다시 본회의를 개의하여야 한다.

3) 회의 관련 용어

(1) 개의와 산회

개의(開議)는 회의를 시작하는 것이고, 산회(散會)는 회의가 끝나 해산함을 의미한다. 지방의회는 재적의원 3분의 1 이상의 출석으로 개의한다.

(2) 정회와 속개

정회(停會)는 당일의 회의 도중 여러 가지 사정으로 회의를 일시 정지하는 것을 의미한다. 일시 정지하였던 회의를 다시 여는 것을 '계속 개의'라 하며, 줄여서 속개(續開)라고도 한다.

(3) 휴회와 유회

회기 중 본회의를 열지 않는 것을 휴회(休會)라고 하며, 일반적으로 본회 휴회 기간에는 위원회 활동을 하게 된다. 의회에서 휴회를 결의하지 않는 한 본회의가 계속된다.

유회(流會)란 개의 시로부터 1시간이 경과할 때까지 의사정족수에 달하지 못하여 회의를 시작할 수 없을 때 의장이 공식적으로 당일에는 본회의를 개의할 수 없음을 선포하게 되는데 이런 경우를 유회되었다라고 한다.

2. 의안의 발의와 처리

1) 의안의 발의

회의에서 논의되는 모든 사안을 안건(案件)이라고 부르며, 의결의 대상이 되는 안건을 의안(議案)이라 부른다. 의안은 표결에 부쳐지기도 하고 수정되기도 한다. 의제는 의결 여부를 떠나서 당일의 회의에서 논의하기 위해 의사일정에 상정 된 심의 대상의 제목을 말한다([그림 15-1] 참조).

의안 발의에 필요한 인원은 [표 15-1]에 나와 있는데 사안에 따라 의안 발의에 필요한 인원 수는 각각 다르다. 일반 의안의 발의는 지방자치단체의 장이나 조례로 정하는 수 이상의 재적의원 연서로 발의한다. 위원회도 직무에 속하는 사항에 관하여는 의안을 제출할 수 있다.

위원회에서 본회의에 부의할 필요가 없다고 결정된 의안은 본회의에 부의할 수 없

그림 15-1 의제와 의안의 구분

안건
- 의제(議題): 심의대상인 안건(예: 예산심의)
- 의안(議案): 의결대상인 안건(예: 조례의 제정)

표 15-1 지방의회 의원들의 의안 발의에 필요한 인원 수

내 용	인 원	지방자치법 조항
일반적인 의안 발의	해당 자치단체의 조례로 제정	제76조 제1항
행정사무조사권 발의	재적의원 3분 1 이상	제49조 제2항
의장불신임안 발의	재적의원 4분의 1 이상	제62조 제2항
의원의 자격심사 청구	재적의원 4분의 1 이상	제91조 제1항
회의 비공개	3인 이상 발의	제75조 제1항

다. 다만, 위원회의 결정이 본회의에 보고된 날부터 7일 이내(폐회·휴회 기간 제외)에 의장 또는 재적의원 3분의 1 이상의 요구가 있으면 그 의안을 본회의에 회부하여야 한다. 7일 이내에 그러한 요구가 없을 때는 그 의안은 폐기된다.

지방의회의 의장이나 의원은 본인·배우자·직계존비속(直系尊卑屬) 또는 형제·자매와 직접 이해관계가 있는 안건에 관하여는 의사에 참여할 수 없다. 다만, 의회의 동의가 있는 때에는 의회에 출석하여 발언할 수 있다.

2) 의안의 처리: 의사정족수와 의결정족수

의안을 제시하여 가부를 결정하는 것이 의안의 처리인데 의안을 처리하기 위해서는 일단 회의가 성립되어야 하며, 회의가 성립된 후 의결 과정을 거쳐야 한다. 회의가 성립되기 위해 필요한 최소 인원을 의사정족수(議事定足數)라고 하고, 의결을 위해 필요한 최소 인원을 의결정족수(議決定足數)라고 한다. 지방의회의 의사정족수와 의결정족수는 [표 15-2]와 같다.

지방의회는 재적의원의 3분의 1이상이 출석해야 그 회의가 성립될 수 있으며, 이러한 의사정족수를 채우지 못한 경우에는 의장은 회의의 중지 또는 산회를 선포하게 되어 있다. 일반적인 의안의 의결은 과반수 참석에 과반수 찬성으로 가결되지만, 사안에

따라서 요구되는 의결정족수는 다르다. 의장도 한 표를 행사할 수 있게 되어 있으며, 한 의안에 대해 가부동수, 즉 찬반이 동일한 수가 나오면 그 의안은 부결된다.

표 15-2 안건에 대한 의사정족수와 의결정족수

내 용	의사정족수	의결정족수	발 의
일반 의안	재적의원 과반수 출석	과반수 찬성	해당 조례에 제정
지방자치단체장 재의 요구 재결	재적의원 과반수 출석	출석의원 3분의 2 찬성	지방자치단체장
회의 비공개 여부 결정	3분의 1 이상 출석	출석의원 3분의 2 찬성	3인 이상 발의
의장·부의장의 불신임 의결	–	재적의원 과반수 찬성	4분의 1 이상 발의
의원 자격상실 의결 및 제명	–	재적의원 3분의 2 찬성	4분의 1 이상 연서

참고 15-3 의사봉을 세 번 치는 이유

의사봉은 회의 각 단계별 진행 과정을 명백히 하기 위해 치는데, 법적 효력 발생의 필수 요건은 아니다. 즉, 주위를 환기시키거나, 합의 의사나 표결 결과에 승복을 다짐하는 요식 행위이다. 개회 선포, 안건 상정, 질의 종결, 토론 종결, 표결 결과 선포, 산회나 폐회 시 친다.

의사봉은 세 번 치는데 그 의미는 1차는 합의 결정된 사항의 선포, 2차는 선포한 사항에 잘못이 없는지 확인하는 의미, 3차는 두 번의 기회 제공에도 이의가 없으므로 본 의결에 승복함을 맹세하는 뜻이 있다.

제 5 절 지방의회의 통제

1. 지방자치단체장의 의회 통제

지방자치단체장과 의회는 권력분립의 원리에 따라 그 성립과 기능에 있어서 상호 독립적인 권한과 지위를 가지고, 상호 협조나 견제, 균형의 과정을 통해서 공존한다. 그런데 이 두 기관은 일정한 정치 권력을 둘로 나누어 관리하는 관계로 협조 관계를 유지하기도 하지만, 때로는 경쟁과 갈등 관계를 유지하기도 한다.

1) 지방의회의 의결에 대한 재의 요구 및 제소[4)]

지방자치단체의 장은 지방의회의 의결이 월권 또는 법령에 위반되거나 공익을 현저히 해한다고 인정되는 때에는 그 의결사항을 이송받은 날부터 20일 이내에 이유를 붙어 재의를 요구할 수 있다. 이러한 요구에 대해 지방의회에서 다시 의결과정을 거쳐 재적의원 과반수의 출석과 출석의원 3분의 2 이상의 찬성으로 전과 같은 의결을 하면 의결사항은 확정된다. 지방자치단체의 장은 지방의회에서 재의결된 내용이 법령에 위반된다고 인정되는 때에는 대법원에 소를 제기할 수 있다. 이 경우, 필요한 경우는 집행정지 결정을 신청할 수 있다.

2) 예산상 집행 불가능한 의결이나 삭감에 대한 재의 요구

지방자치단체의 장은 지방의회의 의결이 예산상 집행할 수 없는 경비가 포함되어 있다고 인정되는 때에는 그 의결사항을 이송받은 날부터 20일 이내에 이유를 붙어 재의를 요구할 수 있다. 또한 법령에 의하여 지방자치단체에서 의무적으로 부담하여야 할 경비나 비상 재해로 인한 시설의 응급 복구를 위하여 필요한 경비를 삭감한 경우도 재의를 요구할 수 있다. 이 경우도 의회의 과반수 재적의원 참석 하에 출석의원 3분의 2가 찬성하면 의결 사항은 확정된다.

3) 지방자치단체장의 선결처분

지방자치단체의 장은 지방의회가 성립되지 아니한 때와 지방의회의 의결 사항 중 주민의 생명과 재산 보호를 위하여 긴급하게 필요한 사항으로서 지방의회를 소집할 시간적 여유가 없거나 지방의회에서 의결이 지체되어 의결되지 아니한 때는 선결처분할 수 있는데, 이 경우 지체 없이 지방의회에 보고하여 승인을 얻어야 하고, 그 승인을 얻지 못하면 효력을 상실한다.

---

4) 서울시 의회에서 1992년 4월 제54차 임시회에서 통과시킨 '의원 보좌관 신설 조례안'에 대해 서울시장이 재의를 요구하였고 여론이 비판적이자 서울시 의회가 재의를 스스로 포기한 경우, 1992년 서울시 의회 등 10개의 시 · 도에서 시 · 도 공무원에 대해 3월 이하 징역 또는 10만 원 이하 벌금에 처하도록 하는 내용의 '증언 · 감정 등에 관한 조례'를 일제히 의결하자 단체장이 재의를 요구하였고 의회에서 다시 의결하자 대법원에 제소하여 조례 무효 판결을 받은 경우, 1991년 11월 25일 '청주시 행정정보공개 조례안'에 대한 재의 요구에 대해 재의를 의결하여 대법원 제소가 이루어지고 결국 지방의회가 승소하여 조례안이 확정된 경우 등이 있다.

4) 동의권 및 의견 진술권

지방의회가 예산을 심의하는 과정에서 예산을 증액하거나 새 비목을 설치하는 경우에는 단체장의 동의가 있어야 한다. 그리고 의회가 추가로 재정을 부담해야 하는 조례나 안건을 심의함에 있어서는 그 사항을 의결하기 전에 단체장의 의견을 들어야 한다.

2. 국가 및 상위 자치단체의 지방의회 통제

1) 지방의회 의결에 대한 재의 요구와 직접 제소

지방의회의 의결이 법령에 위반되거나 공익을 현저히 해한다고 판단될 때에는 행정안전부장관이나 상위 자치단체장이 재의를 요구하거나, 요구하게 할 수 있으며, 재의를 통해 재의결한 내용 이 문제가 있다고 생각될 때는 자치단체장에게 대법원에 소를 제기하게 하거나, 직접 제소할 수 있다. 상위 자치단체장이 임무를 게을리할 경우 행정안전부장관이 재의요구와 직접 제소를 지시할 수 있고, 계속 이행하지 않는 경우 직접 재의 요구와 직접 제소권을 행사할 수 있다.

2) 상위법이나 조례에 위배되는 자치입법 금지

조례와 규칙은 상위법에서 위임된 경우나, 법령의 범위 안에서 제정될 수 있으며, 주민의 권리 제한 또는 의무 부과에 관한 사항이나 벌칙을 정할 때에는 법률의 위임이 있어야 한다. 법령이나 상위 조례를 무시한 조례나 규칙의 제정은 무효이다. 또한 법령에서 조례에 위임한 사항은 하위 법령에서 조례의 제정을 제한할 수 없다. 경우에 따라서는 법률 위임이 없더라도 주민의 권리 제한, 의무 부과, 벌칙 사항이 아닌 경우에는 조례를 제정할 수 있다는 대법원 판례도 있다.[5]

---

5) 1999년 6월 23일 대법원은 주민의 권리의 제한 또는 의무 부과에 관한 사항이거나 벌칙에 관한 사항이 아닌 한 법률의 위임이 없더라도 조례를 제정할 수 있다고 판시하였다. 청주시 의회에서 의결한 '행정정보공개 조례'는 국민의 알 권리를 실현을 근본 내용으로 하면서 개인의 권익 침해 가능성을 배제하고 있고, 정보공개는 세계의 각국이 채택하고 있는 일반적인 제도라는 측면에서 지방의회가 재의결한 조례안이 문제가 없다고 판시한 것이다.

본문요약

1. 지방의회의 지위

- 주민의 대표기관: 지역 주민들의 대표로 구성된 기관
- 의결기관: 지방의 최고 의결기관
- 입법기관: 지방의 법률인 조례를 제정하는 기관
- 감시·견제기관: 집행기관을 감시하고 견제하는 기관

2. 의회 내부의 고유 권한으로서 권한

- 의결권: 조례의 제정 및 개폐, 예산 등 기타 주요 안건의 의결
- 선거권 및 피선거권: 의장, 부의장, 상임위원장 둥의 선거권과 피선거권
- 자율권: 의회 내부 규칙제정 등 자주적 관리권
- 발언권: 회의 진행 시 자유로운 발언권, 면책 특권은 없음.
- 의안 발의 및 처리권: 회의 안건을 제시하고 표결에 참여

3. 집행기관의 감시·견제기관으로서 권한

- 행정사무 감사권: 행정사무의 정기적 감사
- 행정사무 조사권: 문제가 있는 사안에 대한 수시 조사
- 주민 청원의 심사 및 처리권: 주민의 고충을 심사·처리할 수 있는 권한
- 동의 및 승인권: 중요 안건에 동의 및 선결처분 사후 승인권

4. 기타 권한

- 의견 제출권: 주민의견 수렴 제출
- 서류제출 요구권: 행정자료의 제출 요구
- 보고 요구와 질의 응답권: 해당 사항에 대한 보고 및 질의 응답 요구권
- 기타 요구권: 임시회 요구, 의원 자격심사 요구, 의원 징계 요구

5. 우리나라 지방의회의 조직

- 의장, 부의장: 2년 임기, 의원 중에서 선출
- 위원회: 상임위원회와 특별위원회
- 지방의회 의원: 4년 임기, 정당 추천 가능
- 사무기구: 사무처(광역의회), 사무국 사무과(기초의회)

6. 우리나라 지방의회의 회의 종류 및 진행원칙

- 회의 종류: 정례회와 임시회
- 회의 진행의 기본 원칙: 발언 자유의 원칙, 회의 공개의 원칙, 회기 계속의 원칙, 일사부재의(一事不再議)의 원칙, 1일 1차 회의 원칙

7. 집행기관의 의회 통제

- 지방의회의 의결에 대한 지방자치단체장의 재의 요구 및 제소
- 예산상 집행 불가능한 의결이나 삭감에 대한 재의 요구
- 지방자치단체장의 선결처분
- 동의 및 의견 진술권

8. 국가나 상위 자치단체의 지방의회 통제

- 지방의회 의결에 대한 국가나 상위 자치단체의 재의 요구와 직접 제소
- 상위법이나 조례에 위배되는 자치입법 금지

Chapter 16

지방자치단체장

지방의회는 주로 의결을 담당하는 의결기관이고, 지방자치단체장 및 그 산하 소속 기관은 집행을 담당하는 집행기관이다. 집행기관(執行機關)은 구체적으로 지방자치단체장과 보조・보좌기관(부단체장, 실・국・과・담당 등의 행정기구, 공무원), 소속 행정기관, 하부행정기관으로 구성된다.

제 1 절 지방자치단체장

지방자치단체장은 지방자치단체의 대표로서 행정관청이다. 서울특별시장이란 명칭은 행정법상의 행정관청이다. 서울시의 사무 처리를 위해서는 서울특별시장 이름으로 모든 공문이 발송된다. 물론 자연인으로서 서울특별시장도 존재하다. 자연인(사람)으로서 서울특별시장은 시장의 직무를 수행하는 사람을 말한다. 자연인으로서 서울시장은 선거로 선출하며, 정해진 임기가 있고 임기가 끝나면 퇴임한다. 행정관청으로서 서울시장은 서울시라는 공공법인단체가 해체되지 않는 한 존재한다.

1. 지방자치단체장의 지위

1) 주민의 대표기관

지방자치단체장은 주민에 의해서 선출되기 때문에 지방의회와 마찬가지로 주민의 이익을 대변하는 주민의 대표기관이다. 우리나라의 자치기관은 의결기관과 집행기관으로 분리한 기관분리형으로 구성되어 있다. 이러한 기관분리형 구조에서 각 기관은 독자적인 지위와 권한을 가지고 상호 · 견제와 균형의 원리에 의해 운영된다. 따라서 지방의회나 지방자치단체장은 주민의 대표기관으로서의 지위를 동시에 가지고 있다.

2) 지방자치단체의 대표기관

지방자치단체장은 외부에 대해 그 지방자치단체를 대표하는 역할을 한다. 이러한 대표 기능은 상징적인 의미에서의 대표 기능과 실질적 의미에서의 대표 기능을 모두 포함한다. 상징적 의미에서의 대표 기능이란 외부 인사, 외국의 국빈 등이 방문했을 때 지방자치단체의 대표로서 영접 및 의전행사를 수행한다는 면에서 대외적 대표 기능이다. 실질적인 의미에서 대표 기능은 법률적인 의미에서 법인체인 지방자치단체의 대표로서의 지위와 권한을 행사하는 것이다.

3) 지방자치단체의 최고 행정기관

지방자치단체장은 지방의 행정사무를 통솔하고 종합적으로 관리, 책임을 지는 최고의 행정관청이다. 이를 위해 단체장에게는 다양한 권한이 주어진다. 이는 사무통할권, 사무위임권, 직원의 임면 · 감독권, 지휘 · 감독권, 기관의 설치권, 규칙제정권 등이다. 또한 지방자치단체장은 보조기관 및 소속 행정기관, 하급 행정기관을 지휘 · 감독한다.

4) 지방의회의 감시 · 견제기관

지방의회의 주된 임무는 집행기관을 감시 · 견제함으로써 권력의 남용을 방지하는 것이지만, 이와 마찬가지로 지방자치단체장도 다양한 방식으로 의회를 견제하고 감시할 수 있다.

2. 지방자치단체장의 권한

지방자치단체장의 권한은 매우 넓고 다양하므로 모든 내용을 일일이 열거하기는 어렵다. 대체적으로 지방의 사무에 대해서 포괄적이고 종합적인 관리권을 갖는다고 보아야 할 것이다.

1) 지방행정의 통할대표권(統轄代表權)

지방자치단체의 장은 당해 지방자치단체를 대표하고, 자치사무(고유사무)와 법령에 의하여 그 지방자치단체의 장에게 위임된 사무(단체위임사무, 기관위임사무)를 종합적으로 관리하고 집행한다. 또한 보조기관, 소속 행정기관, 하급행정기관을 지휘 · 감독한다.

2) 사무의 위임 · 위탁권

지방자치단체장은 조례 또는 규칙이 정하는 바에 따라 그 권한에 속하는 사무의 일부를 보조기관, 소속 행정기관, 또는 하부행정기관에 위임할 수 있고, 관할 지방자치단체나, 공공단체 또는 그 기관에 위임 또는 위탁할 수 있다. 또한 조례와 규칙이 정하는 바에 따라 주민의 권리의무와 직접 관계되지 않는 사무를 법인 · 단체 · 기관이나 개인에게 위탁할 수 있다.

3) 직원에 대한 임면(任免)권 및 제청권

지방자치단체의 장은 소속 직원을 지휘 · 감독하고 법령과 조례, 규칙이 정하는 바에 의하여 그 임명과 면직 · 교육훈련 · 복무 · 징계 등에 관한 사항을 처리한다. 또한 시 · 도의 경우, 행정부시장 혹은 행정부지사를 행정안전부장관을 거쳐 대통령에게 임명을 제청할 수 있다.

4) 기관 및 시설의 설치권

지방자치법은 그 소관 사무의 범위 내에서 필요한 때에는 대통령령 또는 당해 지방자치단체의 조례가 정하는 바에 따라서 자치경찰기관(제주특별자치도), 소방기관, 교육훈련기관, 보건진료기관, 시험연구기관 및 중소기업지도기관 등을 직속기관으로 설치할 수 있으며, 특정 업무를 효율적으로 수행하기 위하여 지방자치단체의 조례로 사업소를 설치하거나, 원격지 주민의 편의와 특정 지역의 개발 촉진을 위하여 필요한 때에는 출장소를 설치할 수 있다. 또한 그 소관 사무의 일부를 독립하여 수행할 필요가 있으면 법령이나 그 지방자치단체의 조례로 정하는 바에 따라 합의제 행정기관을 설치할 수 있다.

5) 규칙제정권

지방자치단체장은 법령과 조례에 의하여 위임받은 사항에 대해 강제력을 가지는 규칙을 제정할 수 있다. 규칙은 기관위임사무를 중심으로 제정되지만, 지방자치단체에서 제정한 조례의 위임에 따라 규칙을 제정할 수도 있다.

6) 지방의회의 견제 · 감시권

(1) 의안 발의권 및 출석 발언권

지방자치단체장은 지방의회에 의안을 발의할 수 있다. 또한 지방자치단체장이나 관계 공무원은 행정사무의 처리 상황을 보고하거나 의견을 진술하고, 질문에 응답할 수 있다.

(2) 조례 공포권 및 재의 요구권

지방자치단체장은 조례안이 의결된 후 이송받아 20일 내에 공포하여야 한다. 만약에 지방의회에서 의결된 조례안이 권한을 넘어서거나, 법령을 위반하거나, 공익을 현저히 해치거나, 예산상 실행 불가능한 의결을 하는 등과 같이 이의(異議)가 있을 때는 재의(再議)를 요구할 수 있다. 이 경우, 지방자치단체장은 조례안의 일부에 대하여 또는 조례안을 수정하여 재의를 요구할 수 없다.

재의를 요구한 안건에 대해 지방의회에서 재적 과반수의 출석과 출석의원 3분의 2의 찬성으로 재의결하면 조례안은 조례로서 확정된다. 재의결된 사항이 법령에 위반된다고 인정되면 20일 이내에 대법원에 소송을 제기할 수 있다. 이 경우 필요하다고 인정되는 경우 집행정지 결정을 신청할 수 있다.

(3) 예산편성 제출권 및 재의 요구권

지방자치단체장은 회계연도마다 예산안을 편성하여 의회에 제출한다. 지방의회는 예산을 심의, 의결할 수는 있지만 편성할 수는 없다. 광역단체는 50일 전까지 기초자치단체는 40일 전까지 예산안을 의회에 제출한다. 이러한 예산안은 광역의회는 회계연도 시작 15일 전까지, 기초의회는 10일 전까지 의결하여야 한다.

이 경우, 지방의회는 지방자치단체장의 동의 없이 지출예산 각 항의 금액을 증가하거나 새로운 비용 항목을 설치할 수 없다. 새로운 회계연도 시작 전까지 예산안이 의결되지 못했을 경우, 자치단체장은 일정한 부분의 예산을 과거에 준하여 집행할 수 있다.

단체장은 지방의회의 의결이 예산상 집행할 수 없는 경비를 포함하고 있다고 인정되면 그 의결 사항을 이송받은 날로부터 20일 이내에 이유를 붙여 재의를 요구할 수 있다. 법령에 따라 지방자치단체가 의무적으로 부담하여야 할 경비나 비상 재해로 인한 시설의 응급 복구를 위하여 필요한 경비를 삭감한 경우에도 동일한 절차에 따라 재의를 요구할 수 있다.

(4) 임시회 및 위원회 소집 요구권

지방자치단체장은 임시회의 소집을 요구할 수 있다. 위원회 개최는 지방의회 본회의의 의결이 있거나, 의장 또는 위원장이 필요하다고 인정할 때, 재적 위원 3분의 1 이상이 요구할 때 열린다. 위원회 개최는 지방의회의 고유 권한이지만, 지방의회가 폐회 중인 경우에 자치단체장은 이유서를 붙여 위원회 소집을 요구할 수 있다.

(5) 선결처분권

지방자치단체장의 장은 지방의회가 성립되지 아니한 때와 지방의회의 의결사항 중 주민의 생명과 재산 보호를 위하여 긴급하게 필요한 사항으로 지방의회를 소집할 시간적 여유가 없거나 지방의회에서 의결이 지체되어 의결되지 아니할 때에는 선결처분할 수 있다. 이 경우, 지체 없이 지방의회에 보고하여 승인을 얻어야 하며, 승인을 얻지 못하면 그때부터 효력은 상실된다.

참고 16-1 지방자치단체장 인수위원회

그동안 지방자치단체장 인수위원회 구성의 법적 근거가 없었는데, 개정 지방자치법(2021.1.12)에서는 단체장 인수위원회 설치의 법적 근거를 새롭게 마련하였다.

당선인이 결정된 후 20일의 범위 내에서 인수위원회를 설치할 수 있는데, 광역은 20인 이내 기초는 15인 이내로 구성한다. 위원장 부위원장은 명예직으로 하고 당선인이 위촉하며, 인수위원회에서는 지방자치단체의 예산, 조직, 정책 기능 등을 파악할 수 있다(지방자치법 제105조).

3. 지방자치단체장의 겸임 제한

지방자치단체장은 다음의 직을 겸할 수 없다. 또한 재임 중에 지방자치단체와 영리를 목적으로 하는 거래를 하거나 그 지방자치단체와 관계 있는 영리사업에 종사할 수 없다.

1. 대통령, 국회의원, 헌법재판소 재판관, 각급 선거관리위원회 위원, 지방의회 의원
2. 국가공무원과 지방공무원(국가공무원법 제2조와 지방공무원법 제2조 규정)
3. 다른 법령에 규정되어 공무원 신분을 가지는 자
4. 공공기관의 운영에 관한 법률 제4조에 따른 공공기관의 임직원
5. 농업협동조합 · 수산업협동조합 · 산림조합 · 엽연초생산협동조합 · 신용협동조합 · 새마을금고의 임직원
6. 교원(사립대학교 교수 포함)
7. 지방공사와 지방공단의 임직원(지방공기업법 제2조)
8. 그 밖에 다른 법률이 겸임할 수 없도록 정하는 직

4. 지방자치단체장의 권한대행

지방자치단체장이 그만두어 자리가 비게 되는 경우(闕位), 공소 제기 후 구금되어 있는 경우, 의료기관에 60일 이상 장기 입원한 경우는 부단체장이 단체장의 권한을 대행한다. 이로서 이른바 공소 제기 후의 옥중 결재나 행정 기능의 중단 및 혼란의 폐해가 사라지게 되었다.[1] 이외에도 지방자치단체장이 선거에 입후보하여 예비후보자 또는 후보자로 등록한 날부터 선거일까지, 단체장이 출장 · 휴가 등 일시적인 사유로 직

무를 수행할 수 없는 경우는 역시 부단체장이 단체장의 직무를 대행한다(지방자치법 제124조).

제 2 절 보조기관

보조기관이라 함은 지방자치단체장의 의사결정이나 그 과정을 보조함으로써 행정기관의 목적 달성에 공헌하는 기관을 말한다. 보조기관이란 구체적으로 부단체장, 각 부서의 실·국·과·담당, 그에 속한 소속 공무원을 의미한다. 조직 내에서 보조기관(line)과 보좌기관(staff)을 구분하기도 하지만, 지방자치론에서 보조기관은 보조·보좌기관을 포괄하는 개념이다.

1. 부단체장

서울특별시의 경우, 3명의 부시장을 두는데 행정1부시장, 행정2부시장, 정무부시장으로 구분한다. 행정부시장은 시 업무를 총괄하고 소속 공무원을 감독한다. 정무부시장은 서울시장을 보좌하고 정책과 기획의 수립에 참여하며, 의회와의 관계 조정 등 기타 정치적 업무와 관련된 직무를 수행한다. 광역시와 특별자치시의 부시장, 도와 특별자치도의 부지사의 정원은 기본적으로 2명이지만, 인구 800만 명 이상의 광역시나 도는 3명의 부시장이나 부지사를 둘 수 있다. 이 기준에 의하면, 경기도(인구 약 1천 300만 명)는 서울특별시와 마찬가지로 3명의 부지사를 둘 수 있다. 경기도의 행정부지사는 각각 지역을 분담할 수 있는데, 행정1부지사는 경기도의 남부지역을 행정2부지사는 경기도의 북부지역을 담당한다. 일반시·군·자치구에는 부단체장 1명을 둔다. 이들은 일반직 지방공무원으로 보하며 시장·군수·구청장이 임명한다.

1) 과거에는 금고 이상의 형을 선고받고 그 형이 확정되지 아니한 경우도 부단체장이 권한 대행했으나, 무죄추정의 원칙에 어긋난다고 하여 2010년 9월 위헌 판결이 났고, 이 조항은 삭제되었다.

2. 행정기구와 공무원

지방자치법에서 말하는 행정기구란 행정사무를 분담하여 처리하기 위한 기구로 구체적으로 실 · 국 · 과 · 담당 등을 의미한다. '계(係)'는 1998년 9월에 폐지되어 '담당(팀장)'제로 변화되었다. 행정기구의 정원이나 기타 관리 문제는 '지방자치단체의 행정기구 및 정원 등에 관한 규정'의 적용을 받는다.

1) 실 · 국 · 본부

실 · 국 · 본부(室 · 局 · 本部) 조직은 지방자치단체의 상위 관리층이라고 볼 수 있을 것이다. 단체장을 직접 보조 · 보좌하며 전략적 계획을 수립하거나 정책을 형성하는 역할을 수행한다. 국(局)은 4개과 이상의 하부조직을 필요로 하는 경우에 설치한다(지방자치단체의 행정기구와 정원 기준 등에 관한 규정 제5조 제1항). 국(局)이나 과(課)로 업무를 처리하기 어려운 경우에는 실(室)이나 본부(本部)를 설치할 수 있다(동규정 제5조 제2항).

2) 과 · 담당관

실 · 국 · 본부 밑에는 중간관리 층으로 과(課)와 담당관(擔當官)이 있다. 여기서 과는 지방자치단체의 실무를 입안, 지휘하는 중간 관리기관이다(예: 총무과, 인사과). 담당관은 전문지식을 활용하여 정책기획이나, 계획의 입안, 조사 · 분석, 평가와 행정개선 등의 업무를 수행할 필요가 있는 경우 설치한다. 담당관 밑에는 과를 둘 수 없다. 때에 따라서는 과와 같은 수준의 실(室)을 두기도 하는데, 이 경우 실장은 상급 직위의 실장보다 한 단계 낮은 직급으로 보직된다.

3) 팀장: 담당

중간관리층의 지휘를 받는 실무 관리층으로는 '팀장'이 있다. 과거에는 과(課) 밑에 계(係)라는 공식적인 계층이 있었고, 과장 밑에 계장이라는 직위가 있었다. 1998년 9월 이후 계가 폐지되었고 팀으로 재구성되었다. 팀장은 담당(擔當)이라고 부르기도 하며, 실무를 지휘하는 실무 지휘관으로서의 역할을 수행한다.

제 3 절 소속 및 하부행정기관

1. 소속 행정기관

소속 행정기관의 조직은 직속기관, 사업소, 출장소, 합의제 행정기관을 말한다. 여기서는 직속기관과 사업소, 출장소를 중심으로 검토해 보기로 한다.

1) 직속기관

지방자치단체는 그 소관 사무의 범위 안에서 필요한 때에는 대통령령 또는 대통령령이 정하는 바에 의하여 당해 지방자치단체의 조례로 자치경찰기관(제주특별자치도), 소방기관, 교육훈련기관, 보건진료기관, 시험연구기관, 중소기업지도기관 등을 설치할 수 있다.

서울특별시의 경우, 지방공무원교육원을 설치・운영하고 있으며, 부산시의 경우 공무원교육원, 농촌지도소, 보건환경연구원, 소방서를, 제주도의 경우 자치경찰단, 공무원교육원, 농촌진흥원, 보건환경연구원, 소방서를 직속기관으로 설치하고 있다. 기초자치단체의 경우 수원시가 보건소와 농촌지도소를, 부산시 중구가 보건소를 경기도 연천군이 보건소와 농촌지도소를 설치하고 있다.

2) 사업소

지방자치단체는 특정 업무를 효율적으로 수행하기 위하여 필요하면 대통령령이 정하는 바에 의하여 당해 지방자치단체의 조례로 사업소를 설치할 수 있다. 다만, 지방자치단체의 자치사무만을 수행하는 경우에는 주어진 정원 범위 안에서 조례로 사업소를 설치할 수 있다. 사업소와 같은 기능으로 '본부'를 두기도 한다. 건설안전관리본부, 문화시설운영사업소, 차량정비사업소(서울시), 상수도사업본부, 체육시설관리사업소, 문화회관, 시민회관, 항만관리사업소, 차량등록사업소(부산시) 등의 경우가 그 예이다.

3) 출장소

지방자치단체는 원격지 주민의 편의와 특정 지역의 개발 촉진을 위하여 필요한 때에는 대통령령이 정하는 바에 의하여 당해 지방자치단체의 조례로 출장소를 설치할 수 있다. 출장소는 지리적으로 멀리 떨어져 행정의 혜택을 쉽게 받기 어려운 지역의 주민 편의를 도모하고, 특정 지역의 개발을 촉진하게 하기 위하여 설치할 수 있다.

4) 합의제 행정기관

지방자치단체는 그 소관 사무의 일부를 독립하여 수행할 필요가 있을 때에는 법령 또는 당해 지방자치단체의 조례가 정하는 바에 의하여 합의제 행정기관을 설치할 수 있다. 인사위원회와 공무원 소청심사위원회가 합의제 행정기관의 예라고 할 수 있다.

2. 하부행정기관

지방자치법상 하부행정기관이란 자치구가 아닌 구의 구청장, 읍에 읍장, 면에 면장, 동의 동장을 의미한다. 하부행정기관의 장은 일반직 지방공무원으로 임명한다. 자치구가 아닌 구(행정구)의 구청장은 시장이 임명하고, 읍·면·동장은 시장·군수·자치구의 구청장이 임명한다. 자치구가 아닌 구의 구청장은 동장에 대한 지휘·감독권은 있으나 임명권은 없다고 할 것이다.

제 4 절 집행기관의 통제

집행기관은 권력분립의 원리에 따라 다양한 기관의 견제와 통제를 받게 된다. 이러한 통제는 의회에 의한 통제(입법통제), 상위기관에 의한 통제(행정통제), 사법기관에 의한 통제(사법통제), 주민의 통제(시민통제) 등으로 구분해 볼 수 있는데, 사법통제는 일반적 법률에 의한 통제이므로 생략하고 지방의회에 의한 통제, 국가나 상위 자치단체에 의한 통제, 주민에 의한 통제만을 검토해 보기로 한다.

1. 지방의회에 의한 통제

지방자치단체장을 비롯한 집행기관은 중앙정부나 상급 자치단체의 통제를 받는데, 이외에 지방의회에 의해서도 통제를 받는다. 여기서는 집행기관에 대한 의회의 통제 문제를 중요한 내용만 간략히 검토해 보기로 한다.

1) 의결권을 통한 의결 과정에서의 통제

지방사무의 수행은 지방의회의 의결을 거쳐서 이루어지므로, 의회의 의결권은 집행부의 독단과 전횡을 방지하게 할 수 있게 한다. 집행부는 막대한 인력과 예산을 확보하고 있으므로 적절한 견제가 없으면 권한을 남용하기 쉬워지는 것이다. 의회는 예산의 심의, 집행, 편성, 감사 과정에 개입함으로써 집행부를 견제하고 주민의 이해를 대변하는 정책을 집행할 수 있도록 한다. 지방의회의 의결을 거치지 않은 예산은 집행이 불가능하므로 의회의 예산의결권이야말로 집행부를 통제하는 강력한 제도라고 하겠다. 이외에도 중요한 사항에 대한 의회 동의권과 승인권 등도 의결 기능에 의한 단체장 통제 장치라고 볼 수 있을 것이다.

2) 행정사무의 감사 · 조사를 통한 견제

지방의회는 행정사무의 감사, 조사를 통해 집행기관을 감시 · 견제할 수 있다. 의회의 감사 및 조사 요구가 있을 경우 집행부는 이에 협조하여야 한다. 이를 통해 집행기관의 독주와 권력의 남용을 방지할 수 있다.

3) 주민 청원의 심사 및 처리를 통한 견제

지방의회는 지방자치단체장의 행정행위로 인해 어려움을 겪는 주민의 청원을 처리함으로써 집행기관을 견제할 수 있다. 지방의회는 주민이 청원한 청원 사항을 위원회별로 심사하여 타당하다고 판단되는 사항을 지방자치단체장에게 통고하여 처리하도록 권고할 수 있다.

2. 국가나 상위 자치단체의 통제

1) 국가 및 상위 자치단체의 지원 및 지도·감독

중앙행정기관의 장은 지방자치단체의 사무에 관하여 조언, 권고 등의 관여를 할 수 있으며, 재정 및 기술 지원을 할 수 있다. 또한 국가사무나 기타 위임사무가 제대로 처리되고 있는지에 관하여 국가나 상급 단체는 지방자치단체를 지도·감독할 수 있다. 광역자치단체는 주무부장관이 지도·감독의 주체가 되고, 기초자치단체는 1차로는 광역자치단체장의 지도·감독을 2차로는 주무부장관의 지도·감독을 받는다.

2) 위법 부당행위의 시정 명령

지방자치단체의 사무에 관한 그 장의 명령이나 처분이 법령에 위반되거나 현저히 부당하여 공익을 해한다고 인정될 때에는 시·도에 대하여는 주무부장관이, 시·군 및 자치구에 대하여는 시·도지사가 기간을 정하여 서면으로 시정을 명하고, 그 기간 내에 이행하지 아니할 때에는 이를 취소하거나 정지시킬 수 있다. 이 경우, 자치사무에 관한 명령이나 처분에 있어서는 법령에 위반하는 것에 한한다.

3) 직무이행명령

지방자치단체의 장이 법령의 규정에 의하여 그 의무에 속하는 국가위임사무 또는 시·도위임사무의 관리 및 집행의 의무를 다하지 못하고 있다고 인정되는 때에는 시·도에 대하여는 주무부장관이, 시·군 및 자치구에 대하여는 시·도지사가 기간을 정하여 서면으로 그 이행할 사항을 명령할 수 있다. 광역단체장이 감독권 행사를 게을리할 때는 주무부장관은 감독을 명하고, 그에 응하지 않을 때는 직접 기초자치단체에 감독권을 행사할 수 있다.

4) 지방자치단체의 자치사무에 대한 감사

행정안전부장관 또는 시·도지사는 지방자치단체의 자치사무에 관하여 보고를 받거나 서류·장부 또는 회계를 감사할 수 있다. 이 경우, 감사는 법령 위반 사항에 한하여 실시한다.

3. 주민에 의한 통제

집행기관은 의회와 국가나 상위 자치단체에 의해 통제되기도 하지만 주민에 의해서 직접적으로 통제되기도 한다. 주민 지방선거, 여론, 시민단체 활동, 시위 등을 통해서 자치단체장의 활동을 통제하기도 하고, 직접 민주주의 제도를 통해 직접 통제권을 행사하기도 한다.

직접 통제는 주민감사청구, 주민소환, 주민소송, 주민청원 등이 그 예가 될 수 있다. 주민감사청구는 지방자치단체와 그 장의 권한에 속하는 사무의 처리가 법령에 위반되거나 공익을 현저히 해한다고 인정되는 경우에 실시한다. 주민소환은 단체장 등 지방 선출직 공직자를 임기 중에 주민이 직접 소환하여 파면시키는 제도이며, 주민소송은 주민감사청구의 결과에 불복하거나 단체장 등의 불법행위로 입은 손해를 보전하기 위해 청구하는 소송이다. 주민청원은 의회를 통해 집행부에 청원을 제기하는 의회를 통한 주민의 직접 통제 방식이다.

본문요약

1. 지방자치단체장의 선출과 지위

- 선출의 역사: 직선제, 간선제, 임명제 등 다양한 선출 방식, 현재는 직선제
- 지위: 주민의 주민의 대표기관, 지방자치단체의 대표기관, 지방자치단체의 최고 행정기관, 지방의회의 감시 · 견제기관

2. 지방자치단체장의 권한

- 지방행정의 통할대표권(統轄代表權)
- 사무의 위임 · 위탁권
- 직원에 대한 임면(任免)권 및 제청권
- 소속 행정기관 및 하급 기관에 대한 지휘 · 감독권
- 기관 및 시설의 설치권
- 규칙제정권
- 지방의회의 견제 · 감시권

3. 보조기관

- 부단체장: 서울특별시(3명), 광역시 · 도 · 특별자치도 · 특별자치시(2명), 인구 800만 명 이상 광역시 · 도(3명), 기초자치단체(1명)

■ 행정기구: 실 · 국 · 본부, 과 · 담당관, 팀장(담당)
■ 공무원

4. 소속 및 하부행정기관

■ 소속 행정기관: 직속기관, 사업소, 출장소, 합의제 행정기관
■ 하부행정기관: 읍 · 면 · 동장, 행정구 구청장

5. 집행기관의 통제

■ 지방의회에 의한 통제: 의결권을 통한 통제, 행정사무 감사 · 조사권을 통한 통제, 청원 처리권을 통한 통제
■ 국가나 상위 자치단체의 통제: 지원 및 지도 감독, 위법 부당행위 시정 명령, 직무이행명령, 사무감사
■ 주민에 의한 통제: 선거나 여론, 기타 직접 참여제도 활용

Chapter 17

교육자치와 경찰자치

일반 지방행정 분야의 자치 이외에도 특수한 분야에서도 자치를 실시한다. 각 나라마다 다르지만 대부분, 교육자치와 경찰자치를 실시하고 있으며, 이외에도 회계관, 선거관리위원 등이 자치 형식으로 운영되기도 한다.

제 1 절 지방교육자치

우리나라의 교육자치는 일반지방자치단체와 독립적으로 운영된다. 이는 교육의 자주성을 확보하고 지방교육의 특수성과 전문성을 살리기 위하여 시도되고 있다. 이러한 교육자치제도는 '지방교육자치에 관한 법률'을 중심으로 운영된다. 지방교육자치는 광역자치단체를 중심으로 이루어지고, 기초자치단체에는 지방교육자치가 이루어지지 않는다. 또한 교육자치의 대상은 초·중·고 교육과 학원 등의 사회교육기관이다. 대학은 지방교육자치의 대상이 아니며 중앙정부의 직접 통제를 받는다. 교육자치기관은 지방자치단체의 기관으로서 지방의회의 감시와 통제를 받는다.

1. 교육자치기관의 구성 유형

1) 분리형

미국과 같은 나라에서 채택하는 형식으로 지방교육의 조직을 일반적인 지방행정조직과 구분하여 관리하는 형식을 말한다. 지방교육이 독립적으로 실시되도록 한다는 면에서 지방교육자치의 분리형이라고 한다. 분리형은 정치적 변동이 많은 나라나 안정되지 못한 나라에서 정치로부터 교육이 오염되는 것을 막아, 교육의 전문성과 중립성을 높일 수 있는 장점이 있다. 그러나 중앙정부에서는 교육부가 행정부에 소속되어 운영되는데, 지방에서는 지방의 집행기관과 별도의 조직으로 움직임으로써 비용의 낭비와 행정의 혼란을 가져오기도 한다.

분리형의 대표적인 예는 미국에서 찾아 볼 수 있다. 물론 주마다 교육자치제가 다르기 때문에 이를 하나로 말할 수는 없지만, 미국의 전 지역에 학교구(school district)라고 하는 특별지방자치단체가 있어, 이러한 특별지방자치단체를 중심으로 지방교육이 이루어진다. 이러한 특별자치단체에서 교육위원을 선출하여 지방교육문제를 총괄한다.

2) 통합형

지방교육의 조직을 일반 행정조직에 통합시켜 일반행정과 교육행정이 밀접한 연계를 가지고 수행하도록 하는 제도이다. 통합형은 교육의 전문성이나 중립성이 정치적으로 간섭을 받을 수 있는 반면, 중앙교육조직과 지방의 교육조직 운영 방식이 동일하고, 행·재정적 낭비를 줄일 수 있는 장점이 있다. 통합형의 대표적인 예는 영국에서 찾아 볼 수 있는데, 영국에서는 지방의회에 분과위원회인 교육위원회를 두고, 교육위원회가 교육사무를 처리하고 있다. 다만, 그 교육위원회의 구성에 있어서 지방의원만으로 구성하는 것이 아니라, 그 위원 정수의 절반 정도까지 지방의회가 선출한 교육전문가들로 구성함으로써 교육행정의 전문성을 보장하고 있다.

3) 절충형

지방교육의 조직을 부분적으로 통합하는 절충적 형태로 일본과 한국의 경우이다. 의결 기능은 지방의회가 행사하고 집행 기능만을 일반 행정기관과 분리하여 교육행정의 특수성을 유지하도록 한다. 이러한 절충형은 완전 분리에서 오는 행·재정적 낭비와 업무 중복의 문제와 완전 통합에서 오는 교육의 전문성의 상실을 방지할 수 있으나, 일반행정과 교육행정 사이의 갈등 구조가 존재할 수 있다.

일본에서는 광역자치단체와 기초자치단체, 그리고 기초자치단체의 연합체(조합)에 교육위원회를 두어 교육에 관한 사무를 관리, 집행하게 하고 있다. 즉, 의결기관은 하나이되 집행기관은 일반 집행기관인 자치단체장과 교육사무집행기관인 교육위원회를 따로 두고 있는 것이다. 한국의 의결 기능은 광역의회에서, 집행 기능은 교육행정기관에서 담당하고 있다.

2. 우리나라 교육자치기관의 구성

지방교육자치단체는 일반자치단체와 마찬가지로 기관분립형으로 구성되어 견제와 균형의 원리에 의해 운영되고 있다. 교육자치기관은 구체적으로 의결기관과 집행기관의 두 가지로 구성된다. 의결기관으로서 교육위원회, 집행기관으로서 교육감이 있다.

교육위원회는 의결기관으로서 교육에 관한 제반 사항을 의결하고, 예산을 심의 의결하며, 집행기관을 감독, 견제한다. 교육감은 집행기관으로서 교육의 실무를 집행한다. 교육감을 보조하는 조직으로 보조기관, 소속 교육기관, 하급 교육행정기관 등이 있다.

1) 교육위원회

시·도의 교육·학예에 관한 중요 사항을 심의·의결하기 위하여 특별시, 광역시 및 도에 교육위원회를 둔다. 2014년 6월까지는 교육위원회가 주민의 직접 선거에 의해 선출된 교육의원과 광역지방의회의 의원으로 구성되었는데, 이후 주민 직선으로 선출되는 교육의원 제도는 사라지게 되었다(제주 제주특별자치도는 유지).[1] 교육위원회는 광

1) 제주특별자치도는 9명의 교육위원회 위원 중 5명의 교육의원을 주민이 직선으로 뽑는다. 나머지 4명은 도의회 의원으로 구성한다(제주특별법 제64조).

역자치단체 의회의 상임위원회 형식으로 구성된다.

2) 교육감 및 부속기관

(1) 교육감

시 · 도의 교육 · 학예에 관한 사무의 집행기관으로 시 · 도에 교육감을 둔다. 교육감은 교육 · 학예에 관한 소관 사무로 인한 소송이나 재산의 등기 등에 대하여 당해 시 · 도를 대표한다. 국가 행정사무 중 시 · 도에 위임하여 시행하는 사무로서 교육 · 학예에 관한 사무는 교육감에게 위임하여 행한다. 다만, 법령에 다른 규정이 있는 경우에는 그러하지 아니하다. 교육감은 주민에 의하여 직접 선거로 선출한다. 교육감 후보자가 되고자 하는 자는 교육 경력 또는 교육행정 경력을 합하여 5년 이상이어야 한다.

(2) 부교육감

교육감 밑에 국가공무원으로 보하는 부교육감을 두되, 그 직급은 대통령령으로 정한다. 부교육감은 당해 시 · 도 교육감이 추천한 자를 교육부장관의 제청으로 국무총리를 거쳐 대통령이 임명한다. 부교육감은 교육감을 보좌하여 사무를 처리하며, 교육감이 사고가 있을 때에는 그 직무를 대리한다.

(3) 교육지원청

하급 교육행정기관은 시 · 군 · 구 등에 설치된 교육지원청을 의미한다. 특별시 · 광역시 · 도의 교육 · 학예에 관한 사무를 분장하게 하기 위하여 1개 또는 2개 이상의 시 · 군 및 자치구를 관할 구역으로 하는 하급 교육행정기관(교육지원청)을 두고, 교육지원청에 교육장을 둔다. 교육장은 시 · 도의 교육 · 학예에 관한 사무를 위임받아 분장한다.

제 2 절 지방경찰자치

우리나라에서 지방경찰자치는 자치경찰제라는 명칭으로 시행되고 있다. 이러한 자치경찰제를 실시해야 할 필요성은 여러 가지가 지적되고 있다.

첫째는 중앙집권적 국가경찰은 정치 권력에 의해 이용당하게 된다는 점이며, 국가 권력이 경찰 권력을 완전히 지배함으로써 경찰국가화될 우려가 존재한다는 것이다. 이러한 폐해를 막기 위한 집권적 경찰력의 분산화가 필요하다고 보는 것이다.

둘째는 지방경찰이 주민의 자치 기능에 의해 움직이게 되면, 경찰이 주민을 위해 봉사하는 봉사기관으로 변화된다는 것이다. 지금까지 경찰은 국가 권력의 집행기관으로서 강제적이고 권위적인 억압 집단으로 인식되어 왔는데, 지방자치경찰제가 실시되면 이러한 문제는 상당히 완화될 것이기 때문이다.

1. 경찰의 유형 구분

1) 국가경찰과 자치경찰

경찰이 국가 혹은 중앙정부의 단일적인 통제에 있느냐의 여부에 따라 국가경찰과 자치경찰로 구분해볼 수 있다. 국가경찰은 경찰조직이 지방에 있더라도 특별지방행정기관의 형태로 중앙에서 직접 관리·통제하는 경찰을 의미한다. 자치경찰은 지방자치단체의 경찰을 의미한다.

자치경찰은 지방경찰조직이 중앙경찰기관의 하부 행정조직이 아니라 독자적인 조직 및 인사, 재정권을 행사하고 주민의 참여와 통제 하에서 경찰 업무를 수행하는 이른바 지방 주민에 의한 자치정부의 경찰이다.

2) 행정경찰과 사법경찰

경찰행위는 봉건국가에서 국가 통치를 위한 규제행위를 의미하기도 했다. Police라는 개념은 Polis(국가)라는 개념과 어원을 같이하는 것을 보아도 알 수 있듯이 초기 경찰은 국가를 관리하기 위한 규제와 감찰, 통제적 성격을 가지고 있었다고 볼 수 있다.

따라서 초기 경찰은 행정규제 및 집행 기능을 담당하기도 하였는데, 이러한 전통은 지금까지 남아 있다. 즉, 위생관리, 교통관리 등의 시민 생활에 대한 서비스 기능과 연계된 경찰기능이 존재하는 것이다. 이러한 규제적 기능을 수행하는 경찰을 행정경찰이라고 한다. 전통적인 경찰 기능은 경찰뿐만 아니라, 일반 행정기관, 검찰, 기타 다양한 국가기관에서 행사하고 있었기 때문이다.

그러나 현대 사회에 있어서 경찰의 고유 영역은 사법경찰, 즉 치안 및 기타 사법적 행위로서의 경찰을 의미한다 할 것이다. 수사 및 형사, 방범 등의 업무는 형벌권을 통해 국가의 치안 질서를 유지하는 것으로 현재 경찰의 주요 업무로 인식되고 있다.

3) 일반경찰과 특별경찰

일반경찰은 보편적인 일반 시민을 대상으로 하는 경찰을 의미하고, 특별경찰은 특수한 임무를 수행하는 경찰을 의미한다. 일반경찰은 일반 파출소나 경찰관서에 근무하면서 방범, 치안, 교통 등의 업무를 담당하는 경찰이고, 특수경찰은 공항경찰, 철도경찰, 시위진압경찰, 특수요원경호대 등을 의미한다.

4) 연방경찰, 주경찰, 지방경찰

경찰은 국가의 형태에 따라 다양하게 존재하지만 연방국가의 경우, 연방경찰, 주경찰, 지방경찰의 형태로 존재한다. 단일국가의 경우, 국가경찰과 지방경찰의 형태로 나누어 볼 수 있다. 연방경찰은 연방국가의 경우에 존재하는데, 국가 간 범죄나 마약 등 국제적, 국가 전체적인 광역적 범죄를 주로 다룬다. 주경찰의 경우, 민생치안이나 행정경찰로서의 의미를 주로 다루는데, 단일국가의 경우 연방경찰과 같은 역할을 지닌다.

2. 주요 국가의 경찰자치제도

1) 영 국

영국은 국가경찰과 자치경찰이 병존하는 국가이다. 정치적으로 안정되고 자치 발전의 역사가 오래된 잉글랜드와 웨일스는 자치경찰제를 채택하고 있고, 런던 경시청과 분리독립 운동으로 치안이 불안한 북아일랜드는 국가경찰제를 채택하고 있다. 스코틀랜드는 지방정부를 중심으로 집권적 경찰체제를 유지하고 있다. 자치경찰체제를 실시하는 지역에서는 자치단체가 경찰을 조직 운영하며, 경찰청장의 책임 하에 운영되고 있다.

2) 미 국

미국은 전반적으로 자치경찰제를 채택하고 있는 나라이다. 연방정부는 일반경찰권은 없고 일부 분야에 대한 법집행 등 특별경찰권만 소유하고 있다. 특히 법무성의 FBI는 연방법 위반에 대한 수사권만 있으며, 범죄 예방, 교통 단속 등 일반적 경찰권은 없다. 경찰권은 주정부의 고유 권한으로 주에는 주경찰(state police), 카운티에는 카운티 보안관(county sheriff), 시에는 시경찰(city police), 기타 소규모 지역에는 치안관(town constable)이 있다. 경찰에 대한 조직 인사권은 원칙적으로 당해 지방자치단체가 보유하고 있다. 카운티의 보안관은 주민이 직선하는 경우가 많고, 시경찰청장은 시장이 임명하는 경우가 대부분이다.

3) 프랑스

프랑스는 국가경찰제를 채택하고 있다. 내무부장관 밑에 경찰총국을 설치, 전국적인 차원에서 경찰을 지휘・감독하고 있다. 파리경시청은 내무부장관 직속이며, 데파르트망에 지방경찰국이 설치되어 있다.

4) 독 일

독일은 각주 단위로 주(국가)경찰을 운영하고 있다. 각 주정부마다 강력한 중앙집권적 경찰조직을 가지고 있으며, 각 주의 자체 법령 체제 하에서 독자적으로 운영된다. 국가경찰의 형식을 띠고 있기 때문에, 지방정부는 지방경찰에 대한 지휘권이 없다. 연방경찰은 일반 경찰권을 행사하지 않고 일부 특수 업무만 수행하며 주경찰에 대한 지휘권이 없다.

5) 일 본

일본은 국가경찰제와 자치경찰제의 이원적 체제로 운영되고 있다. 중앙은 국가공안위원회(6명)의 관리 하에 경찰청을 두며, 일선기관으로 7개 지역에 관구경찰국을 두고 있다. 국가경찰인 경찰청은 관구경찰국을 통하여 경찰청 소관 사무를 지역별로 관장하며 자치경찰인 부・현 경찰을 지휘・감독한다. 지방자치경찰제를 보면 광역자치단체인 도・도・부・현에는 경찰본부(도쿄도에는 경시청)을 두고 산하에 경찰서가 설치되어 있다. 지방경찰인 도·도·부·현지사의 관할 하에 도·도·부·현 공안위원회를 두고 있으며, 공안위원회는 도·도·부·현 경찰본부의 사무를 통괄한다.

3. 우리나라 자치경찰제도

우리나라 지방경찰자치제도는 광역지방자치단체를 기본 단위로 하여 설계되고 있다. 제주특별자치도는 2006년부터 자치경찰제도를 시험적으로 도입하였다. 광역자치단체에 경찰자치기구를 신설하고 주민의 대표성을 가진 경찰위원회를 구성하여 경찰위원에서 경찰청장을 선임하고 관리해 가는 형식이다.

1) 시·도 자치경찰위원회

자치경찰조직은 원칙적으로 주민에 의해서 조직되고 운영되어야 하며, 주어진 범위 내에서 독자적인 자치권을 행사할 수 있어야 한다. 이러한 제도적 주민자치기구로서 시·도자치경찰위원회가 존재한다. 이 위원회는 의결기구로서 지방의회나 교육위원회와 같은 기능을 담당한다. 그러나 단순한 의결기구가 아닌 집행 기능을 가진 위원회로서 지방경찰청장을 제청하고, 견제·관리하는 기능을 수행하기도 한다.

시·도자치경찰위원회 위원은 시·도의회가 추천하는 2명, 국가경찰위원회가 추천하는 1명, 해당 시·도 교육감이 추천하는 1명, 시·도자치경찰위원회 위원추천위원회가 추천하는 2명, 시·도지사가 지명하는 1명 총 7명으로 구성된다.

2) 지방경찰청

지방경찰청은 이른바 집행기관의 기능을 담당한다. 지방경찰위원회에서 의결된 내용을 집행하는 기능을 담당한다. 시·도경찰청 관할 하에, 시·군·구에는 경찰서를 둔다.

시·도경찰청장은 경찰청장이 시·도자치경찰위원회와 협의하여 추천한 사람 중에서 행정안전부장관의 제청을 받아 국무총리를 거쳐 대통령이 임용한다. 시·도경찰청장은 국가경찰사무에 대해서는 경찰청장의 지휘·감독을, 자치경찰사무에 대해서는 시·도자치경찰위원회의 지휘·감독을, 수사에 관한 사무에 대해서는 국가수사본부장의 지휘·감독을 받아 관할 구역의 소관 사무를 관장하고, 소속 공무원 및 소속 경찰기관의 장을 지휘·감독한다.

제주특별자치도는 도지사 소속의 자치경찰단을 유지하고 있지만, 일반 시도는 지방경찰청장이 국가경찰 기능과 국가수사본부 기능, 지방자치경찰의 세 가지 기능을 동시에 담당하는 조직구조라는 면에서 아직 순수한 의미의 독립적인 지방자치경찰이라고 보기 어렵다. 자치경찰 소속 공무원의 지위도 지방공무원이 아닌 국가공무원이다.

3) 시·도 자치경찰위원회와 지방경찰청의 상호 관계

지방경찰위원회와 지방경찰청 간에는 수평적 상호 관계를 유지하는 방법과 수직적 상호 관계를 유지하는 방법이 있다. 수평적 상호 관계는 지방의회와 자치단체장, 혹은 교육위원회와 교육감과의 관계처럼 권력분립형으로 구성되는 기관분리형의 조직 형태이다. 수직적 상호 관계는 위원회 우위형과 집행기관 우위형으로 구분해 볼 수 있는데, 위원회 우위형은 경찰위원회가 경찰청장을 임명하고 통제하는 영국식의 기관통합형으로 운영되는 것이고, 집행기관 우위형은 경찰청장이 중심이 되어 경찰을 운영하고, 위원회는 자문 혹은 견제 역할에 그치는 방식이다.

4) 지방자치단체와의 상호 관계

지방자치경찰은 원칙적으로 지방예산으로 운영되는 것이므로, 예산의 결산 및 집행에서 지방의회의 감사와 통제를 받게 된다. 현재의 지방교육위원회와 교육감이 지방의회와의 관계를 정립하고 있는 것은 좋은 예가 될 것이다. 광역단체장이나 지방의회는 지방경찰위원과 경찰청장의 임명과 경찰관의 인사, 지방예산의 지원 과정 등에 직·간접적으로 영향을 미치게 된다. 따라서 지역 정치인이 권력조직이라고 할 수 있는 경찰조직을 장악하는 경우, 많은 부작용이 예상되기도 한다. 따라서 경찰조직과 단체장과의 적절한 독립성과 균형 있는 상호 관계 정립이 필요할 것으로 보인다.

참고 17-1 제주특별자치도 자치경찰단

제주특별자치도에는 2006년 7월부터 자치경찰제도가 실시 되고 있다. 제주특별자치도에는 국가경찰과 자치경찰이 공존하고 있으며, 형사사건 수사나 정보, 경비 등의 사법경찰 업무는 국가경찰이 담당하고, 행정경찰의 업무 영역은 자치경찰이 주로 담당한다.

제주자치경찰단은 제주특별자치도 도지사의 직속기관이며, 소속 공무원은 특정직 지방공무원의 신분을 가지고 있다. 자치경찰단장은 도지사가 임명하며 계급은 자치경무관이다. 자치단 경찰단의 주요 업무는 순찰 방범, 청소년 보호와 같은 주민 생활 안전, 교통 관리, 제주 공항의 안전 관리, 주차 지도 및 교통시설 관리, 관광객의 안전 보호, 올레길 순찰, 노약자 및 어린이 보호 등 민생과 관련된 치안 업무를 주로 담당하고 있다.

5) 자치경찰의 주요 사무

(1) 주민의 생활 안전에 관한 사무

- 생활 안전을 위한 순찰 및 시설의 운영
- 주민참여 방범 활동의 지원 및 지도
- 안전사고 및 재해 · 재난 시 긴급구조지원
- 아동 · 청소년 · 노인 · 여성 · 장애인 등 사회적 보호가 필요한 사람에 대한 보호 업무 및 가정 · 학교 · 성폭력 등의 예방
- 주민의 일상생활과 관련된 사회 질서의 유지 및 그 위반행위의 지도 · 단속

(2) 교통활동에 관한 사무

- 교통법규 위반에 대한 지도 · 단속
- 교통안전시설 및 무인 교통단속용 장비의 심의 · 설치 · 관리
- 교통안전에 대한 교육 및 홍보
- 주민참여 지역 교통 활동의 지원 및 지도
- 통행 허가, 어린이 통학버스의 신고, 긴급자동차의 지정 신청 등
- 그 밖에 지역 내의 교통안전 및 소통에 관한 사무
- 지역 내 다중 운집 행사 관련 혼잡 교통 및 안전 관리

(3) 학교 폭력, 가정 폭력, 교통사고 관련 수사 사무

- 학교 폭력 등 소년범죄

- 가정 폭력, 아동학대 범죄
- 교통사고 및 교통 관련 범죄
- 성적 목적을 위한 다중이용장소 침입 행위에 관한 범죄
- 경범죄 및 기초질서 관련 범죄
- 실종아동 등 관련 수색 및 범죄

이처럼 자치경찰의 사무는 지역 치안과 생활 안전, 민생 보호에 중점을 두고 있는 지역의 사무 관련 내용이 중심을 이루고 있다.

본문요약

1. 지방교육자치의 개념과 필요성
- 개념: 교육부문에 있어서 지방자치를 실시
- 필요성: 교육의 자주성, 지방 교육의 특수성과 전문성

2. 여러 나라 지방교육자치제
- 분리형: 지방교육조직과 일반 행정조직을 구분하여 관리(미국)
- 통합형: 지방교육조직과 일방 행정조직 통합(영국)
- 절충형: 의결 기능은 일반 행정조직에서, 집행 기능은 교육위원회에서 실시(한국, 일본)

3. 우리나라 교육자치제
- 교육위원회: 의결기관, 주민 직선의 교육의원 과반수와 광역지방의회 의원으로 구성됨.
- 교육감 및 부속기관: 집행기관, 부교육감, 교육기관, 교육지원청

4. 지방경찰자치제의 개념과 필요성
- 개념: 지방의 경찰이 자치권을 가지고 주민의 참여를 통해 운영되는 경찰관리 형태
- 필요성: 경찰국가화 방지, 봉사 기능 수행

5. 주요 국가의 경찰자치제도
- 영국: 국가경찰과 지방경찰의 병존
- 미국: 지방경찰제
- 프랑스 · 독일: 국가(주)경찰제
- 일본: 국가경찰제와 지방경찰제의 절충제

6. 우리나라의 자치경찰제도
- 광역단체 중심, 시 · 도 자치경찰위원회와 지방경찰청

- 주로 생활, 교통, 사회안정 등을 위한 지역 안전 사무에 치중

7. 자치경찰의 사무

- 주민의 생활 안전 사무
- 교통활동에 관한 사무
- 학교 폭력, 가정 폭력, 교통사고 관련 수사 사무

PART 03

지방자치 행정론

[행정은 시민을 향한 서비스다]

제3부에서는 지방자치의 영역을 집행부를 중심으로 한 지방행정의 관점에서 검토하고자 한다. 정책, 기획, 조직, 인사, 재정, 재무, 행정개혁 등의 전통적인 행정학 연구의 주제를 검토하고자 한다.

제18장에서는 지방자치단체의 정책과 기획을 살펴본다.

제19장에서는 지방행정조직의 문제를 다룬다.

제20장에서는 지방인사행정의 문제를 검토한다.

제21장에서는 지방재정과 지방예산을 중심으로 지방재원의 문제를 다룬다.

제22장에서는 지방공기업과 공·사 혼합 영역인 제3섹터를 다루어보기로 한다.

제23장에서는 신공공관리론과 그에 따른 행정혁신 프로그램을 검토한다.

제24장에서는 통일 시대를 대비한 북한의 지방자치와 지방행정의 문제를 다룬다.

Chapter 18

지방정책과 기획

여기서는 지방의 문제를 해결하려는 지방정부의 노력인 지방정책과 기획을 살펴보기로 한다. 정책이나 기획은 문제 해결을 위한 대안의 선택 과정이라는 면에서 유사하다. 그러나 정책은 현재적 관점에서, 계획은 미래 시점에서 선택할 수 있는 대안의 선택 과정이라는 면에서 구분해 볼 수 있다. 그러나 기획은 중복되는 개념으로 활용하거나, 상하 포함 개념으로 이해하기도 한다. 예컨대, 도시 정책의 하부 단위로서 지구 계획이 수립되기도 하고, 국가계획의 하부 개념으로 다양한 경제 정책을 만들기도 한다.

정책을 만들고, 집행·평가하는 과정을 정책 과정이라고 하고, 계획(plan)을 만들고, 집행·평가하는 과정을 기획(planning)이라고 한다. 정책 과정을 통한 산출물은 정책(policy)이 되고, 기획의 성과물은 계획(plan)이 된다.

제 1 절 지방정책론

1. 지방정책의 개념과 유형

1) 지방정책의 개념

지방정책(local policy)의 개념을 정의하기 전에 먼저 정책(public policy)의 개념을 검토해 보기로 한다. 다이(T. R. Dye)는 정책이란 정부가 하겠다고 또는 하지 않겠다고 선택한 모든 것(Dye, 1984: 1), 앤더슨(J. E. Anderson)은 다양한 행위자에 의해 수행되는 문제 해결을 위한 목적 있는 행동 대안(Anderson, 1979: 3), 이스턴(D. Easton)은 사회 전체를 위한 가치들의 권위 있는 배분이라고 하였다(Easton, 1965). 여기서는 지방정책을 지역의 공공 문제를 해결을 위한 의사결정의 과정과 결과로 정의해 보고자 한다.

2) 지방정책의 분류

지방정책은 그 성격에 따라 다양한 유형으로 구분할 수 있다.[1] 지방정책의 영역에서는 국가나 중앙정부 수준에서 다루는 외교, 국방, 금융 등의 정책문제는 다루지 않는다. 지방정책은 지역의 일상생활 영역에서 제기되는 공공문제를 주로 다룬다.

여기서는 지방정부 차원의 정책을 조직 구성 및 일반관리 정책, 지역경제 성장 및 발전 정책, 지역복지·보건 및 재분배 정책, 지역문화 및 사회 발전 정책, 주민생활 및 환경개선 정책의 다섯 가지로 구분하고자 한다.

(1) 조직 구성 및 일반관리 정책

지방정부는 주민에게 효율적인 공공서비스를 합리적 비용으로 제공할 수 있는 조직을 구성해야 한다. 이를 통해 상·하수도, 도로망 관리, 가로등 관리, 민원사무 관리 등

---

1) 로위(J. Lowi)는 분배정책, 규제정책, 재분배정책, 구성정책으로, 알몬드와 파웰(G. A. Almond & G. B. Powell)은 추출정책, 규제정책, 분배정책, 상징정책으로, 리플리와 프랭클린(R. B. Ripley & G. A. Franklin)은 상징정책, 경쟁적 규제정책, 보호적 규제정책, 재분배 정책, 외교국방정책으로 구분하고 있다.

과 같은 일상적인 생활 속의 공공서비스를 주민들에게 안정적이고 편리하게 제공할 수 있어야 한다.

일 잘할 수 있는 조직의 형성을 위해 경직적인 조직 구조를 탄력적 조직 구조로 변화시키며, 구조 조정과 업무 처리 과정의 재설계(BPR) 등을 통해 조직의 생산성을 향상시키며, 목표와 실적을 중심으로 한 성과주의 관리 체제를 도입하는 등 조직의 경쟁력을 강화시키기 위한 다양한 전략들이 모색되고 있다.

(2) 지역경제 성장 및 발전 정책

지방정부는 주민의 경제적 여건을 개선하기 위한 지역 성장과 발전을 추진한다. 지역 성장과 발전을 위해서 기본적으로 사회간접자본(Social Overhead Capital: SOC)을 정비·확충해야 한다. 건강한 혈관을 가지고 있어야 몸과 마음이 활력을 얻을 수 있듯이, 경제 발전의 기초시설인 사회간접자본이 잘 정비되어야 지역경제의 성장과 발전이 이루어질 수 있다.

지역경제의 성장과 발전 정책은 크게 내재적 전략과 외재적 전략으로 구분해 볼 수 있다. 내재적(內在的) 전략은 지역의 내부 자원을 개발하여 부가가치를 상승시켜 지역의 성장을 추구하는 것으로 구체적으로 지역혁신 체제(RIS)의 구축을 통해 지역 내의 자원을 고부가가치화하는 것이다. 외재적(外在的) 전략은 지역 내부의 경제력이 미비하거나 취약한 경우 외부 자본이나 기술 등 외부적 투자를 끌어들여 지역의 경제력을 성장 발전시키고자 하는 전략이다. 외자유치, 공공시설 유치 등을 통해 지역의 성장을 도모한다.

(3) 지역복지·보건 및 재분배 정책

영국의 정치학자 손더스(P. Saunders)는 이중국가(dual state)라는 개념을 통해 지방정부의 기본 역할은 사회적 소비, 즉 사회적 분배와 복지 정책에 관심을 두는 것이라고 주장하였다. 즉, 중앙정부는 경제적 능률과 개별시장 경제의 발전과 관련이 된 사회적 투자(social investment)와 관련되어 있고, 지방정부는 대중의 욕구를 집합적으로 만족시켜가면서 삶의 질을 유지해 가는 사회적 소비(social consumption)에 관심이 있다고 본 것이다(Saunders, 1984: 29). 사회복지는 주변에서 이웃에서의 접근을 필요로 하는 정책 분야로서 그 지역의 실정을 잘 알고, 그 지역 공동체 주민과 함께하고 있는 지방정부에서 가장 잘 처리할 수 있는 영역이다. 지역의 노인이나, 장애인, 청소년 등 기타 소외 계층에 대한 관심과 배려는 공동의 생활을 영위하는 지역사회 차원에서 실질적으로 이루어질 수 있기 때문이다.

복지문제와 연계되어 있는 것은 보건문제이다. 삶의 질이 중시되는 사회환경 속에서 전염병과 질병으로부터 주민을 보호하고, 건강하고 행복한 삶을 유지하도록 이끌어가는 보건 정책은 사회복지 정책과 연계 되어 있는 지방정부의 중요한 정책 영역이라고 할 수 있다.

(4) 지역문화 및 사회 발전 정책

문화는 일상적 삶의 패턴이고 생활의 형태이므로 그 지역에서 거주하고 있는 주민들을 중심으로 형성 발전될 수 있는 것이다. 지역문화는 지역 주민이 주체가 되어 관리 개발할 수 있을 때 더욱더 그 본래적 빛을 발할 수 있다. 지역의 문화 정책은 이렇듯 지방정부의 고유한 정책 과제라고 할 수 있다. 사회 발전 정책은 이른바 사회적 자본(social capital)이라고 불리는 사회적 규범이나 관습, 문화 체계를 합리적 수준으로 발전시켜나가는 것을 의미한다. 퍼트남(Robert D. Putnam)의 연구에 의하면, 사회적 관행이나 규범의 신뢰 체계, 윤리 체계 등이 발전되지 못하면 그 사회의 정치나 경제 발전은 이루어지지 않는다고 보았다(Putnam, 1994). 시민사회의 성장, 사회적 규범의 합리화 수준, 시민의 의식 수준 등의 발전을 추구하는 것도 지방정부의 중요한 정책 과제가 될 수 있는 것이다.

(5) 주민생활 및 환경개선 정책

지방선거에 나타난 수도권 중심 대도시의 정책의제(agenda)를 분석한 연구에 의하면 가장 중요한 영역을 차지하는 것은 교육·환경·주거·교통정책이다(강용기, 2006). 즉, 자녀 및 청소년 교육 여건의 개선, 자연이 살아 있는 쾌적한 주거 및 생활환경의 조성, 부동산 가격 안정 및 주거 여건의 개선, 교통의 편리성 및 접근성 확보 등이 중요한 정책의제로 떠오르고 있다. 어느 정도의 개발여건이 충족된 대도시지역일수록 주거환경, 교육 등 삶의 질을 향상 시키기 위한 정책 과제가 중심적인 정책의제가 되고 있다.

2. 지방정책의 과정

정책 과정은 정책이 만들어지고 집행되고 평가 환류되는 정책의 순환주기를 의미하는데, 앤더슨(J E. Anderson)은 정책의제 형성, 정책대안 작성, 정책대안 채택, 정책집행, 정책평가의 다섯 단계를, 나카무라와 스몰우드(R. Nakamura & F. Smallwood)는 정책결정, 정책집행, 정책평가의 세 단계를 제시하고 있다.

지방정책도 일반적 정책 과정과 크게 구분되지 않을 것이다. 여기서는 정책 과정을 정책결정, 정책집행, 정책평가의 세 단계로 구분하고, 그 내용을 세분하여 살펴보기로 한다.

1) 정책결정

정책결정(public policy making)은 공공에서 제기되고 있는 현실의 문제 해결을 위한 대안을 선택하는 행위이다. 이는 목표 달성을 위한 수단을 선택하는 행위라는 측면에서는 의사결정의 한 형태라고 볼 수 있다. 정책결정의 과정은 다음과 같은 여러 단계로 구분해 볼 수 있다.

(1) 정책의제 설정

정책의제 설정(policy agenda) 단계는 정책문제가 제기되어 관심을 끌고 토론의 장으로 관심의 대상이 되는 단계이다. 정책의제로 채택되어야 그 문제 해결의 단초를 제공할 수 있다. 따라서 각 이해집단은 정책의제로의 채택을 위해 언론이나 집회 등을 통해 지속적으로 문제를 제기한다.

(2) 정책 목표의 설정

정책 목표(policy objective)의 설정 단계는 문제 해결의 방향을 설정하는 과정이다. 문제의 성격을 진단하고 문제의 해결 지침을 제시하는 전략적이고 가치 개입적 시각을 견지한다. 지방정책의 정책목표는 지역문제의 해결, 주민복리의 실현이라는 기본 가치를 추구한다.

(3) 정책분석

문제 해결을 위한 구체적으로 정보를 수집하는 과정이 정책분석(policy analysis)이다. 현실에 대한 정확한 정보는 정확한 판단을 가져다주는 데 도움을 준다. 정책의 필요성, 예상되는 효과, 진행 방법 등을 다양한 분석 기법을 통해 분석한다.

(4) 정책형성

정책형성(policy formulation)단계는 문제 해결의 대안을 비교 · 검토하고 그 효과나,

성과, 그 결과 등을 예측하여 적절한 대안을 탐구하여 제시하는 단계이다. 이 과정에는 가능한 몇 가지의 대안들이 검토의 대상으로 제시된다. 여러 가지 대안은 각 대안 나름대로의 장점과 단점, 편익과 비용 등이 제시된다.

(5) 정책의 선택

정책의 선택(policy choice)은 정책대안의 비교·검토 과정을 지나 최종적으로 대안을 선택하는 단계이다. 대안이 요구하는 그 결과에 따라 성과를 측정하거나 분석하여 실질적으로 가능한 대안을 선택하거나, 사회적 합의를 통해 적정 대안을 채택한다. 가장 최선의 성과와 만족을 얻을 수 있는 대안을 선택하고자 하는 경향이 있으나, 현실적으로 가능한 대안을 선택하게 되는 경우가 많다.

2) 정책집행

정책의 초기 연구는 주로 정책결정의 문제를 중심으로 연구되었지만, 아무리 좋은 정책이라도 집행이 제대로 되지 않으면 의미가 없게 되므로 집행의 문제도 정책 성과를 달성하기 위한 중요 변수로 간주된다.

프레스만과 윌다브스키(J. Pressman & A. Wildavsky)는 정책집행을 목표 설정과 이를 달성하기 위한 활동 간의 상호작용으로 보았고, 나카무라와 스몰우드(R. Nakamura & F. Smallwood)는 권위 있는 정책지시를 실천하는 과정으로, 미터와 혼(D. Van Meter & Van Horn)은 정책결정에서 미리 정해놓은 목적을 달성하기 위해 정부부문이나 민간부문의 개인집단이 하는 활동을 의미하는 것으로 보았다.

요약해서 말하면, 정책집행은 결정된 정책대안을 구체화하는 실천 과정이라고 볼 수 있다. 집행이 이루어지기 전에 정책의 재해석을 필요로 한다. 의회를 통과한 정책의 경우, 집행 차원에서 입법자의 의도와 변화한 환경 등으로 예상되는 효과 등을 분석하여 정책 추진 과정에서 생성될 수 있는 문제점을 진단한다. 그 다음으로 집행계획을 수립하고, 그에 맞게 인적·물적 자원을 동원한다. 이러한 준비 과정 이후 실질적으로 집행이 이루어지면 집행 과정에서도 계속 정책 목표와의 관계 속에서 점검을 시도하여 정책 성과를 달성하기 위해 노력한다. 집행 과정에서도 새로운 문제가 발견될 수 있으며, 이러한 문제점은 다시 정책에 영향을 주어 정책의 수정이나 조정이 이루어지기도 한다.

3) 정책평가

집행된 정책은 마지막 단계로 그 성과에 대한 평가 작업을 거쳐, 새로운 정책결정이나 집행에 반영된다. 이러한 과정을 환류(還流, feedback)라고 한다. 정책평가는 사전평가와 사후평가로 구분하기도 한다. 사전평가는 정책이 선택 집행되기 전에 이루어지는 평가로 정책분석(policy analysis)이라고 부르기도 한다. 사후평가는 정책이 집행된 후에 최종적으로 하는 평가이다. 또한 과정 중심의 평가와 결과 중심의 평가, 평가 방법에 따라 질적 평가와 양적 평가, 평가 주체에 따라 내부평가와 외부평가로 구분하기도 한다.

3. 지방정책의 참여자와 결정모형

1) 지방정책의 참여자

(1) 지역의 정치 엘리트

지방정책의 형성과 집행에는 지역의 정치 세력들이 영향력을 행사한다. 가장 큰 영향력은 정당, 지방자치단체장과 국회의원, 지방의회 의원 등이다. 정당은 선거 과정을 통해 지역의제(地域議題) 설정에 중요한 영향력을 행사한다. 전국선거, 지방선거의 과정 속에서 지역의 정책의제를 적극 개발하여 주민의 지지를 얻고자 노력하는 과정에서 지방정책에 관여한다.

국회의원이나 지방자치단체장, 지방의회 의원 들은 선거 과정에서 공약이라는 이름으로 지방정책 의제를 개발하고 구체화하는 역할을 수행한다. 이 중 단체장이나 지방의회 의원 등은 지방정책을 개발할 뿐만 아니라 실질적으로 집행하는 역할을 수행한다.

(2) 공무원 및 전문가

지방정책의 결정과 집행에 실무관료와 전문가들이 영향력을 미치기도 한다. 실무의 정책문제는 담당 국·과장들이 실제적인 형성 및 집행 기능을 수행한다. 전문적인 영역은 연구과제의 수행 등을 통해 전문가들이 참여한다. 전문 분야의 정책 방향 탐색은 실무 공무원들만으로는 한계가 있을 수 있기 때문이다. 이들이 제시하는 정책의제는 정치 엘리트, 시민사회, 의회, 여론 등에 의해 검증 과정을 거쳐 채택된다.

(3) 기업과 시장

기업은 시장경제의 주체로서 지역사회의 지배 권력에 상당한 영향력을 미친다. 기업은 권력적 가치보다는 경제적 가치를 향유하는 집단이지만 지역사회의 권력과 경제력은 상호 밀접한 연관성을 가지고 있으므로, 기업과 시장은 지방정책결정에 강력한 영향력을 행사한다. 현대 자본주의 기업의 발전과 함께 노동자 단체도 그 영향력 범위를 확대해 나가고 있다.

(4) 시민사회

사회가 다원화 · 민주화가 되어 갈수록 정치 엘리트나 관료들만의 힘으로 정책을 결정 집행하는 데는 한계가 있다. 지방정책의 형성과 집행 과정에는 일반 시민, 이익단체 및 시민단체 들이 결정적인 영향력을 행사한다. 따라서 최근에는 시민사회의 참여와 네트워크를 통한 문제 해결을 강조하는 협력적 통치구조(협력적 거버넌스)나 네트워크를 통한 자율적 문제 해결 구조(네트워크 거버넌스)가 강조된다.[2]

2) 지방정책의 결정모형

정책결정모형은 의사결정의 인지과정을 중심으로 합리모형, 점증모형, 혼합모형, 최적모형, 진화모형, 직관모형 등을, 정치과정을 중심으로 엘리트모형, 집단모형, 게임모형, 체계모형, 네트워크 모형 등을 제시할 수 있다.

(1) 인지과정 중심모형

인지(認知)과정 중심모형이란 인식론적 차원 혹은 인간의 판단과 선택 과정의 차원에서 분류하는 정책결정모형으로 주로 의사결정모형을 의미한다. 이러한 정책결정모형은 인간의 이성의 능력을 최대한 활용하여 다양한 대안을 비교 검토하고, 그를 통해 최선의 대안을 선택하고자 하는 합리모형(rational model), 합리모형이 가지는 추상성과 이념성이 가지는 위험과 한계를 지적하고 과거의 대안을 중심으로 부분적 개선을 통해, 안정적이고 점진적 변화를 추구하는 점증모형(incremental model)이 대표적인 의사결정모형이다.

이외에 합리모형과 점증모형을 결합한 혼합모형이 있다. 혼합모형은 거시적으로는 합리적 모형을 미시적으로는 점증모형을 채택하는 혼합주사모형(mixed scanning

---

2) 거버넌스 개념에 관한 구체적 논의는 제5장 제3절 참조.

model), 인간의 제한된 합리성에 근거하여 의사결정을 수행한다고 보는 만족모형(satisfied model), 제한된 합리성에 근거하면서도 점진적 변화를 추구하여 생존력을 강화시키고자 하는 진화 과정으로서의 의사결정을 이해하는 진화모형(evolutionary model) 등이 있다.[3)]

(2) 정치과정 중심모형

정치과정 중심의 정책결정모형은 정책결정에서 누가 영향력을 행사하는가의 권력관계를 중심으로 분석한다. 정책은 어차피 소수가 결정한다고 보는 엘리트모형(elite model), 정책은 이익집단의 힘의 균형점에서 결정된다고 보는 집단모형(group model), 정책은 이해당사자 간의 게임의 결과로 산출된다고 보는 게임모형(game model), 다양한 욕구의 투입과 전환, 산출, 환류 과정을 거쳐서 정책이 순환된다고 보는 체계모형(system model), 정책은 다양한 참여자들의 상호 관계망 속에서 결정된다고 보는 네트워크모형(network model) 등이 있다.

4. 정책 거버넌스

정책에서 거버넌스(governance)란 문제 해결을 위해 작동하는 관리구조와 시스템을 의미한다. 이러한 정책 거버넌스는 전통적 거버넌스(old governance)와 새로운 거버넌스(new governance)의 두 가지 형태로 구분해 볼 수 있다. 여기서 전통적 거버넌스는 국가 중심의 거버넌스를, 새로운 거버넌스는 시민사회 중심의 거버넌스를 의미한다.

전통적으로 지역의 정책문제는 지배적 정치 엘리트나 관료의 일방적인 주도로 이루어져 왔다. 공권력을 가진 주체가 문제를 진단하고 해결을 기획하며 집행해 왔던 것이다. 시민사회는 방관자 혹은 통치의 대상자에 불과하였다. 이러한 통치 지배 방식을 '전통적 거버넌스' 방식이라고 부를 수 있다.

이에 비해 다원화 · 민주화된 사회에서 정책구조는 지배 권력의 일방적 문제 해결 방식으로 이루어질 수 없다. 시민사회의 성장과 함께 일방적인 통치 엘리트 중심의 문제 해결은 실질적으로 불가능하며 그 성과도 기대하기 어렵게 되었다. 따라서 다양한 의사

---

3) 만족모형과 진화모형은 사이먼(H. A. Simon)의 의사결정모형으로 사이먼은 초기에는 만족모형을 제시했고 이후에는 만족모형을 발전시킨 진화모형을 제시하고 있다(Simon, Reason in Human Affairs).

결정 주체의 참여 및 협력을 토대로 한 네트워크형 문제 해결구조가 강조된다. 이러한 네트워크형 문제 해결구조를 정책 과정에서의 '새로운 거버넌스'라고 부를 수 있는 것이다.

정책 과정에서의 새로운 거버넌스(new governance)는 정부나 시민사회 등 다양한 의사결정의 주체가 함께하는 정책 네트워크(policy network)를 통해 형성된다. 정책 이슈(policy issue)를 중심으로 다양한 행위자(actor)와 관계 구조망, 그리고 그러한 의사결정 단위 간의 상호 관계(relation)를 통해 형성되는 것이다. 이제 현대 사회에서 국가 중심의 일방적 정책결정과 집행은 매우 어렵게 되었다. 다양한 의사 주체의 참여와 상호 유기적 협력 과정을 필요로 하는 것이다.

제 2 절 지방기획론

1. 지방기획의 개념과 유형

1) 지방기획의 개념

지방기획은 지방의 미래를 위한 행동지침을 선택하는 행위이다. 기획을 통해 지방의 미래를 일정한 방향으로 변화시킬 수 있다. 예측 가능한 체계적 행동 대안을 설정하여 추구함으로써 정부를 안정적으로 관리해 나갈 수 있다. 비용과 편익의 분석 등을 통해 정책을 집행함으로써 정책의 오류를 줄일 수 있으며, 정책 성과를 극대화할 수 있다. 특히 변화하는 환경 속에서 적절한 대응 전략을 수립하는 전략적 기획 능력이야말로 조직의 미래를 결정하는 원동력이 된다.

지방정부의 업무는 많은 예산과 인력이 투입되고 그 성과가 국민에게 직접 영향을 미치므로 정부가 수행하고자 하는 미래의 행동 대안을 철저히 분석하고, 그에 따라 일정한 방향을 설정하여 정책을 집행할 수 있어야 한다. 기획(planning) 과정을 통해서 산출된 일련의 행동의 대안을 계획(plan)이라고 한다.

2) 지방기획의 유형

(1) 장기기획, 중기기획, 단기기획

기획의 기간에 따라 분류하는 것으로, 장기기획은 10년 이상의 목표를 달성하기 위한 계획을 수립하는 것이며, 중기기획은 5년 정도의 목표 달성을 위한 계획을 수립하는 것이고, 단기기획은 1~2년 동안의 목표 달성을 위한 계획을 수립하는 것이다.

(2) 물적기획, 경제기획, 사회기획

기획의 대상에 따라 분류하는 것으로 물적기획(物的企劃)은 사회간접자본의 개발, 댐 개발, 도시 개발과 같은 물리적 환경의 개발을 위한 계획을 수립하는 것이고, 경제기획(經濟企劃)은 산업 개발, 농업 개발 등과 같은 경제적 측면의 개발계획을 수립하는 것이다. 사회기획(社會企劃)은 복지시설의 확충, 빈부 격차의 해소 등과 같은 인간의 삶의 질을 개선하기 위한 계획을 수립하는 것을 의미한다. 이외에도 문화기획, 지역기획, 축제기획, 도시기획 등 다양한 기획의 유형이 존재할 수 있다.

(3) 고정기획과 연동기획

기획의 고정성에 따라 고정기획과 연동기획으로 구분하기도 한다. 고정기획(固定企劃)은 계획이 수립되면 그에 따른 고정된 집행계획이 수립되는 것을 의미하는데, 연동기획(連動企劃)이란 주변 여건의 변화에 따라 상황 적응적인 계획 변경을 추진해 나가는 것을 의미한다.

(4) 종합기획과 집행기획

문제 해결을 위한 전체적이고 종합적인 계획안을 확정하는 것이 종합기획이고, 이렇게 하여 채택된 기획안을 구체적으로 실행하기 위해 중간 단계에 설정되는 기획을 집행기획이라고 한다.

(5) 전통적 기획과 협력적 기획

전통적으로 기획은 일반적으로 전문적 기획 능력을 가진 기획가를 중심으로 일정하게 정해진 규칙 혹은 기술에 근거하여 작성되는 경향이 있다. 그러나 최근에는 다양한 참여자를 확보하고 논쟁적 이슈에 대한 합의를 구축하는 절차를 통해 이루어지는 새로운 기획의 패러다임으로 협력적 기획(collaborative planning)이 강조되고 있다(Margerum, 2002). 이러한 참여와 합의 과정을 통해 형성된 기획의 결과물(계획)은 전문가나 기획가의 기술적 과정을 통해서 창출된 계획보다 집행 과정에서의 효과성을 확보하고, 수요자의 만족감을 더 높여줄 수 있다.

2. 지방기획의 과정

기획은 일종의 미래를 향한 의사결정이므로, 기획 과정은 의사결정 과정이나 정책 과정과 유사 혹은 동일하다고 볼 수 있다.

1) 계획의 수립

(1) 문제의 인지

문제의 인지(problem identification)란 해결해야 할 문제가 무엇인지의 문제를 파악하는 과정이다. 관리상의 문제, 정책사의 문제, 미래의 문제 등 다양한 상황의 문제가 발생하면, 개인이나 집단 차원에서 문제의 존재를 인지하게 된다.

(2) 목표의 설정

기획 과정에서 문제가 인지되면 이러한 문제를 해결하기 위해 미래에 무엇을 할 것인가의 장단기 목표(objective identification)가 설정되어야 한다. 물론 정책 과정이나 기타 의사결정 과정에도 목표가 없을 수는 없으나, 기획은 [···에 관한 계획]과 같이 일정하고도 구체적인 목표를 토대로 시작된다.

(3) 정보의 수집과 분석

문제를 중심으로 구체적으로 정보를 수집(intelligence)하는 단계이다. 현실에 대한 정확한 정보는 정확한 판단을 가져다주는 데 도움을 준다.

(4) 대안의 모색

문제 해결의 대안을 비교 검토하고 그 효과나, 성과, 그 결과 등을 예측하여 적절한 대안(alternatives)을 모색하는 단계이다. 대안을 분석 · 평가하는 이 단계에는 상당한 전문적 지식과 방법론이 요구되는 과정이다. 먼저, 거시적 차원의 기본 구성을 설정한 다음 하위 단계별 세부 계획을 수립한다.

(5) 계획의 선택

대안의 비교 검토과정을 지나 대안을 선택(choice)하는 단계이다. 대안이 요구하는 그 결과에 따라 성과를 측정하거나 분석하여 실질적으로 가능한 대안을 선택하는 단계이다. 가장 최선의 성과와 만족을 얻을 수 있는 대안을 선택하고자 하는 경향이 있으나 현실적으로 최적 대안, 가능한 대안을 선택하게 되는 경우가 일반적이다.

2) 계획의 집행

결정된 의사의 내용을 확인하고 인력과 예산을 배치하여 결정된 사항을 집행(implementation)하는 단계이다. 집행 단계는 먼저 집행계획의 수립한다. 그 다음으로 그러한 계획을 집행하기 위한 인력 및 조직을 정비하고, 예산을 배정하고 실행하는 것이다. 이러한 집행 과정에서 예기치 못한 문제가 발생할 수 있는데, 이러한 집행 과정 중의 문제는 다시 원래 계획의 수정을 통해 탄력적으로 대처할 수 있어야 한다.

3) 평가 및 환류

기획의 평가(evaluation)와 환류(feedback)는 정책평가 및 환류와 그 본질이 유사하다. 기획안이 계획으로 확정되면 그때는 정책의 성격을 가지는 것이기 때문이다. 따라서 평가 및 환류의 이론은 정책평가 및 환류의 이론과 동일하게 이해될 수 있다.

3. 지방계획(기획안)의 작성

기획의 결과로 산출되는 것은 계획(plan)이다. 계획은 기획서, 혹은 기획안으로 불리기도 한다. 기획 과정에서 계획의 수립 단계에서 나타나는 결과물이다. 기획서는 집행되면 예산과 인력이 배치되는 등 직접적인 효과를 수반하므로 구체적이고, 실천적으로 작성되어야 하고, 알기 쉽게 이해되고 표현되어야 한다. 또한 기획은 변화를 위한 미래의 행동 대안을 모색하는 것이므로 구체적이고, 실천적이며, 창의적이어야 한다.

1) 계획의 목적 및 필요성

계획 수립에는 많은 인력과 비용이 소요되므로, 불필요한 계획의 수립은 예산과 시

간의 낭비만을 초래하므로, 필요한 기획인가의 논쟁이 있을 수 있다. 따라서 서론에서는 계획 수립의 목적 및 필요성, 적실성, 당위성 등에 대한 논증이 먼저 이루어져야 한다.

그러나 계획은 미래의 잠재적 대안이므로 당장 실천력을 갖지 못하더라도 장기적 측면의 유용성이 있을 수 있으므로, 단기적 시각에서만 평가해서는 안 될 것이다. 계획은 미래적 대안이라는 본래적 성격상 실천성은 제한적일 수밖에 없다.

2) 현황 분석 및 기본 구상

(1) 현황 실태 및 문제점 분석

계획은 먼저 수립하고자 하는 분야나 지역, 조직의 실태 및 문제점을 면밀히 분석한다. 이론적 배경, 현황 및 실태, 유사한 국내・외 사례, 시사점 등을 분석한다.

(2) 기본 방향 구상

현황과 문제점을 바탕으로 계획의 기본 방향을 구상한다. 이는 이념적, 이론적, 기술적 바탕을 토대로 큰 그림을 그리는 작업이라고 할 수 있다. 이 과정에서 다양한 이해당사자의 참여와 의견을 청취할 수 있으며, 이러한 최근에는 이러한 참여적를 통한 기획이라는 의미의 협력적 기획이 강조되고 있다.

3) 기존 연관계획 및 관련 법령 및 정책분석

(1) 기존 연관계획의 분석

지방정부의 계획은 대부분 국가나 상위 정부의 계획과 연계되어 있는 경우가 많으므로, 상위 계획이나 인접 유사 계획을 비교・분석한다.

(2) 관련 법령 및 정책의 분석

아무리 좋은 계획이 수립되었다고 하더라도 실정법의 범주 내에서나 관련 정책의 범위 내에서만 실천 가능하기 때문에 관련 법령의 검토는 필수적이다. 예컨대, 건축물 건립이 불가능한 지역에 대규모 시설계획을 수립하는 것은 의미가 없을 것이다.

4) 분야별 세부 실천계획의 수립

기본 구상을 토대로 관련 계획 및 법령, 정책의 검토가 끝나면 분야별 세부 실천계획을 수립한다. 이 세부 계획은 분야별 구체적 행동지침으로서 성격을 가지므로 구체적으로 구성되어야 한다.

5) 집행계획 수립

기본 구상과 세부 실천계획은 적절한 시기를 선택하여 인력과 예산을 배치하며 구체화 집행될 수 있어야 한다. 따라서 시기별 업무 진행계획, 조직 및 인력 배치, 재정조달계획 등의 구체적 집행계획을 수립한다.

6) 요약 및 기타 사항 검토

계획의 요약 및 문제점, 검토 사항 등을 기술한다.

본문요약

1. 지방정책의 개념과 유형
- 지방정책: 지역의 공공문제를 해결하기 위한 대안
- 지방정책의 분류: 조직 구성 및 일반관리 정책, 지역경제 성장 및 발전 정책, 지역복지·보건 및 재분배 정책, 지역문화 및 사회 발전 정책, 주민생활 및 환경개선 정책
- 지방정책의 과정: 정책결정, 정책집행, 정책평가와 환류

2. 지방정책의 참여자와 결정모형
- 지방정책의 참여자: 지역의 정치 엘리트, 공무원 및 전문가, 기업과 시장, 시민사회
- 지방정책의 결정모형: 인지과정 중심모형, 정치과정 중심모형
- 정책 거버넌스: 문제 해결의 새로운 거버넌스(new governance)

3. 지방기획의 개념과 유형
- 지방기획의 개념: 지방정부의 미래 행동 대안의 선택 과정, 계획은 결과물
- 지방기획의 유형: 장기기획·중기기획·단기기획, 물적기획·경제기획·사회기획, 고정기획·연동기획, 종합기획·집행기획, 전통적 기획·협력적 기획
- 지방기획의 과정: 계획의 수립, 계획의 집행, 평가 및 환류

4. 지방계획(기획안)의 작성: 구체적, 실천적, 창의적

Chapter 19

지방행정조직

지방자치의 실무를 수행하는 기능을 수행하는 조직을 지방행정조직이라고 할 수 있다. 지방행정조직은 지방자치단체장을 중심으로 하는 집행조직으로 지방자치단체장을 서술하는 과정에서 이미 언급되었지만, 지방자치단체의 행정조직이라는 관리적 관점에서 접근하고자 한다.

제 1 절 지방행정조직의 구조와 기능

1. 지방행정조직의 구조

지방행정조직은 지방자치단체장을 중심으로 한 지방 집행부(지방 행정부)의 조직이다. 지방자치단체의 본청 조직, 행정기관의 조직, 하부 행정기관의 조직으로 구성된다. 지방의회의 사무조직은 지방의회(제12장)에서 다루었으므로 여기서는 생략한다([그림

그림 19-1 지방행정조직의 기본 구조

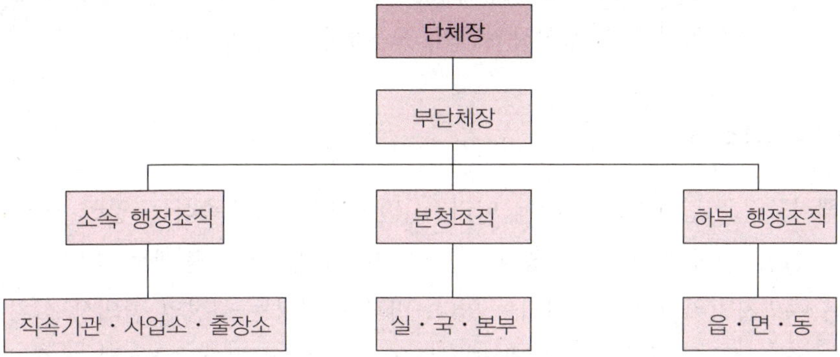

19-1] 참조).

1) 본청조직

본청조직은 단체장을 직접 보조 혹은 보좌하는 조직이다. 지방자치단체장을 중심으로 하여 지방행정의 중추적인 역할을 담당한다.

상위 관리층은 전략기획 기능을 주로 담당하는데, 단체장이나 부단체장, 실 · 국장을 중심으로 조직의 전략적 의사결정을 주도하고, 조직의 미래에 대한 계획을 수립하는 등 거시적 목표 지향의 업무를 수행한다. 중간 관리층은 과장 · 담당관을 중심으로 조직의 일상적 관리 및 실무를 정책을 주도하며, 실무 책임과 현장 지휘 책임 기능을 담당한다. 반(半)정형화된 업무와 함께 정책 개발 기능을 동시에 수행하는 중간적 역할을 담당한다. 일선 관리층은 팀장(담당, 계장)을 중심으로 한, 실무 공무원으로 구성되는데, 입안된 정책과 대안을 구체화하는 기능을 담당한다. 주로 반복적이고 정형화된 업무를 중심으로 입안된 계획의 구체화 실천에 중점을 둔다. 이러한 실무 담당 공무원을 주무관이라고 부르기도 한다.

2) 소속 행정조직

소속 행정조직은 직속기관, 사업소, 출장소, 합의제 행정기관 등이 있는데, 그 조직의 임무와 구조가 매우 다양하기 때문에 일괄적으로 논의하기는 어렵다. 직속기관은 공무원 교육원과 농촌지도소 등이 있고, 사업소는 시설관리 사업소, 상수도 사업소 등이 있다. 출장소는 지리적으로 면 지역 주민들의 행정 편의를 위해서 설치된다. 합의제 행정기관으로는 인사위원회, 소청심사위원회, 노동위원회 등이 있다.

3) 하부행정조직

하부행정조직은 단체장의 지시에 따라, 시민들과 직접 접촉하는 일선 조직이다. 구체적으로 읍·면·동·행정구·행정시를 의미한다. 읍·면·동에는 주민자치 기능을 수행하는 주민자치위원회가 설치되어 있다. 면과 동에서는 행정의 편의상 설치한 행정면과 행정동을 둘 수 있다. 행정면과 행정동은 인구의 이동으로 축소된 기존의 법정면과 법정동을 통·폐합하여 운영된다.

2. 지방행정조직의 기능

지방자치단체의 행정 조직을 업무 기능별로 분류해 볼 수 있다. 대체적으로 일반관리 기능, 건설·도시관리 기능, 산업·경제 기능, 사회·문화 기능, 재난관리 기능으로 구분해 볼 수 있다.

일반관리 기능은 비서, 기획, 홍보, 인사, 재무, 법무와 같은 일반관리를 담당하는 기능이며, 건설·도시관리 기능은 도시계획, 도로, 주택, 건설 등의 물적 환경 개선 관리 업무가 중심을 이루고 있다. 산업·경제기능은 지역경제와 산업 발전을, 사회·문화 기능은 보건, 복지, 교육, 환경 및 보건 기능을, 재난관리 기능은 재난에 대비하여 안전한 주민생활을 보장하는 기능이다([표 19-1] 참조).

표 19-1 지방행정조직의 기능별 분류

기능 구분	업무 내역
일반관리 기능	기획, 예산, 세무, 법무, 감사, 총무, 홍보, 비서, 민원 등
건설·도시관리 기능	도시계획, 건설, 주택, 도로, 교통, 상하수도, 지적 등
산업·경제 기능	지역경제, 산업 발전 등
사회·문화 기능	보건, 복지, 교육, 문화, 환경, 청소 등
재난관리 기능	민방위, 재난관리, 치안 및 질서 유지 등

제 2 절 지방행정조직의 유형과 설계

1. 지방행정조직의 유형

1) 집권조직과 분권조직

조직의 구조 유형은 의사결정의 권한이 상층부에 집중되어 있는가, 상하층에 골고루 분배되어 있는가의 의사결정 구조에 따라서 집권 조직과 분권 조직으로 구분할 수 있다.

집권조직은 의사결정의 권한이 소수 상위층에게 집중되어 있는 조직구조이다. 집권 조직은 권력이 소수에게 집중되어 일사분란하게 업무를 처리할 수 있는 장점이 있지만, 조직의 의사소통 구조가 폐쇄적으로 운영되어 조직의 구성원의 참여가 부진하고 조직 활력이 떨어질 수 있다.

분권조직은 조직의 의사결정 권한을 다양한 영역에 분산하여 배치하는 조직이다. 분권조직은 구성원의 참여를 유도하여 민주적 의사결정을 가능하게 하지만, 다양한 참여의 절차로 인해 업무 처리의 능률성은 다소 떨어질 수도 있다.

2) 계층제 조직와 네크워크 조직

조직은 상하 계층 구성에 따라 엄격한 수직적 질서를 강조하는 피라미드 형태의 계층제 조직과 상호 간 협력과 평등한 질서를 강조하는 수평적 네트워크 조직이 있다.

계층제 조직은 엄격한 계급 및 계층 질서가 있어서 상하 업무 구분이 엄격하다. 상위는 소수이며 하위 계층은 다수의 인원이 점유한다. 공무원 조직은 대체적으로 수직적 피라미드 조직으로 구성된다. 특히 군대와 경찰조직은 계급도 많고 엄격한 상하 복종 체계로 움직이는 피라미드형 조직의 대표적인 경우이다.

네트워크 조직은 업무가 수평적 기능적으로 연결되어 있는 조직이다. 누가 누구에게 지시하는 것과 같은 상하 명령 체계에 의해서 움직이지 않는다. 예술인이나 전문인들의 조직에서는 명령과 지시에 의해 작업이 이루어지기 힘들다. 각자의 전문 분야에서 기능적 차원의 협력과 공존을 통해 자율적으로 조직문제를 해결해 나간다. 의사결정에서 조직 경계를 넘어서는 분산적 의사결정 네트워크가 강조되고 있다. 지방행정조직의 의사결정 과정에서 정부뿐만 아니라 이익단체, 개인, 시민사회의 다양한 참여가 이루어지도록 하는 것이다.

3) 기계적 조직과 탄력적 조직

조직의 정형성 여부에 따라 기계적 조직과 탄력적 조직으로 구분해볼 수 있다. 기계적 조직의 대표적인 형태는 관료조직이다. 관료조직(bureaucracy)은 고도의 분업과 분권, 공식화, 표준화, 규칙화의 의해서 움직이는 정형화, 표준화된 조직이다. 군대조직이나 경찰조직은 엄격한 계층화와 계급 질서에 의해 움직이는 대표적인 관료조직이다. 관료조직은 법과 제도로 표준화되어 있는 업무 처리 체계를 가지고 있다. 관료조직은 지휘체계의 통일성, 조직구조의 안정성과 업무 추진의 효율성, 표준화와 공식성의 장점이 있지만, 절차적인 측면의 경직성과 형식성, 보수성이라는 단점도 가지고 있다.

탄력적 조직(adhocracy)은 관료조직의 경직성을 극복하기 위한 조직이다. 높은 수평적 분화, 유연성 신속성 등을 특징으로 한다. 유기적 조직이라고 부를 수 있다. 탄력적 조직에는 과업조직, 매트릭스 조직, 네트워크 조직 같은 것들이 있다. 과업조직(taskforce)은 환경 변화에 신속하게 대응하기 위해, 임무 중심으로 형성된 조직이다. 공식화·형식화된 관료조직과 달리 과업조직은 임시적으로 구성되고, 주어진 임무가 끝나면 해체된다. 긴급 현안 문제 해결을 위한 대책위원회, 특별 임무 수행을 위한 특수 작전 조직 등이 그 예라고 할 수 있다. 매트릭스조직(matrix)은 기능구조와 사업구조의 화학적 결합을 시도하는 조직구조이다. 기능부서의 기술적 전문성이 요구되는 동시에 사업부서의 신속한 대응성의 필요가 증대되면서 등장한 조직 형태이다. 조직구성원은 수직과 수평의 두 방향에서 업무 통제를 받는다. 예컨대, 연구소의 프로젝트 팀의 경우 연구원은 연구 내용에 관련해서는 연구 책임자의 지시를 받지만 인사, 재정, 비품 구입 등의 문제는 예산 관리자의 지시를 받는다. 네트워크(network) 조직은 한 조직 내에서 모든 기능을 수행하는 방식에서 탈피하여 다양한 외부 기관에 연결하여 문제를 처리한다. 한정된 조직의 경계를 넘어서 다양한 영역과 연결하여 조직의 업무를 처리하는 조직이다. 예컨대, 출판사의 경우 편집, 인쇄, 교정, 판매, 유통의 모든 업무를 한 사무실에서 처리하는 것이 아니다. 사무실에는 소수의 관리 인원만 있고, 대부분의 업무는 외부에 맡겨 네트워크를 통해 처리한다.

4) 계선조직과 참모조직

조직구조의 유형은 최고 책임자를 중심으로 한 업무 흐름을 중심으로 계산(line)조직과 참모(staff)조직의 두 가지 형태로 구분해 볼 수 있다. 계선(系線)조직은 상하 업무의 계층 질서에 따라 실무를 처리하는 지휘 라인의 조직이다. 일반 공무원은 실국장-과장-담당(계장)으로 이어지는 업무 처리 라인에 따라 움직인다. 군대의 경우, 사단장-연대장-대대장-중대장-분대장으로 이루어지는 지휘 라인으로 구성되기도 한다. 참모(參謀)조직은 최고의사결정자를 지원하는 보좌하는 기능을 갖는다. 막료(幕僚)조직이라고 부르기도 한다. 참모는 업무에 관해 보좌하고 최고의사결정권자에 대해 책임을 지지만 실제 업무에 대해서는 실질적인 지휘 권한도 없고 책임도 지지 않는다. 대통령 비서실, 장관 비서실 등이 참모조직이다.

계선조직과 참모조직은 동일한 업무를 다루는 관계로 협력하기도 하고 갈등 관계에 놓이기도 한다. 독재 정부나 권위적 조직일수록 최고 권력자와 가까운 거리에 있는 참모조직이 계선조직보다 더 큰 영향력을 행사한다.

5) 공식조직과 비공식조직

공식조직은 표준화된 규정에 따라 공공 사무를 관리하는 공개되어 있는 조직이다. 공공조직은 기본적으로 법과 제도에 의한 공식적인 업무구조에 의해서 운영된다. 대표적인 공공조직인 정부조직은 정부나 각 부처 조직법에 의해 규정된다.

조직은 인간의 집합체로서 공식적이고 형식적인 제도에 의해서만 조직화되지는 않는다. 조직에는 법과 제도로 구분되지 않는 비공식조직의 형태가 존재한다. 비공식조직은 동문회나 향우회와 같은 혈연, 지연, 학연 등의 자연적 인간적 요소에 의해 형성되는 조직이다. 비공식조직은 공식조직이 가지는 메마른 인간관계를 보완해주는 긍정적인 역할을 수행하기도 하지만, 비공식적인 영역에서 사적 감정이나 이익이 개입되어 공정하게 일처리를 하지 못하는 단점도 있다.

2. 지방행정조직의 설계

조직에는 주어진 존재의 목표가 있고, 그러한 목표를 달성하기 위한 인적 · 물적 자원의 동원과 관리를 위한 일정한 구조가 존재해야 한다. 이러한 조직 업무의 관리구조를 설계하는 과정이 조직의 설계이다. 조직의 설계에는 다음과 같은 과정을 거쳐서 이루어진다.

1) 직무의 분석과 해석

조직 목표를 달성하기 위해 맨 먼저 할 수 있는 조직화 작업은 조직이 필요로 하는 직무가 무엇인지를 분석하여 해석하고 정리하는 것이다. 세상에는 다양한 조직이 있고, 다양한 조직 목표가 존재한다. 따라서 각 조직마다 필요로 하는 업무의 성질과 영역이 다르다.

조직 설계를 위해서 제일 먼저 설정된 조직의 목표와 이를 달성하기 위해 수행해야 할 구체적인 직무를 찾고 정리한다. 그리고 그러한 직무가 가지고 있는 난이도와 책임도, 적정 인력의 수요 등을 세밀하게 분석한다.

2) 직무의 분업화

직무를 분석하고 그 내용이 세분되면 그 직무를 적정하게 나누는 분업화 작업을 수행한다. 업무의 기능별로 직무를 나누는 분류하고 배당하는 작업이 직무의 분업화이다. 부처별로 업무를 배정하여 전문화하고 각 부처 간 유기적으로 업무가 연결되어 조직이 움직일 수 있도록 조정한다.

3) 직무의 부서화

업무의 분업화가 이루어지고 나면 이러한 업무를 담당하는 적정한 크기의 조직 부서를 만든다. 기존에 부서가 있는 경우 적정 부서에 업무를 배치하기도 한다. 이 과정에서 업무를 성질에 따라 일정한 범위나 크기 영역으로 집단화시키고 그러한 유사한 업무집단을 종합한다.

4) 직무의 계층화

같은 기능의 공공사무라고 하더라도 그 직무의 곤란성과 책임정도에 따라 업무 계층별로 직무를 구분한다. 행정조직의 경우, 같은 기능의 업무를 곤란성이나 책임성의 정도에 따라 실·국장이나 과장·팀장(계장) 등의 단계로 업무를 계층화하여 처리한다. 업무의 계층이 많을수록 통제의 범위는 줄어들지만 비용이나 인력은 많이 소요된다. 업무의 계층을 줄이면 통제의 범위는 늘어나지만 비용이나 인력을 줄일 수 있다.

5) 직무의 공식화·표준화

조직의 업무의 내용과 처리 절차를 공식화·표준화한다. 이를 통해 조직이 규칙에 의해 안정적으로 유지될 수 있고 예측 가능한 행동을 할 수 있다. 그러나 지나친 표준화와 공식화는 조직의 유연성과 탄력성, 효율성을 저해할 수도 있다.

제 3 절 조직인과 동기부여

1. 조직과 인간 욕구 이론

인간은 자신의 삶을 살아가기 위해 자신의 욕구를 충족시키고자 한다. 이러한 욕구를 충족시키기 위한 인간의 이기적 욕망은 인간의 행위를 일정한 방향으로 유도한다. 조직의 욕구 이론은 인간의 욕구의 내용이 무엇인가를 설명하는 욕구 내용 이론과 욕구가 추구되는 단계를 설명하는 욕구 과정 이론으로 구분해 볼 수 있다.

욕구 내용 이론의 대표적인 학자는 매슬로우(A. Maslow)이다. 매슬로우는 인간의 욕구(needs)를 다섯 가지로 구분하고, 이러한 욕구는 단계적으로 추구된다고 보았다. 매슬로우가 주장한 다섯 가지 욕구는 생리적 욕구, 안전 욕구, 소속과 사랑의 욕구, 자기존중의 욕구, 자아실현의 욕구이다. 하위 욕구가 충족되면 다음 단계의 욕구로 이동하게 되면 최종적으로 자아실현 욕구를 추구하게 된다는 것이다. 이 이론은 인간의 욕구를 이렇게 다섯 가지로만 설명할 수 없다는 점, 그리고 욕구가 반드시 하위에서 상위를 향해서 단계적으로 추구되는 것만은 아니라는 점이 한계로 지적되고 있다. 성직자들이나 구도자들은 하위 단계의 욕구(생리적 욕구) 충족 없이도 바로 상위 단계의 욕구(소속과 사랑의 욕구, 자아실현의 욕구)를 충족시키려고 노력하기도 하기 때문이다. 앨더퍼(C. P. Alderfer)는 매슬로우의 욕구 유형과 계층론을 수정하여 인간의 기본 욕구를 존재(existence) 욕구, 관계(relatedness) 욕구, 성장(growth) 욕구의 3단계 욕구로 구분한다. 존재 욕구는 매슬로우의 생리적 욕구와 안전 욕구, 관계 욕구는 소속과 사랑의 욕구, 성장 욕구는 자아존중과 자기실현의 욕구와 내용이 유사하다. 그러나 앨더퍼는 욕구가 하위에서 상위로 단계적으로 상향 추구된다고 보지 않는다. 욕구의 계층은 진전뿐만 아니라 퇴행할 수도 있다고 보는 것이다.

동기부여의 과정 이론은 브룸(V. H. Vroom)의 기대이론이 대표적이다. 브룸의 기대이론은 동기부여의 내용에 머물지 않고 동기가 어떤 과정과 단계를 거쳐 부여되는가의 동기부여 과정을 설명한다. 조직 속의 개인의 동기는 자신의 노력이 성과를 이룰 것이라는 성과에 대한 기대(expectation)와 개인이 이룩한 성과에 대해 보상이 주어질 것이라는 보상에 대한 기대(instrumentality), 그리고 그러한 보상에 대해 개인이 평가하는 매력 정도인 유의미성(valence)의 세 가지 요소에 의해 동기가 부여된다고 보는 것이다. 내가 성과를 이룰 수 있을 것이라는 기대감(E)에 의해 1차적으로 동기가 부여되고, 그러한 성과가 보수나 승진 등과 같은 보상에 수단(I)으로 작용할 것이라는 보상에 대한 기대로 2차적 동기가 부여된다. 마지막으로, 이러한 보상에 대한 개인적 의미 평가(V)가 마지막 단계의 동기부여 요소로 작용한다.

2. 동기부여

지금까지 일반 조직이론에서 말하는 조직 속의 인간 욕구와 동기부여 이론을 검토해보았다. 이러한 일반 이론을 지방행정조직에도 그대로 적용할 수도 있을 것이다. 하지만 여기서는 지방행정조직 속의 인간이 가지고 있는 욕구의 유형을 네 가지로 구분하고, 이러한 욕구를 통한 동기부여의 과정을 검토해보기로 한다.

네 가지 욕구는 물질 욕구, 권력 욕구, 자존 욕구, 자아 욕구로 구분한다. 물질 욕구는 경제적 부의 획득에 관련된 욕구, 권력 욕구는 정치적 지배력과 지위를 향한 욕구, 자존 욕구는 자존감과 명예를 얻기 위한 욕구이다. 자아 욕구는 자기완성의 욕구, 자아실현의 욕구라고 할 수 있다([표 19-2] 참조).

표 19-2	지방행정 영역에서 조직인의 욕구와 동기부여
욕 구	**동기부여 수단**
물질 욕구	적정한 물질적 보수 제공
권력 욕구	적정한 승진 기회 부여
자존 욕구	표창, 훈장 등을 통한 자존감 상승 기회 부여
자아 욕구	취미, 여가, 학습 등 자기 계발 기회 제공

1) 물질 욕구와 동기부여

공직자들도 경제생활을 영위하는 평범한 일반인이다. 직업으로서 공직을 선택했을 뿐이다. 따라서 업무에 따른 적정한 경제적 보상을 필요로 한다. 정해진 봉급뿐만 아니라 기타 근무 여건에 따른 위험수당, 성과급, 업적수당 등의 적절한 물적 욕구가 충족될 수 있을 때 행동의 동기가 부여될 수 있다. 적절한 경제적 보상은 지방행정의 공직자들이 부패에 유혹당하지 않고 공정하고 공평하게 공공사무를 처리하여 국민에게 봉사할 수 있는 사회적 환경을 조성해 준다.

2) 권력 욕구와 동기부여

공무원은 일반 기업과 비교하여 상대적으로 안정적 보수와 직무환경을 제공한다. 따라서 공직자들이 느끼는 경제적 보수에 대한 위기 의식이나 불만은 일반 기업에 비해 상대적으로 적은 편이다. 공무원 조직은 계급조직이다. 계급조직에서 승진은 중요한 동기부여의 요소가 된다. 공공조직의 경우, 보수의 체계 차이에 대한 불만보다는 계급의 차이에 대한 불만이 더 많을 수 있다. 보수보다도 승진을 더 중시하는 공직자도 있다. 적절하고 공정한 승진 기회를 제공함으로써 조직인의 목표 행동에 강력한 동기를 부여할 수 있다.

3) 자존 욕구와 동기부여

공직자는 돈과 권력과 함께 공무원으로서의 명예를 중시하는 경향이 강하다. 특히 국가와 국민에 대한 봉사직으로서 공무원은 직무에 대한 사명감과 성취에 대한 자기 존재감을 확인하고자 하는 자존의 명예 욕구가 강한 편이다. 공직자들은 공공의 가치를 중시하는 조직문화의 영향 속에서 살아가기 때문에, 공익의 수호자로서 인정받고 국가와 사회에 봉사하는 존재라는 평가를 받을 때 만족을 느낀다. 공직의 근무자는 국민의 봉사자로 명예를 소중한 가치로 여기고 주변으로 높은 사회적 평가를 얻고자 노력하는 경향이 있는 것이다. 공직자들의 이러한 명예 요구를 충족시키기 위해 표창제도, 훈장 수여, 언론에의 공표 등과 같은 방법들을 활용할 수 있다.

4) 자아 욕구와 동기부여

공직자도 평범한 일상 속에서 혹은 직무 과정 속에서 한 인간으로 보람 있는 생을 영위하고자 하는 욕구, 즉 자아실현의 욕구를 추구하는 존재이다. 공직의 직무를 통해서, 혹은 개인적 취미와 가족관계를 통해서 자신의 존재 가치를 실현하고자 하는 것이다. 따라서 이러한 자아실현의 욕구를 실현시킬 수 있도록 직장 내에서의 취미 및 여가 활동 기회의 부여할 수 있다.

제 4 절 리더십과 갈등관리

1. 리더십

리더십(leadership)이란 지도력이라고 번역되기도 하는데, 조직을 일정한 방향으로 이끌어 조직의 목표를 달성하도록 하는 지휘 통솔력을 의미한다. 조직이 어떤 성과를 내고 어떤 모습을 갖추느냐는 지도자인 리더(지도자)의 역할에 달려 있다. 조직의 지도자인 리더의 자질에 대해서는 타고 난다고 보는 자질론과 만들어진다는 상황론이 있다.

1) 리더십의 유형

조직이 어떤 성과를 내고 어떤 모습을 갖추느냐는 지도자인 리더(leader, 지도자)의 역할에 달려 있다. 조직에는 다양한 형태의 리더십 유형이 존재한다.

(1) 과업 중심의 리더십과 인간 중심의 리더십

리더 중에서는 일의 성과를 잘 내는 리더가 있고, 사람과 사람의 관계를 중시하는 리더가 있다. 전자를 과업 중심의 리더, 후자를 인간 중심의 리더로 분류할 수 있다. 어떤 리더가 더 좋은 리더인가는 단정적으로 말할 수 없다. 조직이 처한 상황과 시대 배경, 구성원의 특성이 모두 다르기 때문이다. 그러나 선진사회로 갈수록 인간에 대한 신뢰를 바탕으로 한 리더가 더 필요하고 성과를 낼 수 있을 것이라 생각한다.

(2) 권위적 리더십과 민주적 리더십

조직에서 상하 소통의 관계에 따라 권위적 리더십과 민주적 리더십을 구분해볼 수 있다.

권위적 리더는 집권적이고 상의 하달식 의사소통 체계를 중시하며, 능률적 성과 중심의 관리를 시도한다. 권위적 리더는 집권화된 의사결정 구조를 선호하며 부하에게 권한을 거의 주지 않는 경향이 있다. 민주적 리더는 의사소통 과정에서 참여를 중시하며 인간적 관리 방식을 주로 선호한다. 자신이 결정하기보다는 의사결정의 권한을 부하나 주변의 참모들에게 분배하는 분권적 방식을 선호한다. 권위적 리더는 일사불란한 지휘체계를 통해 단기적 성과를 올릴 수 있는 반면, 민주적 리더는 참여를 보장함으로써 구성원의 자발적 참여에 의한 자발성과 적극성을 높여줄 수 있다.

(3) 보수적 리더십과 진보적 리더십

보수적 리더는 전통적 리터 기존의 전통적 가치와 권위를 통한 조직관리 방식을 채택하는 리더이다. 진보적 리더는 기존의 가치를 개혁하고 새로운 창의적 진보적 방식을 선호하는 개혁적 리더십을 의미한다.

(4) 이성적 리더십과 감성적 리더십

이성적 리더는 합리적 선택과 과학적 관리방식을 선호한다. 논리적이며 통계적 수학적 자료의 분석 결과를 선호하고 계량화된 선택을 중시한다. 그러나 감성적 리더는 인간적 측면을 강조한다. 따뜻한 느낌의 정서를 통해 인간적으로 호소하는 경향이 있다. 이성적 리더는 업무 성과에 대한 보상과 통제를 통한 방식을 선호하며, 감성적 리더는 신뢰와 인격적 소통의 관리 방식을 선호한다.

2) 리더의 조건

조직에는 많은 사람들이 있지만 모두가 리더가 되는 것은 아니다. 누구는 리더가 되고, 누구는 팔로워(follower, 추종자)가 된다. 좋은 리더는 어떤 리더십을 발휘할 수 있는 사람인가? 여기서는 리더가 가져야 할 덕목을 리더십의 조건이라는 명제 하에 서술해 보고자 한다.

(1) 미래의 비전 제시

리더는 대중을 선도하고 이끌어가야 한다. 리더는 이 과정에서 미래를 향한 희망적 목표와 장기 비전(vision)을 제시할 수 있어야 한다. 미래를 제시하지 못하는 사람, 미래의 이상향을 구성할 수 없는 사람은 리더가 되지 못한다. 미래가 없는 그를 따라가야 할 이유를 알 수 없기 때문이다. 비전(vision)은 구체적이고 실현 가능한 것이라야 한다. 현실성 없는 비전은 구성원을 속이는 것에 불과하기 때문이다.

(2) 전문적 업무 능력

리더는 조직의 업무에 대한 전문적 업무 능력을 가지고 있어야 한다. 이러한 능력 있는 리더가 대중을 지도하고 선도할 수 있다. 길을 제대로 알고 있는 가이드를 따라가면, 산길을 쉽게 걸어갈 수 있다. 그러나 길을 모르는 리더를 따라가면, 산속에서 헤매다 결국은 조난의 운명에 처하게 된다. 능력 없는 리더는 리더가 되어서는 안 된다. 너무나 많은 대중을 위험과 혼란 속으로 몰아넣기 때문이다.

(3) 책임성과 헌신성

리더는 조직의 담당 업무와 구성원에 대해 책임을 질 수 있어야 하고, 그러한 조직의 목표를 달성하기 위해 누구보다도 솔선수범하고 헌신적이어야 한다. 전투가 벌어졌는데 앞장서서 싸우지 않고 뒷전에 앉아 숨어서 자기의 안전만 꾀하는 지휘관은 부대를 지휘하는 리더가 될 수 없다. 난파된 배를 버리고, 승객을 버리고 먼저 탈출한 선장은 선장의 자격이 없다. 그 배를 이끌어가는 선장은 그 배의 운명에 책임을 지고 솔선수범과 헌신을 통해 배를 지켜야 하는 것이다.

(4) 성실성과 신뢰성

리더는 성실성을 통해 구성원의 신뢰를 확보해야 한다. 언행이 일치되고 그 사람의 말과 행동을 신뢰할 수 있도록 행동해야 한다. 조변석개(朝變夕改), 이른바 아침, 저녁의 언어가 다른 리더는 신뢰할 수 없다. 신뢰성 없는 리더는 아무도 이끌 수 없다. 아무도 그를 따르지 않을 것이기 때문이다.

(5) 결단력과 용기

리더는 최종 책임을 져야 하기 때문에, 결단성과 용기, 그리고 소신을 가지고 있어야 한다. 리더가 위기 상황에서 결단할 능력이 없으면 리더는 되지 못한다. 위기 상황에서 두려움에 떨고 있는 사람은 리더가 될 수 없다. 과감한 결단과 용기를 가지고 앞으로 나갈 수 있는 사람만이 리더가 된다.

(6) 감수성과 친교 능력

리더는 구성원의 마음을 읽는 감수성과 인간적인 친교 능력이 있어야 한다. 세종대왕은 집현전 학자들이 공부하다 지쳐 자고 있는 모습을 보고 이불을 덮어주었다고 한다. 이러한 감수성과 감성, 그리고 부하와의 친교 능력을 가지고 있는 사람이 리더가 될 수 있다. 리더가 이끌어가야 할 사람은 결국은 인간이다. 인간을 이해하고 인간의 내면에 공감할 수 있는 능력이 좋은 리더의 필요충분 조건이 된다.

2. 갈등관리

인간은 근본적으로 안정되고 평화로운 세상을 살아가기 원한다. 그러나 현실의 세계는 제한된 가치를 배분하면서 살아가야 하기 때문에, 이러한 가치의 획득과 분배 과정에서 끊임없는 경쟁과 대립이 존재하게 된다. 이러한 조직 속의 가치 배분 과정에서 나타나는 경쟁과 대립의 상황을 갈등(conflict, 葛藤)이라고 할 수 있다.

갈등은 나쁜 것인가? 기능론자들은 갈등을 부정적으로 갈등론자들은 갈등을 긍정적으로 평가한다. 기능론자들은 갈등은 병리현상이라고 본다. 자연의 조화로움을 깨는 것으로 뭔가 잘못된 상황이 초래되어 치료가 필요한 상황을 갈등 상황이라고 보는 것이다. 따라서 갈등 상황은 매우 잘못된 상황으로 파악한다. 그러나 갈등론자들은 인간사회에서 갈등은 피할 수 없는 것이며, 이러한 갈등의 극복을 통해 사회가 발전한다고 본다. 갈등은 악이 아니며 적당한 경쟁과 갈등은 오히려 사회 발전에 긍정적 역할을 한다고 보는 것이다.

1) 갈등의 원인

그렇다면 사람들은 왜 갈등하는가? 여기서는 조직 갈등의 원인을 가치관의 갈등, 권력 갈등, 경제 갈등, 위세 갈등, 역할 갈등으로 구분해보고자 한다.

(1) 가치관의 갈등

첫 번째는 가치관의 갈등이다. 사람마다 다른 가치관과 세계관의 차이에서 갈등이 유발된다. 인간은 서로 간에 독립적인 세계와 자아를 가지고 있는 존재이다. 수십억의 인류 가운데 모습과 생각이 똑같은 사람은 없다. 이러한 다양성을 가진 존재로서 인간은 필연적으로 이웃과의 부조화를 경험할 수밖에 없다. 이런 현상은 어떻게 보면 필연이라고 할 수 있다. 종교가 다르고, 문화가 다르고, 도덕 관념이 다르고, 신념이 다르기 때문에 사람들은 가치 갈등의 부조화와 대립 상황에 놓이게 되는 것이다.

(2) 권력 갈등

두 번째는 조직에서 권력(power)의 장악과 분배 과정에서 나타나는 갈등이다. 조직의 권력은 상층부로 갈수록 커지고 하층으로 갈수록 작아진다. 특히 군대나 경찰과 같은 계급사회에서 상층 권력으로 이동 욕구는 매우 강하다. 이러한 권력 추구 과정에서 제한된 권력 자원을 우선 장악하려는 서로 간의 경쟁이 갈등과 대립 구도로 표출되는 것이다.

(3) 경제 갈등

세 번째는 경제적 측면의 갈등이다. 부(property)의 분배 과정에서 나타나는 갈등이다. 자본주의 사이에서 재물의 획득은 중요한 삶의 가치가 된다. 인간의 욕망은 무한하지만, 나누어 가질 수 있는 재화는 한정적이기 때문에, 재화의 분배 과정에서 갈등은 필연적으로 존재한다. 그러한 이러한 부족한 자원의 배분이 공정성을 상실하는 경우 갈등은 증폭된다. 부당하고 차별적 자원 배분은 조직구성원 간의 적대적 경쟁구조를 만들어 낸다.

(4) 위세 갈등

네 번째는 위세(prestige)의 갈등이다. 인간은 자존의 욕구가 강한 존재이므로 자신의 행동을 인정받고자 하는 자기존중, 자존감의 욕구가 있다. 이러한 자존의 욕구가 충족되지 못하는 상황이 오면 인간은 욕구 불만의 상황에 놓이게 되고, 이러한 자존 욕구에 상처를 준 대상을 향해 공격적 성향을 보이게 된다. 특히 종교나 학문 영역에서는 이러한 자존 욕구의 충돌에 의한 갈등이 매우 다양한 형태로 존재한다.

(5) 역할 갈등

다섯 번째는 역할 갈등이다. 업무의 처리 과정에서 상호 역할이 중복되는 경우, 갈등이 일어나기 쉽다. 문제에 대한 해결 방법이 다르고, 선호가 다르기 때문에 업무의 처리 과정에서 충돌이 일어나게 된다. 이른바 가족 내의 고부(姑婦) 갈등(시어머니와 며느리), 장서(丈壻) 갈등(장모와 사위)의 갈등은 하나의 문제에 대한 중복적 역할에 의해서 빚어지는 갈등이라고 할 수 있다. 중앙정부와 서울시 간의 부동산 개발정책에 관한 갈등도 이러한 예가 될 수 있다.

2) 갈등의 관리

(1) 나눔과 배려

가장 바람직한 갈등의 해결은 갈등 당사자끼리 서로의 입장을 이해하고 서로 배려하고 나누는 것이다. 상호의 가치 차이를 인정하고, 권력과 부를 나누어 공존의 터전을 만드는 것이다. 서로를 존중하고, 서로의 차이를 인정하고 신뢰하고 이해하려는 자세를 유지하는 것이다. 이런 상황이라면 갈등이 존재할 이유는 사라지는 것이다.

(2) 타협과 협상

그러나 사회적 자원은 한정되어 있고 그러한 가치 배분의 경쟁이 존재하는 가운데 나눔과 협력이 항상 성공하는 것은 아니다. 이익 갈등과 대립은 항상 존재한다. 이 경우, 서로의 입장에서 역지사지(易地思之)하고 한 걸음씩 물러나 타협하는 것이다. 모든 것을 내가 가지지 않고 내가 양보할 수 있는 것은 양보하고 얻을 수 있는 것은 얻을 수 있도록 협상하고 타협하는 것이다. 이러한 노력을 통해서 갈등을 소멸시키거나 최소화할 수 있다.

(3) 중재와 조정

당사자끼리의 협상이 타결되지 못하고 계속 갈등 상황에 놓이게 되는 경우 제3자의 중재와 조정을 통해 갈등을 해결할 수 있다. 중재자는 갈등 당사자의 입장을 듣고 이익을 조정하거나, 당사자에게 해결책을 권고하거나, 객관적 위치에서 문제를 해결할 수 있는 대안을 제시한다.

(4) 업무의 조정

업무의 중복과 권한 다툼으로 발생한 갈등은 업무의 재구조화와 조정을 통해 달성할 수 있다. 직무 분석을 통해 중복된 업무를 적절히 재배정하여 갈등의 소지를 없애거나, 업무의 경계를 명확히 설정하여 자율성을 부여하고 스스로 책임을 지게 함으로써 갈등을 줄여나갈 수 있다. 이러한 업무의 재구조화는 개인이나 이해관계의 대립보다는 조직 기술적 측면의 문제이므로, 적절한 조직 진단과 혁신을 통해 해결할 수 있다.

(5) 조직의 재편

갈등 관계에 있는 조직을 해체하거나 통합하는 등 대대적인 구조 조정을 통해 갈등을 해소시키는 방법이다. 타협과 조정이 이루어지지 않고 지속적인 갈등 상황에 놓여 있으면 조직이 생존하기 어렵다. 조직의 생산 능력이 떨어지고 환경으로부터 에너지 공급이 중단되어 조직의 활력이 떨어지기 때문이다. 조직의 해체와 재구조화, 조직 경계의 재설정, 업무 성질과 직무의 변화 등을 통해 조직의 갈등의 원인 자체를 소멸시킬 수 있다.

제 5 절 조직의 진단과 개혁

1. 조직의 진단

1) 조직진단의 개념

조직은 조직 목표를 달성하기 위해 환경과 끊임없는 상호작용 속에서 움직여가는 생명체이므로, 새로운 환경에 적응해 나갈 수 있어야 할 것이다. 조직진단이란 조직의 현재 상태를 분석 · 평가하고 조직의 문제점을 찾아내어 치료함으로써 조직의 효율성을 증진시키기 전략이라고 볼 수 있다. 인체가 병들어 자각 증상이 있을 때 병원에 가서 진단을 하는 것처럼, 조직이 침체되고 생산성이 낮아지면 조직진단의 필요성은 커진다. 건강한 상태인 것처럼 보이는 사람도 종합검진을 통해 병의 발생을 사전에 예방하고 더욱 건강한 생활을 유지할 수 있듯이, 조직도 일상적인 진단 과정을 통해 더욱 건강하고 생산성 있는 조직으로 변화될 수 있다.

지방자치단체장은 효율적인 조직관리 및 운영을 위하여, 해당 기관에 대한 조직 진단을 실시할 수 있으며, 행정안전부장관은 지방자치단체의 조직 효율성을 위해 조직 운용의 효율성이 지나치게 낮은 지방자치단체의 경우 조직진단을 할 수 있고, 시정 조치를 명할 수 있다(지방자치단체의 행정기구와 정원 기준 등에 관한 규정 제34조).

2) 기준인건비제도와 정원 관리

중앙정부에서 지방자치단체의 조직의 기구와 정원 책정에 간여하는 이유는 지방정부의 무분별한 조직 확장과 인건비의 과도한 지출을 막기 위한 것이다. 지방자치단체의 행정조직은 자율적으로도 운영되어야 하지만, 능률과 성과의 원리에 의해서도 운영되어야 한다. 그러나 지방자치단체의 조직 직제는 자율성과 능률성 이외의 정치적 변수에 의해 과도하게 정원이 확장되거나 축소될 우려도 존재한다. 따라서 지방자치단체의 정원은 행정안전부의 기준에 따라 엄격히 관리되고 있다.

현재 우리나라 지방자치단체의 조직 정원은 '기준인건비'제로 관리되고 있다. 지방자치단체는 기준인건비를 기준으로 기구와 정원을 자율적으로 운영하되, 책임성이 조화되도록 운영하여야 한다(지방자치단체의 행정기구와 정원 기준 등에 관한 규정 제4조).

지방자치단체의 조직 정원을 통제하기 위해 지방자치 실시 초기에는 '표준정원제'를 운영하였다. 이 시기에는 인구 규모당 표준 정원을 확정하여 중앙정부에서 지침을 하달하였다. 이후 표준정원제는 '총액인건비제'로 바뀌었다가 현재에는 '기준인건비제'로 운영되고 있다([표 19-3] 참조).

표 19-3 표준정원제, 총액인건비제, 기준인건비제 비교

구 분	특 징	강조점	실시 시기
표준정원제	국가(중앙정부)에서 지방자치단체의 표준정원을 규정하고 통제	통제성	지방자치 초기
총액인건비제	인건비 총액의 범위 내에서 지방자치단체가 자율적으로 기구와 인력을 관리	자율성	2007년
기준인건비제	총액인건비를 기준으로 하지만, 지방자치단체의 특성에 따라 탄력적으로 가감(1~3%) 적용	탄력성	2014년

(1) 표준정원제

지방자치가 실시되던 초기에 자치조직권의 남용을 막기 위해 법령에 표준정원을 규정하고, 그 한도 내에서 조직정원을 유지하는 '표준정원제'를 채택하였다. 이러한 강력한 규제는 적절한 인력 규모를 유지하여 재정의 낭비를 막고, 단체장의 위인설관(爲人設官)의 폐해를 막는 긍정적인 측면도 있으나 지방자치단체의 자율권을 침해하고, 행정환경의 변화에 적절히 대응하지 못한다는 단점도 존재하였다.

(2) 총액인건비제

표준정원제에 의한 엄격한 정원관리가 지방자치단체의 자율성을 침해하며 지방자치와 분권의 정신에 어긋난다고 하여, 2007년에는 '총액인건비'제도를 도입하게 되었다. 총액인건비제는 전체 총액인건비를 정해 주고 그 한도 내에서 자율적으로 기구와 정원을 구성하며, 이를 자치단체의 조례로 제정할 수 있도록 한 것이다. 2005년부터 10개 자치단체에서 시범 운영하였으며, 2007년부터 전면적으로 도입하였다.

(3) 기준인건비제

'기준인건비'제도는 총액인건비제의 대안으로 2014년 도입되었다. 총액인건비제도가 자치단체별 재정력과 개별적 특성을 반영하지 못하고 있다고 보고, 지방자치단체별 재정 능력과 사업 분야에 따라 일정한 범위 내에서 탄력적으로 정원을 관리할 수 있도록 수정한 것이다. 주무부처에서 조직과 기준적 인건비를 제시하고 자치단체의 사정에 따라, 어느 정도 가감하여(1~3%) 탄력적으로 적용할 수 있도록 한 것이다.

3) 조직진단의 대상

조직진단은 대체적으로 세 부분으로 나누어 진행될 수 있다.

첫째는 업무진단이다. 업무진단은 조직진단의 기본적 접근법으로 조직 목표 달성을 위한 업무 기능의 적절성을 평가하는 것이다. 이는 직무분석을 중심으로, 주요 업무의 필요성, 업무의 제도화·표준화 정도, 업무의 배분, 업무의 다양성과 난해성 등을 종합 평가하는 것이다. 이를 통해 업무의 성격에 대한 적정인원 배치나 구조 재구성, 예산의 배정 등이 가능할 것이다.

둘째는 구조진단이다. 이는 업무 자체보다는 업무의 흐름 등, 조직 관리 과정의 기본 구조를 주로 진단한다. 즉, 조직의 계층 수, 부서의 수, 적정 인원, 업무 처리의 절차와 과정, 구성원 간 권한 배분, 상하 간 의사전달 과정 등을 평가・진단한다. 이러한 결과는 부서의 통・폐합, 필요한 부서의 신설, 업무의 처리 과정의 변화 등을 가져오게 할 수 있는 근거를 마련해 준다.

셋째는 인적 진단이다. 조직은 결국 사람에 의해 운영되므로, 인적 자원에 대한 진단은 조직진단의 주요 요소가 될 것이다. 이는 조직구성원의 업무 능력과 전문성, 보수나 인사 등에 대한 직무만족도, 구성원 간의 갈등 등을 파악하여 문제에 대한 적절한 조치를 취함으로써 조직구성원들이 조직의 관리에 능동적으로 참여하고, 생산성을 높일 수 있도록 하는 것이다.

4) 조직진단의 과정

첫째는 조직진단 계획을 설계하는 것이다. 조직진단을 시행할 것을 결정한 조직의 최고관리자 또는 특정 부문의 장은 그가 인지한 조직의 문제점 또는 기대하는 조직진단의 성과 등에 의거하여 진단 담당자를 선정하고 구체적인 계획을 설계하여야 한다. 진단의 담당자는 주로 외부의 전문적 진단 관련자를 통해서 객관적 자료를 수집하도록 하여야 한다. 내부의 이해관계자는 아무래도 주관성이 개입될 수 있기 때문이다. 그러나 외부 관계자는 내부의 속성에 대해 무지할 수 있으므로, 내부 관련자의 검토 과정을 반드시 거쳐야 한다. 조직진단의 본격적인 실시에 앞서 진단 담당자는 무엇을 진단할 것인가라는 진단 대상 및 자료 수집을 위한 표본 등을 우선 선정하여야 하며, 또한 조직진단의 모형 및 지표의 선정 등 조직진단의 전반에 관한 계획을 수립하여야 한다. 이러한 기본적인 설계 과정이 잘못되면 조직은 제대로 진단될 수 없다.

둘째는 진단자료의 수집과 분석이다. 조직진단에 필요한 자료를 수집하는 방법은 여러 가지가 있겠으나 그 방법은 설문조사, 면접조사, 관찰조사, 2차 자료조사, 워크숍 및 집단토론 등이 있다. 수집된 조직진단의 자료들은 조직 발전을 위한 실행 계획 및 전략의 수립을 위하여 이미 설정된 조직진단모형에 의거한 분석의 과정을 거쳐야 할 것이다.

셋째는 자료의 활용 및 환류이다. 분석된 자료는 실제 조직의 발전과 구성원들에게 긍정적으로 활용될 수 있도록 활용되어야 할 것이다. 즉, 발견된 문제점을 치료하고, 조직의 발전에의 기초 자료로 사용할 수 있어야 한다. 이러한 자료는 조직 개발의 전략 수립을 위한 기초 자료가 된다.

2. 조직의 개혁

1) 구조 개혁

조직 변화의 필요성이 제기되는 기본 분야는 조직의 구조를 개혁하는 것이다.

조직의 구조 개혁은 수평적 구조 개혁과 수직적 구조 개혁으로 구분해볼 수 있다. 수평적 구조 개혁은 부서별로 직무 분석을 실시하여 유사 업무를 묶거나 업무량의 불균형을 이룬 영역은 적절한 업무와 인력을 재조정하는 것이다. 수직적 구조 개혁은 업무의 계층을 재조정하는 것이다.

계층이 줄어들면 업무의 신속도는 증진되지만, 상급자의 업무 부담은 늘어난다. 현대 사회는 지식 정보화가 진전되어 통제의 범위가 확장되었으므로, 이러한 수직적 구조 개혁도 그 성과를 기대해 볼 수 있다. 또한 조직의 구조 개혁은 조직의 환경 변화에 능동적으로 대처할 수 있도록 기계적 조직구조를 탄력적 조직구조로 재편하여 조직의 생존력과 업무 능력을 개선시킬 수 있다.

2) 기술 개혁

조직 업무 처리에 발전된 전자 기술이나 기계 기술을 도입하면 훨씬 나은 성과를 얻을 수 있다. 예컨대, 환경 미화에서 개인 청소원이 하던 청소 업무를 청소 기계가 처리하면 훨씬 나은 성과를 얻을 수 있다. 인터넷이 발달하면서 인터넷을 통한 민원 업무의 처리 및 접수도 매우 유용한 기술 개혁의 영역이 될 수 있다.

3) 행태 개혁

조직을 실질적으로 운영하는 것은 사람이다. 같은 여건과 환경 속에서도 조직인의 행동과 태도는 업무 성과에 큰 영향을 미친다. 전통적이고 보수적인 조직 문화를 개선하고, 적절한 동기부여의 기회를 부여함으로써 조직구성원의 업무 성과를 증진시킬 수 있다.

4) 환경 개혁

조직은 환경의 종속 요인으로 보는 전통적인 시각에서 벗어나 조직의 환경 여건을 적극적으로 개선하려는 노력이 필요하다. 시민 문화라고 하는 사회적 자본도 사회 발전의 필수 요소로 간주되고 있다. 조직도 고객과 주변 환경의 변화를 적극적으로 유도하여 함께 문제를 해결해 나가려는 협력적 네트워크, 협력적 거버넌스의 환경을 구축하도록 노력해야 한다.

본문요약

1. 지방행정조직의 구조와 기능

- 개념: 지방자치단체장을 중심으로 한 집행부의 조직
- 본청조직: 일반 실무의 종합처리 실·국·본부(전략기획), 과·담당관(중간관리), 담당(실무처리)의 업무 계층구조
- 소속 행정조직: 직속기관, 사업소, 출장소
- 하부행정조직: 행정시·행정구, 읍·면·동
- 기능: 일반관리, 건설·도시관리, 산업·경제, 사회·문화, 재난관리 기능

2. 지방행정조직의 유형과 설계

- 유형: 집권조직과 분권조직, 계층제 조직과 네트워크 조직, 기계적 조직과 탄력적 조직, 계선조직과 참모조직, 공식조직과 비공식조직
- 설계: 직무의 분석과 해석, 직무의 분업화, 직무의 부서화, 직무의 계층화, 직무의 공식화·표준화

3. 조직인과 동기부여

- 조직과 인간 욕구 이론: 욕구 내용 이론, 욕구 과정 이론
- 동기부여: 물질 욕구, 권력 욕구, 자존 욕구, 자아 욕구

4. 리더십과 갈등관리

- 리더십의 유형: 과업 중심 리더십과 인간 중심 리더십, 권위적 리더십과 민주적 리더십, 보수적 리더십과 진보적 리더십, 이성적 리더십과 감성적 리더십
- 리더의 조건: 미래의 비전 제시, 전문적 업무 능력, 책임성과 헌신성, 성실성과 신뢰성, 결단력과 용기, 감수성과 친교 능력
- 갈등의 원인: 가치관의 갈등, 권력 갈등, 경제 갈등, 위세 갈등, 역할 갈등
- 갈등의 관리: 나눔과 배려, 타협과 협상, 중재와 조정, 업무의 조정, 조직의 재편

5. 조직의 진단과 개혁

- 지방행정조직의 진단: 지방자치단체 조직의 현재 상태를 분석·평가하고, 조직의 문제점을 찾아내어 치료함으로써 조직의 효율성을 증진시키기 위한 전략

- 기준인건비제에 의한 정원 관리
- 조직진단의 대상: 업무진단, 구조진단, 인적 진단
- 조직진단의 과정: 조직진단 기본 계획의 설계, 진단자료의 수집과 분석, 자료의 활용 및 환류
- 조직의 개혁: 구조 개혁, 기술 개혁, 행태 개혁, 환경 개혁

Chapter 20

지방인사행정

지방행정조직이 결성되면 그곳에 적절한 사람을 배치하는 작업이 이루어지게 된다. 조직은 결국 사람으로 구성되고, 사람에 의하여 운영된다. 적재적소에 적당한 사람을 선발하여 배치하는 것은 조직의 성패를 결정하는 결정적 요인이 된다.

인사행정은 이렇게 중요한 인적 자원을 어떻게 합리적으로 충원하고 관리할 것인가의 문제를 다룬다. 여기서는 지방공무원을 중심으로 지방자치단체의 인사문제를 살펴보기로 한다. 지방인사행정은 지방공무원법과 시행령을 중심으로 운영되고 있다.

제 1 절 지방공무원의 개념과 분류

1. 지방공무원의 개념

우리나라 공무원은 크게 국가공무원과 지방공무원으로 분류할 수 있다. 국가공무원은 국가공무원법의 적용을 받으며 국가의 경비로 운영되는 공무원이고, 지방공무원은 지방공무원법의 적용을 받으며 지방자치단체의 경비로 부담하는 공무원을 의미한다. 국가공무원은 중앙정부의 사무를 처리하며 지방공무원은 지방자치단체의 사무를 관리한다. 지방에 근무하더라도 중앙정부가 인사 및 예산권을 행사하는 공무원은 국가공무원이다([그림 20-1] 참조).

그림 20-1 우리나라 공무원의 분류

- 공무원
  - 국가공무원: 국가공무원법, 국가의 경비로 운영
  - 지방공무원: 지방공무원법, 지방자치단체의 경비로 운영

2. 지방공무원의 분류

지방공무원은 지방자치단체의 비용으로 운영되는 공무원으로, 기본 분류는 국가공무원(중앙공무원)과 유사하지만 그 내용은 조금씩 다르다. 크게 경력직 공무원과 특수경력직 공무원으로 구분된다([그림 20-2] 참조).

그림 20-2 우리나라 지방공무원의 분류

- 지방공무원
  - 경력직 공무원: 1. 일반직 공무원: 일반 행정 담당 공무원
    2. 특정직 공무원: 공립대학 교육공무원, 제주특별자치도 자치경찰공무원
  - 특수경력직 공무원: 1. 정무직 공무원: 지방자치단체장, 지방의회 의원 등
    2. 별정직 공무원: 비서관·비서, 특별한 업무 담당 등

1) 경력직 공무원

경력직 공무원은 직업공무원으로서 신분 보장을 받으며, 실적과 자격에 의해 임용되는 공무원을 의미한다. 지방공무원의 경력직 공무원은 일반직 공무원, 특정직 공무원의

두 가지로 분류되는데,[1] 분류의 원칙은 국가공무원과 유사하지만 그 내용은 약간 차이를 보이고 있다.

먼저, 일반직 공무원은 기술 · 연구 또는 행정일반에 대한 업무를 담당하며 직군, 직렬별로 분류되는 공무원을 의미한다. 국가공무원의 경우, 일반직 공무원은 고위공무원단과 3~9급 공무원으로 구성되지만, 지방공무원의 경우 1~9급 공무원으로 분류된다.

특정직 공무원은 특수 분야의 업무를 담당하는 공무원으로, 국가공무원의 경우 법관 · 검사 · 외무공무원 · 경찰공무원 · 소방공무원 · 교육공무원 · 군인 · 군무원 · 헌법재판소 헌법연구관 · 국가정보원의 직원 등이 그 예이다. 지방공무원은 공립대학에 근무하는 교육공무원, 자치경찰공무원(제주특별자치도) 등이 이에 속한다. 직종별로 직무특성에 따라 직위명, 계급 체계가 각각 다양하다.

2) 특수경력직 공무원

위의 경력직 공무원은 평생 직업으로서의 성격을 가지는 공무원이다. 그러나 특수경력직 공무원은 특수한 경력을 요하거나, 정치적 · 한시적 성격을 가지는 공무원이다. 이는 정무직 공무원, 별정직 공무원으로 구분된다.[2]

정무직 공무원은 선거에 의하여 취임하거나 임명에 있어서 지방자치단체의 의회의 동의를 요하는 공무원, 기타 다른 법령 또는 조례가 정무직으로 지정하는 공무원을 의미한다. 국가공무원의 경우, 대통령, 국무총리, 국회의원, 장관, 차관 등을 의미하지만, 지방공무원의 경우 지방의회의원이나, 지방자치단체장 등이 이에 속한다.

별정직 공무원은 비서관 · 비서, 기타 다른 법령 또는 조례가 별정직으로 지명하는 공무원이다. 과거 사회복지 직렬이나 읍장 · 동장이 별정직으로 임명되기도 하였으나, 현재는 일반직으로 전환되었다.

---

1) 과거에는 경력직의 한 유형으로 기능직 공무원이 있었다. 기능직 공무원은 기능적인 업무를 담당하는 공무원이며, 운전, 전기, 전산 등의 특수한 기술을 필요로 하는 공무원으로 1~10급으로 구분하였는데 2012년 12월 일반직 공무원으로 편입되었다.

2) 과거에는 특수경력직의 유형으로 정무직과 별정직이외에 계약직과 고용직 공무원이 있었으나, 2011년 5월 고용직 제도가 폐지되었고, 2012년 12월 계약직은 일반직과 별정직으로 편입되었다.

참고 20-1 **고위공무원단**

국가의 고위 공무원을 효율적으로 관리하기 위해 2006년부터 국가 고위직 공무원을 중심으로 고위공무원단을 설치하게 운영하게 되었다(국가공무원법 제2조의2). 고위공무원단은 중앙부처의 실·국장급 공무원, 시·도의 부단체장, 부교육감에 재직 중인 국가공무원이나, 파견·휴직 등으로 인사관리되고 있는 일반직·별정직·특정직 공무원의 군을 말한다. 고위공무원단은 과거 국가공무원 중 1·2급인 관리관·이사관급 공무원들로 형성되었으며, 고위공무원단에 편성되면 개인의 능력과 자질 경력 등에 따라 탄력적으로 보직을 부여받게 된다.

참고 20-2 **공무직 근로자**

공무직 근로자는 정부나 공공기관에서 근무하는 계약직 근로자이지만, 계약 기간의 만료가 존재하지 않는 무기계약직 근로자를 의미한다. 공무직 근로자는 공무원법상의 공무원은 아니지만 공무원법상의 정규직 공무원과 동일한 정년이 보장된다. 행정안전부의 '공무직 운영 규정'을 보면 공무직 근로자란 "상시·지속적으로 업무에 종사하며 근로 기간의 정함이 없이 근로계약을 체결한 사람(공무원 제외)"이라고 정의되어 있다.

공무직 근로자는 공무원법상의 공무원은 아니지만, 국가나 지방자치단체의 예산으로 운영되며, 국가의 공공사무를 처리한다는 면에서 넓은 의미의 공무원으로 볼 수 있다. 공무직 근로자는 법적으로 민간인 신분이므로 공무원 연금 등의 혜택이 없고, 공무원법상의 승진이나 업무상의 책임을 묻는 징계의 대상이 되지도 않는다. 공무직 근로자의 근무 여건은 근로기준법의 적용을 받으며, 노조 활동은 공무원 노조가 아닌 일반 노조를 중심으로 이루어진다.

3. 지방공무원의 직위와 직급

1) 직 위

직위(職位)는 1인의 공무원에게 부여할 수 있는 직무와 책임을 의미한다. 예를 들어, 기획실장, 자치행정국장, 환경보호과장, 건설과장 등의 명칭은 직위를 의미한다. 군대의 경우 군단장, 사단장, 연대장 대대장 등의 명칭이 직위를 나타내는 말이다. 직위는 직무의 곤란성, 업무의 성격, 책임도 등에 의하여 설정된다. 각 직위를 담당한 공무원에게는 그 직위에 상응하는 업무상의 책임과 권한이 부여된다.

2) 직 급

직급(職級)은 직무의 종류·곤란성과 책임도가 상당히 유사한 직위의 군을 말한다. 직급은 직무에 부여된 계급인데(행정사무관, 행정주사, 행정주사보, 행정서기 등), 동일한 직급에 속하는 직위에 대해서는 임용 자격, 시험, 보수, 기타 인사행정에서 동일한 취급을 한다.

직급과 유사한 의미로 계급이 있다. 직급은 직무에 붙여진 직무의 등급이고, 계급은 개인에게 부여되는 등급이다. 일반 공무원은 9급(서기보)에서 1급(관리관)까지의 계급이 있고, 군대에는 이등병에서 별이 4개인 대장까지 계급이 있다. 경찰에도 순경에서 치안총감까지의 계급이 있다.[3)]

국가공무원의 경우, 과거 1, 2급 공무원은 고위공무원단에 포함되어, 고위공무원단, 3~9급 공무원 체제로 재편되었으나, 지방공무원은 아직까지 1~9급 체제를 그대로 유지하고 있다.

4. 직군·직렬·직류

공무원의 직무는 내용에 따라 직군(職群) > 직렬(職列) > 직류(職類)로 구분한다([표 20-1] 참조).

직군은 직무에 따라 가장 넓게 공무원을 분류한 것이다. 지방공무원의 직군은 크게 세 가지로 구분된다. 행정직군과 기술직군, 관리운영직군이 그것이다. 직군을 세분화한 것이 직렬이고, 직렬을 다시 세분화한 것이 직류이다. 공무원 공개 채용의 분야를 구분하는 경우 직렬을 구분하는 것이다. 직렬을 달리하는 임명을 전직(轉職)이라고 하고, 동일한 직급 아래서 보직을 변경하는 것을 전보(轉補)라고 한다.

---

3) 일반공무원의 계급은 9개(1급-관리관, 2급-이사관, 3급-이사관, 4급-서기관, 5급-사무관, 6급-주사, 7급-주사보, 8급-서기, 9급-서기보)로 구분되지만, 특정직인 경찰공무원은 11계급(치안총감, 치안정감, 치안감, 경무관, 총경, 경정, 경감, 경위, 경사, 경장, 순경), 역시 특정직 소방공무원도 11계급(소방총감, 소방정감, 소방감, 소방준감, 소방정, 소방령, 소방경, 소방위, 소방장, 소방교, 소방사)로 구분된다. 이외에 검사는 2계급(검찰총장과 검사), 법관도 2계급(대법관과 판사)이다.

표 20-1 지방공무원의 직군 · 직렬 · 직류 및 직급 구분(행정직군) 예

<table>
<tr><th rowspan="2">직군</th><th rowspan="2">직렬</th><th rowspan="2">직 류</th><th colspan="9">계 급</th></tr>
<tr><th>1급</th><th>2급</th><th>3급</th><th>4급</th><th>5급</th><th>6급</th><th>7급</th><th>8급</th><th>9급</th></tr>
<tr><td rowspan="18">1. 행정</td><td rowspan="10">행정</td><td>일반행정</td><td rowspan="15">지방 관리관</td><td rowspan="15">지방 이사관</td><td rowspan="15">지방 부이사관</td><td rowspan="15">지방 서기관</td><td rowspan="12">지방행정 사무관</td><td rowspan="10">지방행정 주사</td><td rowspan="10">지방행정 주사보</td><td rowspan="10">지방행정 서기</td><td rowspan="10">지방행정 서기보</td></tr>
<tr><td>법무행정</td></tr>
<tr><td>재경</td></tr>
<tr><td>국제통상</td></tr>
<tr><td>노동</td></tr>
<tr><td>문화홍보</td></tr>
<tr><td>감사</td></tr>
<tr><td>통계</td></tr>
<tr><td>기업행정</td></tr>
<tr><td>운수</td></tr>
<tr><td>세무</td><td>지방세</td><td>지방세무 주사</td><td>지방세무 주사보</td><td>지방세무 서기</td><td>지방세무 서기보</td></tr>
<tr><td>전산</td><td>전산</td><td>지방전산 주사</td><td>지방전산 주사보</td><td>지방전산 서기</td><td>지방전산 서기보</td></tr>
<tr><td>교육행정</td><td>교육행정</td><td>지방교육 행정 사무관</td><td>지방교육 행정주사</td><td>지방 교육행정 주사보</td><td>지방교육 행정서기</td><td>지방 교육행정 서기보</td></tr>
<tr><td>사회복지</td><td>사회복지</td><td>지방 사회복지 사무관</td><td>지방 사회복지 주사</td><td>지방 사회복지 주사보</td><td>지방 사회복지 서기</td><td>지방 사회복지 서기보</td></tr>
<tr><td>사서</td><td>사서</td><td>지방사서 사무관</td><td>지방사서 주사</td><td>지방사서 주사보</td><td>지방사서 서기</td><td>지방사서 서기보</td></tr>
<tr><td>속기</td><td>속기</td><td></td><td></td><td></td><td></td><td>지방속기 사무관</td><td>지방속기 주사</td><td>지방속기 주사보</td><td>지방속기 서기</td><td>지방속기 서기보</td></tr>
<tr><td rowspan="2">방호</td><td>방호</td><td rowspan="2" colspan="4"></td><td rowspan="2">지방방호 사무관</td><td rowspan="2">지방행정 주사</td><td rowspan="2">지방행정 주사보</td><td rowspan="2">지방행정 서기</td><td rowspan="2">지방행정 서기보</td></tr>
<tr><td>경비</td></tr>
<tr><td>2. 기술</td><td colspan="11">(직렬): 일반기계, 농업기계, 기계운전, 조선, 일반전기, 전자, 원자력, 금속, 야금, 섬유, 일반화공, 가스, 농업, 녹지, 수의, 해양수산, 보건, 식품위생, 의료기술, 의무, 약무, 간호, 보건진료, 환경, 항공, 시설, 방재안전, 방송통신, 위생, 조리, 간호조무, 시설관리, 운전
(직류): 각 직렬별 세부 직류는 생략</td></tr>
<tr><td>3. 관리운영</td><td colspan="11">(직렬): 토목운영, 건축운영, 통신운영, 전화상담운영, 전기운영, 기계운영, 열관리운영, 화공운영, 가스운영, 기후환경운영, 선박항해운영, 선박기관운영, 농업운영, 사육운영, 보건운영, 사무운영
(직류): 각 직렬별 세부 직류는 생략</td></tr>
</table>

출처: 지방공무원 임용령.

제 2 절 지방공무원의 의무와 금지행위

1. 지방공무원의 의무

1) 복무 선서의 의무: 공무원은 취임할 때에 소속 기관장 앞에서 조례가 정하는 바에 따라 선서를 하여야 한다. 다만, 불가피한 사유가 있을 때에는 취임 후 선서를 할 수 있다(지방공무원법 제47조).

2) 성실의 의무: 모든 공무원은 법규를 준수하며 성실히 그 직무를 수행하여야 한다(지방공무원법 제48조).

3) 복종의 의무: 공무원은 직무를 수행함에 있어서 소속 상사의 직무상 명령에 복종하여야 한다(동법 제49조).

4) 친절 · 공정의 의무: 공무원은 주민 전체의 봉사자로서 친절하고 공정하게 집무하여야 한다(동법 제51조).

5) 종교 중립의 의무: 공무원은 종교에 따른 차별 없이 직무를 수행하여야 한다. 소속 상관의 종교적 관점에서 직무 명령을 하는 경우 이에 따르지 않아도 된다(제51조의2).

6) 비밀 엄수의 의무: 공무원은 직무상 알게 된 비밀을 엄수하여야 한다(동법 제52조).

7) 청렴의 의무: 공무원은 직무에 관련하여 직접 또는 간접을 불문하고 사례 · 증여 또는 향응을 주고 받을 수 없다. 또한 공무원은 직무상 그 소속 상사에게 증여하거나 소속 공무원으로부터 증여를 받아서는 아니 된다(동법 제53조).

8) 품위 유지의 의무: 공무원은 품위를 손상하는 행위를 해서는 아니 된다(동법 제55조).

2. 지방공무원의 금지행위

1) 직장 이탈 금지: 공무원은 소속 상사의 허가 또는 정당한 이유 없이 직장을 이탈하지 못한다(지방공무원법 제50조).

2) 영리 업무의 겸직 금지: 공무원은 공무 이외의 영리를 목적으로 하는 업무에 종사하지 못하며 소속 기관 장의 허가 없이 다른 직무를 겸할 수 없다(제56조).

3) 정치운동의 금지: 공무원은 정당 기타 정치단체의 결성에 관계하거나 이에 가입

할 수 없다. 또한 선거에 있어서 특정 정당 또는 특정인의 지지나 반대를 하기 위한 행위를 하여서는 안 된다(제57조).

4) 집단행위의 금지: 공무원은 노동운동 기타 공무 이외의 일을 위한 집단행위를 하여서는 아니 된다. 다만, 사실상 노무에 종사하는 공무원은 예외로 한다(지방자치법 제58조). 이러한 규정에 의해 공무원은 노동조합 활동이 어려웠으나, 2006년 1월부터는 공무원 노동조합과 관련된 법령이 통과되어 노조 활동이 합법화되었다. 공무원 노조는 보수 · 복지 · 근무 여건에 관하여 교섭할 수 있으며, 정책결정 사항에 대한 관여나, 정치 활동은 금지된다. 또한 단결권, 단체교섭권은 부여되지만, 단체행동권은 주어지지 않는다.[4)]

제 3 절 인사원칙과 인사기관

1. 지방인사행정의 개념과 원칙

1) 개 념

지방의 인사행정이란 지방행정의 목표를 효율적으로 달성하기 위하여 필요한 인적 자원을 동원하고, 관리하는 과정이라고 정의해 볼 수 있을 것이다. 인사행정은 사기업체의 인사관리와 유사한 면도 있지만 통제 방법 · 목적 · 활동 범위 · 행동 규범 · 권력성 등에서 차이가 있다.

4) 2005년 1월 27일 '공무원 노동조합 설립 및 운영 등에 관한 법률'이 통과되었고, 2006년 1월 28일부터 법이 시행되었다. 이로써 합법적인 공무원 노동운동의 시대가 열리게 되었다. 공무원 노조는 공익단체로서 단결권, 단체교섭권은 보장되지만 파업 · 태업 등과 같은 단체행동권은 보장되지 않는다. 원칙적으로 6급 이하의 공무원이 가입할 수 있으며, 6급 이하이더라도 지휘 · 감독권을 행사하거나, 기획 · 인사 · 보수 등의 업무를 총괄하는 부서의 공무원, 수사나 교정 업무에 종사하는 공무원은 노조에 가입할 수 없다(공무원노동조합 설립 및 운영 등에 관한 법률 제6조).

2) 인사행정의 원칙

(1) 보직 관리의 원칙

임용권자는 법령에 따로 정하는 경우를 제외하고는 소속 공무원의 직급과 직종을 고려하여 그 직급에 상응하는 일정한 직위를 부여하여야 한다. 또한 소속 공무원을 보직함에 있어서는 당해 공무원의 전공 분야, 훈련, 근무 경력, 전문성 및 적성 등을 고려하여 그 적격한 직위에 임용하여야 한다.

(2) 평등성의 원칙

공개경쟁에 의한 임용시험은 동일한 자격을 가진 모든 국민에게 평등하게 공개하여야 하며, 시험의 시기 및 장소는 국민들의 편의를 고려하여 결정해야 한다.

(3) 공정성의 원칙

인사는 제3자가 보아서도 인정할 수 있는, 가능한 객관적이고 타당성 있도록 공정하게 이루어져야 한다. 주관적이고 감정적인 인사는 공정성을 해치게 된다.

(4) 능력과 실적 중심의 원칙

인사는 적재적소에 적정 인물을 배치함으로써 소기의 목표를 달성할 수 있다. 능력과 실적에 따른 인력관리는 현대 인사의 기본 원칙인 실적주의를 실현하는 것이기도 하다. 정치적 목적에 의한 관직 배분의 엽관주의(獵官主義, spoils system)나 개인적 이익에 따른 정실주의(情實主義, patronage system) 인사는 인정되지 않는다. 따라서 현대 인사행정은 실적과 능력에 의해 이루어지고 이를 위해 공개경쟁의 원칙이 도입되고 있다.

참고 20-3 정실주의와 엽관주의, 실적주의와 직업공무원제

1. 정실주의와 엽관주의

정실주의(情實主義, patronage system)는 인사권자의 개인적인 연고 관계를 중심으로 공무원을 임용하는 제도이다. 인사의 기준이 학연, 혈연, 지연 등과 같은 일차 집단 간의 관계에 근거하여 이루어진다. 엽관주의(獵官主義, spoils system)는 인사권자에 대한 정치적인 연고 관계나 정치적 충성도를 기준으로 공무원을 임용하는 제도이다. 현대 인사행정에서는 정치적 중립성을 강조하여 엽관주의를 인정하지 않고 있으나 초기 엽관주의는 공직의 개방과 순환이라는 긍정적 효과를 가져 오기도 하였다.

미국의 경우, 1829년 앤드류 잭슨(Andrew Jackson) 대통령이 취임하면서 기존의 동부 상류층의 공직 독점의 폐해를 방지하기 위해 엽관주의를 인사행정의 기본 원칙으로 채택하였는데, 잭슨은 엽관주의를 '민주주의의 실천적 정치원리'라고 선언하였다. 즉, 엽관주의를 통하여 공직을 일부 상류 계층이 독점하는 폐해를 방지하고 공직의 대중화를 추진하게 된 것이다.

그러나 이후 엽관주의는 정당에 의한 공무원의 지배, 공직의 사유화, 상품화, 매관매직, 뇌물수수, 금권정치 등의 폐해를 가져오고, 정권에 따른 공무원의 대규모 교체로 행정의 전문성, 능률성 계속성, 일관성, 안정성 등이 훼손되는 등의 부정적 결과를 초래하게 되었다. 이러한 매관매직 정치부패의 엽관주의의 폐해가 심각하게 드러나는 상황 속에서, 공직 배분에 불만을 품은 청년에 의한 1880년 미국 가필드(James A. Garfield) 대통령의 암살은 많은 충격을 가져오게 되었고, 엽관주의를 시정해야 한다는 여론이 급격히 전파되었다. 또한 1882년 중간선거에서 대패하여 차기 대선에서 승리할 가능성이 희박하다고 본 공화당 정부는 자신의 정당 출신을 보호할 수 있는 대안을 필요로 하였고, 이러한 정치상황 속에서 1883년 공무원의 정치적 중립을 강조하는 펜들턴법(Pendleton Act, 1883)이 제정되었다. 이로써 인사행정에서 실적주의가 공식적으로 채택되었고, 엽관주의는 막을 내리게 되었다.

2. 실적주의와 직업공무원제

실적주의(實績主義, merit system)는 정실주의, 엽관주의의 폐해를 극복하고 능력과 실적에 의해 공무원을 임용하고, 평생 직업인으로서의 직업공무원제를 확립하기 위한 제도이다. 직업공무원제(career civil service system)는 우수한 인재를 공직에 유치하며, 공직에 근무하는 것을 명예로 인식하고 정년퇴임 시까지 장기간에 걸쳐 성실하게 근무하도록 하는 임용제도이다. 공직을 평생의 직업으로 인식하여 근무함으로써 행정의 전문화, 안정화, 일관성을 유지할 수 있게 해준다. 영국의 실적주의는 1870년 추밀원령에 의해 제도적 기초가 확립되었다. 추밀원령은 1853년 노스코트와 트레벨리언 보고서에 근거하여 작성되었는데, 이 보고서에서 공개경쟁 채용시험, 독립적 중앙인사위원회의 설치 등을 건의하였다. 미국의 실적주의는 1883년 펜들턴법을 계기로 확립되었으며, 이 법에서 공무원의 정치활동을 금지하고, 공무원 임용은 공개경쟁 시험을 통해서 이루어졌으며, 초당적인 인사위원회를 설치하기로 하였다. 1939년 해치법(Hatch Act)은 공직에 대한 정당의 지배와 공무원의 정치활동의 금지가 규정되었다.

2. 지방공무원의 인사기관

1) 임용권자

지방공무원의 임용권자는 지방자치단체의 장이 된다. 지방자치단체의 장은 소속 공무원의 임명·휴직·면직과 징계 등 지방공무원에 대한 인사권을 가진다(지방공무원법 제6조).

2) 인사위원회

지방자치단체에 임용권자별로 인사위원회를 두되, 시 · 도의 경우 제1인사위원회와 제2인사위원회를 둘 수 있다(지방공무원법 제7조 제1항). 위원장은 해당 시 · 도의 부단체장이 되고 부위원장은 인사위원 중에서 호선한다.

3) 소청심사위원회

공무원의 징계, 기타 그 의사에 반하는 불리한 처분이나 부작위(不作爲)에 대한 소청을 심사 · 결정하기 위하여, 시 · 도에 임용권자별로 지방공무원 소청심사위원회 및 교육소청심사위원회를 둔다(지방공무원법 제13조).

제 4 절 임용, 정년과 신분 변동, 기타

1. 임 용

임용은 공무원직에 결원이 생겼을 때 이를 보충하는 것을 의미한다. 임용의 유형은 신규임용(新規任用) · 승진임용(昇進任用) · 강임(降任) · 전직(轉職) · 전보(轉補) · 전입(轉入)이 있다. 임용을 넓은 의미로 보면, 직위해제(職位解除) · 휴직(休職) · 면직(轉補) · 복직(復職) 등과 같이 공무원의 신분상 변동을 통한 결원의 발생까지도 포함한다(지방공무원 임용령 제2조 제1항).

1) 신규임용

신규임용은 공무원을 새로 채용하는 것이다. 신규 공무원은 공개경쟁시험을 통해 실적과 능력을 기준으로 채용한다.

6급 및 7급 공무원의 신규임용시험은 시 · 도 단위로 당해 시 · 도인사위원회에서 이를 실시한다. 다만, 농촌진흥사업에 종사하는 연구 및 지도직 공무원에 대한 신규임용시험은 따로 대통령령이 정하는 기관에서 실시한다.

8급 및 9급 공무원의 신규임용시험, 6·7·8급 공무원에의 승진시험, 6·7·8·9급 공무원의 전직시험은 당해 지방자치단체의 인사위원회에서 이를 실시하고, 5급 이상 공무원의 각종 임용시험은 대통령령으로 정하는 기관에서 이를 실시한다(지방공무원법 제32조).

임용권자는 신규임용 후보자 또는 승진 후보자가 없거나 인사행정 운영상, 특히 필요하다고 인정되는 경우에는 그 직의 신규임용 또는 승진시험에 상당한 국가 또는 다른 지방자치단체의 시험에 합격한 자를 그 직위의 신규임용 및 승진시험에 합격한 자로 보아 임용할 수 있으며(제32조 제5항), 시장·군수·구청장(자치구의 구청장)은 우수인력의 확보 또는 시험관리상 필요하다고 인정하면, 해당 자치단체에서 시험을 실시하지 아니하고, 시·도의 인사위원회에 시험의 실시를 위탁할 수 있다(제32조 제6항).

공무원의 신규임용은 원칙적으로 공개경쟁시험에 의해야 하지만, 1급 공무원이나 국가공무원을 지방공무원에 임용하는 경우, 경쟁시험에 의해 채용이 어려운 자격증 소지자, 특수 분야나 특수 지역 근무자, 외국어에 능통한 자, 특수 전문 분야의 연구자, 휴직 기간 만료로 퇴직한 경력직 공무원을 재임용하는 경우는, 예외적으로 특별임용시험에 의하여 채용할 수 있다(지방공무원법 제27조 제2항).

2) 승진임용

계급 간의 승진임용은 일반적으로 근무성적평정·경력평정, 기타 능력의 실증에 의해서 결정된다. 1급 내지 3급 공무원에의 승진임용에 있어서는 능력과 경력 등을 고려하여 임용하며, 5급 공무원에의 승진임용에 있어서는 승진시험을 거치도록 하되, 필요하다고 인정할 때에는 대통령령이 정하는 바에 의하여 인사위원회의 의결을 거쳐 임용할 수 있다(지방공무원법 제38조 제1항).

우수 공무원은 특별 승진임용할 수 있다. 그 대상은 다른 공무원의 귀감이 되는 사람, 직무 수행 능력이 탁월한 사람, 행정 운영 발전에 뚜렷한 실적이 있는 사람, 기타 필요한 경우에 한한다(지방공무원법 제39조의3).

3) 개방형 직위제와 직위공모제

2007년 개정된 지방공무원법에는 개방형 직위제와 직위공모제를 명문화하고 있다. 개방형 직위는 전문성이 특히 요구되거나 효율적인 정책 수립을 위하여 필요하다고 판단되어 공직 내부 또는 외부에서 적격자를 임용할 필요가 있는 경우 활용한다(지방공무원법 제29조의4). 또한 직위공모제를 통해 해당 기관 또는 외부기관에서 적격자를 널리 공모하여 임용할 수 있다(제29조의5). 이러한 것들은 인사의 개방성을 확보해 우수한 인재를 발굴, 적정 배치하여, 조직의 경쟁력을 높이기 위한 의도가 반영된 인사정책이라고 볼 수 있다.

2. 공무원의 정년과 신분 변동

1) 공무원의 정년

지방공무원은 능력과 실적에 의해 임용되며, 공무원은 형의 선고·징계 또는 이 법이 정하는 사유가 아니면 본인의 의사에 반하여 휴직·강임 또는 면직을 당하지 아니한다(1급 공무원은 제외)(지방공무원법 제60조). 이러한 규정은 정치적 이유, 정실, 기타 직무 이외의 이유로 신분상 불이익을 받지 않도록 하여, 직업 공무원의 신분을 보호해 주고 있다. 공무원의 정년(停年)은 60세이다(지방공무원법 제66조).[5]

2) 명예퇴직

공무원이 공무원의 직에서 물러나는 것을 퇴직이라고 한다. 정년에 의한 퇴직, 자의에 의한 퇴직 등이 있다. 자의에 의한 퇴직을 의원면직(依願免職)이라고 부르기도 한다. 공무원으로서 20년 이상 근속한 사람이 정년 전에 스스로 퇴직하는 경우를 명예퇴직이라고 하는데, 이 경우 예산의 범위에서 명예퇴직 수당을 지급할 수 있다(지방공무원법 제66조의2).

3) 직권면직

공무원의 신분을 그만 두는 것이 면직이다. 스스로의 의사에 의해 그만두는 것을 의원면직이라고 한다. 임용권자에 의해서 면직되는 것을 직권면직이라고 한다. 구조조정 결과에 의한 직위의 폐지 및 과원, 휴직 후 직무 복귀를 하지 않을 때, 전직시험에 3회

5) 과거에는 5급 이상은 60세, 6급 이하는 57세가 정년이었으나, 2008년 60세로 통일되었다.

이상 불합격한 자로서 직무 수행 능력이 부족할 때, 정당한 사유 없이 군복무를 기피하였을 때, 직위해제 후 대기명령을 받은 사람이 그 기간 중 능력 또는 근무성적의 향상을 기대하기 어렵다고 인정될 때, 해당 직급에서 직무를 수행하는 데 필요한 자격증의 효력이 상실되거나 면허가 취소되어 담당 직무를 수행할 수 없게 된 때에 임용권자는 인사위원회의 의견을 들어 해당 공무원을 직권면직시킬 수 있다(지방공무원법 제62조).

4) 직위해제

임용권자는 직무 수행 능력이 부족하거나 근무성적이 극히 나쁜 사람, 파면 · 해임 · 강등 · 정직에 해당하는 징계의결이 요구되고 있는 사람, 형사사건으로 기소된 사람(약식명령이 청구된 사람은 제외), 금품 비위나 성범죄 등의 비위 행위로 인하여 감사원 및 검찰 · 경찰 등 수사기관에서 조사나 수사 중인 자로서 비위의 정도가 중대하고 이로 인하여 정상적인 업무 수행을 기대하기 현저히 어려운 사람에게는 직위를 부여하지 않을 수 있다. 임용권자는 위 사유로 직위를 주지 아니한 경우에 그 사유가 소멸되면 지체 없이 직위를 부여하여야 한다(지방공무원법 제65조의3).

5) 강 임

국장을 과장 직위에 임용하는 것과 같이 한 단계 아래의 직위로 임용하는 것을 강임(降任)이라 고한다. 임용권자는 직제 또는 정원의 변경이나 예산의 감소 등으로 직위가 없어지거나 하위의 직위로 변경되어 과원이 되었을 때, 또는 본인이 동의한 경우에는 소속 공무원을 강임할 수 있다(지방공무원법 제65조의4).

6) 징 계

징계는 파면(罷免) · 해임(解任) · 강등(降等) · 정직(停職) · 감봉(減俸) 및 견책(譴責)으로 구분한다(지방공무원법 제70조). 파면은 탄핵 또는 징계에 의해 공무원의 신분을 상실하는 것으로, 퇴직 시 퇴직급여 및 퇴직 수당의 일부를 감액하여 지급한다(공무원연금법 제64조). 해임은 조직 개편 등 기타 이유에 의해 공무원의 직을 강제적으로 그만두게 하는 것이다. 파면과 해임은 공무원의 신분을 박탈하는 것으로 중징계에 해당한다.

강등은 1계급 아래로 직급을 내리는 것으로, 공무원 신분은 보유하나 3개월 간 직무에 종사하지 못한다. 기간 중 보수는 전액을 감한다. 정직은 1개월 이상 3개월 이하의 기간으로 하며, 공무원 신분은 보유하나 그 기간 중 직무에 종사하지 못한다. 역시 보수의 전액을 삭감한다. 감봉은 1개월 이상 3개월 이하의 기간 보수의 3분의 1을 삭감한다. 견책은 전과(前過)에 대하여 훈계하고 뉘우치게 한다.

3. 교육훈련 및 인사교류

1) 교육훈련

모든 공무원과 시보공무원이 될 사람은 담당 직무와 관련된 학식 · 기술 및 응용 능력을 배양하기 위하여 법령에서 정하는 바에 따라 훈련을 받아야 한다. 또한 지방자치단체의 장 및 각급 감독직위에 있는 공무원은 일상 업무를 통하여 계속적으로 부하직원을 훈련시킬 책임을 진다. 이러한 훈련성적은 인사관리에 반영해야 한다(지방공무원법 제74조).

2) 인사교류

행정안전부장관 또는 교육부장관은 인력의 균형 있는 배치와 지방자치단체의 행정발전을 위하여 당해 지방자치단체의 장에게 인사교류를 권고할 수 있다. 이 경우, 당해 지방자치단체의 장은 정당한 사유가 없는 한 이에 응하여야 한다(지방공무원법 제30조의2 제1항).

시 · 도지사는 당해 지방자치단체 및 관할 구역 안의 지방자치단체 상호 간에 인사교류의 필요가 있다고 인정할 때에는 당해 시 · 도에 두는 인사교류협의회에서 정한 인사교류 기준에 따라 인사교류안을 작성하여 관할 구역 안의 지방자치단체의 장에게 인사교류를 권고할 수 있다. 이 경우, 당해 지방자치단체의 장은 정당한 사유가 없는 한 이에 응하여야 한다(지방공무원법 제30조의2 제2항).

본문요약

1. 지방공무원의 개념과 유형

- 지방공무원의 개념: 지방자치단체의 경비로 운영되는 공무원
- 경력직 공무원: 일반직, 특정직
- 특수경력직 공무원: 정무직, 별정직

2. 지방공무원의 직위 · 직급, 직군 · 직렬 · 직류

- 직위: 공무원 1인에게 부여되는 직무와 책임
- 직급: 유사한 직위의 군
- 직군 · 직렬 · 직류: 직무의 성격에 따르는 대분류(직군), 중분류(직렬), 소분류(직류)

3. 지방공무원의 의무와 금지행위

- 지방공무원의 의무: 복무 선서의 의무, 성실의 의무, 복종의 의무, 친절 · 공정의 의무, 종교 중립의 의무, 비밀 엄수의 의무, 청렴의 의무, 품위 유지의 의무
- 지방공무원의 금지행위: 직장 이탈 금지, 영리 업무의 겸직 금지, 정치운동의 금지, 집단 행위의 금지

4. 지방인사행정의 개념과 원칙

- 지방인사행정의 개념: 지방의 인사행정이란 지방행정의 목표를 효율적으로 달성하기 위하여 필요한 인적 자원을 동원하고, 관리하는 과정과 결과
- 인사행정의 원칙: 보직 관리의 원칙, 평등성의 원칙, 공정성의 원칙, 능력과 실적 중심의 원칙

5. 지방공무원의 인사기관

- 임용권자: 지방자치단체장
- 인사위원회: 위원장은 부단체장
- 소청심사위원회: 인사 불이익에 대한 소청 처리

6. 임용, 정년과 신분 변동, 기타

- 임용: 공무원의 결원을 보충하는 행위, 신규임용, 승진임용, 강임, 전직, 전보, 전입 등
- 정년과 신분 변동: 60세, 퇴직(명예퇴직), 면직(직권면직), 직위해제, 강임, 징계(파면 · 해임 · 강등 · 정직 · 감봉 · 견책)
- 교육훈련 및 인사교류: 지방공무원 교육원의 교육훈련, 국가와 자치단체 간 인사교류, 자치단체와 자치단체 간 인사교류

Chapter 21

지방재정과 재무행정

지방자치단체가 나름대로의 자치권을 향유하기 위해서는 스스로 살림을 꾸려갈 수 있는 적정한 재정력(돈)을 갖추어야 하고, 그러한 재정을 민주적이며 능률적으로 운영할 수 있어야 한다. 아무리 훌륭한 조직 구조와 인적 자원을 갖추고 있더라도 실질적인 재정의 뒷받침이 없으면 지방자치의 성공을 기대하기 어렵다.

여기서는 지방자치단체의 재정과 지방예산의 문제를 중점적으로 검토해 보고자 한다.

제 1 절 지방재정의 개념과 특징

1. 지방재정의 개념

공공재정을 크게 나누면 국가재정(중앙재정)과 지방재정으로 나눌 수 있다. 국가재정은 중앙정부에서 운영하는 재정이고, 지방재정은 지방자치단체에서 운영하는 재정이

표 21-1 국가재정과 지방재정 구성비(일반회계)

(단위: %)

	2000년	2005년	2010년	2015년	2020년
총계	100.0%	100.0%	100.0%	100.0%	100.0%
국가예산	62	58	60	58	62
지방예산	38	42	40	42	38

* 출처: 행정안전부(2020), 『2020 행정안전통계연보』.
** 2015년 이전은 결산액, 2020년은 예산액 기준임.

다. 중앙재정이 국민경제의 안정과 번영을 이룩하는 방향으로 전개되는 것이라면, 지방재정은 지역적 차원에서 경제 개발이나 주민 복지 증진에 주된 목표를 두고 있다. 국가 전체 재정 교무 중 중앙재정과 지방재정의 구성비율을 비교하면 [표 21-1]과 같다.

2. 지방재정의 특징

공공재정을 국가재정과 지방재정으로 공공재정을 구분하는 경우 지방재정은 다음의 몇 가지의 특징적 요소를 가지고 있다.

첫째, 지방재정의 다양성과 복잡성이다. 지방재정은 국가의 재정처럼 단일한 형태가 아니라 자연적 배경, 역사적, 환경적 차이에 따라 다양한 유형이 존재한다. 자치단체에 따라서는 재정자립도나 재정 규모가 지방 간 엄청난 차이를 보이고 있기 때문이다. 둘째, 지방재정의 취약성이다. 지방재정은 재원의 상당 부분이 국고보조금, 지방교부세 등의 보조금에 의존하고 있어 실제적으로 지방재정의 자주성이 결여되고 있다. 물론 자치재정의 자립도가 높은 지역도 있지만, 극소수에 불과하고, 대부분은 재원의 부족에 허덕이고 있다. 셋째, 지방재정의 비탄력성이다. 지방재정은 수입의 범위나 지출 내역이 거의 고정적이고 탄력적으로 사용할 수 있는 비용이 매우 적은 것이 특징이다. 수입의 경우 국고보조금이나 지방세외 수입은 미미한 편이며, 지출도 대부분 복지나 지역개발 등에 한정되고 있다. 넷째, 지방재정의 주요 기능은 사회복지 및 경제 개발이다. 머스그레이브(Richard A. Musgrave)는 재정의 3대 기능을 소득 재분배, 경제의 안정화, 자원 배분의 조정 기능으로 구분하고 있는데, 이러한 기능은 중앙정부 차원의 재정 기능이다. 지방재정은 상대적으로 규모가 작고, 담당하는 영역도 한정되어 있다.

제 2 절 지방자치단체의 재정수입

지방재정의 세입구조는 수입원에 따라 자체재원(자주재원)과 이전재원(의존재원)으로 구분할 수 있다. 자체재원은 지방자치단체 내에서 자체로 얻는 재정수입이라는 의미에서 자주재원이라고 부르기도 한다. 지방세, 세외수입 등으로 구성된다. 이전재원은 국가나 상위 자치단체의 지원을 통해 만들어지는 재원이다. 이전재원은 스스로 조달하는 것이 아니고, 외부에 의존하는 재원이라는 의미에서 의존재원이라고 부르기도 한다. 자체재원은 지방자치단체에서 거두어들이는 지방세와 기타 수입인 세외수입으로 구성되며, 이전재원은 지방교부세, 국고보조금, 시 · 도비 보조금, 조정교부금, 균형발전특별회계의 지원금 등으로 이루어진다. 전통적 이전재원의 하나였던 지방양여금은 2005년 1월 1일부터 폐지되고, 각각의 사업의 성격에 따라 지방교부세, 국고보조금, 국가균형발전 특별회계로 재편 운영하게 되었다. 여기서는 자체재원과 이전재원으로 구분하여 지방재정의 수입구조를 검토해 보고자 한다.

1. 지방재정의 자체재원

1) 지방세

국세는 국가(중앙정부)가 걷어가는 세금이다. 부가가치세, 법인세, 소득세, 상속세 등이 있다.[1] 이에 비해 지방세는 지방자치단체(지방정부)가 과세의 주체가 된다. 지방세는 부과 목적에 따라 보통세와 목적세로 구분해 볼 수 있고, 세금의 귀속에 따라 특별시 · 광역시세, 도세, 시 · 군세, 자치구세로 나누어 볼 수 있다. 국세와 지방세의 구성 비율을 보면, 대체적으로 국세가 차지하는 비율은 약 80% 정도이고, 나머지 20%가 지방세이다([표 21-2] 참조).

---

1) 국세는 직접세, 간접세, 유통세, 기타 세금으로 나누어 볼 수 있다. 직접세에는 소득세, 법인세, 상속세, 증여세, 종합부동산세가 있고, 간접세에는 부가가치세, 개별소비세, 주세가 있다. 이외에 유통세로는 증권거래세와 인지세가 있고, 기타 세금으로 관세, 교통·에너지·환경세, 교육세, 농어촌특별세, 재평가세, 임시수입부가세가 있다.

표 21-2 국세와 지방세의 비율

(단위: %)

	2000년	2005년	2010년	2015년	2020년
국세	82	78	78	75	76
지방세	18	22	22	25	24

출처: 행정안전부, 『2020 행정안전통계연보』..

(1) 보통세와 목적세

지방세는 적용 대상이나 부과 목적에 따라 보통세와 목적세로 나누어 볼 수 있다.

보통세는 주민에게 일반적이고 보편적으로 부과되는 세금을 의미한다. 취득세, 등록면허세, 레저세(구 경주·마권세), 담배소비세, 지방소비세, 주민세, 지방소득세, 재산세, 자동차세가 있다. 목적세는 특정한 재원을 마련하기 위한 재원이나, 특정인 혹은 집단에게만 부과되는 세금으로 지역자원시설세, 지방교육세가 있다.

보통세 중 지방소비세와 지방소득세는 지방세수의 확충을 위해 2010년 도입되었다. 지방소비세는 국세인 부가가치세의 일부를 지방세로 전환한 것이고, 지방소득세는 납세 의무가 있는 개인과 법인이 소득에 따라 내는 지방세이다.

(2) 광역자치단체세와 기초자치단체세

지방세는 징수하는 지방자치단체에 따라 광역자치단체세와 기초자치단체세로 구분할 수 있다. 여기서 광역자치단체세는 다시 특별시·광역시세, 도세, 특별자치시세, 특별자치도세로 구분되며, 기초자치단체세는 시, 군세와 구(자치구)세로 나누어진다. 자치단체별 부과되는 세금의 종류는 [표 21-3]과 같다(지방세기본법 제8조).

표 21-3 지방세의 종류와 구분

구 분	특별시·광역시세	도 세	특별자치시세·특별자치도세	시·군세 (광역시의 군세 포함)	자치구세
보통세	취득세, 레저세, 담배소비세, 지방소비세, 주민세, 지방소득세, 자동차세, 재산세(특별시)*	취득세, 등록면허세, 레저세, 지방소비세	취득세, 등록면허세, 레저세, 담배소비세, 지방소비세, 주민세, 지방소득세, 재산세, 자동차세	담배소비세, 주민세, 지방소득세, 재산세, 자동차세	등록면허세, 재산세
목적세	지역자원시설세, 지방교육세				

재산세는 일반적으로 기초자치단체에서 거두는 세금이지만, 서울특별시 자치구의 재산세는 서울특별시와 자치구가 50%씩 나눈다(지방세기본법 제9조). 서울시의 경우, 각 자치구별로 재산세 수입 규모의 차이가 매우 크기 때문에, 자치구와 서울시가 공동 과세 · 분배하는 것이다. 특별시장은 특별시에서 징수한 재산세를 자체적으로 쓸 수 없고, 전액 관할구에 교부하여야 한다(지방세기본법 제10조).2)

주민세는 광역자치단체가 징수하기도 하고, 기초자치단체가 징수하기도 한다. 광역자치단체 중 특별시, 광역시, 특별자치도, 특별자치시에서 주민세를 징수한다. 도는 광역자치단체이지만 주민세를 징수하지 않는다. 기초자치단체에서는 시와 군(광역시의 군 포함)에서 주민세를 징수한다. 자치구는 기초자치단체이지만 주민세를 징수하지 않는다. 그러나 광역시에 소속된 자치구의 경우는 특례에 의해 예외적으로 주민세의 일부를 징수한다. 보통 주민세는 개인, 법인, 사업소를 가진 개인, 재산분, 종업원분 등으로 구분하여 부과된다. 이러한 주민세의 유형 중에서 광역시의 경우는 본청에서 개인이나 법인, 사업소를 가진 개인에게 부과되는 주민세를 징수하고, 광역시의 자치구에서는 주민세 중 재산분 및 종업원분을 구세로 징수한다(지방세기본법 제11조 주민세의 특례, 지방세법 제7장 제3절 및 제4절).

지방소비세는 국세로 징수되던 부가가치세의 일부를 지방세로 전환한 것이다. 기본적으로 지방소비세는 광역자치단체의 세금이다. 그러나 지방소비세의 일부는 지방세기본법 특례 조항에 따라 시 · 군 · 구의 세금으로 징수된다. 예컨대, 지방소비세 중 지방균형 발전을 위한 특별회계 비용을 보전하기 위해 지방자치단체기금 형식으로 납입된 지방소비세는 시 · 군 · 자치구세로 하는 것이다(지방세기본법 제11조의2 지방소비세의 특례, 지방세법 제71조 제3항 제3호 가목 및 나목).

2) 세외수입

세외수입은 지방세 외에 지방자치단체에 얻을 수 있는 수입 내역을 의미한다. 세외수입은 크게 일반회계 하의 세외수입과 특별회계 하의 사업수입으로 구분해 볼 수 있다. 구체적인 내용은 [표 21-4]와 같다.

---

2) 지방세법 개정(2007년 7월)으로 서울특별시 관할 구역 안에 있는 자치구의 재산세는 서울특별시와 자치구가 각각 50%씩 반분하게 된다. 재산세 비중이 많았던 강남구나 서초구 등에서는 강력히 반발하여 헌법소원을 제기하기도 하였다. 특별시에서 보통세 형식으로 징수한 자치구 재산세의 50%는 자치구 간의 재정불균형을 조정하기 위한 조정 재원으로 활용한다.

표 21-4 지방재정의 세외수입의 내용

회계 구분	일반회계		특별회계	
수입 구분	경상적 수입	임시적 수입	공기업	기 타
내 역	재산 임대 수입 사용료 수수료 징수교부금 사업 수입* 이자 수입	재산 매각 수입 부담금 과징금 및 과태료 기타 수입 지난 연도 수입	상수도 사업 하수도 공영개발 사업	재산 임대 수입 사용료 수입 수수료 수입 지난 연도 수입 기타

* 사업수입은 주차요금, 통행료 수입, 청산금 수입, 분담금 수입, 기타로 구성.

** 2014년 세입과목의 개편에 따라 잉여금, 이월금, 전입금, 예탁금 및 예수금, 융자금 원금 수입을 세외수입에서 제외.

2. 지방재정의 이전재원

지방재정의 이전재원(移轉財源)은 국가나 상위 자치단체가 자치단체 혹은 하위 자치단체에 이전하여 지원하는 금액이다. 이전재원은 자치단체가 스스로 조달하는 자원이 아니고, 국가나 상위 자치단체에서 도움을 받아 조달하는 재원이라는 의미에서 의존재원(依存財源)이라고 부르기도 한다.

1) 보조금

보조금은 국가가 지방자치단체에 지원하는 국고보조금과 광역자치단체가 기초자치단체에 지원하는 지방보조금이 있다.

(1) 국고보조금

국가는 정책상 또는 지방자치단체의 재정 사정상 특히 필요하다고 인정되는 때에는 예산의 범위 안에서 지방자치단체에 보조금을 교부할 수 있다. 지방자치단체의 재원만으로는 감당하기 어렵고, 국가 전체적인 측면에서 다루어야 할 사업(예: 댐, 교량, 국도 건설)이나, 순수한 지방자치단체의 사업이라 할지라도 국가적 차원에서 장려하거나 지원이 필요한 사업은 국고보조금으로 지원할 수 있다. 이러한 국고보조금은 특정 시책이나 사업을 지원하는 것이므로 특정재원이며, 지방의 재정을 중앙에 의존하는 것으로서 의존재원의 성격을 지닌다.

이러한 국가 시책사업 지원금 이외에 국가와 지방의 이익을 공유하는 단체위임사무의 경비의 전부 또는 일부를 지원하는 부담금과 국민투표 실시 등과 같은 기관위임사무의 비용을 지원하는 교부금도 넓은 의미의 국고보조금이라고 할 수 있다.3)

(2) 지방보조금

국가가 지방자치단체에 지원하는 국고보조금과 마찬가지로 광역자치단체(특별시, 광역시, 도)는 필요하다고 인정되는 때에는 예산의 범위 안에서 기초자치단체인 시·군 및 자치구에 보조금을 교부할 수 있다(지방재정법 제23조 제2항).

2) 지방교부세

지방교부세는 국가가 재정의 결함이 있는 지방자치단체에 교부(交付)해 주는 금액을 말한다. 국가가 지방자치단체에 나누어 주는 금액으로 지방교부금이라고 부르기도 한다. 지방교부세는 국가가 지방자치단체의 재정 결손을 보전하고, 지방간 재정 격차를 줄이기 위해 일정한 세금의 징수분을 지방자치단체에 지원해 주는 금액이다(지방교부세법 제2조).

지방교부세(지방교부금)의 성격은 국가에서 지원되는 재원이라는 점에서 의존재원이며, 일상적인 관리 비용으로 지출된다는 점에서 일반재원이다. 전통적인 지방보조금이었던 지방양여금은 2005년 1월부터 폐지되었고, 사업의 성격에 따라 지방교부금이나 국고보조금 혹은 균형개발 특별회계로 재편되었다.

우리나라의 지방교부세는 보통교부세, 특별교부세, 부동산교부세, 소방안전교부세의 네 종류로 구분된다. 이전에는 소방안전교부세 대신에 분권교부세라는 항목이 있었으나, 2014년 분권교부세가 보통교부세로 이전되어 폐지되었다.

지방교부세의 재원은 내국세(목적세와 종합부동산세, 담배소비세 일부, 특별회계의 재원으로 사용되는 세목 금액 제외) 총액의 19.24%에 해당하는 금액과 종합부동산세 총액, 담배소비세의 100분의 45에 해당하는 금액, 교부세 결산 과정에서 남겨진 차액을 합한 금액으로 한다.4)

---

3) 지방재정법 제21조(부담금과 교부금) ① 지방자치단체 또는 그 기관이 법령에 의하여 처리하여야 할 사무로서 국가와 지방자치단체 상호 간에 이해관계가 있는 경우에, 그 원활한 사무 처리를 위하여 국가에서 부담하지 아니하면 아니 되는 경비는 국가가 그 전부 또는 일부를 부담한다. ② 국가가 스스로 행하여야 할 사무를 지방자치단체 또는 그 기관에 위임하여 수행하는 경우에, 그 소요되는 경비는 국가가 그 전부를 당해 지방자치단체에 교부하여야 한다.

(1) 보통교부세

보통교부세는 매년도의 기준재정 수입액이 기준재정 수요액에 미달하는 자치단체에 대하여 그 미달액을 기초로 교부한다. 다만, 자치구에 대하여는 기준재정 수요액과 기준재정수입액을 각각 당해 특별시 또는 광역시의 기준재정 수요액 및 기준재정수입액에 합산하여 산정하고, 이를 당해 특별시 또는 광역시에 교부한다(지방교부세법 제6조).

(2) 특별교부세

특별교부세는 기준재정 수요액의 산정 방법으로써 포착할 수 없는 특별한 재정수요가 있을 때나, 보통교부세의 산정 기일 후에 발생한 재해로 인하여 특별한 재정수요가 있거나 재정수입의 감소가 있을 때, 자치단체의 청사 또는 공공복지시설의 신설, 복구, 확장, 보수 등의 사유로 인하여 특별한 재정수요가 있을 때 특별히 교부하는 금액이다.

(3) 부동산교부세

부동산교부세는 종합부동산세법에 의한 종합부동산세 총액을 중심으로 형성된 교부세로 전액 지방자치단체에 교부한다.

(4) 소방안전교부세

소방안전교부세는 지방자치단체의 소방 및 안전시설 확충, 안전관리 강화 등을 위하여 지방자치단체에 지원하는 재원이다. 소방 분야에 대해서는 소방청장의 의견을 들어 교부하여야 한다. 소방안전교부세의 교부 기준은 지방자치단체의 소방 및 안전시설 현황, 소방 및 안전시설 투자 소요, 재난 예방 및 안전 강화 노력, 재정 여건 등을 고려하여 정한다.

3) 조정교부금

조정교부금은 기초자치단체 간의 재정력 격차를 조정하기 위해 광역자치단체가 운용하는 재원이다. 상대적으로 재정 여건이 어려운 기초자치단체를 우선 지원하는 것으로 국가의 지방교부금과 유사한 성격이라고 할 수 있다.

조정교부금은 일반적 재정수요에 충당하기 위한 일반조정교부금과 특정한 재정수요

---

4) 지방교부세의 내국세 비율은 1996년 13.27%였다가 2000년 15.0%로 조정되었고, 2005년 1월 5일 19.13%를 거쳐, 2005년 12월 31일 19.24%로 조정되었다. 2006년부터는 내국세의 19.24%로 다시 상향 조정되어 현재에 이르고 있다.

에 충당하기 위한 특별조정교부금으로 구분하여 운용한다(지방재정법 제29조의3).

4) 균형발전특별회계

2004년 4월 국가균형발전 특별법이 제정되고, 이에 근거하여 국가균형발전특별회계가 설치되었는데, 균형발전특별회계는 국가균형발전계획의 추진을 재정적으로 지원하고, 지역 개발 및 지역혁신을 위한 사업을 지역의 특성 및 우선순위에 따라 효율적으로 추진하기 위하여 설치되었다(국가균형발전 특별법 제30조). 균형발전 특별회계는 지역자율 계정, 지역자원 계정, 제주특별자치도 계정, 세종특별자치시 계정으로 구분하여 운영한다.

3. 지방채

지방채란 지방자치단체가 지하철, 도로, 상하수도 건설 등과 같은 특정 사업을 수행하고자 하는 경우 자체적으로 재원 조달의 어려움이 있을 때 일정 기간 동안 돈을 빌리는 행위를 말한다. 주로 도로 건설 및 상하수도 건설을 위한 재정 수요에 지방채를 조달하여 사용하고 있다. 지방채는 지방자치단체의 재원으로 갚고, 이자를 부담해야 하는 장기 차입금이다.

지방자치단체의 장은 지방채를 발행할 수 있다. 지방자치단체의 장이 지방채를 발행하고자 하는 경우에는 지방채 발행 한도액의 범위 안에서 지방의회의 의결을 얻어야 한다. 지방채의 상환과 그 이자 부담은 주민의 몫이 되기 때문이다. 지방채 발행 한도액의 범위 안이라도 외채를 발행하는 경우에는 지방의회의 의결을 거치기 전에 행정안전부장관의 승인을 얻어야 한다. 지방자치단체장 이외에 지방자치법상의 '지방자치단체조합'의 장도 필요한 절차를 거쳐 지방채를 발행할 수 있다.

4. 지방자치단체의 기금

지방자치단체의 기금이란 지방자치단체가 특정한 행정 목적을 달성하기 위하여 설치·운용하는 자금을 말한다. 기금의 회계연도는 일반회계의 회계연도와 같으며, 매 회계연도마다 기금 운용계획을 수립해야 한다. 지방자치단체는 각종 기금의 여유자금을 통합 관리하고, 이를 재정융자 및 지방채 상황 등에 활용하기 위하여 지방자치단체별로 기금의 여유자금을 통합하여 통합관리기금을 설치할 수 있으며(지방자치단체 기금관리 기본법 제16조), 2개 이상의 지방자치단체가 여유 자금을 효율적으로 관리하고 활용하기 위하여 지방자치단체 조합의 형식으로 지역발전협력기금을 설치할 수 있다.

제 3 절 지방자치단체의 재정지출

지방자치단체의 재정수입은 적절한 분야에 합리적으로 지출되어야 할 것이다. 지방자치단체의 재정지출은 국가 예산에 비해 일반적인 관리비와 경직성 경비가 중심을 이루고 있다.

지출 예산은 분류 기준에 따라 다양한 방식으로 구분될 수 있다. 일반회계와 특별회계로 구분할 수 있고, 재정지출의 목표와 정책 방향을 파악할 수 있도록 기능별로 구분할 수 있다. 또한 예산 운용의 부서에 따라 조직별로 분류하거나, 회계 · 감사에 유용하도록 성질별(품목별)로 분류할 수 있다. 여기서는 재정지출의 기능별 분류와 성질별 분류를 소개해 보기로 한다.

1. 재정지출의 기능별 구분

지방자치단체의 세출예산을 주요 기능에 따라 분류할 수 있는데, 이를 통해 일반 시민들은 지방자치단체가 어떤 정책목표에 주안점을 두고 있는가를 파악할 수 있다. 따라서 기능별 분류는 정책 수요와 사회환경의 변화에 따라 수시로 변동될 수 있다.

지방자치가 본격적으로 실시된 1996년부터는 일반행정비, 사회개발비, 경제개발비, 민방위비, 지원 및 기타 경비의 다섯 가지 기능의 분류체계를 적용해왔다. 일반행정비는 지방자치단체의 행정조직과 지방의회를 유지 · 운영하는 데 소요되는 일반관리적 사무비이다. 사회개발비는 지방자치단체의 교육 및 문화비, 보건 및 생활환경개선비, 사회보장비, 주택 및 지역사회개발비를 포함한다. 경제개발비는 지방자치단체가 관할 구역에서 산업을 육성하기 위해 필요로 하는 경비이다. 민방위비는 병사관리, 비상대책,

국민의 생명 · 신체 및 재산 보호, 재해의 방지와 피해 경감을 위한 사무 수행 등에 필요한 경비이다.

이러한 기준은 2008년에 다시 세분화하여 14개 분야로 나누었고, 2021년 현재는 14개 분야 40개 부문으로 구분되고 있다. 14개 분야는 일반 공공행정, 공공질서 및 안전, 교육, 문화 및 관광, 환경, 사회복지, 보건, 농림해양수산, 산업 · 중소기업 및 에너지, 교통 및 물류, 국토 및 지역개발, 과학기술, 예비비, 기타이다.

2. 재정지출의 성질별 분류

지방자치단체 지출의 성질별 분류는 품목별 분류라고도 하는 것으로 지출대상 품목에 의한 전통적인 분류 방법이다. 이는 최종 지출 단위를 기준으로 이루어지는 것이어서 세출예산 편성의 기초가 될 뿐만 아니라, 집행의 회계적 기초가 된다. 2021년 현재 재정지출 예산의 성질별 분류는 8개 분야 35개 부문으로 구분되고 있다. 여기서는 5개 분야로 재정리하여 소개한다.

1) 인건비

인건비는 지방자치단체의 행정 활동에 필요한 직원의 고용에 소요되는 경비이다. 급여, 상여금, 수당 등을 포함한다.

2) 물건비

물건비는 지방자치단체의 행정사무 관리에 필요한 기본 경비이다. 지방자치단체의 물건비에는 일반운영비, 여비, 업무 추진비, 직무수행 경비, 의회비, 재료비, 연구개발비 등이 포함된다.

3) 경상이전비

지방자치단체의 경상이전비는 지방자치단체로부터 국가 또는 다른 지방자치단체, 개별 가계 내지 기업에 지출되는 이전적 경비이다. 구체적인 내용은 일반보전금, 이주 및 재해보상금, 포상금, 연금부담금, 배상금, 출연금, 민간이전, 자치단체 이전, 전출금, 국외 이전, 차입금 이자 상환 등이다.

4) 자본지출비

지방자치단체의 자본지출비는 직·간접적으로 자본 형성과 관련된 경비로서 여기에는 시설비 및 부대비, 민간 자본 이전, 자치단체 자본 이전, 공사·공단 자본 전출금, 자산 취득비, 기타 자본 이전 경비가 포함된다.

5) 융자·출자, 보전재원, 내부거래, 예비비·기타

예산 분류표에는 융자금과 출자금, 보전재원, 내부거래, 예비비 및 기타의 분야로 구분되어 있으나 여기서는 이들을 함께 소개한다. 지방자치단체의 보전재원은 차입금의 원금 상환 비용인데, 국내·외 차입금 상환, 지방채 상환, 유가증권 매입 등에 지출되는 경비이다. 내부거래비는 지방자치단체의 회계 간, 계정 간 전출금 및 예탁금, 예수금, 전대차관 상환, 이자 등의 비용으로 구성된다. 이외에도 예비비 및 반환금, 기타 비용 등이 있다.

제 4 절 지방자치단체의 예산

지방자치단체의 예산은 지방재정의 수입과 지출의 구체적인 내용을 수치화시킨 구체적 내역서라고 볼 수 있다. 이 내용은 예산회계법과 지방재정법의 내용을 중심으로 전개하고자 한다.

1. 지방예산의 개념과 종류

지방예산이란 지방자치단체에서 일정 기간에 사용하는 수입·지출의 내역을 수로 표시한 것을 의미한다. 예산은 사전에 예상되는 수입, 지출의 예정적 계산이라는 점에서 사후에 수입·지출의 실적을 확정적 계수로 표시하는 결산과 구분되며, 정치단체의 수입·지출의 예정적 계산이라는 점에서 기업과 가계의 수입·지출 내역과 구분된다.

예산의 종류는 그 내역에 따라 세입예산과 세출예산, 혹은 일반회계예산과 특별회계예산으로 구분해 볼 수 있고, 예산의 수정 여부에 따라 본예산·수정예산·추가경정예산으로, 예산이 통과되지 못했을 때 사용 방법에 따라 잠정예산·가예산·준예산으로 구분해 볼 수 있을 것이다.

1) 세입예산과 세출예산

먼저, 예산은 기본적으로 세입·세출예산으로 구성되는데, 세입예산은 당회계연도에 수입을 확보할 수 있는 금액 내역을 의미하며, 세출예산은 당회계연도에 지출할 금액 내역에 관한 예산이다.

2) 일반회계예산과 특별회계예산

다음으로, 일반회계예산과 특별회계예산이다. 일반회계예산은 일상적인 지방정부의 지출 내역을 서술한 회계이고, 특별회계예산은 공영기업 기타 특정 사업을 운영할 때, 또는 특정 자금이나 특정 세입·세출로서 일반 세입·세출과 구분하여 경리할 필요가 있을 때 사용되는 예산이다. 특별회계는 법률 또는 조례로 설치해야 한다. 공기업 특별회계, 기타 특별회계로 나누어 볼 수 있다.

3) 본예산, 수정예산, 추가경정예산

예산의 수정 내역에 따라 본예산(本豫算)과 수정예산(修正豫算), 추가경정예산(追加更正豫算)으로 구분해 볼 수 있다. 본예산은 의회의 의결을 통과하여 이미 성립된 예산이고, 수정예산은 예산이 의결을 통과하기 전에 수정하여 제출하는 예산이다. 추가경정예산은 이미 성립된 예산을 변경할 필요가 있을 때에 편성한다.

4) 잠정예산, 가예산, 준예산

회계연도까지 예산이 의결되지 않았을 때 쓰는 예산으로는 잠정예산(暫定豫算), 가예산(假豫算), 준예산(準豫算)이 있다. 잠정예산은 예산안이 회계연도 개시일까지 의회를 통과하지 못한 경우 일정 금액의 예산의 국고지출을 허가하는 제도이다. 우리나라에서는 이 제도를 사용하지 않으며, 영국, 캐나다 · 일본 등에서 사용하고 있다. 가예산은 예산을 임시로 편성하여 쓰는 예산이고, 준예산은 과거에 준하여 지출할 수 있는 예산이다. 우리나라 지방자치단체의의 경우 준예산제도를 도입하고 있다.

참고 21-1 주민참여예산제도와 성인지 예산제도

1. 주민참여예산제도

주민참여예산제도는 지방자치단체의 예산편성 단계에서 주민이 참여하고 그 의사를 반영하는 제도이다. 지방재정법에는 지방자치단체가 주민참여를 보장하는 예산제도를 운영할 것을 명시하고 있다. 지방자치단체의 장은 예산편성 과정에 주민이 참여할 수 있는 절차를 마련하여 시행하여야 하며, 주민의 의견을 수렴하여 그 의견서를 지방의회에 제출하는 예산안에 첨부할 수 있다(지방재정법 제39조)고 규정하고 있다. 2011년 3월 이전에는 주민참여예산제를 시행할 수 있다고 하였으나 2011년 3월 지방재정법 개정으로 '하여야 한다'로 바뀌어 주민참여예산제 시행은 의무 사항이 되었다.

2. 성인지(性認知) 예산제도

성인지 예산제도는 예산이 성(性)에 미치는 영향을 분석하고, 그 결과를 예산에 반영시키고자 하는 예산제도이다. 재원 배분에 있어서 남성과 여성의 차별적 배분을 시정하여 양성 평등의 사회를 구현하기 위한 정책적 예산제도라고 할 수 있다.

남성과 여성에게 미치는 효과를 분석하여 국가재정이 양성 평등한 방식으로 집행될 수 있도록 편성하는 예산제도로, 성 인식, 성 관점에서 편성하는 예산이라고 하여 성인지 예산이라고 한다. 우리나라 국가재정법에는 2010년부터 국가와 지방자치단체가 성인지 예산서를 작성하도록 명시하고 있다(국가재정법 제16조, 지방재정법 제36조의2). 성인지 예산서에는 성 평등 기대효과, 성과 목표, 성별 수혜 분석 등을 포함하여야 한다.

2. 예산의 원칙

지방자치단체의 예산 원칙은 위에서 언급한 지방재정 운영의 7대 원칙을 준용할 수 있으나 예산서의 범위에 한정하여 다음과 같은 세부 원칙을 설정해 볼 수 있을 것이다.

1) 회계연도 독립의 원칙

각 회계연도의 경비는 당해 연도의 세입으로 충당하여야 한다. 또한 당해 연도 내의 수입으로 경비를 충당함에 있어서 부족이 생긴 때에는, 다음 연도의 수입을 앞당기어 이에 충당·사용할 수 있으며, 이 내용은 다음 연도의 세입·세출예산에 편입하여야 한다.

2) 예산총계주의 원칙

한 회계연도의 모든 수입을 세입으로 하고 모든 지출을 세출로 한다. 세입과 세출은 모두 예산에 편입되어야 한다는 것이다. 지방자치단체가 현물로 출자하는 경우와 '지방자치단체 기금관리기본법'에 의해 설치된 기금을 운영하는 경우, 기타 대통령령이 정하는 사유로 보관할 의무가 있는 현금 또는 유가증권이 있는 경우에는 이를 세입 세출예산 외로 처리할 수 있다.

3) 수입의 직접 사용 금지의 원칙

지방자치단체의 장, 그 보조기관 및 소속 행정기관은 그 관할에 속하는 지방자치단체의 모든 수입을 지정된 수납기관에 납부하여야 하며, 법률에 달리 정하고 있는 경우를 제외하고는 직접 사용하여서는 아니 된다. 그러나 용역 및 시설을 제공하여 발생하는 수입과 관련되는 경비(수입대체경비)는 수입의 범위 내에서 직접 지출할 수 있다.

4) 합리적 예산 편성의 원칙

지방자치단체는 법령 및 조례가 정하는 범위 안에서 합리적 기준에 의하여 그 경비를 산정하여 이를 예산에 계상하여야 한다. 모든 자료에 의하여 엄정하게 그 재원을 포착하고 경제의 현실에 적응하도록 그 수입을 산정하여 이를 예산에 계상하여야 한다.

5) 예산 공개 및 주민참여의 원칙

재정 운용 상황을 매년 1회 이상 지역 주민이 알기 쉽게 공시하고 주민의 참여를 활성화한다. 최근에는 이러한 내용을 구체화하여 '주민참여예산제도'를 각 자치단체별로 운영하고 있다. 의견공시, 여론조사, 인터넷 여론 수렴 등의 다양한 방법을 사용하고 있다.

6) 주민책임의 원칙

지방자치단체의 예산 운영에서 스스로의 책임을 다할 수 있어야 한다. 지방세, 세외수입의 적극적인 부과 · 징수를 통하여 자체수입 증대에 기여해야 하고, 선심성 · 낭비성 예산 편성 금지, 자치단체 사무와 관련 없는 경비 지출의 금지, 세출예산의 목적 외 사용을 금지하여야 한다.

3. 예산의 내용

예산의 구체적인 내용은 예산총칙, 세입 · 세출예산, 계속비, 예비비, 채무부담행위, 명시이월비로 구분된다.

1) 예산총칙

세입 · 세출예산, 계속비, 채무부담행위 및 명시이월비에 관한 총괄적 규정과 지방채 및 일시 차입금의 한도액, 기타 예산 집행에 관하여 필요한 사항을 정하여야 한다.

2) 세입 · 세출예산

1회계연도의 세입 · 세출을 명기한 예산을 말한다.

3) 계속비

지방자치단체의 장은 공사나 제조, 기타의 사업으로서, 그 완성에 수년도를 요하는 것은 소요 경비의 총액과 연도별 금액에 대하여 지방의회의 의결을 얻어 계속비로서 수년도에 걸쳐 지출할 수 있다.

4) 예비비

지방자치단체는 예측할 수 없는 예산 이외의 지출 또는 예산 초과 지출에 충당하기 위하여 예비비로서 상당하다고 인정되는 금액을 예산에 계상하여야 한다. 다만, 특별회계의 경우에는 예비비를 계상하지 아니할 수 있다.

5) 채무부담행위

지방자치단체의 장은 법령 및 조례에 의한 것, 세출예산, 명시이월비 또는 계속비 총액의 범위 안의 것을 제외하고, 지방자치단체의 채무 부담의 원인이 될 계약의 체결, 기타의 행위를 하고자 할 때는 미리 예산으로 지방의회의 의결을 얻어야 한다.

6) 명시이월비

전년도의 이월 금액을 명시한 내역을 말한다.

4. 예산의 과정

1) 예산의 편성과 투자 심사

(1) 예산의 편성

예산의 편성은 다음 해에 정부가 수행할 정책이나 사안을 그 액으로 표시한 계획을 작성하는 과정이며, 예산 편성지침의 작성으로부터, 예산안의 확정에 이르는 모든 과정을 포함한다. 중앙정부의 예산안이 확정되어야 지방정부의 예산안이 확정될 수 있기 때문에, 지방정부의 경우 예산안이 잠정적으로 편성될 수밖에 없다. 이 예산은 다음 연도에 다시 추가경정예산을 통해 확정된다.

지방자치단체장은 회계연도마다 예산안을 편성하여 지방의회에 제출한다. 광역자치단체인 시·도는 회계연도 시작 50일 전까지 제출하고, 회계연도 시작 15일 전까지 의결해야 하며, 기초자치단체인 시·군·자치구는 40일 전까지 예산안을 제출하고, 10일 전까지 의결해야 한다.

(2) 투자사업의 심사

지방자치단체장은 재정 투자 사업에 관한 예산을 편성하고자 하는 경우, 그 사업의 필요성 및 사업계획 타당성 등에 대해 심사를 하여야 한다.

2) 예산의 심의 및 의결

예산편성지침에 의해 편성된 예산안은 지방의회에 제출되어 심의를 받게 된다. 예산의 심의는 주민의 대표기관인 의회에서 행하여지는데, 정치 과정인 예산의 심의는 여러 가지 요인에 의하여 영향을 받게 된다. 지방의회가 지방자치단체가 법령에 의해 의무적으로 부담하여야 할 경비나, 비상재해로 인한 시설의 응급복구를 위하여 필요한 경비 등에 대한 삭감을 할 경우, 단체장은 이송받은 날로부터 20일 이내에 이유를 붙여 재의를 요구할 수 있다.

3) 예산의 집행

예산의 집행이란 국회에서 예산안이 심의·확정된 후에 이에 따라 지방정부의 수입·지출을 실행하는 모든 행위를 말하며, 국고채무부담행위나, 지출원인행위의 실행도 포함한다.

4) 결산 및 회계감사

결산이란 1회계연도 중의 국가의 수입, 지출의 실적을 확정적인 계수로 표시하는 행위이며, 예산에 의하여 수입·지출을 한 정부의 사후적 재정보고이다. 지방자치단체장은 회계연도마다 작성한 세입, 세출결산서를 6월 말까지 지방의회에 제출하여야 한다.

회계감사는 감사원, 국회, 지방의회 등에서 종합적으로 감사하게 되는데, 의회는 주로 업무감사에 치중하는 경향이 있다. 각 자치단체별로 감사의 권한과 범위에 대한 갈등이 존재하고 있다.

2005년 지방재정법의 개정으로 결산에 필요한 재무보고서의 작성은 발생주의와 복식부기의 회계원리를 기초로 작성하도록 되어 있다.

참고 21-2 발생주의와 복식부기

2005년 지방재정법의 개정으로 지방자치단체의 재무회계를 발생주의와 복식부기에 의해 기록하도록 되었다. 과거 정부의 회계 방식은 현금주의와 단식부기제도를 기본으로 채택하였다. 그러나 정부 개혁의 과정 속에서 기업가적 마인드를 도입하여 기업의 회계 방식인 발생주의와 복식부기를 채택하게 된 것이다. 2005년 지방재정법 개정 이후 준비 과정을 거쳐 2007년부터는 각 부처에서 전면적으로 시행하게 되었다.

1. 현금주의와 발생주의

현금주의는 전통적인 정부의 회계 처리 방식이었으나 현재는 발생주의 방식으로 전환되었다.

현금주의는 현금의 수입과 지출에 기초를 두고, 기간 중 실제로 거래된 수입 또는 지출 비용을 모두 계산하는 방법을 의미한다. 그러나 수입이나 지출의 실제 시점에 근거하는 현금주의 회계는 일정한 기간을 단위로 하여 손익을 산정하는 데는 적절치 못해, 발생주의 회계 방식을 채택하게 된 것이다. 발생주의 회계는 실제 현금의 수입 지출 시기와 관계 없이 그러한 수입 지출이 어느 기간에 연관된 것인가를 판단하여 손익을 계산 회계장부를 정리한다.

예를 들면, 기업 재정이 좋지 않아 1년이 지난 후 과거의 이자를 지불하였을 경우, 현금주의는 현재 이자를 지출한 시점의 수입 지출로 계산되지만, 발생주의는 1년 전 관련 이자가 발생했던 해당 기간의 수입 지출로 계산 된다.

2. 단식부기와 복식부기

단식부기란 그동안의 전통적 정부의 회계 관리 방식으로 현금, 특정 재산, 채무 등을 중심으로 거래의 일면만을 기록하는 방식을 말하며, 복식부기란 거래의 이중성에 따라 거래의 인과관계를 회계장부의 차변(借邊)과 대변(貸邊)에 기입하는 방식을 말한다.

단식부기는 당해 회계연도의 총수입과 총지출을 기입, 단순 합산 비교하여 총수입과 지출을 비교 정리하는 방식이다. 복식부기는 재무변동 상황을 자산, 부채, 자본, 비용의 네 가지 유형으로 구분하여, 차변(借邊)에는 자산 증가 · 부채 감소 · 자본 감소 · 비용 발생을 대변(貸邊)에는 자산 감소 · 부채 증가 · 자본 증가 · 수익 발생을 기록한다.

예를 들면, 지방정부에서 토지를 매입했을 경우 단식부기는 현금 지출만 기록하지만, 복식부기는 자산의 증가(토지)와 자산의 감소(현금)를 기록하여 재무 및 자산 운용 상태를 종합적으로 파악할 수 있도록 해준다.

제 5 절 지방재정의 평가

1. 지방재정의 평가모형

지방재정 운영의 평가모형은 우리나라 각 지방자치단체가 1회계연도 동안 재정을 얼마나 건전하게 운영하였는지를 평가하는 모형이다. 지방재정 운영평가는 재정 현황, 재정 운영, 재정 성과의 3단계로 분류하여 평가할 수 있다([표 21-5] 참조).

표 21-5 지방재정 운영평가모형

평가 목적	평가 내용	평가의 변수(variable)
• 지방재정 건전성 확보 • 지방재정의 효율성 확보 • 재정 운영의 대책 수립	재정 현황	- 재정 규모의 적정성 - 재정 구조의 건전성
	재정 운영	- 재정 운영의 건전성 - 재정 운영의 노력성 - 재정 운영의 탄력성 - 재정 운영의 적정성
	재정 성과	- 공공시설 및 행정 수준 향상

재정 현황은 다시 재정 규모의 적정성, 재정 구조의 건전성으로, 재정 운영은 재정 운영의 건전성, 재정 운영의 노력성, 재정 운영의 탄력성, 예산 편성의 적정성의 네 가지 기준으로, 재정성과는 공공시설 및 행정 수준의 향상이라는 기준으로 평가할 수 있다.[5]

2. 지방재정자립도와 지방재정자주도

여기서는 지방재정의 일반적 평가모형으로 활용되는 지방재정자립도와 지방재정자주도를 설명해보기로 한다.

1) 지방재정자립도

지방재정자립도란 지방자치단체의 일반회계 예산 중에서 자체수입으로 충당할 수 있는 재원의 비율을 의미하는 재정지표이다. 지방자치단체에서 소요되는 재원을 스스로 얼마나 조달할 수 있는가를 평가하는 지표라고 할 수 있다. 지방자치단체의 자체수입은 지방세[보통세+목적세(지방교육세 제외)]와 세외수입(경상적 세외수입+임시적 세외수입)을 합한 금액으로 구성된다.

지방재정자립도를 산출하는 공식은 다음과 같다.

5) 서울시 시정개발연구원, 지방정부 재정진단모형(1995: 10)을 참조, 여기서 재정의 건전성은 수입과 지출의 균형 여부, 탄력성이란 자주재원의 증가율이나 투자비용의 증가율, 노력성이란 지방세의 징수율을 의미한다.

$$\frac{\text{자체수입}}{\text{일반회계 예산 규모}} \times 100 = \text{지방재정자립도}(\%)$$

* 자체수입: 지방세 + 세외수입

예컨대, 지방정부의 일반회계 예산이 100원인데, 그 중 지방자치단체 자체에서 얻는 수입이 60원이면 지방재정자립도는 60%라고 할 수 있는 것이다.

2) 지방재정자주도

지방재정자주도는 일반회계 예산 중에서 지방자치단체가 자율적으로 정하고 집행할 수 있는 자자율재원의 구성 비율이다. 지방세나 세외수입 등 자체수입이 적어 지방재정자립도가 낮더라도, 국가로부터 이전받는 일반교부세나, 광역자치단체로부터 이전받는 일반조정교부금의 비중이 높아지면, 지방자치단체가 자율적으로 사용할 수 있는 재원의 규모가 커지므로, 지방재정자주도는 높아진다.

지방자치단체가 스스로의 의사에 따라 사용할 수 있는 자율재원은 자체재원(자주재원)과 이전재원(의존재원) 가운데의 일반 이전금으로 구성된다. 자체재원은 지방세와 세외수입으로 구성되고, 이전재원의 일반 이전금은 국가가 지원하는 보통교부세, 광역단체가 기초단체에 이전하는 일반조정교부금, 기타 지원금을 합한 금액으로 구성된다. 이전재원 중 국가가 지원하는 국고보조금이나 광역단체가 지원하는 특별조정교부금은 지출의 목표나 대상이 정해져 있어 자율적으로 쓸 수 없다. 따라서 이전재원 중에서 자체적으로 쓸 수 있는 재원인 자율재원이라고 할 수 없다.

지방재정자주도는 지방자치단체가 스스로 사용할 수 있는 재정의 구성 비율을 나타내는 것으로, 지방자치단체의 실질적 재정 능력을 평가할 수 있는 지표라고 할 수 있다. 대체적으로 지방재정자립도는 지방자치단체마다 큰 차이가 있지만, 지방재정자주도는 상대적으로 편차가 적은 편이다. 재정자립도가 낮은 지역에, 균형 발전 차원에서 분배적 재정 지원을 하는, 지방재정조정제도가 존재하기 때문이다([표 21-6] 참조).

지방재정자주도를 산출하는 공식은 다음과 같다.

$$\frac{\text{자체수입} + \text{일반 이전금}}{\text{일반회계 예산 규모}} \times 100 = \text{지방재정자주도}(\%)$$

* 여기서 자체수입은 [지방세 + 세외수입].

** 일반 이전금은 국가나 상위 자치단체가 지원한 이전 금액 중 지방자치단체가 자율적으로 쓸 수 있는 금액이다. [보통교부세 + 일반조정교부금 + 기타 지원금]으로 구성된다. 일반 이전금을 자체적으로 쓸 수 있는 재원이라는 의미에서 자주재원이라고 부르기도 한다(행정안전부 통계연보). 그러나 자주재원은 의존재원(이전재원)의 대립 개념으로 주로 지방세와 세외수입을 포함한 자체수입이라는 개념으로 이해될 수 있으므로, 여기서는 일반 이전금이라고 표기하기로 한다.

3. 광역자치단체별 재정력

광역자치단체별 인구와 예산 규모, 재정자립도, 재정자주도를 비교하면 [표 21-6]과 같다.

한국의 총인구는 약 5천 2백만 명 정도이다(2020.1). 광역자치단체별 인구 순위는 경기도가 약 1,300만 명으로 가장 크고, 그 다음이 서울특별시로 약 980만 명 정도이다. 경기도가 서울보다 350만 명 정도 더 많다. 다음으로 부산광역시(343만 명), 경상남도(336만 명), 인천광역시(296만 명), 경상북도(267만 명), 대구광역시(244만 명), 충청남도(212만 명)순이다. 인구가 가장 적은 광역단체는 세종특별자치시로 약 34만 명이다. 그 다음으로는 제주특별자치도로 약 67만 명이다.

광역단체별 예산 규모는 순계 세입 예산 기준으로 경기도가 약 50.8조 원으로 1위, 서울시가 약 40.2조 원으로 2위, 경상북도(19.2조 원), 경남(19.0조 원)순이다. 예산 규모가 상대적으로 적은 광역자치단체는 세종특별자치시(1.5조 원), 울산광역시(4.7조 원), 대전광역시(5.7조 원) 등이다.

재정자립도는 서울(81.4%), 경기(64.8%), 세종(64.8%)순이며, 재정자주도는 서울(85.5%), 경기(76.1%), 강원(75.5%)순으로 나타나고 있다([표 21-6] 참조).

표 21-6 시·도별 인구와 예산 규모, 재정자립도와 재정자주도 비교

(단위: 명, 억 원, %)

시·도별	인구(명)*	예산 규모(억 원)**	재정자립도(%)	재정자주도(%)
계/평균	51,849,861	2,532,263	50.4	73.9
서울	9,729,107	402,358	81.4	83.1
부산	3,413,841	137,745	54.8	66.6
대구	2,438,031	99,163	50.5	66.5
인천	2,957,026	125,356	59.8	72.1

광주	1,456,468	59,923	45.3	66.6
대전	1,474,870	56,987	46.0	67.7
울산	1,148,019	47,204	56.2	72.2
세종	340,575	15,210	64.8	70.8
경기	13,239,666	508,380	64.8	75.5
강원	1,541,502	121,861	28.8	76.1
충북	1,600,007	96,081	34.8	73.5
충남	2,123,709	133,623	38.3	73.7
전북	1,818,917	130,089	30.1	71.8
전남	1,868,745	159,745	28.1	71.6
경북	2,665,836	192,540	32.1	73.9
경남	3,362,553	189,525	40.0	71.4
제주	670,989	56,473	40.1	70.3

* 주민등록인구(2020.1.1).

** 일반·특별회계를 포함한 총예산 규모임. 출처: 행정안전부, 『2020년 행정안전통계연보』.

*** 재정자립도·재정자주도 출처는 행정안전부, 『2020년 행정안전통계연보』.

본문요약

1. 지방재정의 기초 개념

- 지방재정: 지방자치단체에 운영하는 재정
- 특징: 다양성과 복잡성, 취약성, 비탄력성, 사회복지 및 경제 개발

2. 지방자치단체의 재정수입

- 자체재원: 지방세(보통세와 목적세, 광역자치단체세와 기초자치단체세), 세외수입
- 이전재원(의존재원): 보조금(국고보조금, 지방보조금), 지방교부세(보통교부세, 특별교부세, 부동산교부세, 소방안전교부세), 조정교부금, 균형발전특별회계

3. 지방자치단체의 재정지출

- 기능별 구분
- 성질별 구분

4. 지방자치단체의 예산

- 지방예산의 개념: 지방자치단체에서 일정 기간에 사용하는 수입·지출의 내역을 수로 표시한 것

- 예산의 종류: 세입예산과 세출예산, 일반회계예산과 특별회계예산, 본예산・수정예산・추가경정예산, 잠정예산・가예산・준예산
- 예산원칙: 회계연도 독립의 원칙, 예산총계주의 원칙, 수입의 직접 사용 금지의 원칙, 합리적 예산 편성의 원칙, 예산 공개 및 주민참여의 원칙, 주민책임의 원칙
- 예산 내용: 예산총칙, 세입・세출예산, 계속비, 예비비, 채무부담행위, 명시이월비
- 예산 과정: 예산의 편성과 투자 심사, 예산의 심의 및 의결, 예산의 집행, 결산 및 회계감사

5. 지방재정자립도와 지방재정자주도

- 지방재정 운영평가: 재정 현황, 재정 운영, 재정 성과 평가
- 지방재정자립도: 지방자치단체의 자체수입이 일반회계에서 차지하는 비율
- 지방재정자주도: 지방자치단체의 자체수입과 일반 이전재원을 합한 금액이 일반회계에서 차지하는 비율

Chapter 22

지방공기업과 제3섹터

공기업은 공공적 특성과 기업적 특성을 가진 법인체이다. 따라서 기업이란 용어가 들어가지만 상법상의 기업과는 그 구조나 성격이 다르다. 추구하는 근본적 가치가 기업적 이윤보다는 공익적 가치이기 때문이다. 공기업에는 중앙정부에서 운영하는 국가공기업과 지방자치단체에서 운영하는 지방공기업이 있다. 중앙정부에서 운영하는 국가공기업은 '공공기관 운영에 관한 법률'의 적용을 받고, 지방자치단체에서 운영하는 지방공기업은 '지방공기업법'과 '지방자치단체 출자 · 출연 기관의 운영에 관한 법률'의 적용을 받는다.

제 1 절 지방공기업의 개념과 분류

1. 지방공기업의 개념

공기업은 일반 사기업과 유사한 구조를 가지고 있지만, 공공의 목적을 달성하기 위하여, 국가나 지방자치단체가 운영한다. 이 중 지방자치단체가 운영하는 공기업을 지방공기업이라고 한다. 지방공기업의 유형은 분류자에 따라 다양한 접근이 가능한데, 여기서는 경영 형태, 출자 형태에 따라 분류해 보기로 한다.

2. 지방공기업의 분류

1) 경영 형태에 따른 분류

(1) 직접 경영형: 지방직영기업

직접 경영형은 정부 부처나 행정기관의 형식으로 운영하는 정부 부처형 지방공기업이다. 이러한 직접 경영형 지방공기업을 지방직영기업이라고 한다. 공기업 특별회계에 따라 독립채산제로 운영된다. 예산은 의회의 의결 과정을 거쳐 집행된다. 각 지역의 상수도, 하수도, 공영개발, 지역개발기금 등이 이러한 지방직영기업의 형태로 운영되는 지방공기업이다.

(2) 간접 경영형: 지방공단 · 지방공사 · 주식회사 · 재단법인

간접 경영형은 지방자치단체가 직접 운영하지 않고, 따로 법인 형태를 설립하여 운영하는 지방공기업이다. 독립된 법인체로서 회사의 형식을 갖추고 있다. 지방공단, 지방공사, 주식회사, 재단법인의 세 가지 형태가 있다. 지방공단은 지방자치단체가 전액 출자하여 운영하는 지방공기업으로, 시설관리공단, 환경공단, 경륜공단 등이 있다. 지방공사는 지방자치단체가 전액 혹은 50% 이상의 금액을 출자하여 운영하는 지방공기업이다. 지방공사의 예산은 이사회의 의결로 확정된다. 서울지하철공사, 부산교통공사, 지역관광개발공사 등이 그 예이다. 이외에도 지방자치단체가 전액 또는 부분 출연을 통해 운영하는 상법상의 주식회사나 민법이나 '공익법인의 설립 운영에 관한 법률'에 의거한

그림 22-1 경영 형태에 따른 지방공기업의 유형

- 지방공기업
  - 직접 경영형: 지방직영기업
  - 간접 경영형: 지방공사, 지방공단, 주식회사, 재단법인

재단법인이 있다. 예컨대, (주)벡스코, (주)서울관광마케팅는 주식회사 형태이고, 지역 장학재단은 재단법인 형태이다.

2) 출자 형태에 따른 분류

(1) 지방자치단체 전액 출자형

이는 지방자치단체가 출자의 전액을 담당하고, 운영에 대한 책임도 전적으로 자치단체가 지는 형태이다. 지방직영기업과 지방공단은 전부 이에 속한다. 지방공사의 경우는 자치단체가 전액을 출자하는 형태와 자치단체가 50% 이상, 100% 미만을 투자하는 부분 투자 형태가 있다. 주식회사 형태나 재단법인도 전액투자 혹은 부분 혼합투자가 가능하다(지방자치단체 출자 · 출연 기관 운영에 관한 법률 제4조 제1항).

(2) 공 · 사 혼합 출자형

공 · 사 혼합 출자형(公 · 私混合出資型)이란 민간부문과 공공부문이 공동으로 출자하여 법인을 설립하는 형태이다. 지방자치단체가 50% 이상, 100% 미만 출자하는 지방공사형과 지방자치단체와 민간부문이 공동 출자하는 주식회사나 재단법인의 형태가 있다.

제 2 절 지방공기업의 유형별 현황

1. 지방직영기업

지방직영기업은 지방자치단체가 행정조직의 한 부분으로 직접 경영하는 행정부처형

공기업이다. 이 경우, 자치단체의 본청에 소속되거나, 소속 행정기관으로서 사업소나 사업본부의 형태로 존재하기도 한다. 이는 공공성, 독점성이 강한 형태의 공기업이며, 주로 상수도사업, 하수도사업, 공영개발사업, 지역개발기금 등이 중심을 이룬다.

1) 상수도사업

상수도란 도관 기타의 공작물을 사용하여 원수 또는 정수를 제공하는 시설의 총체이며, 수도시설에는 취수, 저수, 정수, 송수 및 배급수 시설 등이 있다.

2) 하수도사업

하수도란 생활이나 사업에 기인하거나 수반되는 오수 또는 우수를 배수 처리하기 위하여 설치되는 관거, 기타의 공작물과 시설의 총체를 말한다.

3) 공영개발사업

일반적으로 공영 개발이란 토지의 개발이익을 환수하고 토지자원의 합리적 배분을 위하여 중앙정부나, 지방자치단체 또는 기타 공공단체가 토지를 취득하여 공급하는 개발방식이다. 지방자치단체의 경우, 공기업 특별회계 등을 설치하여 직접 사업을 시행할 수도 있고, 지방자치단체의 투자기관으로서 지방공사를 설립하여 이를 대행케 할 수도 있다. 지방공영개발사업의 주요 추진 대상사업은 택지개발사업 및 부대사업, 주택사업 및 부대사업, 공단조성 및 부대사업, 공유수면 매립 및 기타 경영수익사업 등이 있다.

4) 지역개발기금

지역개발기금은 1969년 시의 상수도사업의 자금을 조달하기 위하여 상수도 지방채를 발행한 이후, 1978년 12월에 군의 상수도사업을 융자하기 위해서 실시하였다. 1989년 지역개발기금으로 전환하여 1990년 1월부터 공기업 특별회계로 설치 · 운영하고 있다. 기금의 조성은 기존의 상하수도 지원금과, 지역개발공채의 발행과 일반회계의 출연 등으로 이루어지고 있다.

2. 지방공단

지방공단은 기존의 행정부처의 조직이 담당해야 할 업무를 자치단체가 100% 출연한 독자적인 법인에 의해 운영하는 지방공기업을 말한다. 경영의 책임자는 공단의 이사장이다. 특정 업무를 위탁 혹은 수탁받아서 처리하며, 지방의회의 예 · 결산 승인을 받으면 된다. 시설관리공단, 경륜이 대표적인 경우이다. 지방공단은 시설을 사용하는 수익자에게 사용료을 부과할 수 있다.

1) 시설관리공단

행정관청에서 다양한 공공시설을 직접 관리하는 것은 매우 복잡하고, 비효율적이다. 따라서 시설관리공단을 설치하여 공공시설을 종합적인 관리하는 경우가 있다. 서울특별시 시설관리공단의 경우를 예로 들어보면, 1983년 9월에 설치되었고, 주요 업무는 지하보도 및 상가 관리, 공영주차장 관리, 유료도로 통행료 징수, 공원관리사업, 장묘사업, 도시고속도로 관리, 공동구 관리 등의 업무를 수행하고 있다.

2) 경 륜

경륜은 자전거 경주와 경마식의 게임 형식을 도입한 것으로 프로 자전거 경주라고 할 수 있다. 2007년 7월 현재 부산경륜과 창원경륜의 2곳이 지방공단 형식으로 운영되고 있다.

3. 지방공사

지방공사는 지방자치단체가 공공성과 기업성의 가치를 동시에 얻기 위해, 독립된 회사 법인 형태로 운영된다. 경영의 책임자는 공사의 사장이다. 자치단체 전액(100%) 출자형과 자치단체가 50% 이상 출자한 공 · 사 혼합 출자형으로 구분된다. 과거의 지방공사로 운영되던 지방의료원은 2005년 7월 '지방의료원 설립 및 운영에 관한 법률'에 의거 보건복지부 산하의 특수법인으로 전환되었다.

1) 자치단체 전액 출자형

(1) 도시개발공사

각 지방에서 운영하고 있는 도시 · 지방개발공사는 주로 토지의 취득, 개발, 공급, 주택사업, 공단개발사업, 재개발사업 등을 주로 수행하는 지방자치단체 전액 출자 공기업이라고 볼 수 있다. 전국에 16곳이 설치되어 있다.

(2) 지하철공사

철도 · 지하철 등과 같은 경우는 민간이 주도하기는 너무 사업 규모가 방대하여 지방자치단체가 설립 관리하는 경우라고 볼 수 있다. 서울 2곳과 부산, 대구, 인천, 광주, 대전에서 운영하고 있다. 서울의 경우, 2원화되어 운영되고 있는데, 서울특별시 지하철공사(1981년 9월 1일 설립)는 서울시 1기 지하철(1~4호선)을, 서울특별시 도시철도공사(1994년 3월 15일 설립)는 서울시 2기 지하철(5~8호선)을 운영하고 있다.

2) 자치단체 50% 이상 출자형

자치단체가 50% 이상 출자한 형태의 공기업으로 경기평택항만공사, 고양도시공사, 태백관광개발공사, 제주관광공사 등이 있다. 그동안 많은 형태의 혼합 출자형 공사가 존재했으나 수익성 등의 문제로 정리된 곳이 많다.

4. 주식회사 및 재단법인

주식회사 및 재단법인 형태 지방기업은 상법에 근거한 주식회사와 민법이나 '공공법인 설립 · 운영에 관한 법률'에 의거 해 설립한 재단법인 형식으로 운영된다. 이러한 민간기업화된 공기업은 지방공사 · 지방공단에 비해 자율성이 보장되고, 민간부문의 참여가 용이하므로 지방자치단체의 기업투자 형태로서 선호되고 있다. 이러한 형태의 지방공기업은 과거에는 지방공기업법에 의해 운영되었으나, 2014년 이후 새로 제정된 '지방자치단체 출자 · 출연 기관의 운영에 관한 법률'의 적용을 받게 되었다.

제 3 절 제3섹터: 공 · 사 혼합 출자사업

제3섹터라는 말은 원래는 공공부문도 기업도 아닌 시민사회 부문, 민간부문을 의미하는 말이었지만, 일본에서 공 · 사 혼합 출자사업이라는 새로운 의미로 재구성되어 우리나라에서까지 널리 사용되고 있다.

1. 제3섹터의 개념

제3섹터(third sector)라는 개념은 원래 공공부문과 민간부문의 혼합 영역을 의미하는 개념으로 쓰였다. 국가와 지방자치단체와 같은 순수 공공부문을 제1섹터, 기업과 같은 민간부문을 제2섹터로 구분하고, 공공부문과 민간부문이 혼합된 부분을 제3섹터라 불렀다. 그러나 일본에서 말하는 제3섹터는 일반적으로는 민간부문과 공공부문이 공동 참여하는 민 · 관 공동 출자사업을 의미하며, 이와 유사한 용어로는 공 · 사 혼합기업, 공 · 사 공동 출자기업, 민 · 관 공동기업 등 매우 다양하다. 제3섹터의 일반적인 개념구조를 그림으로 나타내면 [그림 22-2]와 같다.

그림 22-2 제3섹터의 개념구조

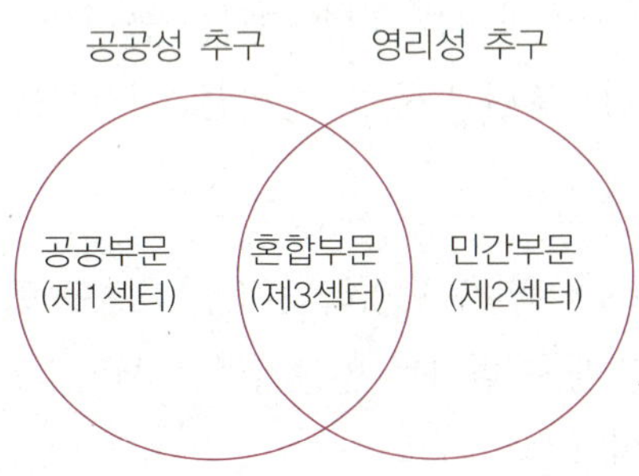

2. 제3섹터의 필요성

공공부문과 민간부문이 결합한 형태의 제3섹터형 공·사 혼합기업이 등장하게 된 이유나 필요성은 다음과 같이 요약할 수 있다. 공공부문은 민간부문의 경영 기법을 필요로 하고, 민간부문은 공공부문이 가지고 있는 공권력 등의 공공자원을 필요로 하는 것이다. 즉, 서로의 장점을 활용하여 공익성과 경제성이라는 두 마리 토끼를 잡는다는 것이다.

1) 공공부문에서의 필요성

(1) 지방재정의 확충

지방자치단체는 재정적으로 매우 취약하여 재정 확충을 위한 제반 노력을 기울이게 되는데, 이러한 과정에서 지방자치단체의 자원, 토지, 조직, 자금을 활용하여 수익을 증대시킬 수 있는 사업적 노력이 요구된다. 이러한 경우, 낮은 재정자립도를 가지고 있는 지방자치단체들이 전액을 출자하기는 어렵다. 따라서 민간부문을 참여시킴으로써 상대적으로 재정적 부담을 줄이면서, 지방재정의 영역을 확장시켜 나갈 수 있다.

(2) 민간부문의 경영기법의 도입

공무원조직은 상대적이지만 민간기업에 비해 정체적이고 수동적인 형태로 운영된다. 따라서 공공조직과 기업과는 조직의 생리가 많은 차이점을 가지고 있다. 따라서 공무원조직으로 경쟁적인 사회에서의 사업을 통한 수익을 올리는 것은 쉽지 않다. 따라서 민간부문의 경영기법을 도입함으로써 능률성, 생산성, 시장성을 확보할 수 있게 된다.

(3) 대민 서비스 질의 향상

일반적으로 민간의 서비스 기법을 도입하면 적은 비용으로 대민 서비스의 질을 향상시킬 수 있다. 고객 유치 경쟁을 벌이는 민간기업의 서비스 기능은 공공부문의 서비스 기능보다 훨씬 가기 때문이다.

2) 민간부문에서의 필요성

(1) 공공부문의 신용성, 안정성 활용

민간은 자본 부족과 위험의 분산을 꾀하고 신용에 있어서 공공부문의 조건을 활용하고자 한다. 공공부문은 국가나 지방자치단체가 공동으로 참여함으로써, 저리의 융자뿐만 아니라, 재정 조달, 공공 지원에 의한 민간 자본력의 한계 극복 등 재정적 안정성을 확보할 수 있다. 또한 공공부문이 가지고 있는 국가적 신뢰성을 토대로 적극적인 기업활동을 할 수 있다.

(2) 규제의 완화 및 세제 혜택

공공부문과 결합하면 각종 세제나 정부규제로부터의 완화된 경영을 수행할 수 있다. 민・관 합작사업은 영리성 이외에도 공공성이란 측면을 가지고 있으므로, 각종 인・허가나 관계 법령의 적용에 있어 지방자치단체 혹은 국가의 혜택을 받을 수 있다. 공공규제를 완화시키며 사업을 수행할 수 있는 이점이 있는 것이다.

(3) 기타 사업에의 진출 용이

기업이 지방자치단체와 일단의 관계를 맺고 기여하게 되면, 공공건설이나 토목 등의 기타 연관사업에 우선 진출할 수 있는 효과를 기대할 수 있다.

3. 평가 및 문제점

1) 민・관 공동 출자사업의 수익성・경제성 유지 문제

대개의 기업이 창업을 통해 성공하는 경우는 10~20%에 불과하다. 일반기업이 도산하면 개개인이 무한책임을 지면 되지만, 지방자치단체가 참여하는 기업이 적자에 허덕이거나, 도산하면 지방자치단체의 주민이 빚더미에 올라 심각한 재정의 문제를 초래할 수 있다.

2) 민간업자와의 갈등 문제

자치단체들이 영세 민간업자들의 영역까지 무분별하게 침범하는 것은 문제가 있다. 과거 지방자치단체 차원의 수익 사업으로 쓰레기 봉투 제작, 주유소 설립, 휴게소 운영 등을 한 적이 있었다. 지방재정에서의 세외수입 확대를 위한 것이기는 하지만, 이는 해당 지역의 민간업자의 반발을 불러 일으키게 되었다. 기업부문에 진출하더라도 기존 민간업자와의 이해 조정 문제 등이 복잡하게 얽혀 있기 때문에 유의해야 한다.

본문요약

1. 지방공기업의 기초 개념

- 개념: 지방자치단체가 운영하는 공기업
- 분류: 직접 경영형과 간접 경영형, 지방자치단체 전액 출자형과 공·사 혼합 출자형

2. 지방직영기업

- 개념: 지방자치단체가 행정조직의 일부분으로 직접 경영하는 지방공기업
- 종류: 상수도사업, 하수도사업, 공영개발사업, 지역개발기금

3. 지방공단

- 개념: 지방자치단체가 100% 출자, 법인 설립, 지방의회에서 예·결산 승인
- 종류: 시설관리공단, 경륜 등

4. 지방공사

- 개념: 지방 자치단체가 공공성 확보를 위해 전액 출자하거나, 50% 이상 출자, 독립된 회사 법인 형태로 운영하는 지방공기업, 예산은 이사회에서 의결
- 종류: 자치단체 전액 출자형과 자치단체 50% 이상 출자형

5. 주식회사 및 재단법인

- 주식회사 및 재단법인 형태 지방기업은 상법상의 주식회사, 민법이나 '지방자치단체 공익 법인 설립 · 운영에 관한 법률'상의 재단법인 형태로 운영, 전액 혹은 부분 출자 가능

6. 제3섹터

- 개념: 공공부문(제1부문), 민간부문(제2부문), 공·사 혼합부문(제3부문)으로 구분하고, 이중 공·사 혼합형 공동 출자사업을 제3섹터라고 부른다.
- 공공의 신뢰와 민간의 효율성을 접목하여 능률적 공공서비스 공급 가능

Chapter 23

신공공관리와 행정혁신

자치 시대의 지방행정은 이제 무한 경쟁의 시대에 도래하게 되었다. 좀 더 나은 서비스를 제공하는 지역으로 사람들은 이주하며 서비스의 품질이나 내용이 미흡한 자치단체는 더 이상 주민을 확보하기 어려운 상태가 되게 될 것이다. 이러한 자치단체 간의 무한경쟁 시대에 살아남기 위해서는 자치단체 스스로 자신을 변화시켜 나가지 않으면 안 되는 시대가 되었다. 혁신(革新)이란 새로운 창조라는 의미로서 현 상태를 개선하는 개혁(改革)이라는 개념보다는 더 변화의 강도가 강한 개념이다.[1] 여기서는 현대 행정혁신의 중요 흐름을 형성하고 있는 신공공관리론과 그에 따른 기업가적 행정혁신의 전략을 검토해 보고자 한다.

---

1) 혁신(innovation)이란 가죽 혁(革), 새로울 신(新)이 결합된 용어로, 원래 야생의 동물의 가죽을 다듬어 전혀 다른 모습의 의복이나 생활용품을 만드는 것이라는 의미이다. 조직이나 제도가 전혀 새로운 창조적인 모습으로 거듭나게 되는 것을 의미한다. 개혁(改革, reform)도 가죽을 고치는 것으로 비슷한 의미로 쓰이나 현 상태를 다시 재구성하는 것이라는 의미이므로, 혁신이 더 강력한 변화라는 의미를 내포하고 있다.

제 1 절 신공공관리의 개념과 기원

윌슨(W. Wilson)이 행정 연구의 필요성을 강조한 이래, 초기 행정학은 20세기 초에 생성된 테일러리즘(Taylorism)과 같은 관리주의 사상을 기본 토대로 형성되었다. 이러한 전통적 관리주의는 20세기 후반에 와서 신자유주의 이념과 결합한, 시장 원리에 기초한 행정이라는 새로운 관리주의 패러다임을 형성하였다. 이러한 새로운 패러다임을 고전적 관리주의와 구분하여 신관리주의(New Managerialism) 혹은 신공공관리(New Public Management: NPM)라고 부른다. 현재에는 주로 신공공관리라는 개념을 주로 사용하는데, 신공공관리는 기업가적 정부, 기업가적 행정, 시장 원리에 의한 행정, 국가경영, 경영 행정, 국정 관리, 국정 경영 등의 다양한 용어로 번역되어 사용되고 있다.

신공공관리의 초기 개념은 1990년대에 들어서면서 영국의 후드(C. Hood)에 의해서 체계화되었는데, 그는 신공공관리의 핵심 개념을 일곱 가지로 정의하였다. ① 공공부문에서의 전문가에 의한 관리, ② 성과의 기준과 측정, ③ 산출 통제의 강조, ④ 단위의 분산, ⑤ 경쟁의 강조, ⑥ 민간화, ⑦ 자원 활용에서 절약의 강조 등이다(Hood, 1991).

오스본과 게블러(D. Osbone & T. Gaebler)는 신공공관리의 이론을 구체화하고 미국 정부의 정부 재창조 프로그램의 기본 틀을 만든 사람으로 실질적으로 신공공관리의 이론과 실천의 모형을 체계화하였다. 그들은 『정부의 재창조(*Reinventing Government*)』라는 책에서 정부개혁의 열 가지 원리를 제시하였는데, ① 노를 젓기보다 방향을 잡아주는 정부, ② 지역사회 중심 정부, ③ 경쟁적 정부, ④ 사명 지향적 정부, ⑤ 성과 지향 정부, ⑥ 고객 지향적 정부, ⑦ 기업가적 정부, ⑧ 미래에 대비하는 정부, ⑨ 분권적 정부, ⑩ 시장 지향적 정부가 그것이다(Osbone & Gaebler, 1992).

피터스(B. Gay Peters)는 『통치의 미래(*The Future of Governing*)』라는 책에서 미래의 정부 모형을 시장적 정부, 참여적 정부, 신축적 정부, 탈규제적 정부의 네 가지 유형으로 제시하고 있다. 이는 공공부문의 관리부문에 전통적인 공권력 중심의 일방적 통치가 아닌 시장과 기업의 원리를 활용한 시장적 관리주의를 제시한 것으로 볼 수 있다(Peters, 1996).

테리(L. D. Terry)는 관리 스타일을 계량 분석적 관리, 정치적 관리, 관리자에 의한 관리, 시장 중심적 관리의 네 가지 유형으로 나누고, 이 중 관리자에 의한 관리와 시장 중심적 관리를 신공공관리의 영역으로 보았다. 여기서 관리자에 의한 관리(liberation management)는 공공 관료제의 성과를 높이기 위해 관리자는 정부의 불필요한 간섭과 규제(red tape)로부터 자유로워져야 하고, 관리자의 자율과 책임이 우선되어야 한다는 입장이다. 시장 중심적 관리는 경쟁을 통해 능률성을 증대시키고, 기업 등 민간부문의 참여를 통한 시장 원리에 의해 관리하는 것이다. 규제 완화와 경쟁, 성과 중심, 민간화를 통한 관리를 신공공관리의 영역으로 보고 있다(Terry, 1998).

지금까지 몇몇 학자들의 이론을 살펴보았는데, 신공공관리는 시장원리에 의한 기업가적 정부 관리라는 대원칙 하에 다양한 세부 처방을 제시하고 있다. 이러한 세부적 처방은 국가의 환경이나 시대적 요구에 따라 다르게 나타날 것이지만, 근본적으로 행정의 주체를 국가와 관료가 아닌 시장과 시민으로 대체시키고 있다는 점은 공통적이라고 할 수 있을 것이다.

참고 23-1 정부 재창조의 원리

오스본과 게블러(D. Osborne & T. Gaebler)는 공공 분야를 대표하는 중앙정부나 지방정부에 요구되는 현대적 원리는 경쟁력을 갖춘 정부이어야 하고, 시장경제의 원리에 따라 가장 능률적으로 움직이는 생산성 있는 정부이어야 한다는 점을 지적하였다. 이러한 견해는 현재 미국을 이끄는 기업형 정부건설(Enterprising the Government)의 기본 틀이 되고 있다. 여기서는 이들이 제시한 열 가지 정부혁신의 원리를 제시해본다.

1) 노젓기보다 방향을 잡아주는 정부
2) 주민의 참여를 통한 지역사회가 주도하는 정부
3) 서비스 제공에 경쟁을 도입하는 정부
4) 규칙 중심의 조직을 개혁한 사명 지향적 정부
5) 결과를 중시하는 성과 지향적 정부
6) 고객 지향적인 정부
7) 지출보다는 수익을 창출하는 기업가적 정부
8) 치료보다는 예방을 통해 미래에 대비하는 정부
9) 참여와 팀워크를 강조하는 분권적 정부
10) 시장 기구를 통한 변화를 촉진하는 시장 지향적 정부

Source: David Osborne & Ted Gaebler(1992). *Reinventing the Government: How the Entrepreneurial Spirit is Transforming the Public Sector*. New York: A Plume Book.

제 2 절 외국의 신공공관리적 행정혁신

1. 영국의 사례

영국 사회가 요람에서 무덤까지의 과다한 복지비 지출로 재정의 탄력성이 사라지고 과다한 정부 부담을 안게 되었고, 노조의 역할이 강해지면서 1970년대 초 영국은 노동당 정부 아래서 이른바 영국병에 시달리게 되고, 1976년 IMF 구제 금융의 위기 상황을 겪으면서 대대적인 국가 개혁이 시도되었다.

1979년 집권한 보수당의 대처(Margaret Thatcher) 수상은 공공의 역할을 시장과 민간에게 이전하는 대규모의 정부 축소 작업에 돌입하게 된다. 이후 메이저(John Major) 총리가 집권하면서도 이러한 우파적 개혁정책은 지속되었고, 공공조직의 과감한 구조조정을 통해 국가관리 비용을 축소를 유도하고, 국가 재정위기를 초래하게 하는 복지비의 축소, 공공기관의 민영화, 성과급제, 상여금제 등 기업 경영의 원리, 경쟁을 통한 행정서비스 공급을 시도하였다.

1988년에는 책임운영기관(Executive Agency)의 설치를 통해 정책집행에 대한 상당한 권한 및 예산에 관한 재량권을 부여하여 능률적이고 책임 있는 행정 체계를 구축하고자 하였다. 1991년 7월에는 시민헌장(Citizen Charter), 1991년 11월에는 품질경쟁(Competition for Quality) 등의 조치로 시장적 관리개혁을 이끌어갔다.

1997년 12년 만에 재집권한 블레어(Tony Blair) 노동당 정부는 보수당의 우파적 시장적 개혁에 대한 비판적 태도를 견지하였으나, 사회주의정책(제1의 길)과 자유주의정책(제2의 길)을 통합한 '제3의 길'이라는 노선을 견지하고 있다. 기든스(Anthony Giddens)의 저서인 『제3의 길』에서는 우파적 개혁을 좌파 시각에서 보완하고자 하는 전략을 제시하고 있는데, 이는 블레어 정부의 기본 철학을 구성하고 있다.

이러한 영국의 시장적 개혁 흐름은 1980년대에는 뉴질랜드, 오스트레일리아, 스웨덴 등에 채택되었고, 1990년대에 와서는 미국의 정부 개혁의 기본 프로그램으로 구체화되었다. 미국의 경우 레이건(Ronald Reagon) 정부 시절부터 감축관리 등 정부 축소의 개혁을 시도해오다가, 클린턴(Bill Clinton) 정부에서 정부혁신의 기본 방법론으로 자리잡게 되었다.

2. 미국의 사례

오스본과 게블러를 중심으로 전개된 신공공관리의 이론은 클린턴 정부 행정개혁의 근간을 이루었으며 고어(Al Gore)를 중심으로 1993년에 구체화된 미국 정부 개혁의 핵심 프로그램인 국가성과평가(National Performance Review: NPR)의 기본 틀을 형성하였다. 고어는 「국가성과평가를 위한 보고서(Gore's Report on the National Performance Review)」에서 기업가적 정부의 네 가지 원리를 ① 불필요한 형식과 규제(red tape)의 제거, ② 고객 만족의 증진, ③ 실무자에게 권한 위임(empowerment), ④ 능률과 성과의 증진을 통한 비용 절감으로 제시하였던 것이다.

제 3 절 한국의 신공공관리적 행정혁신

행정학에서 공공선택이론이나 신제도주의 이론은 정치학이나 전통적 행정학의 영역에 경제학적 시각을 접합한 것으로 공공서비스 공급에서 시장의 원리를 강조한다. 이러한 시장적 공공서비스 공급의 원리를 행정 영역에 적용한 이론적 시각이 신공공관리론이다. 한국에서 시도된 몇 가지 사례를 제시해 보면 다음과 같다.

1. 조직혁신

조직혁신은 구조 조정(restructuring)에서 시작된다. 조직의 구조 조정은 불필요한 조직구조나 인력의 재조정을 통해 조직의 능률성과 경쟁력을 강화하는 것이다. 기업이 경영 상태를 개선하기 위해서 부실기업이나 비능률적인 조직을 미래 지향적인 사업구조로 개편하는 것이다. 기업구조 조정, 사업구조 조정이라고도 한다. 성장 가능성이 없는 사업 분야의 축소·폐지, 기구 및 인원의 감축, 유망 분야와의 전략적 제휴 등과 같이 기업의 위기 상황을 극복 생존력을 강화시키기 위해 시도하는, 거시적이고 체계적인 구조 재편의 움직임을 말한다.

업무재설계(Business Process Reengineering: BPR)는 비용, 품질, 서비스, 속도와 같

이 핵심이 되는 경영성과 지표들을 중심으로 조직구조와 업무 처리 방법 등을 획기적으로 개선시키는 것이다. 인원 조정, 업무재편, 조직재편 등의 개념을 포함한다. 구조조정이 주로 외과적 수술, 거시적 관점에서 변화를 추구하는 것이라면, 업무재설계는 주로 내부적 업무 과정의 혁신을 추구한다. 업무재설계를 구조 조정의 하위 개념으로 보기도 한다.

목표관리제(Management by Objective)는 일정한 단위 목표를 설정하고 조직을 관리함으로써 조직의 역동성을 강화하고자 한다. 실질적 목표를 설정하고 그러한 목표를 달성할 수 있도록 조직을 운영 관리한다. 조직구성원들이 적극적이고 능동적으로 업무를 관리하고 처리할 수 있도록 하는 것이다.

2. 인사혁신

전통적인 공공조직의 침체성을 극복하기 위하여 개방형 직위를 확대하고, 민간 전문가를 공직에 영입할 수 있도록 하였다. 부처 간 직위공모제 실시하여 능력 위주의 보직관리를 실시하도록 하였다. 공직 임용의 폐쇄성을 극복하고 공직사회에 경쟁 체제를 도입하여 경쟁력을 강화하고자 한 것이다. 성과 중심의 인사관리는 서열과 계층 중심의 조직관리 체계에서 탈피, 성과와 실적 중심의 인력을 관리한다. 고급공무원의 경우, 직급을 초월한 능력에 따른 직위를 부여하는 고위공무원단을 운영하도록 하였다. 인사고과평가는 균형성과평가제(Balanced Scored Card: BSC)를 도입하고, 재무지표 이외에 다양한 평가지표를 개발, 종합적인 성과 능력을 평가하도록 하였다.

3. 재정혁신

시장 원리에 의한 재정혁신은 기업가적 행정의 핵심 분야이다. 전통적으로 공공부문이 일방적으로 부담하는 것으로 인식되었던 공공서비스를 민 · 관 공동서비스 공급 체제를 전환시켜 나가고자 하는 것이다.

첫째는 민영화(privatization)이다. 공공재정으로 담당하였던 공공서비스의 일부를 공사나 일반 주식회사의 민간기업 형태로 전환하여 담당하는 것이다. 그동안 정부부처형 조직으로 전적으로 국민의 세금에 의하여 관리하던 일부 조직의 운영을 민간과 시장의 질서에 맡기는 방법이다. 전매청을 한국담배인삼공사(KT&G)로, 철도청을 한국철도공사(KORAIL)로 변화시킨 것이 그 예가 될 수 있다. 둘째는 민간위탁(contracting out)이다. 정부의 재정 부담 축소, 민간의 기술을 활용한 저비용 고품질 서비스 제공의 성과를 얻기 위해 본래 정부의 기능을 민간기업이나 단체에 위탁하여 처리하는 방법이다. 과거 시청에서 직접 담당했던 청소 업무를 민간 용역기관에 위탁하여 처리하는 경우, 체육시설이나 예술관 같은 공공시설의 관리를 민간업체에게 위탁하여 처리하는 경우 등이 예가 될 수 있다. 셋째는 책임운영기관의 운영이다. 공공성 있는 기관을 정부가 총체적으로 책임지지 않고 기관 단위로 자율적 운영하는 것이다. 자체의 운영 성과에 따라 책임을 져야 한다. 이에 따라 책임운영기관은 스스로 자생을 위한 노력을 시도하여 조직의 생산성을 증대시키는 성과를 가져올 수 있다. 넷째, 민·관 공동 투자사업(joint venture)의 확대이다. 공공부문의 신뢰성과 안정성 민간부문의 효율성과 기술성을 결합하여 공익성과 기업성을 동시에 추구한다. 민·관 공동 투자사업은 공공과 민간이 공동 출자하는 공사나 주식회사, 재단법인 등의 공기업 형식으로 운영된다. 다섯째는 민간자본의 도입(private finance initiative)이다. 정부가 공공서비스 공급을 민간자본의 도입을 통해서 해결하고자 하는 것이다. 이른바 BTL 사업, BTO 사업이 그 예이다. BTL(Build Transfer Lease) 사업은 민간이 정부가 요구하는 공공시설을 짓고 정부에 소유권을 이전한 후 정부가 임대료를 지불하는 방식으로 운영한다. 정부 입장에서는 민간자본을 활용하여 재정 부담을 줄이며, 시급한 공공서비스를 공급할 수 있다. 민간자본의 입장에서는 임대료를 통해 일정 기간 안정적 수익을 보장받을 수 있다. 국립대 기숙사, 공공 문화시설 건립 등에 활용한다. BTO(Build Transfer Operate) 사업은 민간이 공공시설을 제안하여 정부가 수용한 후 일정 기간 동안 수요자에게 비용을 징수하여 투자비를 회수하고 국가에 시설을 귀속시키는 제도이다. 운영비를 통해 수익을 창

표 23-1 민간자본 도입을 위한 BTL과 BTO 방식의 비교

구 분	BTL	BTO
실제 운영 주체	정부	민간
운영 시 소유권	정부	정부
투자비 회수 방법	임대료	사용료
소유권 이전 시기	준공 시	준공 시
사례	국립대 기숙사 건립 공공 문화시설 건립	민자고속도로 건설 민자항만시설 건설

출한다는 점, 비용 부담의 주체가 정부가 아닌 시설의 사용자라는 점에서 BTL 사업과 구분된다. 천안-논산 민자고속도로, 인천공항고속도로 등이 그 예가 될 수 있다([표 23-1] 참조).

4. 행정서비스 품질의 혁신

지방 간의 공공서비스 격차가 나타나기 시작하면, 주민은 공공서비스의 질이 좋은 지역으로 이동하게 된다. 따라서 지방자치 시대의 주민은 단순한 수혜자가 아닌 서비스의 선택자, 즉 고객으로서의 지위를 가지게 된다. 따라서 각 지방에서는 행정서비스 품질을 높이기 위한 다양한 노력이 시도되고 있다. 행정서비스헌장제를 통한 서비스 매뉴얼의 구축, 정책 품질관리제의 도입 등이 그 예가 될 수 있다.

5. 전자정부의 구축

한국은 IT 강국으로 인터넷을 통한 행정서비스 공급의 능력은 가히 세계 최고의 수준이라고 할 수 있다. 각종 민원서류를 인터넷을 통하여 발급받을 수 있으며, 각 부처의 상세한 정보와 서비스를 인터넷을 통해 실시간으로 얻어낼 수 있다. 장기적으로 국가의 관리 체제를 유비쿼터스(ubiquitous)[2] 체제로 구축함으로써 언제 어디서나 신속한 행정서비스를 제공받을 수 있도록 노력하고 있다.

참고 23-2 행정서비스헌장

행정서비스헌장이란 행정서비스의 품질을 향상시키기 위해 행정부서에서 자체적으로 마련한 서비스 제공의 표준 지침을 의미한다. 행정서비스헌장에는 행정기관이 제공하는 서비스 기준 및 내용, 서비스를 제공받을 수 있는 절차와 방법, 잘못된 서비스에 대한 시정 및 보상 조치

---

2) 유비쿼터스 컴퓨팅의 줄임말. 유비쿼터스(ubiquitous)란 라틴어로 '보편적으로 존재하다'라는 의미이다. 집이나 사무실뿐만 아니라 공원에서, 차안에서, 거리에서 등 어디서나 다양한 컴퓨터 기능을 응용 활용할 수 있도록 하는 첨단 정보처리 활용 환경을 의미한다. 이를 위해 인터넷 네트워크의 구축, 정보 입수 및 처리의 센서 기능 개발, 기타 다양한 분야의 하드웨어 및 소프트웨어 개발 등의 노력을 필요로 한다.

등을 구체적으로 정하여 공포하고 이의 실천을 국민 혹은 주민에게 약속하는 제도이다.

행정서비스 헌장은 1991년 영국의 시민헌장(Citizen's Charter, 1998년 Service First로 변경), 1992년 프랑스의 행정서비스헌장(Public Service Charter), 1993년 미국의 고객서비스표준(Customer Service Standards) 등 OECD 국가를 중심으로 빠르게 확산되었으며, 우리나라는 1998년 대통령 훈령 제70호로 행정서비스헌장(Public Service Charter)제를 도입하게 되었다.

행정서비스헌장은 전통적인 공급자 중심의 행정서비스 전달 체계를 개혁하여 소비자·수요자 중심으로 행정서비스를 공급하는 제도이다. 이를 통해 행정서비스의 질적 수준을 높이고, 궁극적으로 행정 고객인 국민·주민 만족도를 높일 수 있다. 또한 서비스 공급자의 책임의식의 강조하여 전통적 관료주의 행태의 변화를 유도할 수 있다.

제 4 절 기업가적 행정관리 전략

기업은 급변하는 경영환경에 적극적이고 신속하게 대처하지 못하면 생존하기 어려운 경쟁 관계 속에서 존재하는 조직이므로, 이윤 창출과 비용 절약, 능률성을 확보하기 위한 다양한 경영 전략을 개발하고 있다.

한국에서도 이러한 기업의 경영전략을 행정개혁 부문에 다양하게 응용하고 있는데, 여기서는 주로 적용되고 있는 목표관리제(MBO), 균형성과평가제(BSC), 종합적 품질관리제(TQM)의 세 가지 개념만을 간략히 소개해 보기로 한다.

1. 목표관리제(MBO)

1) 목표관리제의 개념

목표관리제(Management By Objective: MBO)는 특별한 산출 목표를 선정하고, 그 목표를 중심으로 조직을 관리, 운영하는 경영기법을 의미한다. 이는 테일러(Frederick W. Taylor)의 과학적 관리론의 정신을 이어받은 것이라고 볼 수 있을 것이다. MBO는 1970년대 하버드 경영대학의 핵심적인 연구 경향(gospel)이었다. 그러나 1980년대에 와서는 초기에 기대했던 효과들을 거두지 못하자 유행의 뒤편으로 사라지게 되었다. 그러나 MBO의 관리정신은 아직까지도 현대 관리 체계에 많은 영향을 미치고 있으며, 특히 종합적 품질관리제(TQM)에 많은 영향을 미쳤다(Shafritz, 1998: 1335-1336). 이러한 목표와 성과를 중심으로 한 관리 방식인 목표관리제가 1990년대 말부터 한국의 공공부문에도 도입되기 시작하였다.

2) 목표관리제(MBO)의 기본 과정

(1) 목표의 설정과 평가지표의 선정

목표관리제는 상위 목표와 중·하위 목표 등의 목표 단계가 존재하고 결정·집행 등 과정별·단계별 상이한 목표가 존재하므로, 적절한 목표를 설정하고 그 평가를 위한 세부지표를 적절히 설정하여야 한다. 첫째는 상위 목표의 설정이다. 특정인 또는 특정 조직 단위가 일정 기간 내에 성취해야 할 구체적인 목표를 설정하고 그에 따라 행동계획을 입안하는 단계이다. 이 단계에서 설정되는 목표는 상위의 조직 목표 성취에 기여하는 것이라야 한다. 둘째는 중·하위 목표의 설정이다. 상위 목표는 거시적인 정책 목표일 수가 있는데, 이러한 거시적 정책 목표는 업무담당자가 다시 실무와 연관된 중간 목표 또는 하위세부 목표를 수립해야 한다. 이러한 중·하위 목표는 실천적이고 계량적 평가가 가능한 목표이어야 한다. 셋째는 목표의 점검 및 재조정이다. 세부 목표의 설정 시 조직의 특성이나 업무의 난이도에 따라 목표가 달라질 수 있다. 또한 이러한 목표 달성 여부가 인사고과에 반영될 경우 조직의 실무자들은 쉬운 목표를 설정하거나, 어려운 업무 목표를 피해갈 우려가 있다. 이러한 것들은 업무의 능률을 향상시키고자 하는 목표관리제의 기본 취지와 어긋나게 되므로, 상위 점검자가 점검을 하여 상호 조정하여야 한다. 넷째는 적절한 평가지표를 선정하여 계량화할 수 있는 객관적 기준을 세우는 일이다. 이러한 계량화 지표를 선정하는 작업이 성과 평가의 정당성과 객관성을 확보할 수 있는 기준이 되므로, 상호 간 평가의 정당성을 확보할 수 있는 지표를 개발하는 것이 필요하다.

(2) 목표 수행 및 중간평가

목표 달성 활동은 조직에 따라 단기적인 목표가 될 수도 있고, 장기적인 목표가 될 수도 있는데, 실질적으로 성과평가가 인사고과에 영향을 미치거나, 연봉제의 근거가 되므로 단기 목표를 중심으로 운영하게 되는 것이 현실이다. 이러한 단기적 과정의 수행 중에도, 수시로 중간평가를 통해 목표 달성 여부가 점검된다. 중간평가의 목적은 임무를 맡은 부하가 만족스러운 진척을 보이고 있는지를 확인하고, 그러하지 못하다면 보완 조치를 취하기 위해서 이루어진다.

(3) 목표 달성도의 평가 및 환류

최종 평가의 결과는 목표 달성 여부에 대한 판단으로 나타난다. 이러한 최종 평가의 결과는 점수제, 성과급, 연봉제 등에 반영되어 개인적인 승진이나 보수에 결정적인 영향을 미치게 되며, 거시적으로는 새로운 정책 수립에 반영되기도 한다. 평가의 결과 많은 정책이 목표를 달성하지 못한 경우와 목표를 달성한 경우가 나타날 것이다. 이러한 결과는 개인적으로는 업무 성과에 대한 보상과 책임의 결과로 나타날 수 있으며, 정책적으로는 성과를 내지 못한 업무에 대해서 재검토를 통해 전략을 다시 수립하는 결과를 초래할 수 있다. 새로운 목표를 발굴할 수 있고, 잘 달성된 경우 다시 새로운 목표를 개발해 나갈 수 있게 되는 것이다.

3) 목표관리제(MBO)의 적용의 문제점과 대응 방안

목표에 의한 관리는 공공조직에 민간 경영기법을 도입함으로써 형식적이고 정태적인 공공조직을 목표 지향적이고 과업 지향적인 생산성 있는 조직으로 변모시키고자 하는 노력으로 높이 평가할 수 있다. 그러나 이러한 목표관리제의 성공적인 적용을 위해서는 다음과 같은 점들이 고려되어야 한다.

(1) 목표관리제의 문제점

첫째는 목표의 변형이다. 목표관리제는 목표의 달성 여부가 개인의 승진이나 연봉에 직접적인 영향을 주기 때문에, 일반 직원은 달성하기 쉬운 목표만을 선택하는 경향이 있다. 또한 이 과정 속에서 업무의 난이도에 대한 평가를 하여 가중치를 부과하기도 하는데, 이러한 업무의 난이도에 대한 가중치를 객관화시키기 어렵다는 점에 문제가 있다. 또한 조직의 전체적 목표보다는 개인이나 부서의 목표나, 단기적 목표만을 우선적으로 추구하게 되는 문제점도 있다. 둘째는 공공 목표의 불명확성이다. 개인기업의 경우 목표는 냉장고 500대 판매, 대리점 50개 확보 등과 같이 비교적 간단하고 명확하다. 그러나 공공부문의 경우, 목표는 쉽게 정의되기 어려운 점이 있다. 또한 나름대로 정의된 공공조직의 목표라 하더라고 논란의 여지가 있으며, 어떤 사람이 의사결정권을 가지는가에 따라 달라질 수 있다는 것이다. 셋째는 목표의 가변성이다. 공공조직의 목표는 매우 가변적이라고 볼 수 있다. 예컨대, 조직의 책임자가 어떤 성향을 가지고 있느냐에 따라서 천자만별이 될 수 있으며, 장관이나 자치단체장이 바뀌는 경우 그 목표는 언제든지 변화될 수 있다. 따라서 이러한 경우 목표가 중간에 바뀌어 추진상에 혼란을 겪게 될 수 있다. 넷째는 평가의 복잡성과 주관성이다. 목표 달성 여부를 평가하는 데 평가지표의 선정, 측정 단계에서 어려움이 따른다. 주민의 민원 업무 만족도를 평가하려면 설문조사 등을 실시해야 하는데, 이러한 설문조사의 기법은 상당한 전문가가 아니면 제대로 수행하기 어려운 것이며, 또한 일 년에 한 번씩 시정을 평가하는 조사를 실시하는 것은 엄청난 예산의 사용을 필요로 한다. 다섯째는 평가의 객관성 확보 문제이다. 모호한 목표의 경우, 상급자의 평가가 주관적일 수 있어 하급자는 목표 자체의 성과보다는 상급자의 눈치를 보는 데 급급하게 될 것이기 때문이다.

(2) 대응 방안

목표관리제의 취지를 정확하게 알리고 부작용을 없애기 위한 철저한 실무자 훈련이 필요할 것으로 보인다. 아직까지 적절한 평가지표와 평가 방법이 선정되어 있지 않아 담당 부처나 실무자 간에도 많은 혼선이 야기되고 있다. 따라서 우선적으로 목표의 계량화가 가능한 부처를 중심으로 단계적으로 시행하는 것이 필요하다. 교통사고율 5%를 3%로 감소한다든지 하는 수량적 목표가 가능하고 평가의 객관성이 유지될 수 있는 분야를 중심으로 실시하고, 조직 목표가 매우 질적이어서 평가하기가 어려운 분야는 무리하게 추진하지 않는 것이 좋다. 또한 목표관리제의 성과평가는 상대적으로 개인에게 불이익을 주는 방향보다는 보수나 승진에서 이익을 주는 방향(보너스 개념)으로 사용하는 것이 좋다.

2. 균형성과평가제(BSC)

1) 균형성과평가의 개념

균형성과평가(Balanced Score Card: BSC)는 영어식으로 이해하면 균형성과표라고 부를 수 있으나 내용상 평가 방법에 관한 내용이므로, 여기서는 균형성과평가, 균형성과평가제로 부르기로 한다.

(1) 기업의 균형성과평가제

균형성과평가제는 기존의 기업 평가 방식이 재무적 관점에 한정되었던 것을 극복하고, 비재무적 관점을 포함한 균형적 시각에서 평가하고자 한다. 기업은 원래 이윤을 추구하는 조직이므로, 구성원에 대한 평가는 재무적 관점에서 얼마나 수익성을 창출했느냐가 중요한 평가 기준이 될 수밖에 없다. 그러나 현재의 비용대비 수익을 평가하는 재무적 관점은 미래의 조직관리 관점, 그리고 인재관리, 고객관리라는 비재무적 관점을 간과하여 장기적으로 조직의 역량을 제대로 평가관리하지 못하는 어려움이 있다. 따라서 균형성과평가제(BSC)는 이러한 재무 편향적 평가를 시정하고, 평가의 균형성과 다양성을 확보하여, 조직의 장기 생존 전략을 강화하고자 하는 것이다. 그러나 이러한 균형평가제는 그동안 단기 목표를 중심으로 조직과 구성원을 평가함으로써 제기되었던 목표관리제(MBO) 방식의 평가 체제에서 나타난 여러 부작용을 해소할 수 있는 보완책으로서의 의미를 가지고 있다. 이 제도는 카플란(Robert Kaplan)과 노턴(David Norton)에 의해 창안되어 새로운 평가 시스템으로 널리 확산되었다. 평가구조는 재무(finance), 고객(customer), 내부 프로세스(internal process), 학습 및 성장(learning and growth)의 네 가지 영역으로 설정되어 있다. 그러나 이러한 관점은 원래 기업에서 출발한 것이므로, 공공부문에 그대로 적용하기에는 한계가 있다(윤수재, 2005: 1-25).

(2) 공공부문에서의 균형성과평가제

공공부문은 이윤을 추구하기보다는 공익을 추구하기 때문에 기업에서의 평가 방식과는 구분된다. 따라서 기업의 균형평가제를 그대로 적용하기는 어렵다 할 것이다. 즉, 기업의 평가 방식인 재무, 고객, 내부 과정, 학습 및 성장의 관점을 재구축하려는 노력이 필요하다. 대체적으로 기업에서의 재무관점은 기업의 존재 목적인 수익률에 관한 관점이라고 할 수 있는데, 공공부문에 적용할 경우는 공익적 관점의 성과로 이해할 수 있을 것이다. 교통사고율 감소, 국도 포장률 증가, 전염병 발생률 감소 등의 목표가 예가 될 수 있다. 또한 고객 관점은 공공부문에서 서비스에 대한 시민의 만족도로 이해할 수 있을 것이다. 조직의 업무 성과가 계량적 지표로서는 높게 나타나도 실질적 고객이 시민의 만족도는 낮게 나타날 수 있다. 따라서 시민 관점 평가는 목표 달성 정도만을 평가하는 목표관리제보다는 훨씬 더 평가의 실질성과 정당성을 확보할 수 있을 것으로 보인다.[3] 이외에 내부 과정, 학습 및 성장 과정은 기업조직이나 공공조직이나 본질적으

---

3) 과도한 함정 단속이나 실적 중심의 감시 단속 등의 방법에 의한 교통사고율 감소는 교통사고율 감

로 큰 차이가 없을 것이다. 의사결정의 과정, 주민참여의 과정이나 개인의 교육훈련, 자기개발 노력 등이 평가의 지표로 선정될 수 있다.

2) 균형성과평가의 과정

(1) 비전과 전략목표의 설정

평가를 위해 조직의 세부 비전을 개발하고, 그에 따른 전략목표를 수립하고 그에 따라 평가의 모형을 정립할 수 있다.

(2) 평가지표의 선정

세부 전략목표에 따른 평가지표의 선정과 지수와 작업이 뒤따라야 한다. BSC의 평가지표는 목표관리제에서 중시했던 성과뿐만 아니라 고객을 중심으로 한 평가지표인 시민 만족, 시민참여, 내부 프로세스의 평가지표로서 의사결정 구조, 대상 설정, 학습 및 성장의 평가지표로서 개별 역량과 학습, 교육훈련의 내용 등을 종합적으로 검토한다.

(3) 평가 및 환류

이러한 평가지표에 의한 평가는 수시로 이루어지며 그 성과의 결과는 계량화되어 개인이나 부서가 수시로 인지할 수 있다. 이러한 평가 결과는 다시 비전과 목표 설정, 인력관리 등의 영역에 활용되거나 재판단의 근거를 제공한다.

3) 균형성과평가의 문제점과 대안

균형성과평가제를 지방정부 차원에서 채택, 운영하기는 많은 어려운 점이 있을 것이다. 기본 평가의 틀을 원용한다고 하더라도 지역의 실정에 맞게 평가틀을 재조정하는 작업이 쉽지 않을 것이다. 특히 이러한 평가 작업을 매년 수행하는 것은 어려운 점이 많다. 또한 가장 일반적인 공공부문 평가의 문제점으로 평가의 객관성 확보 문제이다. 공공부문에서 평가지표의 객관화 · 계량화가 어려운 영역들이 많기 때문이다. 또한 공공부문의 업무는 정형화된 업무가 많기 때문에 목표와 전략이라는 차원에서 큰 의미를 발견하지 못할 수도 있다. 그러나 BSC는 종래의 목표관리제의 한계를 극복하고 평가의 다원성을 확보하며, 조직구성원이 끊임없는 성과 달성 노력과, 자기 계발을 수행하지

소라는 객관적 목표는 달성했겠지만 고객만족도는 낮게 평가될 것이다.

않으면 좋은 평가를 받을 수 없다는 면에서 조직의 활성화, 조직의 생산성 확대에 기여할 수 있을 것으로 평가된다.

3. 종합적 품질관리제(TQM)

전통적으로 품질(quality)의 문제는 기업의 전통적인 가치였다. 그러나 공공부문의 서비스에도 품질 개념을 도입하여 고객의 입장에서 우수한 행정서비스를 제공하는 문제들을 검토하게 되었다.

1) 종합적 품질관리제의 개념

기업의 목표는 상품의 판매를 통해 이윤을 극대화하는 데 있다. 이러한 상품은 고객이 선택하게 되는데, 고객은 제품의 품질을 선택의 우선 기준으로 삼게 된다. 따라서 고객에게 신뢰감을 주고, 장기적인 고객으로 유지시키기 위해서는 품질이 매우 중요한 요소가 된다.

(1) 품질통제와 품질관리

품질통제(Qulaity Control: QC)는 품질을 생산 과정에서 철저히 통제함으로써 우수한 제품을 생산하고자 하는 초기적 개념이다. 사용의 적합성 여부, 제품의 특성 등을 생산과정에서 주로 통계적으로 점검하는 것이다. 품질관리(Quality Management: QM)는 전통적인 품질통제의 개념에다 소비 지향적인 품질 개념을 도입한 것으로, 사회와 연계성이 강한 적극적인 품질관리운동을 의미한다. 즉, 생산 과정에서의 품질과 사용 적합성으로 정의된 전통적인 품질의 개념은 소비자 기대에의 적응도라고 하는 보다 포괄적인 소비자 지향적인 개념으로 변모되었다. 따라서 생산 사후 서비스뿐만 아니라 영업과 마케팅에서도 최상의 품질 및 서비스를 제공하는 것을 목표로 삼고 있다.

(2) 종합적 품질관리

일본에서 주로 사용되어 온 개념인 품질통제(QC)는 다시 종합적 품질통제(Total Quality Control: TQC)라는 개념으로 발전되었다. 품질통제가 생산 공정에서만 이루어지는 것이 아니라 경영의 기본 전략으로 이루어진다는 것이다. 여기서 종합적이라는 것은 장기계획, 연구개발, 교육훈련, 기타 관리 시스템이 총제적으로 품질이라는 개념을 중심으로 재구성되는 것을 의미한다. 서구에서는 품질통제(QC)를 품질관리(QM)로 발전시켜, 다시 종합적 품질관리(Total Quality Management: TQM)로 발전시켰다. 일본의 TQC가 주로 통계적인 방법이었다면, TQM은 통계학적인 것은 물론 조직적이며, 관리론적 방법론이 중심이 된다. 현재에는 TQM이라는 개념으로 통합되고 있다.

2) 종합적 품질관리의 과정

(1) 구성원의 품질관리제에 대한 필요성 인지

품질관리의 필요성을 조직 내에서 인지하는 것이 선행되어야 한다. 물론 모든 조직원들이 이러한 품질관리의 필요성을 인정해야 하겠지만, 무엇보다도 최고관리층에서 이러한 품질관리의 필요성을 인정하려는 자세가 필요하다.

(2) 품질관리를 위한 기본 계획 수립

이를 통해 품질관리를 위한 전담조직을 결성해야 한다. 이러한 조직을 통해 품질관리에 대한 전반적인 업무를 추진하고 관리할 수 있게 된다. 품질의 개념 정의를 통해 해당 조직 고객의 성격을 파악하고 품질관리의 추진지표를 파악해야 한다. 품질은 해당 상품에 따라 다양하게 규정될 것이기 때문이다. 품질관리의 체제가 설정되면 구체적으로 어떤 조직으로 어떻게 움직여 갈 것인가의 구체적 운영전략을 수립하여야 한다.

(3) 품질관리의 집행

실제적인 공정에서 품질관리를 집행해 보고, 소비자의 반응을 수시로 체크하면서 품질을 개선해 나간다.

(4) 결과의 평가와 환류

최종적으로 품질 개선에 대한 효과를 매출액의 증가, 고객의 반응을 대상으로 평가해 본다. 이 결과는 상품 재생산이나 고객관리에 반영한다.

3) 지방자치단체에 TQM 적용의 문제점과 대응 방안

TQM은 원래 고객을 대상으로 제품을 판매하여 이윤을 남기고자 하는 기업경영에서 채택되는 주된 개념이므로, 공공부문에 적용하는 데는 많은 한계가 있을 수 있다. 첫 번째, 공공부문에서 품질 정의의 난해성을 들 수 있다. 공공부문의 서비스적 개념을 받아들인다 할지라도, 규제 영역에서도 품질 개념을 설정하기는 매우 어려운 작업이 될 것이기 때문이다. 서비스업에서 품질 정의가 어렵고, 또한 공공부문은 더욱 어렵다는 점이다. 두 번째, 서비스 품질의 가변성과 평가의 어려움이다. 목표관리제(MBO)와 마찬가지로 공공부문의 서비스 개념은 정치 이념과 역사, 고객의 특성에 따라 다양하게 존재할 수 있다. 서비스의 질을 어떻게 평가할 것인가의 평가지표를 선정하기가 매우 어렵다. 특히 공공서비스의 경우, 그 대상자들에게 서비스의 질을 평가할 것인가, 이해 당사자가 평가하는 것이 과연 타당한가의 의문이 생기게 된다. 세 번째, 공공재의 공급에 있어서 서비스 개념은 고객들의 무임승차 노력과 더 배분받기 위한 갈등으로 최고의 서비스를 제공할 수 없는 경우가 많다. 또한 필요한 서비스일지라도 지역 집단 혹은 관계 집단의 이해관계 때문에 실질적으로 수행할 수 없는 경우가 많다.

본문요약

1. 신공공관리

- 시장적 효율을 공공서비스 공급에 적용, 공공부문의 시장기구에 의한 관리

2. 신공공관리적 행정혁신

- 조직혁신
- 인사혁신
- 재정혁신
- 행정서비스 품질의 혁신
- 전자정부의 구축

3. 기업가적 행정관리 전략

- 목표관리제(MBO): 목표 달성, 성과 중심 관리
- 균형성과평가(BSC): 성과, 고객, 내부 과정, 학습과 성장
- 종합적 품질관리제(TQM): 행정서비스의 품질 향상, 행정서비스헌장 운영

Chapter 24

북한의 지방자치

북한의 인구는 약 2천 5백만 명으로 남한의 절반 정도이다. 공식 명칭은 '조선민주주의 인민공화국(Democratic People's Republic of Korea: DPRK)'이다. 북한은 사회주의 국가로서 공산당의 일당 지배 체제를 기본으로 중앙집권적, 1인 지배적 통치 형태를 가장 이상적인 정치 권력구조로 규정하고 있다.[1] 북한의 모든 권력은 조선노동당과 1인의 지배자에게 집중되어 있다. 북한이나 사회주의 국가에서 당은 공산주의 이념을 형성 지도하는 기관으로서 철저하게 행정부를 관리 통제하는 이른바 당 우위의 정치 체계이다. 북한의 지방행정도 당적 지도의 원칙이 철저히 준수되어 중앙당의 수직적 통제를 받는 지방당 조직에 의해 움직여가고 있다. 따라서 북한에서의 지방자치란 서구적 의미의 지방자치와는 매우 다르다. 즉, 서구적 지방자치는 지방의 특수성을 중심으로 지방의 분권적 의사결정권을 존중하는 데 비해, 북한의 지방자치는 철저하게 중앙집권적이

1) 북한 헌법(조선민주주의 인민공화국 사회주의 헌법)
제5조: 조선민주주의 인민공화국에서 모든 국가기관들은 민주주의 중앙집권제 원칙에 의하여 조직되며 운영된다.
제63조: 조선민주주의 인민공화국에서 공민의 권리와 의무는 하나는 전체를 위하여, 전체는 하나를 위하여라는 집단주의 원칙에 기초한다.

며, 국가 통치 질서의 효율성을 위해서 봉사한다. 북한에서 지방주의는 종파주의 분열주의라는 의미로 혹독한 비판의 대상이 되고 있다.

그러나 북한에도 나름대로의 기준에 의한 지방자치제도가 마련되어 있다. 북한 헌법에 지방자치에 관한 법령들이 존재하고 있고, 지방자치의 기본법인 '지방주권기관 구성법'을 중심으로 지방자치제도를 정비・운영하고 있다. 여기서는 북한의 지방자치제도를 북한의 기본 법령을 중심으로 검토하고자 한다.2)

제 1 절 북한의 국가통치기관

1. 조선노동당

조선노동당은 북한의 유일한 지배정당이다. 북한은 단일 지배 정당인 조선노동당이 실질적 권한을 행사하는 일당 중심의 인민독재 체제라고 할 수 있다. 조선노동당 규약에서는 조선노동당이 북한의 모든 정치조직 가운데서 가장 높은 형태의 정치조직이며 정치・군사・경제・문화를 비롯한 모든 분야를 통일적으로 이끌어가는 사회의 영도적 정치조직으로 규정하고 있다. 북한 헌법은 모든 국가기관이 마르크스-레닌주의(Marxism and Leinism)와 김일성, 김정일 사상을 토대로 한 조선노동당의 영도를 따라야 한다고 규정하고 있다(북한 헌법 제11조).3) 북한의 모든 지배세력은 노동당원으로서 당의 지침에 따르게 되어 있고, 북한의 최고 통치자는 이러한 노동당의 실질적 영도자이다.

2. 국무위원장: 북한의 최고통치자

국무위원장은 실질적인 북한의 최고통치자이다(북한 헌법 제100조). 국무위원장은 조선노동당의 대표이기도 하다. 따라서 북한의 모든 권력은 최고통치자인 국무위원장에게 있다. 현재 북한의 국무위원장은 김일성, 김정일의 권력을 세습한 김정은이다. 김

2) '조선민주주의 인민공화국 헌법'과 '조선민주주의 인민공화국 지방주권기관법'.
3) 북한 헌법 제11조: 조선민주주의 인민공화국은 조선로동당의 령도 밑에 모든 활동을 진행한다.

일성은 주석이라는 명칭으로, 김정일은 국방위원장이라는 명칭으로 국가 최고권력자의 지위를 누렸다. 김정은은 집권 초기 국방위원회 제1위원장이라는 명칭으로 불리었으나, 2016년 이후에 국무위원장이라는 이름으로 변경하였다. 국무위원장은 형식상 최고인민회의에서 선출하는 것으로 되어 있고 임기는 5년이다. 그러나 연임 제한 규정도 없고 단일 후보로 나서며 거수 투표이기 때문에, 실질적으로 영구직이라고 할 수 있다. 국무위원장은 국무위원회의 위원장이 된다. 국무위원회는 국가주권의 최고 정책적 지도기관이다.

3. 최고인민회의

북한의 형식상 최고주권기관은 '최고인민회의'이다(북한 헌법 제87조).[4] 최고인민회의는 각 지역에서 직접 선거로 선출된 대의원들로 구성되며 임기는 5년이다. 최고인민회의는 헌법을 수정하거나 보충하며, 북한의 최고지도자인 국무위원위원회 위원장을 선출한다. 이외에도 최고인민회의 상임위원회를 구성하고, 행정의 총 책임자인 내각 총리, 사법부 책임자인 최고재판소 소장, 검찰의 책임자인 최고검찰소 소장 등을 선출한다. 최고인민회의가 휴회 중에는 국가의 최고권력기관의 기능이 정지되는 것이므로, 이러한 문제를 해결하기 위해 최고인민회의 상임위원회가 최고인민회의 기능을 대신한다. 따라서 최고인민회의는 형식상의 최고주권기관이지만, 실질적으로는 상설기관인 최고인민위원회 상임위원회가 실질적 권력을 행사한다. 이러한 최고인민회의 대의원들은 노동당의 지명에 의해 선출되고 최고인민회의 상임위원들은 조선노동당의 지시에 따라 움직이게 된다. 따라서 북한의 지배구조는 사실상 노동당을 지배하는 소수당 지배층에게 집중되어 있으며, 최고인민회의는 형식상의 인민대표기구에 불과하다고 볼 수 있다. 실질적으로 당에서 최고인민회의에 올린 안건에서 부결되는 건은 한 건도 없었다. 최고통치자의 지배 권력을 대외적으로 정당화시켜주는 형식적인 조직에 불과하다고 할 수 있다.

---

4) 북한 헌법 제87조: 최고인민회의는 조선민주주의 인민공화국 최고주권기관이다.

4. 내 각

내각은 최고 주권의 행정적 집행기관이며, 전반적 국가관리기관이다(북한 헌법 제123조). 내각은 국가 예산을 편성하고, 집행 계획을 세운다. 기타 공업, 농업, 건설, 문화, 체육 등 각 분야의 행정 실무를 수행하는 집행기관이다. 내각의 책임자는 내각총리이다. 내각은 우리나라로 말하면 행정부라고 할 수 있다. 내각도 형식적으로 최고인민회의에서 선출하는 것으로 되어 있다.

그림 24-1 북한의 국가(중앙)통치기관

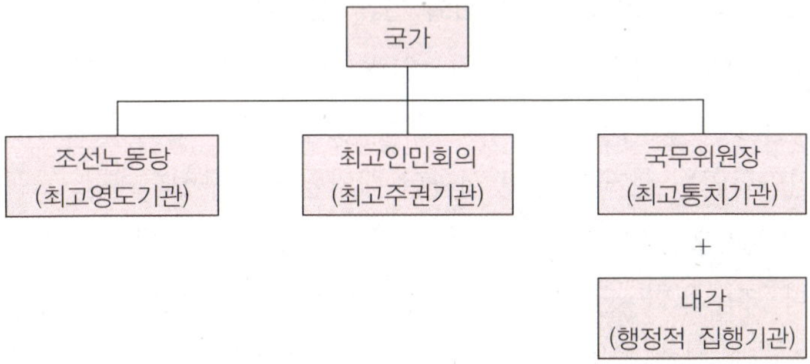

제 2 절 북한의 지방통치기관

북한의 지방통치기관은 지방인민회의와 지방인민위원회로 구성된다. 지방인민회의는 의결기관이고, 지방인민위원회는 집행기관의 기능을 수행한다. 그러나 지방인민위원회가 지방인민회의의 상설기관 역할을 동시에 수행함으로써, 실질적으로는 의결기관과 집행기관의 기능이 중복된 기관통합형 구조라고 평가할 수 있다.

그림 24-2 북한의 지방통치기관

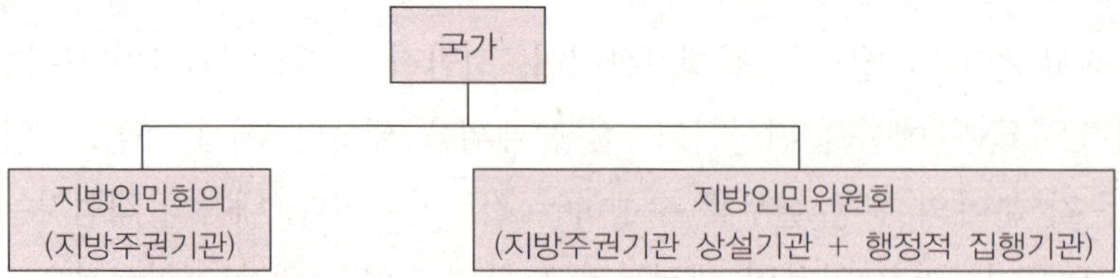

1. 지방인민회의

지방인민회의는 우리나라의 지방의회와 같은 성격을 가지고 있다. 북한의 직할시·도와 시·구역·군에 구성되어 있다. 최고인민회의 대의원의 임기가 5년인데 반해, 지방인민회의의 임기는 도(직할시)와 시(구역)·군이 모두 4년이다(지방주권기관구성법 제9조). 지방인민회의는 선거를 통해 선출된 대의원으로 구성되지만, 노동당에 의해 사전 내정된 단일후보가 거의 100% 득표율을 올리고 있기 때문에 자유주의 국가의 투표와는 성격이 다르다. 또한 지방주권기관구성법에 의하면, 지방인민회의는 '민주주의 중앙집권제의 원칙'에 의해 운영된다.[5] 따라서 북한의 지방인민회의 대의원들은 절차상으로는 지역 주민들의 선거를 통해 선출된 대표이지만, 활동에 있어서는 최고지도자와 조선노동당의 지침을 충실히 수행하는 하부기관이다. 실제적으로 정기회는 1년 1~2회 개최되는데 회기가 1~2일 정도밖에 되지 않기 때문에, 실질적으로 권한을 행사하기 어렵고 상징적 의미만을 가지고 있다.

지방인민회의가 폐회되어 있을 때 그 기능을 담당하는 상설조직으로 지방인민위원회가 있다. 이는 중국의 지방인민대표자대회 상무위원회와 같은 역할을 한다. 그러나 북한의 인민위원회는 의결 기능과 집행 기능을 동시에 수행하는 지역 권력의 통합기관으로서 기능을 수행한다. 북한은 제도적으로는 지방인민회의가 권력의 주체이다. 그러나 인민회의 대의원은 조선노동당의 추천과 형식적 선거에 의해 구성되는 것이므로, 실질적 권력은 지역 노동당이나 노동당 총책임자(책임비서)가 행사한다고 볼 수 있다.

---

5) 조선민주주의 지방인민공화국 지방주권기관법 제5조: 지방주권기관은 모든 활동에서 민주주의 중앙집권제 원칙을 구현한다.

2. 지방인민위원회

지방인민위원회는 지방인민회의가 휴회 중일 때의 그 기능을 대행하는 상설 지방주권기관이며, 동시에 지방 주권의 행정적 집행기관이다(북한 헌법 제145조). 지방인민위원회 위원장은 지방정부 집행기관의 장이 되며, 지방의 기관, 기업소, 단체, 공민에게 공권력을 행사할 수 있다. 지방인민위원회는 인민회의 휴회 기간 중 그 업무를 대신하는 상설기관이라는 면에서 중국의 지방인민대표자대회 상무위원회의 기능과 유사하다. 그러나 중국에서 지방인민대표자대회 상무위원회는 의결 기능만을 수행하고, 집행 기능은 지방인민정부에서 수행하여 결정과 집행의 기능을 분리시켜 놓고 있는 반면, 북한의 인민위원회는 지방인민회의의 상설기관과 집행기관으로서의 기능을 동시에 수행하고 있다. 북한의 국가와 지방의 통치구조를 요약하면 [표 24-1]과 같다.

표 24-1 북한의 국가와 지방의 통치기관 비교

구 분	지배정당	최고통치자	주권기관	상설주권기관	집행기관
국가	조선노동당	국무위원장	최고인민회의	최고인민회의 상임위원회	내각
지방			지방인민회의	지방인민 위원회	지방인민 위원회

* 지방인민위원회는 주권기관이자 집행기관의 역할을 동시에 수행함. 과거에는 지방행정경제위워회가 지방의 집행기능을 담당했으나 폐지하고 지방인민위원회가 그 역할을 수행함.

제 3 절 북한의 지방자치 구역과 계층

1. 북한의 지방행정 구역과 계층

북한의 행정 구역은 대체적으로 3계층으로 구성되어 있는데, 상위계층인 1단계는 중앙정부 직할 하에 있는 것으로, 직할시, 특별시, 도가 있고, 그 아래 2단계는 시, 군, 구, 구역, 지구가 있다. 제일 아래 단계인 3단계에는 읍·리·동·노동자구가 있다. 해방 당시 북한의 지방행정 구역은 남·북한에 걸쳐 있던 강원도를 포함하여 6도, 102군·

부, 809읍 · 면이었다. 반면에 남한은 9도, 12부, 134군, 2도, 76읍, 1,473면이었다. 따라서 북한은 남한에 비해 3도, 46부 · 군 · 도, 740읍면이 적었다. 그러나 북한은 해방 이후 대대적인 행정개편을 단행하였다. 해방 당시 행정계층은 남 · 북한은 모두 도-시 · 군-읍 · 면-리 · 동의 4계층구조였다. 남한은 아직 이 골격을 유지하고 있으나, 북한은 계층구조를 도-시 · 군-읍 · 동 · 리의 3계층으로 축소 개편하고, 면을 폐지(1952년)하였으며, 동·리와 같은 단위의 노동자구를 신설하였다.

이후 개편에서 도 · 직할시-시 · 군 · 구역-읍 · 리 · 동 · 노동자구의 3단계로 정착되었다(1972년). 즉, 행정의 1계층에는 직할시와 도, 2계층에는 시 · 군 · 구 · 구역 · 지구, 3계층에는 읍 · 리 · 동 · 노동자구로 구성한 것이다. 북한의 행정개편의 특징은 6도를 9도로 개편한 점이다. 즉, 1946년 평양을 직할시로 하고, 강원도를 신설하였으며, 그 이후 자강도, 양강도를 개설하고, 황해도를 남도와 북도로 분리했다. 2012년 현재는 1직할시(평양), 2특별시(나선, 남포)와 9도로 기본적인 지방행정 구역이 설정되어 있다([표 24-2] 참조).

표 24-2 북한의 인구와 행정구역

구 분		인구(천 명)	면적(Km^2)	시 · 군 · 구 · 구역 · 지구					읍 · 리 · 동 · 노동자구			
				시	군	구	구역	지구	읍	리	동	노동자구
직할시	평양직할시	3,044	1,747	–	2		18	–	2	75	284	10
특별시	나선특별시	200	943	–	–	–	–	–	–	12	10	–
	남포특별시	372	1,142	–	2	–	5	–	2	49	73	5
도	평안남도	3,739	11,578	5	14	1	–	2	14	347	118	26
	평안북도	2,769	12,680	3	22	–	–	–	22	484	88	31
	함경남도	3,111	18,535	3	15	1	7	1	15	465	160	35
	함경북도	2,162	15,980	3	12	–	7	–	12	253	134	44
	황해남도	2,345	8,450	1	19	–	–	–	19	419	26	11
	황해북도	2,404	10,345	3	18	–	–	–	18	375	78	8
	강원도	1,499	1,091	2	15	–	–	–	15	379	61	7
	자강도	1,319	16,756	3	15	–	–	–	15	229	68	23
	양강도	730	13,880	1	11	–	–	–	11	143	25	67
합계		23,694	123,138	24	145	37	37	3	145	3,230	1,135	267

출처: 행정안전부, 행정구역 및 인구 현황(2013), 북한 총인구는 지역 인구에 잡히지 않은 군인 인구를 포함하여 24,427(천 명).

2. 북한의 지방자치 구역과 계층

북한의 지방자치 구역은 행정구역을 바탕으로 하여 구성된다. 이러한 행정구역의 상위 1~2계층에 지방자치단체가 구성된다. 1단계 행정구역 중 직할시와 도는 1계층인 광역자치단체이고, 2단계 행정계층 중 시와 구역, 군은 기초자치단체이다. 자치단체의 지역에는 지방주권기관인 지방인민회의가 설치된다.[6] 직할시 아래에는 구역과 군이 있고, 도 아래에는 시와 군이 있다.[7]

1) 광역 지방자치단체: 직할시, 도

북한의 1단계 행정구역 중 직할시와 도가 광역자치단체이다. 이 지역에는 인민대표로 구성된 지방인민회의와 지방인민회의에서 선출하여 구성한 지방인민위원회가 조직된다. 직할시(直轄市)는 평양직할시 1개이고, 도(道)는 평안남·북도, 황해남·북도, 함경남·북도, 자강도, 양강도, 강원도의 9개가 있다. 남포특별시와 나선특별시는 지방인민회의가 구성되지 않는 일반행정기관이다. 남포특별시는 지방정부가 아니지만 산하에는 2군과 5구역의 지방정부가 있다.

2) 기초 지방자치단체: 시, 군, 구역

북한의 기초 지방자치단체는 시(市)와 군(郡), 그리고 구역(區域)이다. 구역은 우리나라의 대도시 구(區)와 같은 단위로 대도시의 하부 조직이다. 군은 주로 농촌지역에 설치된다. 2단계 행정구역 중 구와 지구는 자치단체가 아니다. 시, 군, 구역은 자치단체이므로 지방주권기관인 지방인민회의가 설치된다.

---

6) 북한 헌법 제137조: 도(직할시), 시(구역), 군인민회의는 지방주권기관이다.
7) 평양직할시에는 18개의 구역과 2개의 군이, 남포특별시에는 2군과 5구역이 있다. 나선특별시에는 군과 구역이 없고, 일반행정단위인 2개 지구가 있다.

표 24-3 북한 지방자치의 구역 및 계층

<table>
<tr><th rowspan="2">계 층</th><th colspan="3">지방행정 구역</th><th colspan="2">지방자치(지방주권) 구역</th></tr>
<tr><th>구 분</th><th colspan="2">개 수</th><th>구 분</th><th>개 수</th></tr>
<tr><td rowspan="3">1계층</td><td>직할시(直轄市)</td><td>1</td><td rowspan="3">12</td><td rowspan="3">직할시(1), 도(9)</td><td rowspan="3">10</td></tr>
<tr><td>특별시(特別市)</td><td>2</td></tr>
<tr><td>도(道)</td><td>9</td></tr>
<tr><td rowspan="5">2계층</td><td>시(市)</td><td>24</td><td rowspan="5">213</td><td rowspan="5">시(24), 군(145), 구역(37)</td><td rowspan="5">206</td></tr>
<tr><td>군(郡)</td><td>145</td></tr>
<tr><td>구역(區域)</td><td>37</td></tr>
<tr><td>구(區)</td><td>2</td></tr>
<tr><td>지구(地區)</td><td>5</td></tr>
<tr><td rowspan="4">3계층</td><td>읍</td><td>145</td><td rowspan="4">4,777</td><td rowspan="4">–</td><td rowspan="4">–</td></tr>
<tr><td>리</td><td>3,230</td></tr>
<tr><td>동</td><td>1,135</td></tr>
<tr><td>노동자구</td><td>267</td></tr>
<tr><td colspan="3">총계</td><td>5,002</td><td></td><td>216</td></tr>
</table>

출처: 통계청, 북한통계(2015).

제 4 절 북한 지방자치의 발전 과정과 특징

1. 북한 지방자치의 발전 과정

북한의 지방행정 체계의 변천 과정은 크게 네 가지로 나누어 볼 수 있는데 그를 약술하면 다음과 같다(지방행정연구원, 1998).

1) 중앙집권 체제 형성기(1945~1960년)

해방 이후 북한의 지방행정구조는 일부 자생적 조직과 지방행정국 등에 불과하였다. 1945년 8월부터 11월까지 지방주권기관으로 지방인민위원회가 조직되었으며, 1945년 11월 19일 5도 행정국이 설립되어 인민위원회의 행정 업무를 통일적으로 수행하였다.

1946년 2월 도인민위원회가 북조선임시인민위원회로 개편됨에 따라 중앙집권적 정권기관의 활동이 본격화되었다. 북조선 임시인민위원회는 11월 선거를 통하여 1947년 2월 북조선인민위원회로 개칭되고, 1948년 9월 9일 수립된 북한 정권의 모체가 되었다. 이 과정 속에서 북한의 통치 체제는 중앙집권적으로 형성되기 시작했는데, 사회주의 개혁의 실현을 위한 생산 수단을 국유화, 배급제의 실시 등을 위해서 강력한 집권 체제를 필요로 했던 것이었다. 따라서 북한이 고도의 중앙집권적 행정 체제를 이루고 있는 것은 북한 정치 체제의 형성 과정에 나타난 역사적, 이념적, 상황적 조건들의 산물이라고 할 수 있다. 더욱이 한국전쟁을 겪으면서 강력한 중앙집중 방식이 더욱 강화되었던 것이다.

2) 과도한 중앙집권 체제 시정기(1960~1972년)

북한에서 초기에는 여러 정파들이 정권 다툼을 벌였으나, 1956년 종파사건을 거치면서 빨치산 계열이 연안파와 소련파를 숙청하고 권력을 독점하였다. 1961년 개최된 제4차 당대회는 김일성 단일 지배 체제의 출범을 예고하였고, 1967년 조선노동당 중앙위원회 제4기 15차 전원회의에서 유일 사상 체계 확립운동이 본격적으로 토의되고, 이에 반대하던 갑산파가 대규모 숙청을 당하게 되었다. 1960년대 북한의 정치 체제는 김일성을 중심으로 한 절대 권력의 확립과 민주주의 중앙집권 체제 원칙이 강조되고 있었다.

그러나 다른 한편으로는 경제적인 면에서 과도한 중앙집권제의 문제점에 대한 개선 방안이 모색되고 있었다. 북한은 과도한 중앙집권적 체제의 문제점을 시정하기 위해 여러 가지 분권화 조치를 취하였는데, 분권화의 대표적 예는 농업, 건설, 경공업 부문 등에서 관리지도 체제를 재편성하고, 이들 분야에 대한 중앙정부의 행정권을 지방 수준으로 대폭 이양하는 것이었다. 1960년대 제시된 청산리 방법, 대안의 사업 체계, 협동관리 체제의 재편성 등은 모두 과도한 중앙집권제를 시정하기 위한 정책적 전환이라고 할 수 있다.

3) 경제적 지방분권 시행기(1972~1992년)

중앙에서 중앙인민위원회가 신설된 것과 마찬가지로 지방에서는 지방주권기관인 인민회의의 상설주권기관으로서 인민위원회가 신설되었다. 또한 김일성 총비서로서 국가주석을 겸임하는 중앙의 체제와 마찬가지로, 1968년부터 도당 책임비서가 지방인민위원장을 겸임하도록 하였다. 중앙에서 김일성의 개인 권력이 강화되는 것과 같이 지방에서도 당 책임비서가 지방당과 지방정권기관을 동시에 장악하게 됨으로써 그 위상이 강화되었다.

한편 경제 분야에서는 독립채산제와 지방예산제가 전면적으로 확대, 실시됨으로써 경제 분야에서의 분권적 조치가 지속되었다. 그러나 국영기업소의 독립채산제도 중앙집권적 지도의 보장을 강조하고 있으며, 1973년부터 시작된 지방예산제는 중앙의 경제적 부담을 줄이는 차원에서 실시된 것이며, 지방의 지위를 인정한 것이라고 볼 수 없다.

4) 행정 · 경제적 지방분권 확대기(1992년~현재)

북한의 지방행정 체계는 고도의 중앙집권적 성격을 띠고 있지만, 경제관리 체제에 있어서만은 중앙집권적 체제를 근간으로 하면서도 당위원회 중심의 군중노선을 추구하는 등 분권적 조치를 취하여 왔다. 즉, 생산력 향상의 차원에서 지방의 창발성을 높이기 위해 지방 공업을 육성하고, 지방의 부분적인 자율성을 허용하여 온 것이다. 특히 최근 극심한 경제난으로 중앙의 공급 체계가 원할하지 못해지자 이러한 지방의 책임은 더욱 강해지는 것처럼 보인다.

이처럼 북한에서 지방의 자율성 신장이라는 것은 여전히 경제 분야에 국한되어 극히 제한적으로 이루어지고 있으며, 서구식 지방자치와는 거리가 멀다. 즉, 주민의 의사와 요구가 수렴되어 정책에 반영되는 것이 아니고, 중앙집권식 계획경제와 중앙집권적 지배 체제의 골간을 유지하는 범위 내에서 생산성 향상과 지방경제의 자립을 위해 지방의 자율성을 허용하는 것이다.

2. 북한 지방자치의 특징

1) 고도의 중앙집권적 제도

북한은 민주 집권주의 원칙에 의한 국가관리를 기본 원칙으로 하고 있다. 여기서 민주란 뜻은 노동당을 비롯한 모든 국가기관이나 외곽단체에서 그 대행 및 지도기구를 자체에서 선임하고 피선임기관은 선임자에 대해 활동 상황을 보고하고 책임을 진다는 뜻이다. 북한은 지방주권기관인 지방인민회의에 지방정부를 구성하는 권한을 부여함으로써 외형상 지방분권화를 표방하고 있는 듯이 보이지만, 민주주의 중앙집권제(북한 헌법 제5조)의 원칙에 입각하여 모든 국가기관들이 조직되도록 함으로써, 고도의 중앙집권적 체제를 갖추고 있다.

따라서 북한에서의 지방자치란 서구적 의미의 지방자치와는 매우 다르다. 즉, 서구적 지방자치는 지방의 특수성을 중심으로 지방의 분권적 의사결정권을 존중하는 데 비해, 북한의 지방자치는 철저하게 중앙집권적이며, '지방은 중앙에 복종한다'라는 원칙하에 운영되어 결과적으로 지방제도는 중앙의 집권적 통치 질서의 효율성을 위해서 봉사한다.

2) 기관통합주의와 전원합의제

북한의 통치 원칙 중의 하나는 기관통합주의이다. 북한은 모든 권력을 하나의 최고기관에 통합시키는 최고회의제도를 택하고 있다. 최고회의 대의원들은 모두가 각급 노동당에서 추천받은 열성 당원으로서 단일 후보로 신임되어 온다. 그러므로 최고회의는 사실상 전국의 열성당원 회의체에 지나지 않는다. 현행 북한 헌법 제73조에 의하면, 최고인민회의는 최고주권기관으로서 입법권은 최고인민회의만이 행사할 수 있다고 규정하고 있다. 북한은 그간 공산당 일당 지배 체제일지라도 형식상 합의제 운영 방식을 채택해왔다. 그런데 국가기관, 지방기관, 각종 외곽단체 할 것 없이 중앙위원, 상임위원, 집행위원들은 모두가 핵심 당원으로서 위로부터의 지시에 따른 만장일치의 합의제 방식을 취한다. 그동안 북한의 최고인민회의와 지방인민회의는 북한의 정권 수립 이후 현재에 이르기까지 어떠한 법안이나 지시 사항도 단 한 번도 부결시킨 바 없었다.

3) 철저한 당의 우위와 중첩적 통제

북한은 조선노동당 일당 지배 체제이다. 그러므로 북한의 모든 권력은 조선노동당과 1인의 지배자에게 집중되어 있다. 북한이나 사회주의 국가에서 당은 공산주의 이념을 형성, 지도하는 기관으로서 철저하게 행정부를 관리 통제하는, 이른바 당 우위의 정치체계이다. 북한의 지방행정도 당적 지도의 원칙이 철저히 준수되어 중앙당의 수직적 통제를 받는 지방당 조직에 의해 움직여가고 있다. 지방 당위원회의 책임비서가 지방의 최고책임자임은 물론이며, 지방인민위원회 위원장과 지방인민회의 의장을 겸하고 있다. 당적 지도는 행정구역별로 설치된 당위원회를 통해 정권, 행정기관에 대해 당적 지도를 수행하는 것뿐만 아니라 공장, 기업소, 학교, 병원, 정권기관 내의 부문별 당 조직을 통해 각급 조직에 대한 통제 감독도 포함한다. 이들 각급 기관들은 당위원회 중심의 집권적 지도원칙에 의해서 운영되며, 당 비서가 조직의 최고책임자 역할을 하는 것이다. 즉, 부문별 당위원회가 정책, 생활, 인사 등에 대해 전권을 행사하는 것이다. 따라서 북한의 지방조직은 행정적 통제와 당의 통제라는 이중적 통제 하에 놓여 있다.

4) 경제 분야 중심의 기능적 분권

북한 헌법에 따르면, 지방주권기관으로 지방인민회의가 지방예산을 심의, 승인하고 해당 인민위원회 위원장, 재판소의 판사 등을 선거 또는 소환하는 등 지방행정에 상당한 권한을 가지고 있다. 이러한 자치적 성격의 지방행정 체제는 헌법상의 규정일 뿐이며, 민주주의 중앙집권 체제에 입각하여 당의 수직적 통제를 받는 각급 단위의 당 조직에 의해 관리된다. 북한의 정치 · 권력적 측면에서는 강력한 집권화를 이루어 왔으나, 상대적으로 행정 · 경제적 측면에서는 지방분권적 조치를 취하여 왔다. 특히 1990년대 들어서 경제난이 심화되고 중앙의 계획경제 체제가 와해되면서 중앙정부가 해결하지 못하는 문제를 지방에서 자체로 해결할 것을 촉구하며 자력갱생을 강조하고 있다. 즉, 북한은 경제적 생산성의 향상이라는 측면에서 중앙의 계획경제의 한계를 실감하고, 지방의 자립경제 구조를 통해 식량 및 경제문제를 해결하기 위해서 지방에서의 산업을 장려하고 있는 것이다. 즉 북한은 정치적으로는 강력한 집권구조를 경제적인 면에서는 생산성의 향상이라는 측면에서 분권 구조를 채택하고 있다.

본문요약

1. 북한의 국가통치기관
- 조선노동당: 북한의 최고영도기관, 북한의 유일 지배정당
- 국무위원장: 북한의 최고통치자
- 최고인민회의: 북한의 최고주권기관, 휴회 중 최고인민회의 상설회의가 역할 수행
- 내각: 행정적 집행기관

2. 북한의 지방통치기관
- 지방인민회의: 지방의 주권기관, 의결 기능

- 지방인민위원회: 인민회의의 상설기관, 인민회의 휴회 중의 지방주권기관, 집행기관 기능을 동시에 수행함.

3. 북한의 지방자치 구역과 계층

- 지방행정 구역과 계층: 3계층, 직할시(특별시) · 도/시 · 군 · 구 · 구역 · 지구/읍 · 리 · 동 · 노동자구
- 지방자치 구역과 계층: 2계층, 직할시 · 도/시 · 군 · 구역

4. 북한 지방자치의 발전 과정과 특징

- 정치적으로는 중앙집권, 경제적으로는 지방분권으로 발전
- 고도의 중앙집권적 제도: 궁극적으로 1인에 집중된 권력구조
- 기관통합주의와 전원합의제: 인민회의 부결 안건 전무한 실정
- 철저한 당의 우위와 중첩적 통제
- 경제 분야 중심의 기능적 분권

참고문헌

국내 문헌

강정석(2005). 『정부혁신의 이해』. 한국행정연구원.
강현화(2005). 『행정법 각론』. 서울: 박영사.
거버넌스연구회(2002). 『거버넌스의 정치학』. 서울: 법문사.
권오철(1996). 『중앙정부-지방자치단체 간 갈등해소 방안』. 한국지방행정연구원.
______(2000). 『미국의 시정부와 지방자치』. 서울: 도서출판 지샘.
김기옥(2005). 『지방정부론』. 서울: 법영사.
김남진(2005). 『행정법(II)』. 서울: 법문사.
김동훈(1995). 『지방의회론』. 서울: 박영사.
______(2007). 『행정법(II)』. 서울: 박영사.
김병국(1997). 『영국의 지방행정계층구조 개편과정 분석』. 한국지방행정연구원.
김병국 외(1998). 『지방자치행정체제의 개편방안』. 한국지방행정연구원
김병준(2000). 『한국지방자치론』. 서울: 법문사
김병찬 · 정정길(1995). 『50년대의 지방자치』. 서울대 출판부.
김성호(1997). 『외국의 지방선거제도 분석』. 한국지방행정연구원.
김영기(1997). 『지방자치행정론』. 서울: 대영문화사.
김영수(1995). 『중앙과 지방정부 간 사무배분에 관한 입법화 방안』. 한국지방행정연구원.
김용철 외(2006). 『지방정부와 혁신정책』. 서울: 대영문화사.
김웅기(2001). 『미국의 지방자치』. 서울: 대영문화사.
김익식(1993). 『특별지방자치단체 설치 · 운영의 활성화 방안』. 한국지방행정연구원.
김재훈(1996). 『지방화시대의 정부 간 협력체제의 구축 방안』. 한국행정연구원.
김종표(1997). 『신지방행정론』. 서울: 법문사.
김필두(1996). 『지방자치단체 상호 간 갈등해소 방안』. 한국지방행정연구원.

내무부지방행정국(1996). 『지방자치단체의 재의·제소 조례모음집』.
노정현 외(1992). 『지방자치시대의 도시행정』. 서울: 나남.
마강래(2017). 『지방도시 살생부』. 서울: 개마고원.
______(2018). 『지방분권이 지방을 망친다』. 서울: 개마고원.
마스다 히로야(2014). 『지방소멸』. 김정한 역(2015), 서울 와이즈베리.
몽테스키외(1748), 고봉만 옮김(2006). 『법의 정신』. 서울: 책세상문고.
박상철 · 박정원(1996). 『북한의 선거법제』. 한국법제연구원.
박승주 외(1999). 『마지막 남은 개혁@2001』. 서울: 교보문고.
박영도(1998). 『자치입법의 이론과 실제』. 한국법제연구원.
박우서(2001). 『지방자치와 광역행정』. 서울: 대영문화사.
박우서 · 김병국 · 왕지군(2003). 『중국 지방정부의 이해』. 서울: 대영문화사.
박종민 외(2000). 『한국 지방정치와 도시권력구조』. 서울: 대영문화사.
박호숙(1996). 『지방자치시대의 갈등관리』. 서울: 다산출판사.
배건이(2018). 『주요 외국 지방자치제도 연구: 스위스』. 한국법제연구원.
백윤철 · 윤광재(2000). 『프랑스 지방자치학』. 서울: 형설출판사.
부만근(1999). 『한국지방자치론』. 제주대 출판부.
서기준(2003). 『현대지방자치론』. 조선대 출판부.
서울시정개발연구원(1995). 『지방정부 재정진단모형에 관한 연구』.
서정섭(1996). 『지방재정지표의 합리적 개선방안』. 한국지방행정연구원.
서필언(2005). 『영국의 행정개혁론』. 서울: 대영문화사.
손봉선(1998). "한국경찰제도의 개편에 관한 연구." 전북대 박사학위 논문.
손봉숙(1985). 『한국지방자치연구』. 서울: 삼영사.
손재식(1995). 『한국지방자치론』. 서울: 박영사.
손희준 외(2008). 『지방재정론』. 서울: 대영문화사.
신무섭 · 주상현(2019). 『재무행정학』. 서울: 대영문화사.
심정근 외(1997). 『지방재정학』. 서울: 박영사.
안성호(2001). "연방주의적 정부 간 관계의 논거와 실천방안." 『경기논단』, 봄: 27-45.
안영훈(1997). 『프랑스 행정계층 간 기능배분에 관한 분석』. 한국지방행정연구원.
안용식 · 강동식 · 원구환(2006). 『지방행정론』. 서울: 대영문화사.
양성철(1994). 『한국정부론』. 서울: 박영사.
오재일(2014). 『지방자치론』. 서울: 오래.
오희환(1993). 『3섹터의 활성화 방안』. 한국지방행정연구원.
유재원(1995). 『지방자치의 정착을 위한 주민참여의 활성화 방안』. 한국행정연구원.
윤영진(2001). 『지방정부개혁』. 서울: 대영문화사.
윤용희(1995). 『지방자치론』. 서울: 대왕사.
윤인숙(2018). 『주요 외국 지방자치제도 연구: 미국』. 한국법제연구원.
이규환(2006). 『한국지방행정학』. 서울: 법문사.

이기우 · 하승수(2007). 『지방자치법』. 서울: 대영문화사.
이명석(2017). 『거버넌스 신드롬』. 서울: 성균관대학교 출판부.
이달곤(2004). 『지방정부론』. 서울: 박영사.
이달곤 외(2012). 『지방자치론』. 서울: 박영사.
이상용(1997). 『외국의 지방재정조정제도』. 한국지방행정연구원.
이상윤(2018). 『주요 외국 지방자치제도 연구: 일본』. 한국법제연구원.
이수만 · 이승종(1994). 『지방자치단체의 조직진단』. 한국지방행정연구원.
이수만 외(1997). 『미국 대도시의 지방자치』. 한국지방행정연구원.
이승종(2005). 『지방자치론』. 서울: 박영사.
이와쿠니데쓴도, 김재환 역(1994). 『행정은 최대의 서비스 산업이다』. 서울: 지방의 시대
이은구 외(2003). 『로칼거버넌스』. 서울: 박영사.
이은재(1990). 『지방자치단체의 전국적인 협력방식에 관한 연구』. 한국지방행정연구원.
이정관(1998). 『미국지방정부의 이해』. 서울: 사사연.
이종수(1993). "지방정부와 국가이론." 『한국행정학보』, 27(3): 847-861.
______(2002). 『지방정부이론』. 서울: 박영사.
이청수(2014). 『지방의회론』. 서울: 백산출판사.
이호철(1996). 『일본의 지방자치』. 서울: 삼성경제연구소.
임도빈(1997). 『지방조직론』. 서울: 박영사.
임승빈(2005). 『지방자치론』. 서울: 법문사.
임승빈 외(2019). 『비교지방정부론』. 서울: 대영문화사.
장노순(1994). 『영국의 지방정부』. 춘천: 강원대출판부.
장병구(2003). 『일본의 분권과 지방자치』. 서울: 북피디닷컴.
장은혜(2018). 『주요 외국 지방자치제도 연구: 영국』. 한국법제연구원.
장지호(1995). 『지방행정론』. 서울: 대왕사.
전상경(2007). 『현대지방재정론』. 서울: 박영사.
전 훈(2018). 『주요 외국 지방자치제도 연구: 프랑스』. 한국법제연구원.
정남철(2018). 『주요 외국 지방자치제도 연구: 독일』. 한국법제연구원.
정세욱(1993). 『지방행정학』. 서울: 법문사.
______(1997). 『한국지방자치의 과제』. 서울: 법문사.
정세욱 편저(1997). 『정부 간 관계』. 서울: 법문사.
정일섭(2006). 『한국지방자치론』. 서울: 대영문화사.
______(2012). 『지방자치사례연구』. 서울: 대영문화사.
정재화(2006). 『지방자치의 이해』. 서울: 도서출판 세진사.
정정목(1996). 『지방자치원론』. 서울: 법문사.
정하용(2006). 『새지방자치론』. 서울: 백산출판사.
조석주(1997). 『외국대도시의 구제도 분석』. 한국지방행정연구원.
조창현(2005). 『지방자치론』. 서울: 박영사.

존 롤스(1971), 황경식 옮김(1985). 『사회정의론』. 서울: 서광사.
최민수(1998). 『지방의회운영』. 서울: 서강출판사.
최봉기(2006). 『지방자치론』. 서울: 법문사.
최유성(1998). 『지방자치단체의 경영수익사업에 관한 연구』. 한국행정연구원.
최종고(1993). 『북한법』. 서울: 박영사.
최진욱(1997). 『북한의 지방행정체계』. 민족통일연구원.
최창호(1995). 『지방자치학』. 서울: 삼영사.
______(2003). 『지방자치의 이해』. 서울: 삼영사.
피에르 · 피터스, 정용덕 역(2003). 『거버넌스, 정치 그리고 국가』. 서울: 법문사.
타카기 켄지, 이정만 역(2003). 『일본 지방분권 개혁의 도달점』. 서울: 도서출판 두남.
하인리히 숄러, 김해룡 역(1994). 『독일지방자치법 연구』. 서울: 한울아카데미.
한국국정관리학회(2014). 『새내기를 위한 행정학』. 서울: 대영문화사.
한국지방자치학회(1995). 『한국지방자치론』. 서울: 삼영사.
한국지방행정연구원(1998). 『지방자치행정 50년사』.
한부영(1997). 『현지에서 본 독일 지방자치제도』. 한국지방행정연구원.
한원택(1995). 『지방행정론』. 서울: 법문사.
행정안전부(2020). 『지방자치단체 통합재정개요(상)』.
홍정선(2007). 『행정법원론(하)』. 서울: 박영사.
홍준현(1997). 『지방행정계층 조정과 행정구역 개편방안』. 한국행정연구원.
황아란(1997). 『외국의 지방자치제도와 기관구성』. 한국지방행정연구원.

국외 문헌

Anderson, William(1960). *Intergovernmental Relations in Review*. Minneapolis: University of Minnesota Press.

Bachrach, Peter & Morton S. Baratz(1962). "Two Faces of Power," *American Political Science Review*, LVI(4): 947-952.

Bailey, Harry A. Jr. & Shafritz, Jay M.(1993). *State and Local Government and Politics*. Itasca, Illinois: F. E. Peacock Publishers, Inc.

Batley, Richard & Stoker, Gerry(ed.)(1991). *Local Government in Europe*. London: Macmillan Press Ltd.

Beetham, David(1996). "Theorising Democracy and Local Government," Desmond King & Gerry Stoker(ed.). *Rethingking Local Democracy*. London: Macmillan Press Ltd. 40-45.

Bryce, James(1921). *Modern Democracy*. New York: Macmillan Press Ltd.

Castells, M.(1978). *City, Class and Power*. London: Macmillan Press Ltd.

Cochrane, Allan(1993). *Whatever Happened to Local Government?* Buckingham: Open University Press.

Cockburn, C.(1977). *The Local State.* London: Pluto Press.

Dahl, Robert A.(1961). *Who Governs?* New Haven: Yale University Press.

______(1967). "The City in the Future of Democracy," *American Political Science Review,* LXI(4): 953-970.

Duncan, Simon & Goodwin, Mark(1988). *The Local State and Uneven Development. Cambridge,* U.K.: Polity Press.

Easton, David(1965). *A Framework for Political Analysis.* Englewood Cliffs, N.J.: Prentice-Hall.

Elcock, Howard(1994). *Local Government*(3rd ed.). London: Routledge.

Finer, S. E.(1971). *Comparative Government.* New York: Basic Books Ind. Publishers.

Gage, Robert W. & Mandell, Myrna P.(1989). *Strategies for Managing Intergovernmental Policies and Networks.* New York: Praeger Publishers.

Goldsmith, Michael(ed.)(1986). *New Research in Center-Local Relations.* England: Gower Publishing Company.

Goldsmith, Mike(ed.)(1992). "Local Government," *Urban Studies,* 29(3/40): 393-410.

Hampton, William(1991). *Local Government and Urban Politics.* New York: Longman Inc.

Hunter, Floyd(1953). *Community Power Structure.* Chapell N.C.: University of North California Press.

Kettl, Donald F.(1995). *Inside the Reinvention Machine.* Washington, D.C.: The Brookings Institution.

King, Desmond(1995). "From the Urban Left to the New Right: Normative Theory and Local Government," John Stewart & Gerry Stoker(ed.). *Local Government in the 1990s.* London, U.K.: The Macmillan Press LTD. 228-248.

King, Desmond & Stoker Gerry(1996). *Rethingking Local Democracy.* London: Macmillan Press LTD.

Kooiman, Jan(1993). *Modern Governance: New Goverment-Society Interactions.* London: Sage Publications Ltd.

Langrod, Georges(1953). "Local Government and Democracy," *Public Administration,* 31: 25-34. Spring.

Larmour, Peter(1997). "Models of governance and public administration," *International Review of Administrative Science,* 63(3): 383-394. September.

Leach, Steve & Stewart, John & Walsh, Kieron(1994). *The Changing Organization and Management of Local Government.* London: Macmillan Press Ltd.

Midwinter, Arthur(1995). *Local Government in Scotland.* London: Macmillan Press Ltd.

Mills, C. W.(1956). *The Power Elite.* New York: Oxford University Press.

Molotch, Harvey(1976). "The City as a Growth Machine: Toward a Political Economy of Place," *American Journal of Sociology*, 82(2): 309-331.

Moulin, Leo(1954). "Local Self-Government as a Basis for Democracy: A further Comment," *Public Administration*, 32: 433-437. Winter.

Mueller, Dennins C.(1979). *Public Choice*. Cambridge, London: Cambridge University Press.

O'Toole, Laurence J. Jr.(ed.)(1985). *American Intergovernmental Relations*. Washington D.C.: A division of Congressional Quarterly Inc.

Osborne, David & Gaebler, Ted(1992). *Reinventing the Government: How the Entrepreneurial Spirit is Transforming the Public Sector*. New York: A Plume Book.

Page, Ed(1982). "The Value of Local Autonomy," *Local Government Studies*, July/August.

Panter-Brick, Keith(1953). "Local Government and Democracy: A Rejoinder," *Public Administration*, 31: 344-348. Winter.

______(1954). "Local Self-Government as a Basis for Democracy: A Rejoinder," *Public Administration*, 32: 438-440. Winter.

Peters B. Guy(1988). "Governance without Government? Rethinking Public Administration," *Journal of Public Administration Research and Theory*. 223-243. April.

Peters, B. Guy & Pierre Jon(2001). "Development in intergovernmental relations toward multi-level governance," *Policy & Politics*, 29(2): 131-135.

Pierre, Jon(ed.)(1995). *Urban and Regional Policy*. England, U.K.: Edward Elgar Publishing Ltd.

______(2000a). *Debating Governance*. New York: Oxford University Press Inc.

______(2000b). "Introduction: Understanding Governance," in J. Pierre(ed). *Debating Governance*. New York : Oxford University Press. 3-6.

Pratchett, Lawrence & Wilson, David(1996). *Local Democracy and Local Government*. London: Macmillan Press Ltd.

Rabin, Jack & Dodd, Don(1985). *State and Local Adminstration*. New York: Macrcel Deller, Inc.

Rhodes, R. A. W.(1996a). "Power dependence: Theories of central-local relations: a critical assessment," in Goldsmith M.(ed.). *New Research in Central-Local Relations*. Brookfield, Vermont: Gower Publishing Company.

______(1996b). "The New Governance: Governing without Government," *Political Studies*, XLIV: 652-667.

______(2000). "Governance and Public Administration," in J. Pierre(ed.). *Debating Governance*. New York: Oxford University Press. 54-63.

Richard, C. Box(1998). *Citizen Governance*. Oak, California: Sage Publication, Inc.

Putnam, Robert D.(1994). *Making Democracy Work: Civic Tradition in Modern Italy*. N.J.: Princeton University Press.

Rouban, Luc(1999). *Citizens and the New Governance.* Burke, V.A: IOS Press, Inc.

Saunders, Peter(1984). "Rethingking Local Politics," *Local Socialism*, edited by Martin Boddy & Colin Fudge. London. U.K.: Macmillan Publishers Ltd. 22-48.

Savas, E. S.(1982). *Privatizing the Public Sector.* Catham, N.J.: Chatham House Publishers, Inc.

Shafritz, J. M.(1998). *International Encyclopedia of Public Policy and Administration.* Westview Press.

Sharpe, L. J.(1970). "Theories and Values of Local Government," *Political Studies*, 18(2): 153-174.

Smith, B. C.(1985). *Decentralization: The Territorial Dimension of the State.* London: George Allen & Urwin Publishers Ltd.

Starling, Grover(1986). *Managing the Public Sector*(3rd ed.). Chicago, Illinoise: The Dorsey Press.

Stewart, John & Stoker, Gerry(1995). *Local Government in the 1990s.* London: Macmillan Press Ltd.

Stoker, Gerry(1991). *The Politics of Local Government.* London, U.K.: Macmillan Publishers Ltd.

______(1995). "The Comparative Study of Urban Regimes," in John Pierre(ed.). *Urban and Regional Policy.* Brookfield, Vermont: Edward Elgar Publishing Company. 384-399.

______(1998). "Governance as theory: five proposition," *International Social Science Journal.* 17-26.

______(1999). *The New Management of British Local Governance.* London: Macmillan Press Ltd.

Stone, Clarence N.(1980). "Systemic Power in Community Decision Making: A Restatement of Stratification Theory," *American Political Science Review*, 74(4): 978-990. December.

______(1993). "Urban Regimes, Development Policy and Political Arrangements," C. N. Stone & H. T. Sanders(eds.). *The Politics of Urban Development.* Lawrence: University of Kansas Press.

Tiebout, Charles M.(1956). "A Pure Theory of Local Expenditure," *Journal of Political Economy*, 64: 416-424.

Tocqueville, Alexis de(1985). *Democracy in America.* Andrew Jacker(ed.). New York: Washington Square Press, 1964.

Wall, Peter & Binstock, Robert H.(1979). *America's Political System: Urban, State, and Local.* New York: Random House, Inc.

Wilson, David & Game, Chris(1998). *Local Government in the United Kingdom.* England, U.K.: Macmillan Press LTD.

Write, Deil S.(1988). *Understanding Intergovernmental Relations.* Pacific Grove, California:

Brooks/Cole Publishing Company.

______(1990). "Conclusion: Federalism Intergovernmental Relations and Intergovernmental Management Conceptual Reflections, Comparisons and Interpretations," Gage, Robert W. & Mandell, Myrna P.(1989). *Strategies for Managing Intergovernmental Policies and Networks*. New York: Praeger Publishers. 151-179.

Zimmerman, Joseph F.(1995). *State-Local Relations*(2nd ed.). Westport, Connecticut: Praeger Publishers.

찾아보기

ㄱ

ㄴ

ㅇ

ㅈ

ㅊ

강용기(姜容基)

[약 력]

연세대학교 행정학과 졸업
연세대학교 대학원 졸업(행정학 석사, 박사)
한국자치행정학회 편집위원장
한국자치행정학회 회장
한국국정관리학회 회장
행정자치부 행정체제개편 자문위원
남원시 지역혁신위원
순창군 재정투융자심사위원
서남대 사회과학연구소장
서남대 사회과학부 교수
현 인간사회연구소 소장
e-mail: nakyongki@naver.com

[주요 저서 및 논문]

『우드로우 윌슨과 행정연구』(2016), 대영문화사.
『새내기를 위한 행정학』(공저, 2014), 대영문화사.
『사례 중심의 다변량 분석론』(공저, 2000), 나남출판.
"지역 간 공업배치 문제 해결을 위한 ESS 개발"(『한국행정학보』, 제25권 제2호)
"다중회귀분석에 있어 다공선성의 발견과 치료 방안"(『현대사회와 행정』, 제2집)
"신자유주의와 사회과학이론"(『현대사회와 행정』, 제13권 제2호)
"광역선거에서 지역주의 실태분석"(『한국지방자치학회보』, 제13권 제3호)
"정부 간 관계의 거버넌스"(『한국지방자치학회보』, 제16권 제2호)
"자치구역 및 계층의 점진적 4단계 재편론"(『한국자치행정학보』, 제22권 제1호)
"지방자치단체 통합론의 평가변수와 지표개발"(『한국비교정부학보』, 제13권 제2호) 외 다수

4정판
현대지방자치론

펴낸날 제1판 제1쇄 1999년 7월 30일
제2판 제1쇄 2008년 1월 15일
3정판 제1쇄 2014년 2월 20일
4정판 제1쇄 2021년 2월 25일
지은이 강용기
펴낸이 임춘환
펴낸곳 도서출판 **대영문화사**
주소 (본사) 사무실: 경기도 고양시 일산서구 주화로 70
우신프라자 307호 (우 10387)
(본사) 물류센터: 경기도 고양시 일산서구 덕산로
107번길 68-50 (우 10205)
등록 1975년 12월 26일 제3-16호
전화 (031) 913-3062, (031) 914-3884~5
팩스 (031) 913-3839
홈페이지 http://www.dymbook.co.kr

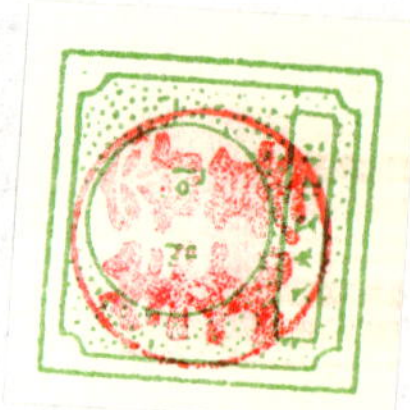

ISBN 978-89-7644-776-0
값 32,000원